Gesehiehtliche Darstellung Der Eigenthumsverhältnisse An Wald Und Jagd In Deutschland Von Den Ältesten Zeiten Bis Zur Ausbildung Der Landeschoheit. Ein Versuch...

Christian Ludwig Stieglitz

Stieglitz
NY?

Geschichtliche Darstellung

der

Eigenthumsverhältnisse an Wald und Jagd in Deutschland.

Geschichtliche Darstellung

der

Eigenthumsverhältnisse

an

Wald und Jagd

in Deutschland

von den ältesten Zeiten bis zur Ausbildung der
Landeshoheit.

***

Ein Versuch

von

Christian Ludwig Stieglitz,

der Rechte und der Philosophie Doctor und Privatdocenten an der
Universität Leipzig.

***

Leipzig:

F. A. Brockhaus.

1832.

Vorrede.

Früher selbst Forstmann, fand ich bei großer Neigung zu den Rechten deutschen Ursprungs und deren Geschichte ein doppeltes Interesse, mich mit den Rechtsbestimmungen über Forst- und Jagdverhältnisse zu beschäftigen. Die Frage nach der Regalität der Jagd war dabei die, welche mich zuerst anzog und zu ihrer Beantwortung den Versuch einer historischen Forschung hervorrief, der schon im Jahre 1828 als eine academische Schrift unter dem Titel: De jure venationem exercendi in Germania usque ad seculum XVI obtinente, 56. S. in 8. erschien. Das gewöhnliche Schicksal der Dissertationen traf auch diese, und außer einer kurzen Anzeige in Becks Repertorium von 1828. 1. Bd. 6. Heft S. 468. ist kein Urtheil hierüber und kein Wink über eine weitere Verarbeitung dieses Thema's von sachverständigen Männern mir zugekommen.

Durch jene frühere Arbeit, mit der Literatur dieses Gegenstandes bekannt geworden, schien mir eine Geschichte dieser Rechtsverhältnisse ein Unternehmen zu sein, was nach den großen Veränderungen und Vorschritten im An=bau des deutschen Rechts und dessen Geschichte vielleicht nicht ohne Interesse sein könnte. Eine Ansicht, die bei näherer Betrachtung der ältern Schriften — unter denen ich besonders die im Buche selbst näher angeführten von Cra=mer, Struben, Riccius, Bilderbeck und Lübbe erwähne — da diese das Geschichtliche des ganzen In=stituts entweder nur eingangsweise berühren, oder auf eine oft nicht sehr ansprechende Art mit der Controverse über die Regalität vermengen, eben so ihre Bestätigung fand, wie bei der der neuern Bearbeitungen des sogenannten Forst= und Jagdrechts von E. M. Schilling und K. F. Schenk, welche ebenfalls keine besonderen historischen Un=tersuchungen anstellten. Eine eigentliche Vorarbeit fehlte demnach, wenn man nicht F. U. Stissers Forst= und Jagdhistorie der Teutschen (2. Aufl. von H. G. Francke. Leipzig 1754.) hierher zählen will; ein Werk, was zwar sehr viele und gute Materialien, besonders in den Bei=lagen, erhält, in der Ausführung selbst aber sehr zurück=steht, aus Liebe zu der damals auch von älteren Zeiten behaupteten Regalität der Jagd, die Kritik oft verleug=net und nebenbei mit vielerlei technischen, unsern Gegen=

stand nicht besonders betreffenden Sachen sich beschäftigt, ohne deshalb dem Standpunkte und dem Werthe sich zu nahen, den Antons unübertroffene Geschichte der deutschen Landwirthschaft behauptet, in welchem Werke weit mehr beinah für unsern Gegenstand zu finden ist, als in allen forstrechtlichen Schriften. Eine neuere, hier einschlagende Schrift: S. Behlens Lehrbuch der deutschen Forst= und Jagd=Geschichte. Frankf. 1831. 8., wurde mir erst nach Vollendung meiner Arbeit bekannt, und hätte auch, da der Verf. derselben ein eignes Quellenstudium nicht unternommen zu haben scheint, nur theilweise benutzt werden können.

Bei so bewandten Umständen war ich auf die verschiedenen Quellen des deutschen Rechts bei meiner Arbeit besonders angewiesen, von denen denn bei der Eigenthümlichkeit des vorliegenden Gegenstandes, da die Rechtsbücher des Mittelalters hierüber nur sehr wenig enthalten, die in vielen Sammlungen zusammengestellten Urkunden als die hauptsächlichsten sich mir darstellten. Nur in Beziehung auf die Markenverhältnisse war ich durch J. Grimms Rechtsalterthümer und K. F. L. Freiherrn von Löw Werk über die Markgenossenschaften in den Stand gesetzt, das eigne Quellenstudium mehr zu beschränken und den daselbst angeführten Stellen aus den Quellen und daraus gezogenen Folgerungen nachzufolgen. Ein Verfahren, was außer der Wichtigkeit und Gründlichkeit dieser Gewährs-

männer vielleicht noch mit, daraus eine Entschuldigung fin=
den dürfte, daß die Markenverhältnisse bei vorliegender
geschichtlichen Darstellung nur einen kleinen Theil aus=
machen, und ich' die hauptsächlichsten ältern Werke über
die Marken und Sammlungen von Weißthümern — von
denen Grimm so viele ungedruckte benutzte. — nicht selbst
einsehen konnte. Was ich hiervon zu erlangen im Stande
war, ist auch von mir selbst benutzt worden. Bei der
spätern Zeit warden die verschiedenen Landesgesetze und
die Schriften der ältern Juristen die Quellen, die allein
betrachtet werden konnten.

Wenn die Art und Weise, wie ich die einzelnen Be=
weißstellen bei den einzelnen Sätzen anführte und mit=
theilte, auch öfters wol beinahe ängstlich und kleinlich
werden sollte, so glaube ich doch, daß ein bloses Verwei=
sen auf Werke, die nicht immer zur Hand sind, nicht
genügen, und daß Genauigkeit und Pünktlichkeit in den
Beweisen und Citaten von einer Erstlingsarbeit in der
Rechtsgeschichte besonders erwartet und verlangt werden
dürfte. Aus den oft so schleppenden Jagd= und Forst=
ordnungen habe ich hingegen das Ausheben einzelner Stel=
len möglichst vermieden, da sie theils häufiger zur Hand
sind, und theils es hier mehr auf den ganzen Geist und
Gang dieser Gesetzgebung, als auf einzelne Bestimmun=
gen anzukommen schien.

Die Eintheilung dieser rechtsgeschichtlichen Monographie schien mir aus der ganzen Entwickelung der Verhältnisse selbst sich zu ergeben, und wenn jede Abtheilung eine Periode umfaßt, und die erste die Zeit vor Ausbildung der Bannforste, die zweite die von dieser Ausbildung bis zur Entwickelung der Landeshoheit der deutschen Fürsten, und endlich die dritte jene Entwickelung selbst mit ihren nächsten Folgen in sich begreift, so scheint mir dies überhaupt mit den Hauptepochen der deutschen Geschichte übereinzustimmen. Die Gründe, warum ich die Arbeit nicht bis auf die neuern Zeiten fortführen konnte, sind besonders der noch fehlende Schluß der neuesten Epoche, wie dies in §. 43. näher angegeben. Eine Anfügung der praktischen Lehren über die Wald= und Jagdverhältnisse nach gemeinem und particulärem Recht — unter Weglassung alles dessen, was blos in die Administration gehört oder andern Zweigen der Rechtswissenschaft anheimfällt, Grenzen, die bei den neuern forst= und jagdrechtlichen Schriften nicht immer festgestalten wurden — schien mir nur bei Fortführung der Geschichte bis auf die neuesten Zeiten thunlich, und bleibt so vielleicht einer besondern Arbeit vorbehalten.

Indem ich nun meine erste, umfassendere Arbeit, das Ergebniß eines mit vieler Neigung Jahre lang fortgesetzten Studiums, dem Publikum übergebe, bedarf es wol

nicht der Versicherung, daß durch diese lange, wissenschaftliche Beschäftigung mit diesem Gegenstande — bei de
denn jeder Theil und jeder Satz die mannigfachsten Umänderungen erfahren — ich meine Arbeit von einem Stant-
punkte betrachte, auf dem mir jede Zurechtweisung un
wissenschaftliche Kritik sachverständiger Männer im Interess
der Wissenschaft selbst nur angenehm sein kann.

Leipzig, im August 1832.

D. Stieglitz.

Uebersicht des Inhaltes.

Erste Abtheilung.

Zweite Abtheilung.

Eigenthumsverhältniſſe an Wald und Jagd von
Entſtehung der Bannforſte bis zur Ausbildung
der Landeshoheit . . . . 44—199

Erſter Abſchnitt.

Von den Bannforſten . . . . 47—124

Zweiter Abschnitt.

Dritter Abſchnitt.

Zweiter Abschnitt.

Von der Entstehung und Ausbildung des Jagdregals 228—309

Erfte Abtheilung.

Eigenthumsverhältniffe an Wald und Jagd in den ältesten Zeiten bis zur Entstehung der Bannforsten.

---

§. 1. Einleitung.

Der erste Zeitraum dieser rechtsgeschichtlichen Monographie beginnt mit den ersten Nachrichten, die uns von den Deutschen aufbewahrt, und erstreckt sich bis zur Entstehung der Bannforsten, die, wenn auch früher einzelne Spuren von ihnen vorkommen, doch erst zur Zeit Karls des Großen mit Sicherheit, in größerer Ausdehnung und mit mehr Bestimmtheit ihres Wesens anzutreffen sind.

Wegen der Mangelhaftigkeit der Quellen läßt sich über diesen ganzen ersten Zeitraum nur sehr wenig sagen. Die ältesten und in vielen Beziehungen wichtigsten Quellen aller Nachrichten von den Deutschen aus diesem Zeitraume sind die Schriftsteller der Alten. Wenn diese nun überhaupt ihre oft mangelhaften Kenntnisse von den Deutschen gewöhnlich nur durch Hörensagen erlangt hatten, und dabei auch fast nie vergaßen, daß sie von Barbaren schrieben, so erwähnen sie auch sehr viele, das Innere des gesellschaftlichen Lebens jener Völker betreffende Verhältnisse entweder gar nicht, oder doch nur sehr oberflächlich, indem theils diese Verhältnisse selbst noch sehr wenig ausgebildet — was namentlich unsern Gegenstand anlangt —, theils Kenntnisse davon zu erlangen mit Schwierigkeiten verbunden war, und theils alle diese Gegenstände sie, die Fremden, nur sehr wenig interessirten. So kommt es denn, daß selbst Tacitus, der große Geschichtschreiber, in seiner herrlichen Darstellung Deutschlands

1

nur wenig Punkte hat, die auf unsern Gegenstand eine Anwen-
wendung finden können.

Eine spätere, die innern Angelegenheiten der deutschen
Völker unmittelbar betreffende Quelle sind die Volksrechte der
Deutschen. Theils sind diese, wie das salische, burgundische,
ripuarische, allemannische und bajuvarische Gesetz, selbst in diesem Zeitraume entstanden, theils enthalten aber selbst die erst
später in das Leben getretenen, wie die Lex Saxonum, Frisionum und Angliorum et Werinorum, Rechtssätze, die sich schon
auf frühere Zeiten beziehen und daher auch bei Darstellung der
Rechtsverhältnisse in den ältesten Perioden benutzt werden können [1]). Denn alle diese Gesetze sind nicht als Acte der gesetzgebenden Gewalt, sondern nur als eine unter öffentlicher Autorität
geschehene Sammlung der uralten Gewohnheitsrechte des Volks
zu betrachten. Aber gerade über unsern Gegenstand sind nur
wenige Andeutungen vorhanden. Ein Umstand, der seinen Grund
theils in den damaligen gesellschaftlichen Verhältnissen, theils in
der eigenthümlichen Natur jener Gesetze hat. Denn in diesen
Zeiten, war bei einer noch geringen Bevölkerung und großem
Ueberflusse an Wäldern, das ganze Privateigenthum an Grund
und Boden erst noch in seiner Entwickelung begriffen; ehe dieses
jedoch fest ausgebildet, konnte auch das Verhältniß der Waldungen,
die bei solchen Umständen gewöhnlich ein Gemeingut sind, noch
nicht fest und genau bestimmt sein. Jene Gesetze aber enthalten
weit weniger bestimmte Normen und rechtliche Festsetzungen über
einzelne Momente des öffentlichen und Privatlebens jener Völker, als ein Verzeichniß der Wehrgelder und Bußen für die einzelnen Fälle; denn besonders in diesen Beziehungen, sowie in
den damit in inniger Verbindung stehenden Lehren des Familien-
schutzrechts, der Erbfolge und in den seit Eroberung der römischen Provinzen eingetretenen neuen Verfassungen war es Bedürfniß für den Richter, eine Aufzeichnung der Rechtsgewohnheiten zu besitzen [2]). Sehr Vieles demnach lebte als reines un-
aufgeschriebenes Gewohnheitsrecht noch im Volke fort [3]), wohin
die mehrsten aus dem Grundeigenthume hervorgehenden privatrechtlichen Folgen, abgeleitetes Eigenthum (Besitz nach Hofrecht)
und auch die Jagd sicher gehören.

Eine andere reindeutsche Rechtsquelle, die ihrer Aufzeichnung
nach jedoch einer weit spätern Zeit angehört, nichtsdestoweniger
aber auf Verhältnisse, die Jahrhunderte vor dieser liegen, wenn-
gleich mit großer Vorsicht angewendet werden können, sind die
Weisthümer, jene durch den Mund des Landvolks geschehenen
Rechtsweisungen. Die Zeit ihrer Niederschreibung beginnt mit
dem 13. Jahrhundert, und am häufigsten sind sie uns aus dem
15. und 16. erhalten. Ob bei diesen Aufzeichnungen frühere,

verloren gegangene zum Grunde gelegen, oder ob sie selbst die
ersten dieser Art sind, wissen wir nicht. Der größte Theil von
ihnen enthält aber alte Rechtsgebräuche und Herkommen, von
denen Vieles zur Zeit ihrer Abfassung durchaus unpraktisch sein
mußte und nur gläubig von dem schlichten Landmanne, als
uraltes Recht verehrt, aufbewahrt und durch Traditionen fort-
gepflanzt wurde *). Aber auch in diesen an und für sich so
reichhaltigen Quellen ist nicht viel, was sich unmittelbar auf die
Jagd bezöge, zu finden, desto mehr aber freilich von den Eigenthumsverhältnissen an Grund und Boden, namentlich an den
Wald, und dies ist denn auch die Basis, auf der wir besonders fußen
müssen, sowie denn überhaupt jener Grundcharakter der Geschichte
der öffentlichen und rechtlichen Verhältnisse Deutschlands, die
Verbindung derselben mit dem Grundeigenthume ⁵), uns nothwendig anweist, an dieses die Untersuchung selbst anzuknüpfen.
Dann und wann kommen wir denn freilich in diesem Zeitraume
auf Conjecturen; aber so lange diese an analoge Rechtsverhältnisse sich genau anschließen und auf die wenigen unsern Gegenstand unmittelbar betreffenden Nachrichten sich gründen, hoffe ich,
dieses Verfahren für entschuldbar zu halten. Wie viel ist nicht
überhaupt in der ältesten Geschichte unseres Volkes und seiner
einzelnen Institute auf Conjecturen gebaut und muß dieses sein,
wenn nicht die ganze Darstellung in Fragmente zerfallen soll.

Die für das Mittelalter so reichhaltige Quelle, die Urkunden, sind uns für den ersten Zeitraum nur sehr sparsam zuge-
messen. Einer analogen Anwendung der später abgefaßten auf
frühere Zeiten widerspricht aber ihr ganzes Wesen.

Ebenso sind in den diesem Zeitraume angehörigen Chroniken, die auf die innern Verhältnisse überhaupt wenig Rücksicht
nehmen, nur unbedeutende Andeutungen für den vorliegenden
Gegenstand enthalten.

Bei diesen Umständen ist es denn auch leicht erklärlich, warum
fast alle jagdrechtlichen Schriften bei diesem ersten Zeitraume, den
sie nur im Vorübergehen berühren, entweder gar nicht, oder
doch nur mit großer Vorsicht zu gebrauchen sind, wozu noch
kommt, daß fast alle derselben entweder Partei- oder doch sehr
parteiische Schriften über die im vergangenen Jahrhunderte so
häufig durchgefochtene Controverse der Regalität der Jagd sind;
daher sie denn schon die älteste Zeit in Beziehung auf diesen
Streit und demnach ohne die nöthige Umsicht und Unparteilich-
keit betrachten. So wenig nun dieses Verfahren zu billigen, so
scheint doch jene spätere Controverse die bei ihr aufgeführten,
dieser Zeit entnommenen Umstände und die nachmals erfolgte
eigenthümliche Stellung des Rechts der Jagdausübung zu erfordern, daß, wenn auch nur vorübergehend und als Neben-

1 *

ſache, doch bei allen hier vorkommenden Zeiträumen die Frage nach der Regalität der Jagd mit erwähnt werde.

1) K. F. Eichhorn Deutſche Staats= und Rechtsgeſchichte. §. 45. Not. a.

2) Eichhorn a. a. O. §. 33.

3) J. Grimm Deutſche Rechtsalterthümer. Vorrede S. 9. Not. *), „Die Geſetze' — — enthalten — — bei weitem nicht den ganzen Umfang des unveränderten und fortbeſtehenden Rechts, das ſie als bekannt vorausſetzen."

4) Sehr treffend iſt dies angedeutet in Grimm a. a. O. S. 9. und S. 501. und 504. Zum Beweiſe des oben Geſagten erwähne ich nur Das, was Ritz Urkunden und Abhandlungen zur Geſchichte des Niederrheins 1. Thl. S. 150. von der Wehrmeiſterei und montjoer Waldung von 1492 uns überliefert: „Item ſo ſall der Markgreve van Gulich uſſ einen Einoichgich weisz pert sitzen, das sal haven einen stochen sadell und einen Lindenzoim, und he sall haven zwein hagendorn spoeren und einen weissen staff und sall reiten bisz dair die Ruire springet wans ausz dair sey." Wie häufig können wir nicht noch jetzt im Munde des Volkes Ueberlieferungen finden, die, auf alte Rechtsgebräuche ſich beziehend, aus einer längſt vergangenen Zeit herſtammen, wobei wir nur mit Mühe in den aufgezeichneten Rechtsgewohnheiten eine Andeutung davon finden können. Hiſtoriſchen Grund aber haben in der Regel alle ſolche Ueberlieferungen und Sagen, wenn es uns auch nicht immer möglich iſt, ſie von den Zuſätzen zu reinigen, oder den wahren Kern und Sinn der ſo aufbewahrten Erzählungen von ſymboliſchen Handlungen zu entwickeln.

5) K. S. Zachariä Vierzig Bücher vom Staate. Th. 3. S. 142. K. D. Hüllmann Geſchichte des Urſprungs der Stände in Deutſchland. 2. Aufl. 1830. S. 7.

§. 2. Eigenthumsverhältniſſe an Grund und Boden in den älteſten Zeiten.

Nach Cäſar's Erzählung hatten die Deutſchen keinen Privatbeſitz an Grund und Boden, nicht über ein Jahr blieben ſie an einem Orte, um ihn anzubauen, ſondern die Vorſteher des Volkes und die Vornehmſten (Fürſten) gaben den einzelnen Stämmen und Familien, die zuſammen lebten, jedes Jahr eine andere Fläche zum Anbau [1]. Der Ackerbau ſelbſt war unbedeutend [2]. Jene Nachricht, die Cäſar an der erſten Stelle nur von den Sueven giebt, dehnt er in der zweiten im Allgemeinen auf die Deutſchen aus. Auf ähnliche Weiſe ſchildert Tacitus dieſe Verhältniſſe [3]: „Agri pro numero cultorum ab universis per vices occupantur, quos mox inter se secundum dignationem partiuntur; facilitatem partiendi camporum spatia praestant. Arva per annos mutant, et superest ager." Eine ſehr verſchieden erklärte Stelle.

Ein jährlicher Wechsel des Feldbesitzes fand zur Zeit des Cäsar statt; in spätern Jahrhunderten ist er gänzlich verschwunden und ein fester Privatbesitz an seine Stelle getreten. Jener Zustand ist Zeichen einer großen Rohheit, der Kindheit der öffentlichen Einrichtungen [4]), dieser der Anfang einer höhern Ausbildung, der Moment, von dem an die Gesellschaft einer festern und sicherern Begründung als Staat entgegengeht. Zwischen beiden Zuständen muß ein Uebergang, ein Mittelglied der Verbindung vorhanden sein, und dies finden wir in jener Darstellung des Tacitus. Hier ist nicht mehr von einem jährlichen Wechsel der Felder die Rede, sondern eine Gemeinde, die mehrere Jahre in derselben Flur gesessen, nahm dann eine andere ein, so daß die Gemeinden gegenseitig wechselten (per vices), und zwar solche, zwischen denen möglichste Gleichheit in Zahl stattfand (pro numero cultorum). Bei der nach einem solchen Wechsel nöthigen Austheilung der Felder an die freien Glieder der Gemeinde gab das Ansehen die Norm der Theilung ab. Die Worte: „Arva per annos mutant, et superest ager," beziehen sich sammt den daran geknüpften weitern Bemerkungen nicht auf die Niederlassung der Gemeinde in einer neuen Flur, auf die das Vorige geht, sondern auf die Art und Weise des Anbaues selbst, und aus ihnen geht hervor, daß hier von einer Brache (superest ager) und Wechsel mit den Feldfrüchten (arva per annos mutant), was noch jetzt so häufig zu finden, und von den Bebauern die Rede ist [5]).

Ein fester Grundbesitz war demnach noch nicht da, doch die Bahn dazu gebrochen, Gemeindelande aber und somit auch der Grund zum spätern Gesammteigenthume vorhanden [6]).

1) *Caesar* De bello Gallico. Lib. IV. c. 1. „Sed privati ac separati agri apud eos nihil est; neque longius anno remanere uno in loco incolendi causa licet." Lib. VI. c. 22. „Neque quisquam agri modum certum aut fines habet proprios; sed magistratus et principes in annos singulos gentibus cognationibusque hominum, qui una coierunt, quantum et quo loco visum est, agri attribuunt atque anno post alio transire cogunt."

2) Barth Urgeschichte Deutschlands. Th. 2. §. 412.

3) *Tacit.* Germania. c. 26.

4) Auch bei andern Völkern als den deutschen war diese Sitte des Felderwechsels, die *Horatius* Od. III. 24. von den Geten und *Strabo* VII. 6. von den Dalmatiern, bei denen deshalb ein achtjähriger Zeitraum galt, erwähnt. Ganz dem Geiste der noch in der Zeit der Kindheit befindlichen Völker angemessen sind die Gründe, die *Caesar* l. c. VI. 22. für ein solches Verfahren angiebt.

5 Auf diese Weise wird diese Stelle von Weiske: Die Germania des Tacitus von F. Bülau, J. Weiske und K. v. Leutsch, S. 299. erklärt, womit auch Barth Urgeschichte. Th. 2. S. 257. übereinstimmt.

S. auch *Christ. Thomasius* Diss. de hominibus propriis. §. 65.
und J. C. Pfister Geschichte der Teutschen. Th. 1. S. 155.

6) Grimm Alterthümer. S. 495.

§. 3. Aelteste Verhältnisse von Wald und Jagd.

Alle Nachrichten der Alten stimmen darin überein, daß Deutschland voller Waldungen war [1]); daher auch jene Nachrichten über die große Ausdehnung des hercynischen Waldes, den die Römer überall bei ihrem Eindringen in Deutschland fanden, indem Hart die allgemeine Bedeutung für Wald war, die Römer diesen Namen aber für einen eigenthümlichen nahmen und so viele Nachrichten untereinanderwarfen [2]).

Ueber die eigentlichen Waldverhältnisse in den ältesten Zeiten findet sich gar nichts. Im Privatbesitz konnten sie aber um so weniger sein, als das Grundeigenthum überhaupt sich noch nicht ausgebildet hatte, und jenen das Bedürfniß noch nicht verlangte. Ob aber die einzelnen Gemeinden schon Wälder, wie ganze Fluren, in Besitz genommen hatten, und ob so die spätern Markverhältnisse schon vorbereitet waren, läßt sich zwar nicht genau bestimmen, hat aber viel Wahrscheinliches; nur darf man dabei an keine bestimmten Normen der Benutzung, an keine Ausschließung von nicht zur Gemeinde gehörigen Personen, wie in spätern Zeiten stattfand, denken. Zu allen solchen Einrichtungen war bei dem noch zu wenigen Werth der Wälder noch kein Bedürfniß vorhanden. Gewiß benutzte jede Gemeinde nach ihrem Bedürfniß den nächsten Wald, und indem die Menge der Wälder, die Entfernung der einzelnen Gemeinden von einander und die noch geringe Bevölkerung nothwendig jede Concurrenz bei dieser Benutzung und jede Streitigkeit über dieselben verhinderte, bewirkte dies wol auch zugleich, daß die nächstliegenden Wälder nach und nach als der nächstwohnenden Gemeinde gehörig betrachtet, und so das spätere Gesammteigenthum an den Wäldern vorbereitet wurde.

Dem kriegerischen Geiste des ganzen Volkes, dem Streben, auch im Frieden sich immer in der Uebung des Krieges zu erhalten, entsprach die Jagd mehr als jede andere Beschäftigung. Hierzu kam auch noch, daß sie zum Theil den Lebensunterhalt schaffen mußte, daß Nahrung und Kleidung durch sie erlangt wurde, und daß selbst die große Anzahl wilder Thiere sie nöthig machte [3]). Ausdrücklich erwähnen denn auch unsere Quellen, daß die Jagd von den Deutschen viel ausgeübt worden, daß die freien Männer in ihr die Hauptbeschäftigung im Frieden, die Jünglinge die Vorbereitung zu ernstlichen Thaten gefunden, und daß die gefahrvolle Jagd von ihnen auch am mehrsten geliebt wurde [4]).

Ob aber die Jagd jedem Freien nur in dem Umkreise sei=
ner Gemeinde, oder ohne Beschränkung der Grenzen freigestan=
den habe, oder ob Beschränkungen, und welche, stattgefunden,
darüber ist nichts bekannt. Schwerlich möchte wol auch in den
ältesten Zeiten eine Abweichung von dem natürlichen Zustande
und Rechte, nach dem Jeder, wo er will und kann, des Wil=
des sich bemächtigen darf [5]), stattgefunden haben. Als einzige
Abweichung ist wol nur die denkbar, daß die Jagd blos dem
Freien, nicht dem Eigenhörigen, der für seinen Herrn das Feld
baute, mit diesem keines Umganges sich erfreute und nicht wie
der Freie die ehrenvolle Führung der Waffen hatte [6]), zustand.
Jedes nähere Eingehen auf die rechtlichen Verhältnisse der Jagd
in dieser Zeit ist ein Verlieren in unhaltbare, auf kein histori=
sches Monument gestützte Conjecturen [7]), und so lange noch kein
feststehendes Privateigenthum an Grund und Boden vorhanden
ist, kann man sich auch keine Festsetzung von rechtlichen Normen
über die Ausübung der Jagd denken [8]).

1) *Pomponius Mela* III. 3. *Straba* IV et VII. *Tacitus* Germa=
nia. 5.

2) *Pompon. Mela* l. c. und *Caesar* De bello Gall. VI. 25.
erwähnen die große Ausdehnung des hercynischen Waldes, dessen Name
offenbar von Hart herkommt, welche Form in Speßhart, Harz, Arden=
nen u. s. w. sich findet. Eichhorn Rechtsgeschichte. §. 12a. Not. a.
Barth Urgeschichte. Th. 2. S. 19. Auch noch später findet sich diese
Benennung, so in dem in den Jahren 1022—1041 verfaßten Codex tradi=
tionum Monasterii Weihenstephaniensis, „inde in sylvam, quam Hart
vulgariter nuncupant.“ Monum. Boic. Vol. IX. p. 359. Auch bei
Zwenkau in der Nähe von Leipzig ist ein Wald, der noch heute die
Harb heißt.

3) *Caesar* l. c. IV. 1. VI. 21. 22. *Tacitus* l. q. 17. 23. Johann
v. Müller Geschichte der Eidgenossen. Th. 1. S. 195.

4) *Caesar* l. c. IV. 1. „Multumque sunt in venationibus: quae
res et cibi genere, et quotidiana exercitatione, et libertate vitae — —
et vires alit, et immani corporum magnitudine homines efficit.“ VI. 21.
„Vita omnis in venationibus atque in studiis rei militaris consistit.“ und
VI. 28., wo er von der gefährlichen Jagd der Auerochsen spricht. Taci=
tus l. c. 15. „Quotiens bella non ineunt non multum venatibus, plus
per otium transigunt.“ Diese Stelle war von Lipsius und nach seinem
Vorgange von vielen andern Herausgebern durch Weglassung des non ver=
ändert worden; die Handschriften aber haben non, und dies ist auch ganz
richtig, denn Tacitus sagt nicht, daß die Deutschen nicht jagten, son=
dern, daß sie mehr Zeit in Ruhe als auf der Jagd zubrächten, was auch
damit, daß er an andern Orten anführt, sie erhielten durch die Jagd die
Bedürfnisse des Lebens, übereinstimmt. *Passow* Tacit. Germ. p. 23.
Barth a. a. O. Th. 2. S. 271 und 313.

5) *Hugo Grotius* De jure belli et pacis. Lib. II. c. 8. §. 2.
Jo. Ad. Jekstatt Diss. de eo, quod jure naturae juris est
circa venationem. Wirceb. 1736. §. 76—90. *Dietr. Kemmerich*
Progr. de origine et progressu juris venandi. Witteb. 1724.

6) Barth a. a. O. Th. 2, S. 386.

7) Eine solche rein aus der Luft gegriffene Conjectur, um die Regalität der Jagd ganz vom Anfange her zu demonstriren, ist die von *Schilter* Praxis jur. Roman. in foro Germanico. Exercit. XLV. §. 4.
Er sagt, zu Anfang sei das Eigenthum an Feld, und demnach auch an
Wald und dem Wilde, bei dem Volke, der Gemeinde gewesen; nicht Jeder
habe jagen dürfen, sondern nur Der, dem es von dieser gestattet, und als
später die Könige entstanden, so hätten nun diese alle Rechte der Gemeinden und somit auch die Jagd erhalten, die sie dann an einzelne Privaten als Regal verliehen. Eine Conjectur, die gar keiner Widerlegung
bedarf.

8) Die ganze Darstellung, die Fr. U. Stisser Forst- und Jagd-
Historie der Teutschen. 2. Aufl. v. H. G. Franke. Leipzig 1754.
S. 56 folg. von der Jagd in diesem Zeitraume giebt, paßt ganz auf die
spätern Zeiten dieses Abschnittes, nicht aber auf diese ältesten Zeiten selbst;
nur muß man, wo Stisser vom Adel spricht, die Freien überhaupt darunter verstehen, da er auf diese Weise ingenui übersetzt.

§. 4. Grundeigenthum. Echtes Eigenthum.

Will man auch nicht jene Angabe der Römer, nach der
kein Privatgrundeigenthum bei den Deutschen gegolten, als irr-
thümlich verwerfen, wiewol auch dieses geschieht [1]), so ist doch
gewiß, daß einige Jahrhunderte nach Tacitus sich keine Spur
jenes Wechsels der Fluren unter den Gemeinden mehr finden
läßt, daß nunmehr ein festes Grundeigenthum der einzelnen
Freien und somit auch der Moment einer schon etwas höhern
gesellschaftlichen Ausbildung vorhanden war.

Die Vertheilung des Bodens an die freien Glieder der Ge-
meinde, der früher entweder auf die oben angegebene Art ein
Gesammteigenthum derselben gewesen oder auch bei den Völ-
kern, die in eroberten Ländern sich niederließen, eine Beute der
Sieger war, hatte nun so stattgefunden, daß jeder Freie seinen
Theil davon erhalten, wobei auch das Loos wol nicht ausge-
schlossen war [2]). Indem nun jeder Freie so seinen Theil an
Grund und Boden erhielt, wurde dieses Eigenthum zugleich nicht
nur Kennzeichen der vollkommenen Freiheit, sondern auch die
Bedingung, an welche die Rechte derselben gebunden waren [3]).
Blos demnach Der, welcher persönlich vollkommen frei war, konnte
dieses Grundeigenthum erwerben, und nur wer dieses im eigenen
Namen, nicht unter eines Andern Schutz besaß, war vollberech-
tigtes Mitglied der Volksgemeinde, zu der er gehörte [4]), so daß
also volle Freiheit und dieses Grundeigenthum sich gegenseitig
bedingten. Der Freie war dieses Grundeigenthums wegen zum
Kriegsdienste in den Volkskriegen verpflichtet [5]), dasselbe bedingte
seine Stimme in der Volksversammlung, und unter dem Schutze
dieser stand der Besitz selbst. Deshalb ging dieses Grundeigen-

thum nur auf den Sohn, nicht auf die Tochter über [6]); die Veräußerung desselben war an die Einwilligung der Erben, da ohne dasselbe diese die Rechte von vollkommenen Freien nicht ausüben konnten, gebunden [7]), und die Uebertragung selbst fand rechtsgültig nur in der Volksgemeinde statt [8]).

Unfreie und Schutzpflichtige konnten Grund und Boden nur unter dem Schutze und im Namen ihres Herrn, der aller Volksrechte theilhaftig war, besitzen; er mußte in Streitigkeiten mit andern Freien sie vertreten und für sie handeln; daher konnten sie denn auch nie, selbst wenn sie unter jenem Schutze die mehrsten Eigenthumsrechte ausübten, in dem vollen Genusse aller der Befugnisse sein, die für den Freien aus diesem Eigenthume hervorgingen, und sie hatten demnach stets nur ein abgeleitetes, nach Hofrecht (jus curiae) und nicht nach Volksrecht zu betrachtendes Eigenthum [9]). In neuerer Zeit nennt man dieses Grundeigenthum der Freien, was die Basis der öffentlichen Verfassung jener Zeit ausmachte, echtes Eigenthum [10]); in den Volksgesetzen selbst kommt es unter verschiedenen Namen, als proprium, proprietas, sors, terra Salica, Arimania, hereditas aviatica, terra und allodis vor [11]).

Außer allen Proprietätsrechten an Grund und Boden umfaßt demnach dieses echte Eigenthum noch die Herrschaft und den Schutz über die auf demselben wohnenden Unfreien (Hintersassen), das Recht der Theilnahme an allen Angelegenheiten des Volkes, und den Genuß der Gemeindegüter, sodaß dann damit die Benutzung der Wälder und die Jagd in Verbindung stand. (§. 6. 7. 8. 9.)

1) Grimm Alterthümer. S. 495. Not. J. C. Majer Germaniens Urverfassung. S. 34. 60., und in Beziehung auf das alte Sachsen Möser Osnabr. Gesch. Th. 1. Abschn. 1. §. 5.

2) Lex Burgundionum tit. 1. c. 1. nennt dieses Grundeigenthum der Freien terra sortis titulo acquisita, und ferner tit. 14. c. 5. sortis jure possessa.

3) Zu der vollkommenen Freiheit gehörte außer diesem echten Eigenthume auch noch das Befinden in der Gesammtbürgschaft einer freien Gemeinde, Eichhorn Rechtsgesch. §. 48.; daher denn der Begriff der Freiheit bei den Deutschen in der ältesten Zeit kein blos negativer, sondern wirklich ein positiver war. Majer a. a. O. S. 44. Hüllmann Geschichte der Stände. S. 2.

4) Majer a. a. O. S. 53. Möser a. a. O. Th. 1. Abschn. 1. §. 22. 24. Eichhorn a. a. O. §. 48. und desselben Einleitung in das deutsche Privatrecht. §. 157. Mittermaier Grundsätze des deutschen Privatrechts. §. 136. Grimm Alterthümer. S. 290.

5) Möser a. a. O. §. 21.

6) Lex Salica tit. 62. c. 6. „De terra vero Salica in mulierem nulla portio hereditatis transit, sed hoc virilis sexus acquirit, hoc est

filii in ipsa hereditate succedunt." Lex Ripuariorum tit. 56. c. 4. „Sed cum virilis sexus extiterit, femina in hereditatem aviaticam non succedat." Lex Angliorum et Werinorum tit. 6. c. 1. „Hereditatem defuncti filius non filia suscipiat. Si filium non habuit, qui defunctus est, ad filiam pecunia et mancipia, terra vero ad proximum paternae generationis consanguineum pertineat." Nach andern Volksrechten dagegen war dies Ausschließen des weiblichen Geschlechts nicht so allgemein, sondern in Ermangelung von Söhnen succedirten die Töchter in dieses Eigenthum, und nur wenn beide concurrirten, schlossen die erstern die letztern aus. Lex Burgundionum tit. 14. c. 1. Lex Saxonum tit. 7. c. 1. Leges Liutprandi Lib. 1. c. 1. S. Eichhorn Rechtsgeschichte. §. 65. S. Phillips Grundsätze des gemeinen deutschen Privatrechts. §. 14.

7) Die Giltigkeit aller solcher Veräußerungen hing von der Einwilligung der Erben ab, und nur wenn erstere aus Noth geschahen, konnte der Erbe nicht widersprechen. Eichhorn Rechtsgeschichte. §. 57. Einleitung. §. 157.

8) Der Grund davon war, daß auf dasselbe die ganzen öffentlichen Verhältnisse sich gründeten, und es unter dem Schutze des Volksgerichtes stand. Durch diese Uebertragung erhielt der Erwerber zugleich die rechte Gewehr an diesen Grundstücken. Eichhorn Rechtsgeschichte. §. 59. Mittermaier a. a. O. §. 136. Grimm a. a. O. S. 554 folg., und über die dabei gebräuchliche symbolische Handlung s. ebendaselbst S. 110 folg.

9) Nur eine unvollkommene Gewehr und einen abgeleiteten Besitz hatten demnach diese; zu jeder Veräußerung oder anderem in dem Volksgerichte vorzunehmenden Rechtsgeschäft mußten sie der Hand ihres Voigtes oder Herrn sich bedienen, und ihr hofrechtlicher Besitz konnte nicht unter den Schutz des Volksrechts gestellt werden; doch hinderte alles dieses nicht an der Ausübung der in der römischen proprietas — ohne daß aber die Idee derselben damals bekannt war — liegenden Rechte, und bloße Schutzpflichtige, die übrigens Volksrecht hatten, konnten auch durch die Hand ihres Schutzherrn einzelne, im echten Eigenthume liegende Befugnisse ausüben. Möser Patriot. Phantasien. Th. 4. Nr. 43. Osnabr. Geschichte. Absch. 1. §. 24. Eichhorn Rechtsgeschichte. §. 57. 59. Einleitung. §. 157. Mittermaier a. a. O. §. 136. Uebrigens mochte ein solches Schutzrecht wol blos bei den Völkern, die keine königliche Gewalt kannten, den Freien zustehen, während im Gegentheil da, wo diese vorhanden war, nur der König und der Adel auf seinem Grundeigenthume eine solche Schutzherrlichkeit hatte. Eichhorn Rechtsgeschichte. §§. 17. 23. 49.

10) Zuerst hat diesen Namen, dessen sich jetzt alle Neuern bedienen, Möser Patr. Phantas. Th. 4. Nr. 43. gebraucht, und wohl mag dieser Name (Eigen, echtes Eigen) auch eine alte Wurzel haben. Grimm a. a. O. S. 494. Nr. 15. Phillips a. a. O. Th. 1. S. 227.

11) Proprium, proprietas ist der Ausdruck der Capitularen, Capit. Wormat. Haec sunt capitula, quae pro lege sunt habenda. c. 6., die L. Salica tit. 62. c. 6. hat terra Salica (s. hierüber Eichhorn a. a. O. §. 48 und 57. Grimm a. a. O. S. 493.). Der Ausdruck sors bei den Burgundern (Not. 2.) kommt von der ursprünglichen Vertheilung her; terra aviatica, hereditas aviatica, hereditas paterna, von der Art der Erbfolge so genannt, also analog mit den spätern bonis stemmaticis, Stammgütern, findet sich in L. Ripuariorum tit. 56. und L. Alaman. tit. 57. Hereditas und terra schlechthin hat L. Anglior. et

Werin. tit 6, c. 1. und L. Saxon. tit. 7. Unter den vielen Bedeutungen der Arimania bei den Longobarden ist auch die des freien, echten Eigenthums, v. Savigny Gesch. des röm. Rechts im Mittelalter Th. 1. S. 171. Alodis (de alode terrae) kommt in dieser Bedeutung vor in der L. Salica tit. 62. c. 6. Außerdem sind die Titel der Volksgesetze, die von der Erbschaft handeln, de alode, de alodibus überschrieben; über die ursprüngliche Behandlung dieses Wortes s. Eichhorn a. a. D. §. 57. Not. c. Einleitung. §. 157. Not. f. g. Grimm a. a. D. S. 492. Nr. 8. Phillips a. a. D. Th. 1. S. 299.

§. 5. Gesammteigenthum.

Als schon ein Theil des Grund und Bodens in das Privateigenthum der einzelnen Freien gekommen war, so ward dadurch doch bei weitem nicht aller Boden, den eine Gemeinde inne hatte, getheilt, sondern das Bedürfniß selbst verlangte noch die Erhaltung ungetheilter Flächen. Denn war auch wegen der Verbreitung und Ausbildung des Ackerbaus die Vertheilung des Bodens als Privateigenthum nothwendig, so erforderte auf der andern Seite der Vortheil des Viehzüchters immer noch das Vorhandensein großer, ungetheilter Flächen zur Weide, und so geschah es, daß in den ältesten Zeiten neben dem Privateigenthume der Einzelnen auch noch ungetheilte Fluren der Gemeinde, Gemeindeland, Allmenden, vorhanden waren [1]). Ein Zustand, der in vielen Gegenden bis auf die neuern Zeiten sich erhalten hat.

Dieses Gemeindeland war im Eigenthume der Gemeinde, sei diese nun eine größere, Mark, Gau, oder kleinere, Dorf, so daß die Gesammtheit der einzelnen Glieder derselben dann auch als Eigenthümer gedacht werden muß [2]). Ideelle Antheile daran haben diese aber nicht, sondern Jedem steht das Benutzungsrecht nach Bedürfniß oder nach den durch Gewohnheit und Autonomie festgesetzten Normen zu [3]).

Wie der Inbegriff aller Gemeinde= und Volksrechte von dem echten Eigenthume abhing, so war es auch die Theilnahme an dem Gesammteigenthume und die daraus hervorgehenden Benutzungsrechte [4]). Doch mochte wol auch den Schützlingen und Unfreien in einer Gemeinde ein ihnen von ihrem Herrn zugestandenes beschränktes Benutzungsrecht zukommen, wodurch jedoch kein Antheil an dem Gesammteigenthume selbst begründet wurde [5]). Dieses an den Wäldern stattfindende Gesammteigenthum ist für unsern Gegenstand von großer Wichtigkeit.

1) Aus Verwandtschaft, Nachbarschaft und gemeinsamem Bedürfniß ist ursprünglich das Gesammteigenthum wol entstanden, wie aber der Zustand des Hirten und Viehzüchters älter als der des Ackerbauers, so ist auch jedenfalls das Gemeindeland älter als der Privatgrundbesitz. Grimm a. a. D. S. 495.

2) Gesammteigenthum, condominium in solidum, pro indiviso wird es genannt; der Eigenthümer ist hier also eine Gesammtheit Mehrerer, als moralische Person betrachtet. *C. G. Biener* De natura et indole dominii in territoriis Germaniae. p. 51., wobei man an den Begriff des römischen condominii freilich nicht denken darf; ebendas. S. 52. Not. c. *Mittermaier* a. a. O. §. 139. *J. J. Reinhard* De jure forestali Germanorum nec non de jure Märkerrecht dicto Ed. 2. Francof. 1759. p. 155 seq.

3) **Eichhorn** Einleitung. §. 168. Rechtsgeschichte. §. 84a. *Reinhard* l. c. p. 161 seq. Dieses Institut des Gesammteigenthums, ursprünglich bei den Gemeindeverhältnissen vorkommend, hat später mannigfache Ausdehnung auf andere Rechtsverhältnisse, wie Ganerbschaften, deutsche Mitbelehnung und eheliches Güterrecht erhalten, *Biener* loc. cit. p. 55 —176. **Eichhorn** Einleitung. §. 169., und ist auch eine Zeitlang fälschlich als der alleinige Grund der deutschen Erbfolge angesehen worden, besonders von *Fischer* Geschichte der deutschen Erbfolge, und seinen Nachfolgern, daher denn wol auch deshalb, und weil das ganze Institut sich auf einzelne Rechtsverhältnisse zurückführen läßt, *Mittermaier* a. a. O. §. 139. sich gegen dessen Annahme erklärt.

4) **Eichhorn** Rechtsgeschichte. §. 60. Frhr. v. Löw Ueber die Markgenossenschaften. Heidelberg 1829. S. 81.

5) *Möser* Osnabr. Gesch. Absch. 4. §. 13. Besonders findet sich dies in den Markeneinrichtungen der spätern Zeit, wo eine bestimmte, oft beschränkte Nutzung allen Innwohnenden, nicht blos den Angesessenen zustand, v. Löw a. a. O. S. 24., wo dies Not. 3. durch Urkunden aus dem 15. Jahrh. dargethan, und S. 83, 81 und 95. War dies in spätern Zeiten bei größerer Bevölkerung der Fall, warum sollte dies nicht auch schon in früherer stattgefunden haben? Freilich sind diese Nachrichten alle aus einem weit spätern Zeitraume, doch sind in diesen Fällen die erst später geschichtlich zu belegenden Thatsachen gewiß auch weit früher schon dagewesen. S. oben §. 1.

§. 6. Wald im Gesammteigenthume. Marken.

Die in der Natur der Sache und den ältesten Verhältnissen begründete Gemeinschaft der Wälder (§. 3.) mußte bei der weitern Ausbildung der gesellschaftlichen Verhältnisse selbst sich auch mehr ausbilden, und der größte Theil des zu den Gemeindegütern gehörigen Bodens mochte wol in Waldungen, die in diesem und dem folgenden Zeitraume noch eine sehr große Fläche von Deutschland einnahmen, und die von den Gliedern der Gemeinde gemeinschaftlich benutzt wurden, bestehen [1]).

Die einzelnen Gemeinden wurden von den andern durch die großen Waldungen getrennt, und da für Grenze in den ältesten Zeiten schon der Name Mark vorkam und der Hauptbestandtheil der Gemeindegüter Wälder waren, so erhielt das Wort Mark unter mehreren Bedeutungen auch die des Waldes, und weil an diesen besonders lange und weit verbreitet das Gesammteigenthum stattfand, so war es auch besonders auf dieses Verhältniß übergetragen. Doch finden wir außer Wald auch Flüsse, Bäche, Viehtriften und Weideplätze zu den Marken gehörig [2]).

Das hohe Alter dieser Marken, obwol die Bestimmungen über ihre Rechtsverhältnisse erst in dem folgenden Zeitraume aufgeschrieben worden [3]), läßt sich doch wegen der vielfachen Uebereinstimmung dieser Verhältnisse mit den ältesten gesellschaftlichen Einrichtungen der deutschen Völker nicht verkennen [4]). Dieses hohe Alter, verbunden mit dem Umstande, daß die Ausübung der vollen Rechte als Markgenossen noch in spätern Zeiten, in denen das echte Eigenthum sehr vermindert und theilweise verschwunden war, vom Grundbesitz in der Mark abhing [5]), giebt denn auch die Gewißheit, daß in den ältesten Zeiten die ursprünglichen Grundsätze des Gesammteigenthums von den Marken gegolten [6]), und somit der echte Eigenthümer allein vollberechtigter Markgenosse gewesen. Die Benutzung der Mark bestand in dem Verbrauche des Holzes zum Bauen und Brennen, in Weide, Mast [7]) und theilweis auch in Ausrodung einzelner Stücke des werthlosen Waldbodens [8]). Einzelne Benutzungen wurden sicher auch Denen, die nicht Markgenossen waren, zugestanden [9]).

In den Volksgesetzen dieses Zeitraums konnte deren ganzem Wesen nach von diesem Verhältnisse nicht die Rede sein [10]); und so finden wir denn auch in den rein deutschen Gesetzen nur eine beiläufige Erwähnung der Gemeindewaldungen [11]), und eine der Markgenossen bei Bestimmungen über Streitigkeiten wegen neugerodeten Landes und wegen unbestimmter Grenzen [12]). Anders als mit diesen rein deutschen verhält es sich mit den Gesetzen der Völker, die in ehemals römischen Provinzen sich niedergelassen, zu deren Abfassung die Bestimmung des privatrechtlichen Verhältnisses der Römer zu den Gliedern des siegenden Volkes einen hauptsächlichen Grund abgegeben, wohin besonders das burgundische und westgothische Gesetz gehört [13]), in welche vielerlei Grundsätze und Bestimmungen aus dem römischen Rechte aufgenommen wurden [14]). Die Bestimmungen dieser beiden Gesetze über Gemeindewälder beziehen sich nun größtentheils auf die römischen Unterthanen, die zwar, wie die andern, einen Theil ihres Grundeigenthums an die Sieger abtreten mußten [15]), aber doch der Unfreiheit entgingen und nicht in das Dienstgefolge der Könige kamen und so denn freie Grundeigenthümer blieben [16]). Ausdrücklich ergiebt sich aus diesen Gesetzen, daß Wälder und Weiden nach der Größe des Jedem zustehenden Grundeigenthums benutzt wurden [17]); ein Verhältniß, das auch bei dem Rodland stattfand, wodurch Jeder auf diese Weise aus der Gemeinschaft heraustreten konnte, daß er einen mit seinem Grundeigenthume in Verhältniß stehenden Theil des gerodeten Landes empfing; nur mußte den Römern, wie hierbei ausdrücklich bestimmt wird, die Hälfte aller Wälder erhalten werden [18]). Es sind dieses Bestimmungen, bei denen der Einfluß des römischen Rechts nicht leicht zu verkennen ist, und die in dem rein deutschen Gesammteigenthume und Marken sich nicht finden; denn bei diesen richtet die Benutzung sich nicht genau nach der Größe des Grundeigenthums der Einzelnen [19]), sowie auch das Austreten aus der Gemeinschaft durch Theilung der Gemeinde daselbst nicht anerkannt ist, und die Römer endlich keineswegs echte Eigenthümer waren [20]), die sonst doch allein in dieser Zeit als vollberechtigte Theilhaber der Marken vorkommen.

1) K. G. Anton Geschichte der deutschen Landwirthschaft. Th. 1. S. 141. Stisser Forst- und Jagd-Historie der Teutschen. S. 49. *Reinhard* De jure forestali. p. 160. Eichhorn Rechtsgeschichte. §. 84a. v. Löw Markgenossenschaften. S. 80 folg. Außer diesen gemeinschaftlichen Wäldern und den im Privateigenthume befindlichen mochte es wol noch genug große Waldungen geben, die keinen Herrn hatten. Man muß überhaupt die Entstehung dieses Verhältnisses sich ganz natürlich erklären: bei ihrer großen Ausdehnung war ihr Werth nur gering; die Gemeinden benutzten die nächstgelegenen, wie das Bedürfniß es erforderte, und erst nach und nach, wie das Privateigenthum des Grund und Bodens sich mehr entwickelte, fing auch dieses Verhältniß an, eine festere Gestaltung zu bekommen, und die Wälder, welche dieselbe Gemeinde lange benutzt, kamen nun in das Gesammteigenthum derselben.

2) Ueber die ursprüngliche Bedeutung des Wortes Mark und die später erfolgte Ausdehnung desselben s. *Reinhard* l. c. p. 152 seq., und ganz besonders Grimm Rechtsalterthümer. S. 495 folg. Nr. 3. 4. 6. 7. 8.

3) Das Aufschreiben der Rechtsgewohnheiten über diese Verhältnisse wurde erst dann, als diese zusammengesetzter wie früher geworden und die Gewohnheiten sich vervielfältigten, Bedürfniß, weil dann die reine Erhaltung derselben im Munde des Volkes nicht mehr, wie früher, zu erwarten und selbst eine Einmischung des fremden Rechts zu fürchten war. *Reinhard* l. c. p. 166. Grimm a. a. O. S. 501.

4) Grimm a. a. O. S. 504., nach dem die Mark weniger eine Nachbildung der öffentlichen Verhältnisse des Volkes ist, als umgekehrt.

5) Unsere urkundlichen Nachrichten von den Marken stammen nämlich aus Zeiten, wo nur Wenige noch im Besitz von echtem Eigenthum waren, und die mehrsten Grundbesitzer blos ein abgeleitetes Eigenthum hatten, mit denen aber einzelne Rechte von jenem verbunden waren, Möser Osnabr. Gesch. Th. 2. Absch. 2. §. 24., daher denn mit Bestimmtheit anzunehmen, daß die Befugnisse, welche in spätern Zeiten überhaupt mit dem Grundbesitz verbunden waren, in frühern Zeiten, ehe jene großen Veränderungen durch die Traditionen erfolgt, zum echten Eigenthume gehörten. Grimm a. a. O. S. 505. v. Löw a. a. O. S. 24 folg.

6) *Reinhard* l. c. p. 155.

7) Eichhorn a. a. O. §. 58. Grimm a. a. O. S. 508 folg. 521 folg. v. Löw a. a. O. S. 82., und viele in beiden letztern Stellen mitgetheilte Urkunden.

8) Später, als die Wälder schon mehr Werth erlangt, in welcher Zeit die Weißthümer abgefaßt, konnte das Roden des Gemeindewaldes nicht mehr gestattet werden, indem dadurch das Bestehen des ganzen Verbandes der Markgenossen gefährdet worden, daher die vielen bei Grimm a. a. O. S. 525. angeführten Verbote. Anders war es jedenfalls in den ältesten Zeiten, Eichhorn a. a. O. §. 58., in denen das Roden unter den Namen: exartum facere, exartare, cultura silvarum, ad culturam scindere, culturam facere, oft und keineswegs verbietend erwähnt wird. L. Bajuvar. tit. 16. c. 2. L. Burgund. tit 13. tit. 54. c. 2. L. Visigothor. Lib. X. tit. 1. 9. Selbst das gehört jedenfalls als praktisches Recht in diesen Zeitraum, was in einigen Markweißthümern über das uralte Recht des Hammerwurfs, als das Recht jedes Genossen, so weit den Wald sich anzueignen, als er mit dem Hammer von der Grenze seines Grundeigenthums aus werfen kann, enthalten ist, Grimm S. 57 folg. Nr. 12. 13. 20. 46. 48.; zur Zeit der Aufschreibung dieser Weißthümer galt dieses sicher nicht mehr als praktisches Recht, sondern wurde als bloße Tradition aufbewahrt, Grimm a. a. O. S. 527.

9) S. §. 5. Not. 5. Selbst in Privatwäldern wurden noch später Fremden einzelne Nutzungen gestattet, Grimm S. 514.; warum also nicht auch früher den Eingesessenen, die nicht volle Markrechte hatten?

10) S. §. 1. und Eichhorn a. a. O. §. 33. Ueber die wichtigsten Verhältnisse, die täglich Jedem vor Augen waren, und demnach Jedem bekannt sein mußten, finden wir nur selten in den ältern Rechtsquellen etwas erwähnt.

11) L. Ripuar. tit. 76. „Si quis Ripuarius in silva communi seu regis vel alicujus' etc.“

12) L. Bajuvar. tit. 11. c. 5. „Quotiens de commarchanis contentio nascitur, ubi evidentia signa non apparent in arboribus aut in montibus nec in fluminibus“ — — tit. XVI. c. 2 „Si autem suum voluerit vindicare illum agrum aut pratum vel exartum, vel unde illa contentio est, taliter vindicet. Juret cum sex sacramentalibus et dicat: Ego tua opera priora non invasi contra legem, nec cum sex solidis componere debeo, nec exire, quia mea opera et labor prior hic est quam tuus. Tunc dicat ille qui quaerit: Ego habeo testes qui hoc sciunt, quod labores de isto campo ego semper tuli, nemine contradicente exartavi, mundavi, possedi usque hodie, et pater meus reliquit mihi in possessione sua. Ille homo qui hoc testificare voluerit, commarchanus ejus debet esse et debet habere sex solidorum pecuniam et similem agrum.“ — Aus dieser letztern Stelle ergiebt sich zugleich die Berechtigung zum Roden der Gemeindewälder.

13) Eichhorn a a. O. §. 30.

14) v. Savigny Geschichte des röm. Rechts im Mittelalter. Th. 2. S. 69 folg. Eichhorn a. a. O. §. 34. 37.

15) L. Burgundion. tit. 54. c. 1. L. Visigothor. Lib. X. tit. 1. c. 8. 9. Eichhorn a. a. O. §. 23. v. Savigny a. a. O. Th. 1. S. 283. Manso Geschichte des christlichen Reichs in Italien. S. 79 folg.

16) Eichhorn a. a. O. §. 25a.

17) L. Burgundionum. Addit. I. tit. 1. c. 6. „Sylvarum, montium et pascuorum unicuique pro rata suppetit esse communionem.“ L. Visigothor. Lib. VIII. tit. 5. c. 2. „Si inter consortes de glandi-

bus fuerit orta contentio, pro eo, quod unus ab alio plures porcos habeat: tunc qui minus habuerit, liceat ei secundum quod terram dividet, porcos ad glandem in portione sua suscipere, dummodo aequalis numerus ab utraque parte ponatur." Cap. 5. „Si in pascua grex alienus intraverit, sive ovium sive vaccarum, hoc quod de porcis constitutum est, praecipimus custodiri. Consortes vel hospites nulli calumniae subjaceant, quia illis usum herbarum, quae conclusae non fuerant, constat esse communem."

18) L. Burgundion. tit. 13. „Si quis tam Burgundio quam Romanus in sylva communi exartum fecerit, aliud tantum spatii de sylva hospiti suo consignet et exartum, quem fecit, remota hospitis communione possideat." tit. 54. c. 2. „De exartis quoque novam et superfluam faramannorum competitionem et calumniam a possessorum gravamine et inquietudine hac lege praecipimus submoveri ut sicut de silvis, ita et de exartis sive ante acto sive in praesenti tempore factis, habeant cum Burgundionibus rationem: quoniam sicut jam dudum statutum est, medietatem silvarum ad Romanos generaliter praecipimus pertinere." tit. 67. „Quicunque agrum aut colonicas tenent, secundum terrarum modum vel possessionis suae ratam, sic sylvam inter se noverint dividendam: Romano autem de sylvis medietate exartis servata." L. Visigothor. Lib. X. tit. 1. c. 9. „De silvis, quae indivisae forsitan resederunt, seu Gothus seu Romanus eas assumpserit, et fortasse fecerit culturas: statuimus ut si adhuc silva superest, unde paris meriti terra ejus cui debetur portioni debeat compensari, silvam accipere non recuset. Si autem paris meriti quae compensantur, silva non fuerit, quod ad culturam scissum est, dividatur."

19) v. Löw a. a. O. S. 83. 95.

20) Hatten sie auch Grundeigenthum, so war bei ihnen doch kein echtes Eigenthum vorhanden, da sie nicht zu Volksrecht geboren waren. Eichhorn a. a. O. §. 80. Erst im achten Jahrhunderte verwischte sich der Unterschied zwischen Römern und Deutschen gänzlich.

§. 7. Privateigenthum an den Wäldern.

Obschon das Bedürfniß, was das Entstehen des Privateigenthums an den Aeckern erheischte, bei den Wäldern nicht so vorhanden war, indem noch eine große Anzahl von Gemeindewäldern bestand und an eine Cultur der Wälder erst ein Jahrtausend später gedacht wurde, so finden wir dennoch vom sechsten Jahrhunderte an Spuren von einem Privateigenthume an den Wäldern.

Schon die in den Volksgesetzen vorkommenden Ausdrücke: silva aliena, silvae dominus [1]), lassen dies nicht verkennen. Noch deutlicher aber erhellt dieses aus verschiedenen, in denselben enthaltenen Strafbestimmungen gegen die Verletzung solcher Wälder. So mußte Der, welcher aus eines Andern Wald gefälltes Bauholz oder anderes gehauenes Holz entwendete oder verbrannte, funfzehn Solidos Strafe bei den salischen und ripuarischen Franken; wer aber bei erstern einen auf einem frem-

den Acker gepflanzten Baum abhieb, 30 Solid. entrichten[2]), und
bei jenen bestand zugleich die Gewohnheit, die zum Fällen be=
stimmten Stämme zu zeichnen; wurde nun von einem Andern
ein solcher Stamm gefällt, so unterlag er einer Strafe von
drei Solid., die jedoch dann wegfiel, wenn ein solcher Baum über
ein Jahr mit dem Zeichen gestanden hatte[3]). Bei andern Völ=
kern waren diese Vorschriften nicht so im Allgemeinen ausgespro=
chen, sondern die Strafe richtete sich da gewöhnlich nach der
Art der Bäume, so daß die, deren Früchte wegen der Mast Vor=
theil brachten (arbores fructiferae), auch am höchsten gewährt
wurden[4]). Das baierische Gesetz bestimmte hierüber[5]), daß
Jeder, der einen solchen Baum fällte, außer dem Schadenersatze
auch noch einen Solid. Strafe bezahlen sollte, nur aber bis zu
sechs Bäumen wurde diese Composition entrichtet, und bei einer
größeren Anzahl außer dieser Zahlung nur noch der Schaden er=
setzt[6]); hatte dagegen ein solcher Baum noch keine Früchte ge=
tragen, so wurde neben dem Schadenersatze nur der dritte Theil
von jener Strafe bezahlt; für eine Buche dagegen wurde nur
der dritte Theil eines Solid. gegeben, und zwar bis zu der
Anzahl von achtzehn Bäumen, so daß dann die Composition,
neben der der Schadenersatz noch besonders zu leisten, in sechs
Solid. bestand, bei noch größern Entwendungen aber wurde,
ohne daß die Composition mit stieg, blos der Schade ersetzt[7]).
Bei den Burgundern bestand der Ersatz, den der Eigenthümer
des Waldes für jeden entwendeten masttragenden Baum bekam,
in einem Solid., welche Bestimmung auch auf die Fichten und
Tannen sich bezog[8]). Nach Rotharis Gesetzen ward bei den
Longobarden das Fällen von Eichen, und überhaupt von mast=
tragenden Bäumen, die zwischen eines Andern Feldern oder in
dessen Umzäunung standen, mit zwei Drittel eines Sol. bestraft[9]),
und wegen des übrigen Holzes wurde hier unterschieden, ob des=
halb schon Arbeit aufgewendet war oder nicht; war jenes der
Fall, und wurde es von einem Holzplatze, einer Wohnung,
oder auch nur zugehauen und aus dem Walde geschafft entwendet,
so bestand die Strafe in sechs Solid., während dann, wenn es
noch zerstreut im Walde gelegen, es nur mit dem achtfachen
Werth ersetzt wurde[10]). Außer den obigen Bestimmungen über
masttragende Bäume erwähnt das baierische Gesetz noch minu-
tae silvae, aber auch hier gelten ganz ähnliche Vorschriften wie
oben, denn die Entwendung eines Baumes wird ebenfalls außer
dem Schadenersatze mit einem Solid. bestraft, und zwar auch so,
daß diese Strafe nicht über sechs Solid. steigen soll, indem bei
einer größern Anzahl nur der Werth ersetzt wurde; doch ist
hier noch besonders beigefügt, daß, wenn einer jene Strafe we=
gen früherer Entwendungen auch schon geleistet, bei neuen Ent

wendungen nichtsdestoweniger die Strenge des Gesetzes wieder eintreten soll [11]). Besondere Erwähnung verdienen noch die gesetzlichen Bestimmungen der Westgothen. Körperliche Strafen und voller Schaden stehen auf das Anbrennen eines Waldes [12]); wer Reifstäbe oder anderes Holz aus einem fremden Walde ohne Erlaubniß des Herrn fortfährt, verliert Wagen und Zugvieh [13]), was auch bei den Longobarden galt [14]), und überhaupt wird die Entwendung der Waldbäume mit zwei Solid. bestraft [15]).

Auch aus den wenigen, in diese Periode selbst gehörigen Urkunden, die uns aufbewahrt sind, läßt sich das Dasein von Privateigenthum an den Wäldern erkennen, indem bei Schenkungen von Gütern Wälder als dazu gehörig mit aufgeführt werden [16]).

Was die Hutung in fremden Privatwäldern anlangt, so untersagte sie Clothar II. den königlichen Heerden ohne des Eigenthümers Erlaubniß [17]), und in mehreren Volksgesetzen finden sich einige beschränkende Bestimmungen. Bei den Longobarden nämlich verordnete König Rotharis, daß der Eigenthümer eines Waldes, wenn ein Anderer weniger als zehn Schweine in denselben getrieben, eins als Pfand nehmen könne, und daß dann Jener für jedes eingetriebene Stück drei siliquae entrichten sollte; wenn jedoch zehn oder mehr Schweine in den Wald getrieben waren, so war weiter festgesetzt, daß dann der Waldeigenthümer eins davon, eins von den mittlern, tödten und behalten könnte; geschah dieses aber dann, wenn die Menge der Schweine unter jener Anzahl war, so mußte er ein Gleiches dafür geben [18]). Vom König Liutprand erhielt dieses Gesetz noch den Zusatz, daß Jeder, wer von zehn eingetriebenen Schweinen mehrere tödtete, diese achtfach ersetzen mußte, daß aber, wenn mehr, als in jenem Gesetze bestimmt, also über zehn, eingetrieben waren, der Waldeigenthümer mehr als eins tödten durfte, ohne zum Schadenersatz verpflichtet zu sein; konnte jedoch in diesem Falle der Eigenthümer der Schweine eidlich erhärten, daß dieses nicht asto animo von ihm und seinem Hirten geschehen, so mußte er eben so viele Schweine wiedererhalten, von denen er aber nur die Hälfte dann zurückbekam, wenn er jenen Eid nicht mit auf den Hirten erstrecken konnte [19]). Bei den Westgothen herrschte der Gebrauch, daß Einer die Mast eines Andern bis zur Wintersonnenwende gegen Abgabe des zehnten Stücks seiner Heerde benutzen konnte; wer jedoch, ohne diesen Vertrag eingegangen zu sein, Schweine in seinem Walde traf, der konnte das erste Mal pfänden, dann ein, oder wenn es mehrere waren, auch zwei Schweine tödten, und zum dritten Male das zehnte behalten [20]); der Reisende hingegen konnte bei ihnen seinen Ochsen in jedem Walde weiden und zum Futter Zweige abschneiden,

durfte aber nicht über zwei Tage auf einem Orte liegen bleiben
und keine größern masttragenden Bäume fällen [21]).

Fassen wir nun diese, besonders die obigen, auf die Holzentwendung sich beziehenden Bestimmungen zusammen, so finden
wir denn allerdings ein Privateigenthum an den Wäldern erwähnt, was aber mehr bei den germanischen Völkern, die auf
römischem Grund und Boden sich niedergelassen, als bei denen,
die im eigentlichen Deutschland geblieben, ausgebildet war. Wenn
nun auch die Baiern nicht zu jenen gehören, doch aber das
baierische Gesetz bei den Bestimmungen über diese Verhältnisse
mit dem burgundischen und westgothischen im Wesentlichen übereinstimmt, so kommt dies wol von seiner spätern Abfassung als
das salische und ripuarische her [22]). Bei diesem Privateigenthume
der auf deutschem Boden gebliebenen Völker dürfen wir aber weder an den nach römischem, noch auch nach heutigem Recht damit verbundenen Sinn denken; denn nicht in der Verletzung des
Eigenthums eines Dritten an den Wäldern ist der Grund der
Strafbestimmungen der fränkischen Gesetze enthalten, wie bei den
übrigen angeführten, sondern wie aus jenen Stellen ganz deutlich sich ergiebt, in der wegen des Holzes schon aufgewendeten
Mühe und Arbeit. So mag denn das Eigenthum an den Wäldern — oder auch das Recht Einzelner auf einen bestimmten
Wald — nach rein deutschen Begriffen in jenen Zeiten mehr in
dem eigenen, unbeschränkten Benutzungs- und Verfügungsrechte
des Eigenthümers, als in der Befugniß, jeden Andern davon
auszuschließen, bestanden haben [23]); was man aber, in Erwägung der eigenthümlichen deutschen Eigenthumsverhältnisse der
ältern Zeiten, wol ohne zu fehlen mit dem Namen Eigenthum belegen kann. Diese Ansicht wird noch durch mehrere
positive Bestimmungen jener Gesetze, selbst derer, welche ein stren-
geres Privateigenthum der Wälder als die andern anerkennen,
bestätigt. So giebt das ripuarische Gesetz bei seiner oben angeführten Strafbestimmung zugleich als Grund, warum die Entwendung des Holzes nicht so schwer als andere Diebstähle bestraft werde, den Umstand an, weil das Holz selbst nicht im
Besitz war [24]) Bei den Longobarden war die Entwendung des
bearbeiteten und aus dem Walde geschafften Holzes weit strenger als das in demselben noch befindliche bestraft, da dieses
noch zu keiner Arbeit Veranlassung gegeben und gewissermaßen
noch nicht im Besitz war [25]). Bei den Burgundern endlich steht
es Jedem, der keinen Wald hat, frei, in dem eines Andern von
dem liegenden Holze oder den nicht masttragenden Bäumen zur
Befriedigung seiner Bedürfnisse sich welches zu holen; ja, wenn
der Eigenthümer, um dieses zu hindern, pfändete, so verfiel er
selbst in Strafe [26]), was bei der Anerkennung eines Privateigen-

2 *

thums an den Wäldern bei diesem Volke (Not. 8.) jedenfalls für die Annahme des soeben aufgestellten Begriffs von Privateigenthum an den Wäldern in diesen Zeiten spricht, und zwar um so mehr, als in den Gesetzen der Burgunder sonst fremde Rechtsprincipe schon Eingang gefunden.

Trotz dem Entstehen dieses, allerdings noch wenig ausgebildeten Privateigenthums war dennoch die Idee der Gemeinschaft der Wälder und des Rechts Derjenigen, die selbst keinen Wald haben, aus dem eines Andern ihre Bedürfnisse zu befriedigen, keineswegs entschwunden [27]), und aus diesem Gesichtspunkte ist manche Berechtigung in dieser und der folgenden Zeit zu betrachten, die nach den römischen und heutigen Begriffen als eine Servitut erscheint [28]).

1) Außer den bald anzuführenden Stellen über den Schutz des Privateigenthums an den Wäldern finden sich solche Ausdrücke: L. Bajuvar. tit. 21. c. 11. „ut nullus ex alterius silva — aves tollere praesumat,“ dann „silvae dominus“ in L. Visigoth. Lib. VIII. tit. 4. c. 27. und „silva aliena,“ ebendas. tit. 5. c. 1.

2) L. Salica. tit. 8. c. 4. „Si quis in silva alterius materiamen furatus fuerit aut incenderit, vel concapulaverit, aut ligna alterius furaverit, DC den. culpabilis judicetur, qui faciunt solid. XV.“ tit. 27. c. 12. „Si quis in silva materiam, aut ligna furaverit, aut incenderit, vel copulaverit DC den., qui faciunt solid. XV culpabilis judicetur.“ ibid. cap. 39. „Si quis in agro alieno arborem insertam exciderit MCC den., qui faciunt solid. XXX culpabilis judicetur.“ L. Ripuar. tit. 76. „Si quis Ripuarius in silva communi seu Regis vel alicujus locata materiamen vel ligna fissa abstulerit, quindecim solidis culpabilis judicetur. Sic de venationibus, vel de piscationibus, quia non res possessa est, sed de ligno agitur. Aut si negaverit cum sex juret.“ Betrachtet man diese Stellen genauer, selbst abgesehen von dem Zusatze der L. Ripuariorum, so scheint der Grund dieser Strafbedingungen weniger in der Verletzung des Eigenthums, als darin zu liegen, daß Andere schon Mühe wegen dieses Holzes aufgewendet, und das Fällen eines Baumes in einem fremden Walde — denn ligna bedeutet hier stets gefälltes Holz, während stehende Bäume arbores genannt werden — dadurch gar nicht verboten worden zu sein. Nach der Fassung der zweiten angeführten Stelle der L. Salica in der Verbesserung Karls d. Gr., L. Salic. a Carol. M. emend. tit. 29. c. 27. „Si quis in silva materiamen alienum aut incenderit aut culpaverit DC den. qui faciunt sol. XV culp. jud.“ scheint diese Strafbestimmung auf alle Arten Wälder, selbst auf Gemeindewald zu gehen, und nur das von einem Andern schon bearbeitete Bauholz dadurch geschützt worden zu sein.

3) L. Salica. tit. 27. c. 28. „Si quis arborem post annum quam fuerit signata priserit, nullam ex inde habeat culpam; si quis infra annum eam capulaverit CXX den. qui faciunt solid. III culpabilis judicetur.“ L. Salica a Carol. M. emend. tit. 29. c. 29. „Si quis arborem post annum, quam fuerit signata, capulare praesumpserit nullam exinde habeat culpam.“ Auch dies kann man ebenso gut auf die Gemeindewaldungen beziehen.

4) Grimm Rechtsalterthümer. S. 506.

5) **L. Bajuvariorum.** tit. 21. c. 2. „Si quis aliena nemora praeciderit, si portat escam, et rubus est, cum solido et simile componat." c. 3. „Etsi amplius usque ad numerum sex per singulos singulum restituat. Deinde arborum numerositatem restituere cogatur; et de his quae nondum fructum portaverunt, cum tremisse et simile restituat." c. 4. „De fagis vero tremissem et simile restituendum esse censemus, usque ad numerum sex solidorum per singulas arbores, id est decem et octo. Et si amplius damnum infert non cogatur componere nisi numerum restituendi."

6) Das simile in diesen Stellen bedeutet einen ähnlichen Baum, daher es denn im Ganzen den Schadenersatz im Gegensatz von der Composition ausdrückt; es erhellt dies schon aus den eben angeführten Stellen, noch mehr aber aus tit. 20. Leg. Bajuvar. Das soeben (Not. 5.) angeführte cap. 3. hat eine Schwierigkeit wegen dem restituat, was mir in zwei verschiedenen Bedeutungen in demselben Kapitel vorzukommen scheint, ein übrigens in den Volksgesetzen nicht seltener Fall. Denn in dem ersten Satze, wo nach singulum jedenfalls solidum zu suppliren, hat es die Bedeutung von componere, sodann folgt es in seiner eigenthümlichen Bedeutung von ersetzen, und am Ende begreift es beides, Strafe und Ersatz.

7) Bei diesem cap. 4. muß man nach den Worten: „decem et octo," jedenfalls tremisses suppliren, denn 6 solidi sind 18 tremisses; ganz zu demselben Resultate führt es aber, wenn man statt tremisses hier arbores annimmt, denn da für jeden Baum 1 tremiss. bezahlt wurde, so mußten deren 18 oder 6 solid. auch für 18 Bäume gegeben werden; doch scheint mir jene Annahme der Sprache dieser Gesetze angemessener als diese. Auf den ersten Anblick scheint dagegen nach „decem et octo" das Wort solidorum supplirt werden zu müssen; wo man aber dann, um einen Sinn zu erhalten, statt tremissis hier tressis — den tripondius der Römer, eine Bedeutung, die sich auch finden soll, s. *Du Fresne* Glossarium mediae et infimae Latinit. Ed. congreg. S. Maur. T. VI. p. 1258. — annehmen müßte, welcher Erklärung jedoch außer dieser gekünstelten Annahme auch die ganz gegen den Geist dieses Gesetzes dann zu hoch steigende Composition von 18 Solid. widerspricht. Dasselbe, was von den Buchen galt, war auch von den Obstbäumen vorgeschrieben. **L. Bajuvariorum,** l. c. c. 5. „Si malum vel pirum vel cetera ejusmodi pari sententia ut fagi perseverent."

8) **L. Burgundionum.** tit. 28. c. 2. „Si quis vero arborem fructiferam in aliena sylva, non permittente domino, forfasse inciderit, per singulas arbores, quas incidit, singulos solidos domino sylvae inferat. Quod etiam de piniis et abietibus praecipimus custodiri. Quod si servus hoc fecerit, fustigetur: et dominus ejus nullum damnum aut calumniam patiatur."

9) **Leg. Rotharis** c. 305. 306. et 307. „Si quis roborem aut quercum seu cerrum quod est modo laiscum aut glandem, quod est faja inter agrum alienum, aut inter culturam, vel clausuram, in cujus vicino inciderit, componat pro arbore tremisses duos — —" Faia ist so viel wie fagus, und dann überhaupt arbor glandifera. *Du Fresne* l. c. Tom. III. p. 306.

10) Ibid. c. 286. „Si quis de lignario alterius lignum furatus fuerit, componat ei, cujus lignarium fuerit, solidos VI." cap. 287. „Si quis de casa erecta lignum quodlibet aut scindulas furatus fuerit, componat solidos VI." cap. 288. „Si quis de lignamine adunato in Curte aut in platea ad casam faciendam lignum furatus fuerit, componat soli-

dos VI. Si autem in silva dispersum fuerit, et furatus fuerit, componat in Octogilt."

11) L. Bajuvariorum. tit. 21. c. 6. „Si vero de minutis silvis de luco vel quacunque Kahejo vegetum reciderit, cum solido et simile componat, et deinde usque ad sex solidos restitutionem et compositionem." c. 7. „Si amplior fuerit numerus vegitarum, non cogatur componere, nisi restituere cum simile et sacramento. Si autem post compositionem et restitutionem damnum intraverit inferre in ipsius nemora cui composuit, nihil excludat componendi sententiam, sed superioris observetur regula sententiae."

12) L. Visigothor. Lib. VIII. tit. 2. c. 2. „Si quis qualemcunque sylvam incenderit alienam, sive piceas arbores, vel caricas, hoc est ficus, aut cujuslibet generis arbores cremaverit, correptus a judice centum flagella suscipiat et pro damno satisfaciat, sicut ab his qui inspexerint fuerit aestimatum. Quod si servus hoc domino nesciente comiserit CL flagellorum verberibus addicetur." Also auch den Freien werden hier körperliche Strafen gedroht, was in den rein deutschen Gesetzen sich durchaus nicht findet.

13) L. Visigoth. Lib. VIII. tit. 3. c. 8. „Si quis aliquem comprehenderit, dum de silva sua cum vehiculo vadit; et circulos ad cupas, aut quaecunque ligna sine domini jussione aut permissione asportare praesumpserit, et boves et vehiculum alienae silvae praesumptor admittat, et quae dominus silvae cum furo aut violento comprehenderit, indubitanter obtineat."

14) Leg. Liutprandi. Lib. VI. c. 28. „Si quis carrum et boves in silva sua invenerit, et lignamen superpositum, aut qualicunque re oneratum, et ipsos boves aut carrum comprehenderit, et ad proprium suam casam duxerit, non sit culpabilis pro eo, quod in rebus suis invenerit."

15) L. Visigothor. Lib. VIII. tit. 3. c. 1. „Si quis inscio domino alienam arborem inciderit: si pomifera est, det solidos III., si oliva, det solidos V., si glandifera major, det solidos II., si minor est, det solidum unum. Si vero alterius sunt generis et majores atque prolixiores, binos solidos reddat, quia licet non habeant fructum, ad multa tamen commoda utilitatis praeparant usum. Et haec quidem compositio erit, si tantundem abscissae fuerint. Nam si praesumtive inscissae alicubi ferantur aut similes arbores cum illis incisis dabuntur, aut praedictum precium duplo solvetur."

16) Nur wenige Urkunden sind aus dieser Periode uns erhalten, und viele Schenkungen, die ihrer Zeit nach in selbige gehören, und welche die Chartularia, Corpora traditionum und Urbarien enthalten, sind, da diese Sammlungen selbst erst später angelegt, auch erst später aufgeschrieben. Doch finden sich denn allerdings einzelne Urkunden aus dieser Periode, welche unter einer großen Anzahl einzelner Zubehörungen — als cum ceteris domibus, edificiis, mancipiis, ministerialibus, libertis, accolabus, farinariis, vineis, silvis, campis, pratis, pascuis, aquis, aquarumque cursibus, adjunctis, adjacenciis, apendiciis, peculium utriusque sexus mobilibus et immobilibus, und oft auch anders — auch die Wälder nennen und deren Echtheit keinem Zweifel unterliegen, wie z. B. Urkunden von 728, 730, 731 und 741. bei *Schoepflin* Alsatia diplom. Tom. I. p. 9. 13. 14 et 16. Auch *Goldast* hat solche Urkunden, Script. rer. Alaman. Tom. II. Nr. 44. 46. 48. 59. 63 et 64. von mehreren dem

Kloster St. Gallen gemachten Schenkungen, die aber bei Goldast's bekannter Ungenauigkeit und Unsicherheit nur wenig Garantie für ihre Echtheit gewähren. Bei *Schannat* Corp. tradit. Fuldens. Nr. 4. 16. 18. 32 et 36. sind ebenfalls in diese Periode gehörige Urkunden mit solchen Erwähnungen von Wäldern zu finden.

17) Clotharii II. edictum d. a. 615. c. 21. (*Georgisch* Corp. jur. ant. Germ. p. 480.) „Porcarii fiscales in silvas ecclesiarum aut privatorum, absque voluntate possessoris, in silvas eorum ingredi non praesumant."

18) Leg. Rotharis. c. 354. „De porcis si in esca alterius paverint, et inventi fuerint, si minus sunt decem, non occidantur nec unus de ipsis, sed ille qui eos invenerit, teneat unum ex ipsis et habeat salvum, et componantur ei per porcos siliquiae III. Nam si supra decem fuerint, aut usque ad decem, unus mediocris occidatur, et non requiratur. Nam si minus decem fuerint et occiderit unum, reddat ferquidum, id est similem. Daß hier von Wäldern die Rede, ergiebt sich aus esca, Mast, *Du Fresne* l. c. III. 135., und auch daraus, daß die folgende Stelle (Rot. 19.), wo silva defensata vorkommt, auf diese sich mit bezieht. Siliquiae ist jedenfalls Schreibfehler für siliquae, ein kleines Gewicht, und dann auch der vierundzwanzigste Theil des Solid.

19) Leg. Liutprandi. Lib. VI. c. 98. „Si quis porcos in silva aliena defensata miserit, sicut anterius edictum continet, usque ad X porcos et occiderit porcum unum, sic sit, sicut in anteriori edicto continetur. Si quidem tantum decem invenerit, et plus occiderit, quam edictum habet, componat eum in octogild, sicut qui res alienas malo ordine tollit. Nam si ille homo, qui porcos habet, amplius miserit asto animo suos aut alienos in defensata silva, quam quod edictum habet, et ille cujus silva est, occiderit ex ipsis plus quam edictum continet, non requiratur. Et si ille qui porcos misit jurare praesumpserit, quod asto animo non mississet, sine voluntate ipsius domini reddat ille, qui occiderit, ipsos porcos ferquidos. Et si de pastore suo similiter juraverit, similiter reddat: Nam si de pastore suo asto animo jurare non potuerit, medium reddat et medium reputet sibi, quia servum habuit indisciplinatum." Silva defensata nimmt Anton Gesch. der teutsch. Landwirthschaft. Th. 1. S. 145. für Bannforst; diese waren aber zur Zeit der Abfassung dieses Gesetzes noch gar nicht vorhanden, und übrigens befanden sich in der ersten Zeit nach ihrem Entstehen die Könige fast allein in ihrem Besitz, daher denn jener Ausdruck weiter nichts als Privatwald, oder höchstens einen umzäunten Privatwald bedeuten kann. Asto animo bezeichnet wohl dolose, oder wenigstens mit Wissen und Willen. Grimm a. a. O. S. 4.

20) L. Visigoth. Lib. VIII. tit. 5. c. 1. „Qui porcos in silva sua tempore glandis invenerit, primum custodiae aliquid velut pignoris tollat judicium, et domino pastoris vel parentibus mandet, ut si convenerit usque ad tempus decimarum, porcos in silva sua permittat, et pignus quod pastori tulerit reformare procuret. Quod si noluerit porcos illius in silva sua intromittere decumandos, et ille eos alia vice in sua silva invenerit, etiam si porci pauci fuerint, unum exinde qui silvam suam defendit, occidat. Si autem plures porci fuerint, duos tollat et praesumat occidere, et nullam calumpniam pertimescat. Et nihilominus tertia vice eum cujus porcos invenit admoneat, ut porcos suos in silvam suam si voluerit introducat, et decimam juxta consuetudinem solvat. Quod si nec tunc voluerit de dandis decimis definire, et ille

eos tertia vice in silva qui introduxit invenerit, decimam ex omnibus pro suo jure praesumat. Si vero aliquis sub pactione decimarum porcos in silvam suam intromittat alienam, et usque ad brumas porci in silva alterius paverint, decimas sine ulla contradictione persolvat."

21) L. Visigoth. Lib. VIII. tit. 4. c. 27. „Iter agentes in pascuis quae conclusa non sunt deponere sarcinam et jumenta vel boves pascere non vetentur: ita ut non in uno loco plus quam biduo, nisi hoc ab eo cujus pasca sunt obtinuerint, commorentur. Nec arbores majores vel glandiferas nisi praestiterit silvae dominus a radice succidant. Ramos autem ad pascendos boves non prohibeantur competenter incidere."

22) Eichhorn Rechtsgeschichte. §. 40.

23) S. Note 2. Nicht ohne Bedeutung für diese Ansicht ist es auch, daß in den übrigen deutschen Gesetzen, wie die Leg. Alaman., Angl. et Werin., Frision, und Saxonum nichts von diesen Verhältnissen vorkommt, denn wenn der Eigenthümer nicht Jedem die theilweise Mitbenutzung seines Waldes verwehren konnte, so war auch nur wenig Grund der Aufnahme dieser Verhältnisse in die Volksgesetze vorhanden.

24) Lex Ripuar. tit. 76. — — „Quia non res possessa est sed de ligno agitur," s. Note 2.

25) Note 10. In den Volksgesetzen heißt lignum stets das gefällte Holz, das auf dem Stamme noch stehende wird dagegen mit arbor bezeichnet. Anton a. a. O. Th. 1. S. 144.

26) L. Burgundion. tit. 28. c. 1. „Si quis Burgundio aut Romanus sylvam non habeat, incidendi ligna ad usus suos de jacentivis et sine fructu arboribus in cuslibet sylva habeat liberam potestatem neque ab illo cujus sylva est repellatur." c. 3. „Si quis vero quemquam de jacentivis et non fructiferis arboribus lignum usibus suis necessarium praesumere fortasse non permiserit, ac si ei pignora tulerit, restitutis in triplum pignoribus, inferat mulctae nomine sex solidos.

27) Eine Idee, die Jeder, der Gelegenheit gehabt, die Gesinnung des gemeinen Mannes darüber kennen zu lernen, noch immer nicht für ganz erloschen halten kann. Der anonyme Verfasser der Schrift: Deutschlands Rechtspflege wie sie ist und sein sollte. S. 108. stellt für manche Gegenden, wo nach Traditionen die Wälder Gemeingut waren, die Bestimmungen über Holzdiebstahl unter das formelle Recht im Gegensatz vom materiellen.

28) Eichhorn a. a. O. §. 60.

§. 8. Befugniß zur Jagd auf gemeinschaftlichem und Privateigenthume.

Die ältern, aus der Natur der Sache sich ergebenden und daher auch wahrscheinlichen Jagdverhältnisse (§. 3.) mußten bei größerer Ausbildung des Privateigenthums an Feld und Wald eine andere Gestalt annehmen und dem Eigenthümer auf seinem Grund und Boden ebenso wie den vollberechtigten Genossen der Gemeinde auf den im Gesammteigenthume befindlichen Grundstücken zustehen [1]); was um so mehr anzunehmen ist, da wir bei den Allemannen am Ende dieser Periode den Grundsatz ziem-

lich allgemein ausgesprochen finden, daß ohne den Willen des
Eigenthümers Niemand seinen Grund und Boden zu betreten
berechtigt sei [2]).

Diese Verbindung der Jagd mit dem Grundeigenthume ergiebt sich deutlich aus dem Gesetze der ripuarischen Franken,
nach welchem eben Das, was über die Wälder festgesetzt wurde,
auch von der Jagd und Fischerei gelten soll [3]), sowie auch nach
diesem wie nach dem salischen Gesetz eine Strafe von 15 Solidi
auf die Entwendung von Gegenständen der Jagd in eines Andern District festgesetzt wurde [4]).   Daß übrigens diese Stellen
von der Erlegung eines Wildes auf den Grundstücken eines Andern, und nicht von der Entwendung und Verhehlung eines ent-
laufenen, von andern Jägern auf einem gemeinschaftlichen Jagddistrict verwundeten Wildes, also von der Jagdfolge sprechen [5]),
ergiebt sich theils daraus, daß Dasselbe, was hier über die Jagd
bestimmt, auch von den Fischen gelten soll [6]) — bei denen be-
greiflicherweise solche Grundsätze von Jagdfolge undenkbar sind —
und theils daraus, daß derselbe Titel des salischen Gesetzes,
aus dem obige Bestimmungen entnommen, auch noch ganz besonders über die Jagdfolge Einiges verfügt [7]).   Daher denn
neben der Anerkennung des Rechts, das Einem auch ein von ihm
verwundetes Stück Wild zukommt; in diesem Gesetz auch ein
Schutz der Jagd auf eigenem Grund und Boden sich findet.
Zwar ohne besondere Strafdrohung, aber dennoch ausdrücklich
ausgesprochen, findet sich in dem bairischen Gesetz die Entwendung von Vögeln aus dem Walde eines Andern untersagt [8]).
Dieses Princip der Verbindung der Jagd mit dem Grundeigenthume scheint auch, wiewol auf indirecte Art, in den westgothischen Gesetzen bei den Bestimmungen über die dem Wilde gelegten Fallen — eine in der ältesten Zeit gebräuchliche Jagdart [9])
— anerkannt zu sein. Hatte nämlich Jemand auf seinen Grundstücken wegen des Wildes Pfähle eingeschlagen, Gruben gemacht,
Stricke, Bogen oder Fallschüsse gelegt, und ein Anderer, der um
zu stehlen diese Grundstücke betreten, wurde dadurch verletzt, so
war Jener von aller Schuld freigesprochen. Waren hingegen
solche Gegenstände auf verborgenen und unangebauten Orten angebracht, wo weder Weg noch Trift war, so mußte es den
Nachbarn bekannt gemacht und diese gewarnt werden, wo dann
bei jedem durch Zufall einer Person verursachten Unglück der Eigenthümer von aller Strafe frei war, und nur wegen des auf
solche Weise einem Fremden, der von dieser Warnung nichts
wissen konnte, zugezogenen Unfalls den dritten Theil des gesetzlichen Wehrgeldes bezahlen mußte. Wenn er aber die Warnung
unterlassen, so mußte er bei jeder so herbeigeführten Verletzung
der Nachbarn das volle Wehrgeld bezahlen, und selbst dann,

wenn jene erfolgt und Vieh verlegt worden war, den Schaden ersetzen: quia quadrupes sibi ea cavere non potuit [10]).

Die Ausübung der Jagd auf eigenem Grund und Boden war demnach ein Ausfluß des Eigenthums. Wie aber nur der vollkommen Freie echter Eigenthümer sein konnte, so unterliegt es auch keinem Zweifel, daß das echte Eigenthum auch zugleich das war, mit dem jenes Recht in Verbindung stand [11]). Denn nur dieses Eigenthum und die übrigen Rechtsverhältnisse der Freien waren es, die unter dem Schutze des Volksgerichts standen und nach Volksrecht beurtheilt wurden, so daß obige Stellen, die theils einen Schutz der Jagd nach Volksrecht bestimmen, theils das Eigenthum an der Jagd erwähnen, zugleich auch die Verbindung der Jagd mit dem echten Eigenthume andeuten [12]). Auch ist es schwerlich denkbar, daß der freie Deutsche bei seiner durch historische Thatsachen bewiesenen großen Jagdliebe seinem unfreien Hintersassen — dessen Rechte an den ihm übergebenen, in abgeleitetem Besitz befindlichen Grundstücken er nach dem Hofrechte bestimmte — das Recht der Jagd eingeräumt habe, noch dazu, da dem Unfreien die Führung der Waffen nicht zustand [13]). Daß aber in einer einzigen Stelle des salischen Gesetzes, die noch überdies sehr problematisch ist, ein Unfreier als Jäger genannt wird [14]), kann weiter nichts bedeuten, als daß sein H r ihn bei der Jagd gebrauchte, was natürlich in dessen Willen stehen mußte [15]), und kann keineswegs einen Schluß auf ein eigenthümliches Jagdrecht begründen.

Aus obigem Principe folgt weiter, daß auf gemeinschaftlichen Grundstücken die Jagd den Gesammteigenthümern derselben, also ebenfalls den echten Eigenthümern in einer Mark, zustand [16]). Dieses scheint aus der oben angeführten Stelle des ripuarischen Gesetzes sich zu ergeben [17]), und daß Fremde, die demnach keine echten Eigenthümer waren, davon ausgeschlossen blieben, erhellt aus der Erzählung, nach der die Alemannen über die erste Niederlassung des heiligen Gallus und Columbinus deshalb bei ihrem Herzoge Beschwerde führten, weil dadurch die öffentlichen Jagden gestört würden [18]).

Uebrigens konnten bei der großen Ausdehnung der Wälder und der verhältnißmäßig schwachen Bevölkerung Deutschlands in jenen Zeiten unmöglich damals alle Waldungen in dem Privatoder Gesammteigenthume sein, sondern es mußte noch Viele geben, die in keinem Eigenthumsverhältnisse sich befanden, und in denen daher die Jagd und die übrige Benutzung Jedem frei stand, den der Zufall in dieselben führte [19]). Nur auf diese Weise läßt sich auch das schnelle Entstehen so vieler und großer Bannforsten in der folgenden Zeit erklären.

Eben so wenig als in dieser Periode das Eigenthum an den

Wäldern unsern heutigen Begriffen gemäß (s. §. 7. a. E.) aus=
gebildet war, läßt dieses sich auch von dem Jagdeigenthume den=
ken [20]). Daher sind denn die in den Volksgesetzen sich finden=
den Strafen über Jagdentwendungen auch im Verhältniß zu den
Entwendungen zahmer Thiere nur sehr gering, wovon das ri=
puarische Gesetz den Grund daher ableitet, weil die Gegenstände
der Jagd nicht im Besitz waren [21]). Eine Beziehung auf die
frühere, vor Entstehung des Privateigenthums an den Wäldern
vorhanden gewesene Gemeinschaft derselben an der Jagd scheint
in der oben angeführten Bestimmung des baierischen Gesetzes zu
liegen, nach dem Niemand aus eines Andern Wald Vögel neh=
men durfte, selbst wenn er sie früher fand als der Eigenthümer,
es sei denn, daß er mit diesem zu einer Markgenossenschaft ge=
hörte [22]). Unter allen Völkerschaften, in deren ältesten Rechts=
monumenten der Jagd Erwähnung geschieht, möchte das Eigen=
thum an derselben bei den Longobarden am wenigsten ausgebil=
det gewesen sein, sondern auf der Occupation allein beruht ha=
ben; denn wer bei ihnen aus dem Walde eines Andern Fal=
ken zu sich nahm, durfte sie, wenn es kein königlicher Wald
war, behalten, doch konnte sie der dazu kommende Eigenthümer
wegnehmen; eine Strafe von sechs Solid. mußte Jener aber nur
dann entrichten, wenn der Baum, von dem sie entnommen wur=
den, bezeichnet war [23]).

In den Gesetzen der salischen Franken und der Longobarden
findet sich auch eine Spur von der Jagdfolge (sequela ve=
natoria), unter der wir das Recht des Jagdberechtigten, ein von
ihm verwundetes Wild auch außerhalb der Grenzen seines Jagd=
districts zu verfolgen, verstehen [24]), und die eben so gut bei ei=
nem Privat= wie bei einem Gesammteigenthume an der Jagd
und auch da, wo dieselbe auf bloßer Occupation ohne Rücksicht
auf das Grundeigenthum beruht, stattfinden kann. Nach dem
salischen Gesetz mußte Jeder, der sich Hirsche oder Schweine,
die ein Anderer angejagt oder verwundet, anmaßte, funfzehn
Solid. bezahlen [25]); bei den Longobarden hingegen galt der
Grundsatz, daß jedes verwundete Wild vierundzwanzig Stunden
Dem verbleibe, der es verwundet, und daß Der, welcher es spä=
ter findet, es alsdann behalten kann [26]); sowie auch Der, wel=
cher ein von einem Andern verwundetes Wild, wahrscheinlich in
dieser Zeit von vierundzwanzig Stunden, entweder schon todt
findet oder es tödtet und dem Andern anzeigt, es also diesem
so erhält, das rechte Vorderbug mit sieben Rippen für sich be=
halten kann, wenn er es aber verheimlicht, eine Strafe von sechs
Solid. bezahlen muß [27]).

In den über Schenkungen und dergleichen Geschäften uns
aus diesem Zeitraume aufbewahrten Urkunden findet sich die Jagd

unter den Zubehörungen der Landgüter eben so wenig mit aufge=
führt als auch in den ersten Jahrhunderten der nächsten Pe=
riode.²⁸). Indem aber nach Obigem die Verbindung der Jagd
mit dem Grundeigenthume wol außer allen Zweifel gesetzt ist, so
ist wol auch mit Bestimmtheit anzunehmen, daß sie bei allen
Uebertragungen des echten Eigenthums unter den Zubehörungen
desselben mit begriffen gewesen; was noch mehr Gewißheit er=
hält, wenn wir die in einigen solchen Urkunden handelnden Per=
sonen und die dabei gebrauchten Worte betrachten. Daß näm=
lich die Könige der Franken und Grafen des achten Jahrhunderts
echtes Eigenthum besaßen und so ihnen auch die Jagd gehörte,
wird selbst von den eifrigsten Vertheidigern der Regalität der
Jagd, die selbige schon in den ältesten Zeiten als begründet dar=
zustellen sich bemühen, zugestanden. Indem diese nun aber Gü=
ter mit allen Zubehörungen ohne irgend eine Ausnahme veräußer=
ten, so mußte hierbei auch die Jagd auf den Erwerber mit über=
tragen werden; denn daß die Jagd unter den Zubehörungen mit
enthalten sei, wenn nach namentlicher Aufführung vieler Perti=
nenzstücken alle die nicht genannten unter solchen umfassenden
Formeln begriffen werden, wie: quidquid dici aut nominari
potest, sicut a nobis moderno tempore possideri dignosci=
tur, quidquid ex successione parentum meorum legibus mihi
abvenit, et ex quolibet attractu acquisivi, und quidquid ad
nos spectat, und dergl.²⁹), unterliegt wol keinem Zweifel. Will
man aber, wie ebenfalls geschehen, aus den Verzeichnissen der
von den geringern Freien an Klöster und andere geistliche Insti=
tute geschehenen Traditionen, in denen die Jagd nicht genannt
ist, die Behauptung ableiten, daß zwar die Könige und Dynasten,
nicht aber die bloßen Freien die Jagdbefugniß gehabt, so steht
außer vielen andern Gründen einem solchen Schluß auch der
Umstand entgegen, daß ja selbst in den Urkunden jener, denen
man die Jagd nicht abzustreiten vermag, die Erwähnung eben=
falls nicht erfolgt. Nichts weiter läßt sich demnach daraus, daß
die Jagd in den ersten Jahrhunderten nicht besonders in den
Urkunden erwähnt wird, folgern, als daß der Urkundenstyl da=
mals noch nicht so weitläufig wie später geworden, was gar keiner
Erwähnung bedürfte, wenn nicht dieser Umstand im vorigen
Jahrhunderte zur Ableitung der Idee des Jagdregals von den
ältesten Zeiten her öfters gebraucht worden wäre.

1) Der ganze Beweis, daß die Jagdgerechtigkeit in dem Eigenthume
der Einzelnen und auf das Grundeigenthum basirt war, läßt sich theils
direct aus den alten Volksgesetzen, insoweit diese die Jagd schützen, theils
indirect aus den Strafbestimmungen derselben gegen Entwendung oder Ver=
letzung von Thieren, die zur Jagd abgerichtet waren und gebraucht wur=
den (s. folg. §.) — was also eine Befugniß zur Jagd voraussetzt —,

theils auf negative Weise dadurch, daß in allen jenen Gesetzen kein einziges Jagdverbot zu finden, theils endlich auch dadurch führen, daß noch viele Jahrhunderte später, als die königliche Gewalt sehr vermehrt und viele Bannforsten schon begründet waren, doch die Jagd noch immer als ein Pertinenzstück des Grundbesitzes vorkommt.

2) Lex Alamanorum. Capit. addita, alia capitula (bei *Georgisch* Corp. jur. Germ. ant. p. 247.) cap. 3. „Nullus alienam terram sine auctoritate praesumat invadere. Qui hoc fecerit cum vindicta se expellendum esse cognoscat.“

3) Lex Ripuarior. tit. 76. (s. §. 7. Not. 2.) Wie demnach der Wald entweder ein gemeinschaftlicher, ein königlicher oder ein Privatwald war, so gehörte also auch die Jagd entweder einer Gemeinschaft, oder dem Könige, oder irgend einem Privaten.

4) Lex Ripuarior. tit. 42. c. 1. „Si quis de diversis venationibus furaverit aliquid, et celaverit, seu et de piscationibus quindecim solidis culpabilis judicetur. Quia non est haec res possessa sed de venationibus agitur.“ Pact. Leg. Salicae. tit. 36. c. 1. „Si quis aliqua de venatione, de avibus aut de piscibus furaverit DC den. qui faciunt sol. XV culpabilis judicetur.“ Diese Stelle scheint mir wegen der Worte: aliqua de venatione, den Grundsatz des Privateigenthums an der Jagd deutlicher auszusprechen, als die Lex Salic. a Car. M. emend. tit. 35. c. 1. „Si quis de diversis venationibus aliquid aut furaverit, aut celaverit MDCCC den. qui faciunt sol. XLV, culp. judicetur. Quam legem tam de venationibus quam de piscationibus convenit observare.“

5) Wie Hüllmann Geschichte des Ursprungs der Regalien in Deutschland. S. 24. diese Stellen auslegt.

6) Eichhorn Rechtsgeschichte. §. 58. Note d. setzt diesen Umstand der Hüllmann'schen Meinung entgegen. Schon Aeltere, wie Stisser Forst- und Jagdhistorie. S. 63. und *P. de Ludwig* Differ. jur. Rom. et Germ. in venatu, Diff. IV. Nr. 2., nehmen obige Stellen ganz richtig als von der Jagd auf Privatgrundstücken sprechend an.

7) S. unten Note 24 folg.

8) Lex Bajuvarior. tit. 21. c. 11. „Pari modo de avibus sententia subjacet, ut nullus de alterius silva, quamvis prius inveniat aves tollere praesumat, nisi ejus commarchanus fuerit, quem calasneo dicimus. Et qui aliter praesumpserit, semper restitutionis sacramentum justum putamus, quamvis minima sit querela. Et si admittitur cum sex sacramentalibus jurare lex compellit.“

9) Anton Geschichte der teutschen Landwirthschaft. Th. 1. S. 149.

10) Lex Visigothor. Lib. VIII. tit. 4. c. 22. „Si quis sudes in vinea posuerit, sive in campo propter feras, et ibi aliquis dum furtum facere tentat, inciderit; culpae ejus oportet adscribi, qui vulnus excepit, quod in rem alienam fraudulenter ingressus est.“ c. 23. „Si quis in terris suis foveas fecerit, ut feras in eisdem foveis comprehendat, aut laqueos vel arcus praetenderit, seu balistas in locis secretis vel desertis, ubi nulla via est, quae consueverit frequentari, nec ubi pecudum possit esse accessus: si alicujus animal, per hanc occasionem quae ad feras paratur, extinguatur aut occidatur, pecus quod periit incautus venator exsolvat, quia quadrupes sibi ea cavere non potuit. Omnes vero proximos et convicinos venator ante commoneat: et si post commoni-

tionem quisquam in haec incautus irruerit, nihil ex hoc calumniae venatori oportet opponi, quia se ille periculo, qui commonitionem audire neglexit, objecit. Si quis vero de locis longinquioribus veniens, qui non fuerat ante commonitus, ignorans inciderit, et fuerit debilitatus aut mortuus; hic qui feris insidias vel laqueos praeparavit, tertiam partem compositionis exsolvat, quae fuerat hactenus debilitatis hominibus vel occisis in legibus comprehensa: quia in itinere hominibus hoc periculum nescientibus apparare non debuit." Durch die Worte: in vinea, in campo und in' terris suis ist, wenn man den ganzen Zusammenhang betrachtet, ausgesprochen, daß daselbst Maßregeln zum Fangen des Wildes, also zur Jagd zu treffen nur dem Eigenthümer zustand. Die loca secreta vel deserta scheinen sich wol nur auf entlegene, nicht angebaute Orte im Privateigenthume zu beziehen; selbst aber dann, wenn man unter ihnen Orte, die in Keines Eigenthum befindlich, verstehen will, so widerspricht dieses der Verbindung der Jagd mit dem Grundeigenthume nicht.

11) Möser Osnabr. Geschichte. Th. 1. Absch. 5. §. 32. Eichhorn Rechtsgeschichte. §. 58. Einleitung. §. 284. Mittermaier Grundsätze des deutschen Privatrechts. §. 270. Weber Lehnrecht. Th. 2. S. 257. Anton a. a. O. Th. 1. S. 147. *de Ludwig* l. c. Diff. IV. Nr. 2. und Stisser a. a. O. S. 55 folg.

12) Auch das kommt hier in Betracht, daß in weit spätern Zeiten, als das echte Eigenthum nach und nach sich zu verwischen begann, doch dieses Princip, wie wir weiter unten sehen werden, noch immer das leitende war, was jedoch in spätern Zeiten sich unmöglich erst gebildet haben konnte.

13) Capitularia Reg. Francor. Lib. V. c. 247. „Et ut servi lanceas non portent." Freilich ist dieses Gesetz erst nach unserer Periode gegeben; galt dieses aber zu einer Zeit, wo wegen der ewigen Kriege Karls d. Gr. das ganze Streben darnach ging, so viele Bewaffnete wie nur möglich zu haben: wie vielmehr mußte dieses nicht auch zu einer Zeit gelten, wo jenes Streben noch nicht vorhanden war; auch ist hierbei keineswegs zu übersehen, daß man in den Capitularien gar viele Rechtsbestimmungen findet, die schon in weit früherer Zeit vorhanden waren. Eichhorn Rechtsgeschichte. §. 142. Daß die Jagd den Unfreien nicht zustand, wird noch ausdrücklich erwähnt von *Chr. Thomasius* D. de hominibus propr. et liberis Germ. p. 62. und *de Ludwig* l. c. p. 14 seq.

14) Lex Salica a Carol. M. emend. tit. 11. c. 5. „Si quis servum aut ancillam valentem sol. XV aut XXV furaverit, aut vendiderit, seu porcarium, aut fabrum, sive vinitorem, vel molinarium aut carpentarium, sive venatorem aut quemcuñque artificem MMDCCC den. qui faciunt solid. LXX culp. jud. exc. cap. et dil." Andere Lesarten haben statt venatorem venatorem, dem noch andere „sive scancionem" (i. e. pincernam) beifügen; venator ist aber hier jedenfalls falsch und ohne Sinn, denn in keinem Glossario habe ich irgend eine Bedeutung davon gefunden, so daß man also den römischen Begriff davon annehmen müßte. Dagegen hat die ältere Recension dieses Gesetzes, Pact. Leg. Salic. tit. 11. c. 6., nicht venator, sondern bloß vinitor, daher demnach diese Erwähnung wol nicht auf die ältesten Zeiten, sondern erst auf die von Karl d. Gr. zu beziehen.

15) Grimm Rechtsalterthümer. S. 353.

16) Eichhorn Rechtsgeschichte. §. 58. Note d. Mittermaier a. a. O. §. 272. Chr. Gottl. Riccius Entwurf von der in Deutsch-

land üblichen Jagdgerechtigkeit. Nürnberg 1786. 4. Kap. 1. §. *Fried. Ad. Georg.* Institutiones juris forestalis Germanorum. Franc. 1802. 8. §. 12.

17) L. Ripuar. tit. 76. S. oben §. 7. Note 2. Es soll sich nach dieser Stelle mit der Jagd eben so wie mit dem Walde verhalten, und so, wie dieser denn entweder in dem Eigenthume eines Einzelnen, oder einer Gemeinde, oder des Königs ist, so soll also auch die Jagd auf den Privatgrundstücken im Eigenthume der Einzelnen, auf gemeinschaftlichen Grundstücken gemeinschaftlich, und auf den Grundstücken des Königs diesem sein.

18) *Walafrid. Strabus:* Vita B. Galli. Cap. VIII. bei *Goldast* Script. rer. Alam. p. 11. „Dicentes venationem publicam in iisdem locis propter illorum infestationem peregrinorum esse turbatam."

19) In der in Note 10. angeführten Stelle der L. Visigoth. Lib. VIII. tit. 4. c. 23. kommen loca secreta vel deserta und bei einer ähnlichen Gelegenheit in der L. Burgundion. tit. 72. die Ausdrücke: extra culturas et in deserto, vor, welche jedoch wol schwerlich auf die in Keines Eigenthum befindlichen Flächen zu beziehen.

20) Indem man früher bei allen Rechtsverhältnissen römische Begriffe unterzulegen sich bemühte, wußte man bei der Jagd gar nicht recht damit auszukommen, denn ein dem deutschen Rechte eigenthümliches dominium ferarum, was nach römischen Begriffen doch stets nur ein quasi-dominium ist, wagte man nicht anzunehmen, und das ganze Verhältniß auf die occupatio, wie bei den Römern, zu gründen, paßte wegen der ganzen praktischen Gestaltung dieser Verhältnisse nicht; daher jene merkwürdigen Wendungen, Widersprüche und Vermengungen beider Rechte, die wir schon in der spätern Glosse der Rechtsbücher des Mittelalters und von da an in den Schriften vieler Rechtsgelehrten finden, worauf wir weiter unten bei einzelnen Gelegenheiten wieder zurückkommen werden. Dieses spätere deutschrechtliche dominium ferarum konnte nun aber in jenen ältern Zeiten nur sehr wenig ausgebildet sein. Anton a. a. O. Th. 1. S. 148. Ebenso finden wir von den harten Strafen der Jagdfrevler, die später die Barbarei des Mittelalters erzeugte und ein eingebildetes Jagdregal noch lange erhielt, hier noch keine Spur; doch ist dabei freilich zu bedenken, daß es wol nur in dem Willen der Freien stand, die Uebertretungen von Unfreien ziemlich willkürlich zu ahnden.

21) „Quia non est haec res possessa sed de venationibus agitur." S. Note 4.

22) L. Bajuvar. tit. 20. c. 11. (Note 8.) Uebrigens beweisen die Worte: „quamvis prius inveniat," daß nicht auf der Occupation dieses Verhältniß beruhte, und Vögel, und somit auch wol anderes Wild, nicht als herrenlose Sachen betrachtet wurden.

23) Leg. Rotharis. c. 325. „Si quis accipitres de silva alterius tulerit, excepto de gajo Regis, habeat sibi: Nam si Dominus silvae supervenerit, tollat accipitres et amplius culpa adversus eum non requiratur — —" cap. 326. „Si quis de arbore signata in silva alterius accipitrem de nito tulerit componat solidos VI." Aus dieser letztern Bestimmung läßt sich ganz deutlich erkennen, daß die Longobarden dieses Verhältniß auf die Occupation gegründet, welche durch das Zeichen eines Baumes, auf dem sich Falken befanden, vorbereitet oder angefangen wurde.

Dasselbe Princip der Occupation bei diesem Volke findet sich in den Bestimmungen über die Jagdfolge ebenfalls angedeutet (S. Note 26. und 27.). Daß aber dies Princip gerade bei den Longobarden gilt, und hier nicht, wie bei andern deutschen Völkern, in deren Gesetzen sich etwas von der Jagd erwähnt findet, diese auf das Grundeigenthum basirt ist, davon ist wol der Grund in dem Umstande zu suchen, daß ihr Reich in Italien begründet wurde, unter ihnen viele Römer lebten, bei denen das römische Recht in fortdauerndem Gebrauch war, und somit denn theilweise römische Grundsätze in ihre Gesetzgebung Eingang fanden, Eichhorn Rechtsgeschichte. §. 148. v. Savigny Gesch. d. röm. Rechts im Mittelalter. Th. 2. S. 205., theilweise aber auch die rein germanische Ausbildung einzelner Rechtsinstitute verhindert wurde, was sich besonders auf solche Gegenstände wie der unsrige bezieht, deren Ausbildung von der weitern Entwickelung des gesellschaftlichen Zustandes abhing und demnach, bevor dieses Volk feste Wohnsitze aufgeschlagen, nicht erfolgen konnte. Nach dem römischen Rechte lag übrigens der Jagd die Occupation zum Grunde. S. Stieglitz Diss. de jure venationem exercendi in Germania usque ad sec. XVI. obtinente. Lips. 1828. praef.

24) Man gründet die Folge gewöhnlich auf die Ansicht, daß schon durch die bloße Verwundung eines Wildes die Occupation begonnen habe. J. A. de Jekstatt Diss. de eo, quod jure naturae juris est circa venationem. Wirceb. 1736. §. 94 seq.

25) Pact. Leg. Salicae. tit. 36. c. 5. „Si quis cervum lassum, quem alterius canes moverunt et adlassaverunt, involaverit aut celaverit DC den. qui faciunt sol. XV culpabilis judicetur." c. 6. „Si quis aprum, quem alieni canes moverunt et alassaverunt, occidarit, vel furaverit DC den. qui faciunt sol. XV culpabilis judicetur."

26) Leg. Rotharis. c. 319. „Si cervus, aut quaelibet fera ab aliquo homine sagittata fuerit tam diu illius esse intelligatur, qui eum sagittaverit, aut vulneraverit, usque ad aliam talem horam diei aut noctis, quae sunt horae XXIV, quando eam postposuerit, et se ab ea tornaverit: Nam qui eam post transactas horas praedictas invenerit, non sit culpabilis, sed sibi habeat ipsam feram."

27) Leg. Rotharis. c. 317. „Si quis feram ab alio vulneratam, aut in taliola tentam, aut a canibus circumdatam invenerit, aut forsitan mortuam, aut ipse occiderit, et salvaverit, et bono animo manifestaverit, liceat de ipsa fera tollere dextrum armum (al. latus) cum septem costis." c. 318. „Si quis feram ab alio plagatam aut forsitan mortuam invenerit et celaverit, componat solidos VI illi, qui eam plagavit."

28) Wie D. G. Struben Vindiciae juris venandi nobilitatis Germanicae. Hildes. 1739. Cap. 1. §. 19. sehr richtig erwähnt, wird es erst unter den sächsischen Kaisern gewöhnlich, unter den Pertinenzen der Güter die Jagd mit aufzuführen.

29) Diese Ausdrücke finden sich in folgenden Urkunden: von 765, in der ein Graf Cancor einem Kloster, Cod. diplom. Lauresham iens. Tom. I. p. 1.; von 728 und 731, als ein Graf Eberhard einem andern Kloster, dem zu Murbach, Schoepflin Alsatia diplomat. Tom. I. p. 8. et 14, mehrere Güter schenkte, und auch noch in andern Urkunden, daselbst p. 16. und 24., von 747 und 655, wovon letztere vom König Dagobert ausgestellt ist.

§. 9. Beſtimmungen der älteſten Geſetze über die zur Jagd nöthigen Thiere und Vorrichtungen.

Außer den im vorigen §. erwähnten Beſtimmungen der älte= ſten Volksgeſetze finden ſich auch noch andere, welche die Jagd, wenn auch nur mittelbar, betreffen und, obwol ſie von keiner Verbindung derſelben mit dem Grundeigenthume handeln, doch darthun, daß bei keinem deutſchen Volke — ſelbſt bei denen nicht, in deren Geſetzen alle Spur jener Verbindung fehlt, und über= haupt dieſes ganze Verhältniß weiter nicht erwähnt wird — die Jagd den freien Gliedern deſſelben verboten war; denn das ein= zige vorkommende Jagdverbot in dieſer Zeit betrifft den geiſt= lichen Stand, mit deſſen Würde man die Ausübung der Jagd nicht vereinbar hielt, daher ſie ihm ſchon auf dem agathenſiſchen Concilium von 516 [1]) unterſagt wurde, während in allen Volks= geſetzen ſich über die Entwendung oder Verletzung der zur Jagd zu gebrauchenden Thiere, oder über die Bußen, welche in dem Falle, daß durch die Ausübung der Jagd, beſonders durch Fal= len und Schlingen, Andern ein Unglück zugefügt wurde, zu ent= richten waren, Beſtimmungen finden. Dieſe Beſtimmungen laſſen jedenfalls einen Schluß auf die keineswegs unterſagte Ausübung der Jagd zu, welche, da jene in allen Volksgeſetzen enthalten ſind und ſich ſomit auch auf alle freie nach Volksrecht lebende Glieder derſelben beziehen, nothwendig auch allen dieſen zuſtehen mußte.

Die Beſtimmungen der Volksgeſetze über die bei der Jagd gebrauchten Thiere betreffen gezähmte Hirſche, Hunde und Falken.

Gezähmte Hirſche wurden wahrſcheinlich ſo bei der Jagd gebraucht, daß man ſie frei und nur, um ſie von andern zu unterſcheiden und nicht ſelbſt zu erlegen, mit einem Zeichen ver= ſehen in den Wald ſchickte, wo dann andere durch ſie herbeige= lockt und ſodann von den Jägern erlegt wurden [2]). Sie kom= men bei den ſaliſchen und ripuariſchen Franken, den Allemannen und Longobarden vor. Wer einen ſolchen gezähmten Hirſch, der noch nicht zur Jagd gebraucht worden war, tödtete oder ent= wendete, mußte nach dem ſaliſchen Geſetze 35 [3]), und nach dem ripuariſchen 30 Solid. [4]) bezahlen; geſchah dieſes aber bei einem gezähmten und gezeichneten, der ſchon zur Jagd gebraucht war, und mit deſſen Hülfe nach Ausſage der Zeugen zwei oder drei Stücke Wild getödtet worden, ſo betrug die Strafe nach dem erſtern Geſetz 45 Solid. [5]), womit auch letzteres übereinſtimmt, ohne etwas über den Beweis des Gebrauches feſtzuſetzen [6]). Ausführlichere Beſtimmungen darüber finden ſich bei den Alle= mannen: für einen entwendeten oder getödteten zahmen Hirſch,

3

der neunfach erfetzt werden mußte, wurden, wenn er zum Schreien abgerichtet war — was dann auch von einen Büffel galt —, 12 Solid., wenn er kein Zeichen hatte, nur ein halber, wenn er dies hatte, doch aber mit ihm kein Wild erlegt worden war, ein ganzer Solidus bezahlt; war aber mit ihm Rothwild oder Schwarzwild erlegt, so mußten in jenem Falle 3 und in diefem 6 Solid. Strafe entrichtet werden [7]). Ziemlich daffelbe galt von den abgerichteten Hirschkühen, die ebenfalls neunfach erfetzt wurden [8]), und bei denen außerdem im Falle der Töbtung, wenn fie noch nicht völlig abgerichtet, ein Tremiffis [9]), wenn fie ein Zeichen hat, ein halber, und wenn mit ihr Roth- oder Schwarzwild erlegt worden, 6 Solid. bezahlt werden mußten [10]). Bei den Longobarden wurde jeder entwendete gezähmte Hirsch achtfach erfetzt; wenn er dagegen blos verscheucht oder verwirrt, also wol unbrauchbar gemacht wurde, so waren dann, wenn er zu seiner Zeit (zur Zeit der Brunft) schrie, 12, und wenn er dies nicht that, 6 Solid. zu bezahlen [11]).

Von den bei der Jagd gebrauchten Hunden finden sich mehrere Arten angegeben: als Leithund, Spürhund, Treibhund, Biberhund (Dachshund), Bären-, Büffel- und Saufänger und Windhund. Der besonders abgerichtete wird doctus und auch magister genannt. Bei den salischen Franken betrug die Strafe für Den, der solche Hunde entwendete oder tödtete, außer dem Erfatz, nach der verschiedenen Beschaffenheit derselben 15 und 45 Solid. [12]), bei den Allemannen, ebenfalls mit Rücksicht auf die verschiedenen Gattungen, 3, 6 und 12 Solid. [13]), ebenso bei den Friesen 2 und 3 Solid. [14]) und bei den Baiern 3 und 6 Solid., wobei aber ein Hund von gleicher Qualität zurückgegeben oder wol auch nur der Werth restituirt werden mußte [15]). Ohne besondere Rücksicht auf die verschiedenen Gattungen mußte bei den Longobarden jeder entwendete Hund neunfach erfetzt werden [16]), und bei den Burgundern wurde die Töbtung eines Hundes ohne besondere Ursache mit 1 Solid. beftraft [17]), während nach einem Zufaze zu den Gesetzen dieses Volkes Jeder, der verschiedene Arten von Jagdhunden entwendete, 2 Solid. Strafe bezahlen und noch außerdem deren Eigenthümer 5 Solid. geben, oder in Gegenwart des ganzen Volkes den Hintern dieser Hunde küffen mußte [18]).

Wegen Entwendung von Falken sind ebenfalls vielfache Beftimmungen vorhanden, woraus sich ergiebt, daß die Jagd mit denselben, die das ganze Mittelalter hindurch für eine besonders edle galt, schon in den ältesten Zeiten gebräuchlich war. In dem salischen Gesetze kommen Falken und Sperber vor, die mit 3, 15 oder 45 Solid. gewährt werden mußten [19]). Die Falken, die das allemannische Gesetz erwähnt, wurden nach Verschiedenheit der Thiere, auf deren Jagd sie abgerichtet, mit 3 und 6 Solid. ersetzt [20]). In dem baierischen Gesetze werden verschiedene Arten von Falken, als Kranichhabicht (Chranohari), Ganshabicht (ganshapuch qui anseres capit), Entenhabicht (anothapuch) und Sperber erwähnt, bei deren Entwendung einer derselben Art ersetzt und 1, 3 oder 6 Solid. bezahlt werden mußten [21]). Bei den Longobarden werden dagegen keine besondern Arten genannt, und der König Rotharis verordnete nur, daß bei ihrer Entwendung der achtfache Werth erstattet, oder wenn einer unbrauchbar gemacht worden (intricaverit), 6 Solid. bezahlt werden mußten [22]). Bei den Burgundern endlich mußte Der, welcher Falken entwendete, 2 Solid. Strafe bezahlen und außerdem dem Eigenthümer auch 6 Solid. geben, wenn er nicht den Falken sechs Unzen Fleisch auf seiner Brust wollte fressen lassen [23]).

Besondere Rücksicht erforderte noch die Gewohnheit, Fallen, Selbstschüsse und dergl. gegen das Wild anzubringen, um in dem Falle, daß hierdurch einem Menschen oder auch einem Thiere ein Schade zugefügt werde, wegen Wehrgeld und Schadenersatz einen Anhaltpunkt zu haben. Hierher gehört denn die oben (§. 8. Not. 10.) angeführte Stelle des westgothischen Gesetzes, sowie einige in anglischen, sächsischen, burgundischen und den longobardischen Gesetzen enthaltene Bestimmungen. Wenn durch Fußangeln, die auf unangebautes Land gelegt waren, ein Mensch oder ein Thier ein Unglück nahm, so brauchte bei den Burgundern Der, welcher jene gelegt, nichts zu ersetzen [24]), während nach dem anglischen Gesetze Jeder, der dergleichen in Wäldern angebracht hatte, den Schaden tragen mußte [25]), was bei den Sachsen sogar auf den Fall ausgedehnt war, daß durch solche noch nicht gelegte, sondern nur vorbereitete Instrumente ein Schade geschah [26]). Mit vieler Umständlichkeit bestimmt das burgundische Gesetz, wie die Selbstschüsse gegen die Wölfe anzulegen; sie sollen nämlich, um jedes Unglück zu vermeiden, nicht nur den Nachbarn angezeigt, sondern an den Bogen auch drei Sehnen (lineae) angebracht werden, von denen zwei höher sind, so daß, wenn ein Mensch oder ein Thier von ungefähr an sie stößt, der Pfeil ohne Gefahr abgeschossen wird. Bei Beobachtung dieser Vorsichtsmaßregeln ist, wenn ein Mensch oder ein Thier dadurch beschädigt wird, Der, welcher diese Selbstschüsse gelegt, von aller Strafe frei und muß blos in dem Falle, daß ein Freier dadurch getödtet worden, dessen Aeltern 85 Solid. bezahlen, wogegen er dann, wenn er jene Vorschriften nicht befolgt, allen daraus hervorgehenden Schaden tragen und das volle Wehrgeld für die dabei verunglückten Personen bezahlen mußte [27]). Mehrfache Verordnungen über den durch Ausübung der Jagd möglichen Schaden

finden sich noch in den Gesetzen des Königs Rotharis: allen
Schaden, der durch Fußeisen, die Jemand wegen des Wildes
gelegt, erfolgt war, mußte dieser ersetzen [28]), sowie auch dann,
wenn ein von Jemandem verwundetes und von ihm oder seinen
Hunden verfolgtes Wild einen Menschen tödtete oder sonst einen
Schaden zufügte, der Jäger diesen erstatten und das Wehrgeld
bezahlen mußte, welche Verbindlichkeit — die die Volksgesetze
nicht kennen — aber dann wegfiel, wenn das Wild nicht mehr
verfolgt wurde, oder wenn Jemand eines verwundeten, oder von
Hunden umstellten, oder in Fußeisen gefangenen Wildes sich anmaßen wollte und dabei irgend einen Schaden erlitt [29]).

1) Concil. Gall. Paris. 1789. Tom. I. p. 793. Die spätern Con-
cilien, die fränkischen Könige und mehrere Stellen des canonischen Rechts
wiederholten später dieses Verbot noch öfters. S. unten §. 25. Not. 10
und folg.

2) Anton Geschichte d. teutsch. Landwirthsch. Th. 1. S. 147.
J. G. Eccard Leges Francorum, Salicae et Ripuariorum. p. 69.
in adnotat.

3) P. Leg. Salicae. tit. 36. c. 4. „Si quis vero alium cervum
domesticum, qui in venatione adhuc non fuisset, occiderit aut furaverit,
MCCCC den. qui faciunt solid. XXXV. culpabilis judicetur."

4) L. Ripuarior. tit. 42. c. 3.

5) L. Salica. tit. 35. c. 2. „Si quis cervum domesticum signum
habentem aut occiderit, aut furaverit, qui ad venationem faciendam
mansuetus factus est et cum testibus comprobare dominus ejus potuerit,
quod eum in venatione habuisset, et cum ipso duas aut tres feras occi-
disset, MDCCC den. qui faciunt sol. XLV, culp. jud." — Die ältere
Recension weicht hier etwas ab, Pact. Leg. Sal. tit. 36. c. 3. „Si
quis cervum domesticum signum habentem furaverit, aut occiderit, qui
ad venationem faciendam mansuetus factus est, et telarium cum
testibus potuit adprobare, quod extellarius fuisset,
MDCCC den. qui faciunt solid. XLV, culpabilis judicetur." *Eccard*
l. c. p. 69. sagt hierzu, daß telarium überflüssig und daher zu streichen
wäre, und zu extelarius hat er die Anmerkung: „Telum dicitur de quo-
vis instrumento quod jaculatur. Extelarius itaque est, qui extra telum
est, hoc est qui non feritur." Aehnlich ist die Erklärung in *Du Fresne*
Gloss. med. et infim. Latinit. (ed. congreg. Bened. S. Maur.)
Tom. III. p. 276.; hier nämlich wird bei extelarius cervus, auf den bei
telarius verwiesen ist, gesagt, daß die Jäger einen solchen abgerichteten
Hirsch in den Wald geschickt, an den sich dann anderes Wild angeschlossen,
und so leichter in die Netze und Pfeile gefallen wäre; damit aber der zahme
Hirsch nicht von dem Jäger verwundet würde, habe er ein Zeichen gehabt:
„unde extelarius dicitur, quod extra teli periculum habendus sit." Folgt
man diesen Autoritäten und läßt telarium weg, so bestimmt nun jenes
Gesetz: daß Der, welcher einen gezähmten und zur Jagd abgerichteten
Hirsch, der ein Zeichen hatte, und von dem man mit Zeugen nachweisen
kann, daß er ein solcher war, der nicht geschossen wurde, entwendete oder
tödtete, 45 Solid. bezahlen solle. Hierbei ist nun zu bemerken, daß für
diesen Sinn von extelarius außer dieser Stelle keine andere angeführt ist,
und daß es auch keine Lesart der L. Salic. giebt, in der, wie Eccard und

Du Fresne verlangen, telarium ausgelassen wäre. Daher scheint es mir weit angemessener, mit Beibehaltung dieses Wortes den Satz so zu erklären, daß man telarius und extelarius als Adjective, die aus telum gebildet, ansieht, und unter telarius cervus einen Schießhirsch, d. h. einen solchen, durch den man anderes Wild anlockt und dann in dessen Nähe schießt, und unter extelarius einen, der dazu nicht mehr zu gebrauchen, versteht, so daß dann obiger Satz so zu geben: „wenn mit Zeugen bewiesen werden kann, daß ein so abgerichteter Hirsch unbrauchbar gemacht worden, so sind 45 Solid. zu bezahlen.“ Ziemlich dasselbe, wie nach dieser Erklärung durch den obigen Satz, findet sich in den longobardischen Gesetzen durch intricare bezeichnet. S. unten Note 11.

6) Lex Ripuarior. tit. 42. c. 2. „Si quis cervum domitum vel cum triutis occiderit, aut furatus fuerit, non sicut de reliquis animalibus furtum exigatur, sed tantum quadraginta quinque solidis culpabilis judicetur.“ Hier ist cum triutis sehr dunkel; daß dieses aber dasselbe ist, wie in L. Alam. tit. 99. c. 2. treudis (f. Note 7.), scheint nicht nur aus dem Wortlaute, sondern auch aus dem Zusammenhange sich zu ergeben. *Eccard* l. c. p. 219. hat hier eine sehr gezwungene Erklärung, indem er es von einem alten Worte true, Treue, ableitet und dann daraus weiter folgert, dieser Name wäre auch Denen gegeben worden, die Einem nachfolgen oder gehorchen, und so bedeute es denn hier: pulli cervini, junge Hirsche, Hirschkälber. *Du Fresne* l. c. (Ausgabe der Benedictiner) s. v. treudis, Vol. VI. p. 1273. ist ganz jener Meinung von *Eccard* gefolgt, ohne aber eben so wenig wie dieser auf die trustis regis zu fußen, was wol, wenn man hier von einem Gefolge (?) des Hirsches, d. h. von Hirschkälbern reden will — eine etwas lächerliche Idee —, allein einigen Schein der Wahrheit abgeben könnte. Daß aber diese ganze Erklärung gezwungen und unstatthaft, leuchtet sowol aus der ganzen Stellung der Worte, nach der das „cum triutis“ in nothwendigem Zusammenhange mit der Zähmung steht, als auch daraus ein, daß die Hirschkälber wol mit der Hirschkuh, nicht aber mit dem Hirsche laufen, und die L. Alam. l. c. die treudis sowol beim cervus als bei der cerva kennt. Der wahre Sinn von treudis und triutis ist nicht bekannt; wenn man aber die große Gleichförmigkeit in diesen Bestimmungen bei der L. Salic. und Ripuar. bedenkt, so gewinnt jedenfalls die schon von Anton a. a. O. Th. 1. S. 157. aufgestellte Meinung einige Gewißheit, nach der jene Worte mit dem „signum habens“ der L. Salica für gleichbedeutend zu halten, obwol es immer zweifelhaft bleibt, ob treudis und triutis, wie Anton will, zu der Familie von Wörtern gehört, die alles Das, was unter besonderem Frieden steht, bedeutet, wie Ruhe, treuga, Treue.

7) Lex Alamanorum. tit. 99. c. 1. „Si quis bisontem, babulum, vel cervum qui prugit furaverit aut occiderit, XII solid. componat.“ c. 2. „Et si cervus ille treudis non habet, medium solidum componat.“ c. 3. „Si treudis habet et cum ipso nihil sagittatum est, solvat solidum unum.“ c. 4. „Si rubeus feramus cum ipso sagittatus est, tres solidos solvat.“ c. 5. „Si niger est solidos sex componat.“ c. 6. „Si involatus fuerit novem geldos componat.“ Involare kann hier keine andere Bedeutung als bemächtigen zulassen, welche Erklärung auch *Du Fresne* l. c. T. III. p. 1540. hat, und man muß daher die in c. 1—5. enthaltenen Geldansätze nur von der Strafe verstehen, die den neunfachen Ersatz nicht ausschließt.

8) Lex Alamann. l. c. c. 11. „Si involata (sc. cerva) fuerit novem geldos componat.“

9) Lex Alamann. l. c. c. 7. „Si cerva indomita fuerit occisa, tremisso solvat." Indomita giebt hier Anton a. a. O. Th. 1. S. 157. mit „noch nicht ganz abgerichtet," was mir auch anzunehmen zu sein scheint, denn wild, gar nicht abgerichtet und im Freien wie das übrige Wild herumlaufend kann es nach dem ganzen Zusammenhange nicht heißen.

10) Lex Alamann. l. c. c. 8. „Si tremdem habuit medium solidum." c. 9. „Si cum ipsa rubea fera sagittata fuerit, sex solidos solvat." c. 10. „Si nigra sex solidos componat."

11) Leg. Rotharis. c. 320. „Si quis cervum domesticum qui tempore suo rugire solet, intricaverit, componat Domino ejus solidos XII, nam si furatus fuerit, reddat in Octogild." c. 321. „Si quis cervum domesticum alienum qui non rugit, intricaverit componat Domino ejus solidos VI, nam si furatus fuerit, reddat in Octogild." Tempore suo rugire ist: zur Zeit der Brunft schreien und so anderes Wild anlocken.

12) Lex Salica. tit. 6.

13) Lex Alamannorum. tit. 82. c. 1—4.

14) Lex Frisionum. tit. 4. c. 4—6.

15) Lex Bajuvariorum. tit. 19. c. 1—6.

16) Leg. Rotharis. c. 334—336., wo übrigens weniger von den Jagdhunden als von andern, namentlich wol von den Hofhunden und dem von ihnen verursachten Schaden die Rede ist.

17) Lex Burgundionum. tit. 58. „Canem si aliquis nulla extante causa occiderit, solidum det ei cujus canis est."

18) Lex Burgundionum. Additamentum I. tit. 10. „Si quis canem veltraum, aut segutium, vel petrunculum praesumpserit involare, jubemus ut convictus coram omni populo posteriora ipsius osculetur; aut quinque solidos illi cujus canem involavit, cogatur exsolvere et mulctae nomine solidos duos."

19) Lex Salica. tit. 7. c. 1—4.

20) Lex Alamannorum. tit. 101. et Capitula addita ad Legem Alam. tit. 86.

21) Lex Bajuvariorum. tit. 20. c. 1—4. Daselbst werden c. 6. auch abgerichtete und gezähmte Waldvögel erwähnt, die auf den Höfen der Adeligen herumfliegen und singen und bei der Entwendung mit 1 Solid. Strafe und dem Ersatz belegt waren.

22) Leg. Rotharis. c. 322. Diese Bestimmung, die unmittelbar auf die über die gezähmten Hirsche folgt, ist ganz analog nach dieser abgefaßt.

23) Lex Burgundionum. Additam. I. tit. 11. „Si quis acceptorem alienum involare praesumpserit, aut sex uncias carnis acceptor ipse super testones comedat, aut certe si noluerit sex solidos illi cujus acceptor est cogatur exsolvere, mulctae autem nomine solidos duos." Das Wort testones findet sich nirgends als in dieser Stelle, und *Du Fresne* l. c. Vol. VI. p. 1108. erwähnt es mit Beifügung obiger Stelle, ohne aber irgend eine Erklärung mitzutheilen; ganz richtig jedoch bringt er es mit dem daselbst gleich zuvor erklärten Worte teston, das nach Spelmann eine Münze sein soll, nicht in Verbindung. Anton a. a. O. Th. 1. S. 160. übersetzt dieses Wort mit Schüssel, indem er es also wol von testu oder testum ableitet, was aber nach dem ersten Anblicke

dieser Stelle ganz falsch ist. Grimm Rechtsalterthümer. S. 690. setzt testones mit dem französ. tetons in Verbindung, als Brust bedeutend. Demnach sollte denn also nach diesem Gesetze Der, welcher einen Habicht entwendet, sich hinlegen und dem Habicht auf seiner Brust 6 Unzen Fleisch zu fressen geben; wegen der damit verbundenen Gefahr unterwarf sich aber diesem Niemand, sondern bezahlte lieber die 6 Solid., worauf das Gesetz durch die Stelle: aut si certe noluerit, selbst hinzuweisen scheint. Jedenfalls ist also hier eine von den vielen, niemals wirklich executirten Strafen und ein Beitrag zu der Poesie im Rechte, wie auch in der vorhergehenden Stelle, s. Note 18., zu finden.

24) **Lex Burgundionum. tit. 72.** „Si quis pedicam feris fecerit extra culturas et in deserto posuerit, et in ea homo aut animal fortassis incurrerit, is cujus pedica fuerit, nihil penitus calumniae patiatur."

25) **Lex Angliorum et Werinorum. tit. 17. c. 2.** „Si homo laqueum vel pedicam, vel quodlibet machinamentum, ad capiendas feras in sylvas posuerit, ibique pecus vel jumentum alterius captum vel mortuum fuerit, qui machinamentum fecit, damnum emendet."

26) **Lex Saxonum. tit. 12. c. 3.** „Qui laqueum fossamve ad feras capiendas fecerit, et haec damnum cuilibet fecerint, qui eas fecit, mulctam solvat." c. 4. „Si fossa vel laqueus ad feras capiendas praeparata, damnum quodlibet fecerint, a quo parata sunt, componantur."

27) **Lex Burgundionum. tit. 46.**

28) **Leg. Rotharis. c. 315.** „Si in pedica, aut in taliola fera tenta fuerit et in homine aut in peculio damnum fecerit, ipse componat, qui pedicam misit."

29) **Leg. Rotharis. c. 316.** „Si quis super feram ab alio plagatam, aut in taliola tentam, aut a canibus circumdatam, iter suum postposuerit et volens eam lucrari, super eam se miserit, et ab ipsa fera plagatus vel occisus fuerit, non requiratur ab ipso, qui plagaverit, aut incitaverit; sed suae culpae reputet et audaciae, quod cum auctoritate sua lucrandi animo se super eam misit." c. 314. „Si quae fera ab homine plagata fuerit, et in ipso furore hominem occiderit, aut quodlibet damnum fecerit, tunc ipse qui plagaverit, ipsum homicidium aut damnum componat; sub ea videlicet observatione, ut tamdiu intelligatur culpa esse venatoris, quamdiu eam persecutus fuerit, aut canes ipsius. Nam si ipsam feram postposuerit, et se ab ea tornaverit, post ea quod fera ipsa damnum fecerit, non requiratur ab ipso, qui plagaverit aut incitaverit."

§. 10.   Wald = und Jagdeigenthum der Könige.

Bei mehreren deutschen Völkern, besonders bei denen, die, theilweis aus einem Dienstgefolge hervorgehend, durch Eroberungen sich bildeten, finden wir auch in Friedenszeiten eine fürstliche Gewalt, deren Inhaber von den lateinischen Schriftstellern jener Zeit Könige genannt werden [1]. Diese Könige besaßen schon frühzeitig ein großes Grundeigenthum, was theils aus ihren Stammgütern, wenn ihr Volk neben den eroberten Provinzen auch die alten Wohnorte theilweise behielt, wie z. B. die Franken, theils aus Antheil an der Beute und ganz besonders aus

dem großen Privateigenthume der römischen Kaiser in den erober=
ten römischen Ländern entstand [2]). Bei den Franken, die noch
in dieser Periode das herrschende Volk wurden, und auf deren
Verhältnisse wir durch unsere Quellen und den ganzen Gang der
Geschichte bei gegenwärtiger Untersuchung besonders gewiesen
sind, war dieses Grundeigenthum der Könige besonders bedeu=
tend, was sie auch allein in den Stand setzte, viele Beneficial=
güter zu verleihen [3]), und was sich auch durch Unterwerfung von
andern deutschen Völkern noch vergrößerte; denn da wir sie und
den fränkischen Adel später im Besitz großer Landstriche in den
südlichen Theilen des alten Landes der Thüringer und den west=
lichen des der Allemannen finden, so muß nothwendig ein großer
Theil dieser Völker sein echtes Eigenthum an jene verloren ha=
ben, und so unter Schutzherrlichkeit mit einem blos abgeleiteten
Besitz von Grundstücken gekommen sein [4]).

Mit nun der König zugleich ein mächtiger und großer
Grundbesitzer, so war zwischen seinem Grundbesitz und dem des
Adels und der Freien kein Unterschied, denn sie alle hatten das
volle echte Eigenthum mit den daraus hervorgehenden Rechten;
nur stand es dem Könige und dem Adel allein zu, auf ihren
großen Grundstücken Schutzpflichtige zu haben [5]) und einen Theil
von jenen an Unfreie oder auch selbst an Freie nach Hofrecht zu
verleihen, so daß dann selbst ganze Feldmarken, sammt den da=
zu gehörigen ungetheilten Flächen an Feld und Wald, dem Kö=
nige gehörten [6]), in denen, wegen Benutzung von Grund und
Boden und von den Wäldern, wol im Ganzen dieselben Ver=
hältnisse vorhanden waren wie in den Marken, welche sich im
echten Eigenthume befanden; nur setzte diese Verhältnisse hier der
Herr der Mark selbst fest, wobei er sich dann auch besondere
Benutzungsbefugnisse vorbehalten konnte.

Alles, was nun im Vorhergehenden vom echten Eigenthume
und Gesammteigenthume in Beziehung auf Wald und Jagd ge=
sagt worden, läßt sich auch auf die Verhältnisse des Grundeigen=
thums der Könige beziehen. Wie also jeder echte Eigenthümer
und der vollberechtigte Genosse der Marken theils eigenthümliche
Wälder besaß, theils an den Gemeindewäldern Theil hatte und
auf seinem Grund und Boden, wie in den gemeinschaftlichen
Fluren, die Jagd ausüben konnte; so auch die Könige in ihren
eigenen Besitzungen und den Marken, in denen jene gelegen wa=
ren [7]), wovon wir eine Andeutung in dem ripuarischen Gesetze
finden [8]). Indem aber die Könige nicht blos vollberechtigte Mark=
genossen in den Gemeinden waren, in deren Bezirk ihre Grund=
stücke gelegen, sondern auch selbst ganze Marken in ihrem Eigen=
thume hatten, und die Rechte, welche Denen, die von ihnen
Theile desselben nach Hofrecht besaßen, zustanden, bestimmen

konnten; so konnte es wol auch kommen, daß sie in solchen,
ihnen gehörigen Marken ihren Schutzpflichtigen und Hörigen bei
den hofrechtlichen Verleihungen die Befugniß zur Ausübung der
Jagd nicht mit zugestanden, sondern sich allein vorbehielten. Auf
solche Weise ist es denn auch allein zu erklären, wenn wir zu
einer Zeit, wo die Bannforsten noch nicht vorhanden waren und
auch wegen der noch nicht, so wie später gehobenen, königlichen
Gewalt vorhanden sein konnten, die Könige in dem alleinigen
Besitze großer und zusammenhängender Waldungen und Jagden
finden. Ein hierher gehöriges Beispiel — aber auch wol das
einzige, was davon vorkommt — hat uns Gregor von Tours
aufbewahrt, indem er erzählt [9]: daß der König Gundram bei
einer Jagd in den Vogesen — was ein königlicher Wald war,
der auch später als Forst vorkommt [10]) — die Ueberbleibsel
eines erlegten Wildes gefunden und der Aufseher dieses Waldes
den Chundo, einen Cubicularius des Königs, auf Befragen als
Den, der dieses Wild erlegt, genannt habe, als dieser es aber
geleugnet, und in dem sofort stattgefundenen Zweikampfe jener
und der Enkel dieses geblieben, so habe der König den flüch=
tig gewordenen Chundo, ehe er die Schwelle einer Kirche erreichen
könnte, erfassen, an einen Pfahl binden und steinigen lassen.
Ein frühes Vorkommen von Bannforsten ist hieraus, wie oft
geschehen [11], keineswegs zu argumentiren, nur eine große kö=
nigliche Waldung finden wir hier, wodurch der Begriff eines
Bannforstes noch nicht gegeben, und in dem Benehmen des Kö=
nigs läßt sich nichts als eine in den rohesten Zeiten vorkommende
Barbarei, aber kein Strafact wegen eines verletzten Bannforstes
erblicken.

Zu der Annahme, daß schon in dieser Periode die Waldun=
gen und Jagden der Könige eines größern Schutzes als die der
Privaten sich zu erfreuen gehabt, berechtigt uns keine Spur in
den ältesten Gesetzen; wenigstens ist eine solche Bestimmung nicht
allgemein, und nur bei den Longobarden kommt der einzige Fall
vor, daß, wenn Jemand aus eines Andern Wald Falken ent=
wendet, der dazukommende Eigenthümer diese blos wegnehmen
kann, ohne daß eine besondere Strafe deshalb stattfinde, woge=
gen der Thäter einer Strafe von zwölf Solid. unterworfen wird,
wenn er sie aus einem königlichen Walde genommen [12]). Daß
übrigens die Könige an den im Privateigenthume befindlichen
Wäldern keine Nutzungen prätendirten, ist in einem Gesetze Chlo=
tars II. ausdrücklich, wenn auch nur in Beziehung auf die Hu=
tung, gesagt [13]).

Es läßt sich demnach selbst keine Andeutung finden, daß
schon in diesem Zeitraume den Königen in Beziehung auf Wald
und Jagd ein besonderes, ihnen ausschließlich zukommendes Recht

zugestanden habe, was auch, wenn man den Umfang der königs
lichen Gewalt bei den Deutschen in diesem Zeitraume bedenkt [14]),
gar nicht stattfinden konnte. Königliche Wälder und königliche
Jagden kommen denn allerdings schon vor, und wie in der ans
geführten Stelle Gregors von Tour regalis silva zu finden, so
will ich auch nicht in Abrede stellen, daß irgendwo vielleicht re=
galis venatio zu treffen sei, obwol mir dieser Ausdruck nicht
vorgekommen. Wenn es aber sogar in dieser Zeit sich schon er=
eignen konnte, daß die Könige Wälder und Jagden an Andere
vergaben, entweder in Verbindung mit den an das Dienstgefolge
vergebenen Beneficien, oder auch bei der bloßen Gestattung eines
hofrechtlichen Besitzes, so liegt doch selbst in solchen Verleihungen
weder eine Spur, noch ein Kriterium der Regalität im wahren
Sinne, indem alle andern freien Grundbesitzer dieselben Rechte
auch ohne solche Verleihungen hatten [15]).

1) Eichhorn Rechtsgeschichte. §. 16. 17.

2) Eichhorn a. a. O. §. 24.

3) Eichhorn a. a. O. §. 25 a. 27.

4) Eichhorn a. a. O. §. 26. Pfister Geschichte der Teutschen.
Th. 1. S. 292.

5) Nur bei den Völkern, die keine königliche Gewalt kannten, haben
auch die Freien ein Schutzrecht, bei denen aber, wo diese Gewalt begrün=
det war, nur der König und der Adel, die auch allein auf ihren Gütern
die Immunität im alten Sinne hatten. Eichhorn a. a. O. §. 86.

6) Hierher gehören die mansi vestiti und apsi und die mansi serviles
et ingenuiles, wie sie in Carol. M. capitul. de vill. et curt.
cap. 45. et 67. vorkommen. S. Eichhorn a. a. O. §. 84 b.

7) Georg. Instit. jur. forest. Germ. §. 12.

8) Lex Ripuar. tit. 76. „Si quis Ripuarius in silva communi seu
Regis vel alicujus etc.“ Daß seu hier nicht in seinem eigentlichen Sinne
conjunctiv, sondern disjunctiv gebraucht ist, wie es in den Volksgesetzen
fast immer vorkommt, bedarf kaum der Bemerkung.

9) Gregor. Tur. Hist. Franc. Lib. X. c. 10. „Anno igitur decimo
quinto, Childeberti Regis, qui est Gundrami nonus atque vicesimus,
dum ipse rex per Vosagum sylvam venationem exerceret, vestigia oc-
cisi babuli deprehendit. Cumque custodem sylvae arctius distingueret,
quis haec in regali sylva gerere praesumsisset, Chundonem cubicularium
regis prodidit, quo haec loquente jussit eum adprehendi et cabillonum
compactum in vincula duci. Cum uterque in praesentia regis intende-
rent, et Chundo diceret nuncquam a se haec praesumta quae objicie-
bantur, Rex campum dijudicat; tum cubicularius ille, dato nepote pro
se, qui hoc certamen adiret, in campo uterque steterunt; jactaque puer
ille lanceam super custodem sylvae, pedem ejus transfigit, moxque
resupinus ruit. Puer vero extracto cultro qui de cingulo dependebat,
dum collum ruentis incidere tendat, cultro sauciati ventre transfoditur,
ceciderentque ambo et mortui sunt. Quod videns Chundo ad Basilicam
sancti Marcelli fugam iniit; acclamante vero Rege, ut comprehendere-

tur, priusquam limen sanctum attingeret, comprehensus est, vinctusque
ad stipitem lapidibus est obrutus."

10) **Stisser** Forst = und Jagdhistorie. S. 69.

11) **Riccius** Entwurf von der in Deutschland geltenden Jagdgerechtig=
keit. Kap. 1. §. 12. und **Zahn** Historischjuridische Ausführung von
Jagd = und Forstrecht in *Pistor.* Amoen. histor. jurid. Tom. VI.
p. 1472., welche beide keineswegs zu den Regalisten gehören, nehmen den=
noch hier einen Bannforst an. Eben so wenig, wie dieses anzunehmen,
ist aber aus dieser einzigen Erzählung auch zu schließen, daß man den
königl. Wäldern gleich den königl. Pfalzen eine Heiligkeit beigelegt habe,
wie dieses *Ludwig* Differ. jur. Rom. et Germ. in venatu. Diff. V.
Nr. 8. behauptet.

12) **Leg. Rotharis.** c. 325. „Si quis accipitres de silva alterius
tulerit, excepto de gajo regis habeat sibi: Nam si Dominus supervenerit,
tollat, accipitres, et amplius culpa adversus eum non requiratur. Et
hoc idem jubemus ut siquis de gajo Regis accipitrem tulerit sit culpabilis Regi solid. XII." Daß die in **Leg. Liutprandi.** VI. 98. er=
wähnte silva defensata kein Bannforst sei, ist schon §. 7. Note 19. be=
merkt worden.

13) **Clotharii II. edict.** d. a. 615. c. 21. (§. 7. N. 17.)

14) **Eichhorn** Rechtsgeschichte. §. 17. 24. 27.

15) Daß man überhaupt schon zeitig königliche Rechte regalia jura
oder fiscalia nannte, ist keineswegs ein Beweis für die Regalität solcher
Rechte in der publicistischen Bedeutung des Wortes; denn wie häufig fin=
den wir nicht in Urkunden Ausdrücke, wie curtis regalis, villa regalis,
fiscalis, res ad fiscum nostrum pertinens, wo der ganze Zusammenhang
zeigt, daß hier von keinem Regal die Rede sein kann. Ueber den in den
verschiedenen Zeiten selbst verschiedenen Begriff der Regalität s. **Hüllmann**
Geschichte des Ursprungs der Regalien. S. 1—19. Alles, was
man später als Regalien behandelte, war damals unter den mit dem echten
Eigenthume in Verbindung stehenden Rechten begriffen.

Zweite Abtheilung.

Eigenthumsverhältnisse an Wald und Jagd von Entstehung der Bannforsten bis zur Ausbildung der Landeshoheit.

---

§. 11.   Einleitung und Uebersicht.

Zu allen geschichtlichen und staatsrechtlichen und selbst großentheils privatrechtlichen Erscheinungen dieser Periode ist der Grund schon in der vorigen gelegt, und die weitere Ausbildung des ganzen gesellschaftlichen Zustandes Deutschlands bis zu dem Verschmelzen des Feudalsystems mit dem Systeme der Landeshoheit, was im 15. Jahrhunderte stattfand, gründet sich auf die früheren Verhältnisse, und geschieht unter dem mächtigen Einflusse der großen Ereignisse dieser sieben Jahrhunderte, ohne daß fremde Elemente in den germanischen Charakter eindringen, oder ihn wenigstens doch noch nicht so, wie in der folgenden Zeit, zu modificiren vermochten. So auch bei unserm Gegenstande. Wie in der frühern Periode, so ist auch hier das System des Grundeigenthums das vorherrschende, mit diesem war zugleich das Recht der Jagdausübung und Waldbenutzung verbunden; nicht aber jede Art des Eigenthums und dessen Benutzung, sondern nur das echte Eigenthum und der diesem ziemlich analog gestellte Lehnsbesitz bei den rechten Lehnen, im Sinne der mittlern Zeiten [1]), ist in Verbindung mit jenen Rechten. Wie aber nun das Befugniß und die Verpflichtung zur Waffenführung nach und nach einer immer kleinern Anzahl von Personen als früher zukam, und hiermit zugleich die Verminderung der Personen, welche echtes Eigenthum besaßen, und das Aufhäufen desselben in wenigen Händen in Verbindung stand: so erfolgte

auch zugleich, daß die Jagdberechtigung immer mehr das Eigenthum Weniger wurde, während dagegen das Waldeigenthum,
oder wenigstens das Benutzungsrecht von Wäldern selbst mit dem
abgeleiteten Eigenthume in Verbindung kam, ganz wie das Bedürfniß den Maßstab an die Hand gab.

Zweierlei Institute sind es, die in dieser Periode von großer
Wichtigkeit für unsern Gegenstand wurden. Die Bannforsten
und die Marken.

Bei der vermehrten königlichen Macht konnte es nicht fehlen, daß die Könige diese nicht nur in den ursprünglichen Schranken derselben gebrauchten, sondern sie auch außerhalb dieser auf
ihre Privatbesitzungen zu deren größerm Schutz anwendeten. Auf
diese Weise — durch Schutz der den Königen eigenthümlich gehörigen Waldungen und Jagden, durch die öffentliche Gewalt
des Königs, den Königsbann, also den von den Königen zu
gebietenden Frieden — entstanden die Bannforsten. Nur der
König und Niemand außer ihm konnte solche einrichten. Wie
es aber eigenthümliches Schicksal aller königlichen Rechte in
Deutschland war, daß sie auf verschiedene Art und Weise nach
und nach in die Hände der geistlichen und weltlichen Fürsten
kamen, so fand auch dieses bei den Bannforsten statt, und am
Ende dieses Zeitraums finden wir alle diese in dem Besitz solcher
Forsten.

Die Marken, aus den uraltesten Verhältnissen der Nation
herrührend, fanden in dieser Zeit eine weitere, mit den gesammten Rechtsverhältnissen übereinstimmende Ausbildung und Aufzeichnung ihres uralten Rechts, was theilweise allerdings schon
in dieser Zeit veraltet [2]), doch in den hauptsächlichsten Punkten
Anwendung fand. Weniger die Verhältnisse der Jagd, als die
der Waldbenutzung kommen bei ihnen in Betracht.

Ganz deutlich und mit klaren Worten ist endlich in unzähligen Urkunden von Schenkungen, Belehnungen und Käufen ausgesprochen, daß Wald und Jagd, zum Grundeigenthume gehörend,
als Pertinenzen desselben betrachtet wurden. Gegenstand der Gesetzgebung hingegen konnten diese Verhältnisse während dieser
ganzen Periode nicht sein, und nur unter den Karolingern können einzelne gesetzliche Bestimmungen, jedoch mehr auf die Verwaltung königlicher Domainen, als auf die Verhältnisse der Privaten sich beziehend, vorkommen. Denn wie wenige eigentliche
Gesetze, besonders auf das Privatrecht sich erstreckende, wir von
den spätern Zeiten der Karolinger an bis zur Ausbildung des
Territorialsystems in Deutschland finden, und wie fast Alles, was
man zu der Gesetzgebung in dieser Periode zählen kann, in Privilegien besteht, ist hinlänglich bekannt.

Hieraus ergiebt sich auch zugleich das Verhältniß der Quel-

len für vorliegende Arbeit in dieser Periode. Die wenigen Gesetze der deutschen Kaiser enthalten nur sehr wenig, fast gar
nichts, was hier in Betracht kommt, und sind weniger wegen
ihres eigenen Inhaltes aufzuführen, als wegen des Mißbrauchs,
den man oft mit ihrer Anwendung hier versuchte[3]). Nur die
Capitularien der fränkischen Könige, namentlich die, welche Verwaltungsvorschriften für das Eigenthum der Könige enthalten,
sind besonders zu beachten, und aus ihnen fast allein erhellt
das Wesen der Bannforsten in den ältesten Zeiten ihrer Entstehung. Die Volksgesetze der Deutschen, die, unter Karl d. Gr. erst
abgefaßt, mit zu dieser Periode gehören, können nach ihrer ganzen Natur, da sie nur dem Richter zum Anhaltepunkt, besonders bei Bestimmung der Strafen und des Wehrgeldes, dienen
und in einer Aufzeichnung der uralten Gebräuche des Volks bestehen, weder Bestimmungen über die neuentstandenen Forste, noch
über die Verhältnisse von Wald und Jagd, die Allen auch ohne
eine solche Aufzeichnung hinlänglich bekannt, enthalten. Ebenso
haben die Rechtsbücher des Mittelalters nur Weniges, was hierher
gehört, ob wir gleich die Forste, als seit Jahrhunderten bestehend, deren rechtliche Natur in den Kreis der Rechtsideen des
Volks eingetreten, angeführt finden. Die übrigen Jagdverhältnisse dagegen werden, wohl aus demselben Grunde wie in den
ältern Volksgesetzen, mit Stillschweigen übergangen. Einer andern sehr reichen Quelle des deutschen Privatrechts, den vielen,
aus den mittlern Zeiten herrührenden Stadtrechten, liegt unser
Gegenstand zu fern, als daß sie Bestimmungen darüber enthalten sollten. Viel hingegen ist in den Weißthümern der Marken
zu finden, obwol sie sich weit mehr auf die Waldbenutzung
als die Jagd beziehen, indem zur Zeit ihrer Abfassung die mehrsten Markgenossen wol ohne echtes Eigenthum waren. Nur einzelne Andeutungen von nicht großem Belange finden sich in einigen Chroniken dieser Zeiten. Die Hauptquellen sind dagegen
die vielen Urkunden, die alle Gegenden Deutschlands betreffen, in denen sowol über die Forste, als über Wald und
Jagd außer diesen sehr viel zu finden ist, auf die dann auch
bei der ganzen folgenden Darstellung die größte Rücksicht zu
nehmen.

Zur bessern Uebersicht des ganzen Inhaltes dieser Abtheilung
dürfte sie in folgende Abschnitte zerfallen:

Erster Abschnitt. Von den Bannforsten.

Zweiter   =   Von den gemeinschaftlichen Wäldern und
                Jagden.

Dritter   =   Von den Eigenthumsverhältnissen an Wald
                und Jagd bei Privatgrundstücken.

1) Eichhorn Einleitung in das deutsche Privatrecht. §. 7. 198.

2) S. §. 1.

3) Dies gilt namentlich vom 11. F. 27. §. 5. und II. F. 56. s. §. 27. und 29.

Erster Abschnitt.

§. 12. Von den Bannforsten.

Forst, Bannforst in der Bedeutung der ersten Jahrhunderte dieser Periode, ist ein Wald oder auch der Inbegriff von mehreren Wäldern und Fluren, in denen die Jagd Allen und Jeden, außer dessen Inhaber, oder den durch ihn berechtigten Personen, bei der Strafe des Bannes, des Königsbannes, verboten war [1].

Zur nähern Erörterung dieses Begriffs müssen wir zuerst auf das vielsinnige Wort Bann Rücksicht nehmen. Alle die vielen Bedeutungen desselben lassen sich wol auf die ursprüngliche Deutung von bannus und bannire, als Gebot und gebieten, zurückführen [2], wodurch denn Bann im Allgemeinen Zwangsmittel, Gewalt, sowie deren Wirkung ausdrückt [3]. Eine aus jener allgemeinen abgeleitete Bedeutung von Bann ist die der Gerichtsbarkeit [4] und der einzelnen in ihr liegenden Handlungen, wie edictum, interdictum [5] und Strafe [6], und aus dem Begriffe der Gerichtsbarkeit wieder herrührend ist die Bedeutung von Bann, nach der er das Territorium, den Sprengel, wo die Gerichtsbarkeit ausgeübt wird, ausdrückt [7]. In der Zusammensetzung von Bannforst liegt in dem Worte Bann der Sinn des durch die beigefügte Strafbestimmung gegen Verletzung aller Art gesicherten und geschützten ruhigen Besitzes und Genusses, also des darauf gelegten Friedens, indem alle Urheber von Verletzungen desselben der Strafe des Bannes unterliegen, eine auch außer den Bannforsten vorkommende Bedeutung [8].

So verschieden nun auch die Ableitung des Wortes Forst versucht worden ist [9], so stimmen doch die Forscher und die Kenner des Alterthums darin überein, daß Forst in der ältesten Zeit nicht, wie später und jetzt, einen Wald und damit verbundenen Jagddistrict, sondern einen dem Gemeinsamgebrauche sowol als dem Schutze des gemeinen Rechts entnommenen und unter einen größern und wirksamern Schutz gestellten Wald und Jagddistrict bedeute [10]. Mit Bestimmtheit läßt es sich jedoch blos von den Zeiten der Karolinger behaupten, daß unter Forst, forestum, forestis, foreste, ein solcher Bannforst im historisch-technischen Sinne zu verstehen; in den spätern Zeiten hingegen ist es zum Verständniß dieser in den Urkunden vorkommenden Worte stets nöthig, auf den ganzen Zusammenhang, die Personen, von denen die Rede ist, und die ganze Stellung der Worte genaue Rücksicht zu nehmen, indem in diesen Zeiten jene Worte nicht stets einen Bannforst, sondern häufig blos Wälder und Jagdberechtigungen bedeuten [11]). Besondere Aufmerksamkeit verdienen in dieser Rücksicht die Urkunden, in denen unter den Zubehörungen Forste erwähnt werden; kommt dieses bei kaiserlichen Bestätigungen von Besitzungen der Hochstifter und Fürsten vor, so ist wol kein Zweifel, daß von wirklichen Forsten die Rede [12]), während dann, wenn von einfachen Schenkungen einzelner, oft kleiner Güter gesprochen wird, und unter den Pertinenzen es dann heißt: cum venationibus, silvis, forestis etc. [13]), entweder Forste nur aus Gewohnheit des Canzlei- und Urkundenstyls erwähnt sind, oder nur in der Bedeutung von Wäldern vorkommen [14]). Denn die Forste selbst waren von zu großer Wichtigkeit, um sie nur so im Vorbeigehen zu erwähnen, da ihnen sonst doch gewöhnlich eine weitläufigere Beschreibung und Erwähnung geschenkt wird, und dann auch zu selten, als daß man sich denken konnte, daß mehrere derselben zu den Pertinenzen eines oft noch dazu kleinen Gutes gehörten. Dadurch, daß man das Wort Forst in späterer Zeit nicht mehr blos in dem eigentlichen technischen Sinne für Bannforst, sondern überhaupt für Wald [15]) nahm, war es nothwendig geworden, den rechtlichen Begriff der Forsten anders zu bezeichnen, was nun, ungefähr zur Zeit der sächsischen Kaiser [16]), dadurch geschah, daß man sie unter dem Namen Wildbann, bannus ferinus, bannus super feras, auch bannus silvestris aufführte. Aber auch nicht blos diese Bedeutung blieb dem Worte Wildbann, sondern auch dieses kommt in verschiedenen, dem Worte Bann unterliegenden Bedeutungen vor. Denn so bedeutet Wildbann das Verbot, in den Bannforsten irgend etwas sich anzumaßen, und die auf ein solches Unternehmen gesetzte Strafe [17]); dann den Forst selbst, oder vielmehr das durch jenes Strafpräcept in demselben gesicherte Recht [18]); dann auch den Ort, wo ein solches Recht oder die Jagd überhaupt Einem zusteht [19]), und endlich, wiewol erst in spätern Zeiten, die Jagd [20]).

---

1) Stisser Forst- und Jagdhistorie der Teutschen. Kap. 1. §. 2 folg. *Reinhard* De jure forestali. Cap. 1. §. 4. *de Selchow* Princip. jur. Germ. §. 535. *Georg.* Institut. jur. forest. §. 45.

2) Eichhorn Einleitung. §. 280. Rechtsgeschichte. §. 114. Daher heißt es Capitul. I. Caroli M. a. 802. cap. 8. „Ut nullum ban-

num vel 'praeceptum Domini Imperatoris nullus omnino in nullo marrire praesumat.‟

3) Montag Geſchichte der ſtaatsbürgerlichen Freiheit. Th. 1. Bd. 1. S. 92. Bd. 2. S. 28. Die Bedeutung: Zwangsmittel, iſt in der Formel: bannum solvere, 60 solid., Capit. Reg. Franc. Lib. IV. c. 22., die von Gewalt, in den Worten: bannum accipere a Rege, banno judicare, potestatem dare Comitibus bannum mittere etc. Capit. Carol. M. de partib. Saxon. a. 791. cap. 31., und die der Wirkung davon, in den Ausdrücken: ad mallum bannire, res in bannum mittere, Capit. Reg. Franc. Lib. III. cap. 40. Capit. IV. Carol. M. a. 803. cap. 5. Capit. I. Ludov. P. a. 819. cap. 11., zu finden.

4) Eichhorn Rechtsgeſchichte. §§. 83. 160. 164. Ebenso gehört hierher der in der Zeit der Rechtsbücher vorkommende Ausdruck: „unter Königsbann dingen.‟ Sachſenſpiegel. Bd. 3. Art. 64.

5) *Haltaus* Glossarium. p. 94.

6) Daher jene in den Capitularien und den Urkunden des Mittelalters ſo oft vorkommenden Ausdrücke: bannum solvere, bannum dominicum solvere, sub poena banni etc.

7) 3. B. in einer Urkunde von 1271 bei *Guden*. Cod. dipl. Tom. II. p. 957. „bona nostra apud Badendorp, prout sita sunt in banno sive territorio Judicii de Badendorp.‟ So auch in einer andern Urkunde von 1196 bei *Schoepflin* Alsatia diplom. Tom. I. p. 305. „quae ad Landgravium Alsatie in villa et banno Dunenheim spectare videbatur.‟ Doch ſind dies nur ſelten vorkommende Ausdrücke.

8) Daher heißt es bei Erwähnung der Bannforſte im Sachſenſpiegel Bd. 2. Art. 61. „dar den wilden dieren vrede geworch is by konninges banne.‟ Diese Bedeutung von Bann, bannen, als durch ein Verbot Schutz gegen jede Störung erlangen, ergiebt ſich deutlich aus der von interdictum, und so heißt es in einer Urkunde von Otto III. v. 988, *Schannat* Hist. Episcop. Wormat. II. p. 28. „et Bannus ac pax sicut aliis forestibus a Regibus vel Imperatoribus jam concessum est etc.‟ und in einer vom Landgraf Friedrich von Thüringen v. 1334, Thuringia sacra. p. 146. „donamus et appropriamus juste donationis et appropriationis titulo legitime in nomine Domini in his scriptis pacem sibi desuper, ut de proprietate justum est fieri, bannientes.‟

9) Forestum, forestis, leitet *Möſer* Osnabr. Geſchichte. Th. 1. S. 362. Nr. 9. von Arreſt ab, weil Andere von deſſen Gebrauch ausgeſchloſſen werden; *Struv.* Syntagm. jur. feud. Cap. VI. §. 28. von foro oder furu (Föhre), als dem gothiſchen Ausdruck für Fichte und Tanne, weil aus ſolchen Hölzern die Forſten beſtanden; de *Ludwig* Diff. jur. Rom. et Germ. in venatu. Diff. V. Nr. 10. von Forſt oder Fürſt, als älteſtem Ausdruck von dem Gipfel, was er jetzt noch bei den Dächern bedeutet, weil große Bäume die Forſte gebildet; *Waechter* Glossar. s. h. v. von furen, als dem alten Ausdrucke für ernähren, weil in den Forſten das Wild ernährt worden; Adelung Wörterbuch s. h. v. von dem latein. foras, weil die Forſte einen den Andern verſchloſſenen Ort bezeichnen; und Andere anders. Hierzu kommt noch die Bemerkung Grimm's Deutſche Rechtsalterthümer. S 794., der aus mehreren daſelbſt angeführten Beiſpielen zu beweiſen ſucht, daß Forſt im Mittelalter auch die Gegend der Mark bezeichnet habe, wo das Gericht gehalten worden ſei. Es ſei mir jedoch erlaubt, hier einen Zweifel an der Behauptung dieſes ſcharfſinnigen und gelehrten Forſchers auszuſprechen, indem mir jene Bei-

ſpiele nichts weiter zu beurkunden ſcheinen, als daß Forſt, forestum, oft auch einen bloßen Wald bedeutet habe, wovon ſogleich (Not. 11.) mehrere Beiſpiele angeführt werden ſollen.

10) S. die Gloſſarien von *Du Fresne, Scherz, Waechter, Haltaus* u. A. bei dem Worte Forſt, ſo auch an letztem Orte p. 476., wo zum Be- weiſe der Hauptbedeutung dieſes Wortes, als eines unter beſondern Schutz geſtellten (gebannten) Ortes, ein forestum aquarum piscationis erwähnt wird. S. auch Anton a. a. O. Th. 2. S. 331. *de Ludwig* l. c. Diff. V. Nr. 10. *Reinhard* l. c. Cap. 1. §. 4. Riccius Entwurf von der Jagdgerechtigkeit in Deutſchland. Kap. 1. §. 12. 13.

11) Ganz deutlich erhellt es z. B. aus einer Urkunde des Herz. Leo- pold von Baiern von 1141: „duobus plaustris — — a modo semper in posterum patere silvam, que vulgo dicitur Vorst — —" Monum. Boic. Tom. IV. p. 408., und aus denen mehrerer Grafen von Münzen- berg, als von 1277: „sylvam, que dicitur forst," *Guden.* Cod. dipl. V. p. 765., von 1310: „sylvam nostram propriam, qui dicitur den Vorsch," *Guden.* l. c. III. p. 60., und von 1318: „partem meam silve dicte Liech- forst," l. c. V. p. 797., daß Wald und Forſt als ſynonyme Worte ge- braucht werden; dahin könnte denn wol auch eine Stelle aus dem Char- tulario Werthinensi, *Leibnitz* Script. rer. Brunsv. III. p. 113., gehören, wo unter Ludwig dem Frommen zwei Brüder „duas partes de illa foreste, que est super fluvio Arnapa," verſchenken, da zu dieſer Zeit Forſten in den Händen von Privatperſonen noch eine große Seltenheit wa- ren. Dagegen finden ſich denn auch wieder Stellen, wo ſolche Ausdrücke, wie silva, quae dicitur forst, einen wirklichen Bannforſt bezeichnen, z. B. in einer Urkunde Friedrichs I. von 1174 bei Leukfeld hiſtor. Beſchrei- bung von Kelbra. S. 217.

12) Z. B. in der Beſtätigungsurkunde aller Rechte und Beſitzungen der Kirche zu Freiſingen von Heinrich IV. von 1057, *Hund* Metrop. Sa- lispurg. I. p. 150. „confirmamus quidquid ad praedictam sanctam ma- tricem ecclesiam hactenus pertinebat et in hodierno tempore eadem ec- clesia investita tenet, — — cum castellis, vicis, curtis — — — sil- vis, materie ac lignorum incisionibus, forestis, venationibus —"

13) Z. B. bei Schenkung eines Hofes an das Bisthum Paderborn von Heinrich II. von 1019, *Schaten* Annal. Paderborn. I. 435., und von Heinrich IV. von 1062 an die Kirche zu Freiſingen, *Hund* l. c. p. 152.

14) Daß hier für Wald doppelte Ausdrücke ſich finden, wird keinem Kenner von Urkunden, in denen beſonders bei den Aufzählungen der Per- tinenzen ſo viele ſynonyme und unnöthige weitläufige Formeln vorkommen, auffallen.

15) Anton a. a. O. Th. 2. S. 332. Ehe dieſe Bedeutung von Forſt aufkam, nannte man die größern Wälder häufig nemora und die kleinern silvae, was aber ſpäter ſich ganz verwiſchte.

16) Anton a. a. O. Th. 2. S. 16.

17) In dieſer Bedeutung findet es ſich in der Urkunde Karls IV. von 1354 über die Errichtung des Herzogthums Luxemburg bei *Meibom.* Script. rer. Germ. Tom. III. p. 211. „cum bannis sive inhibitionibus venationum, quae vulgo Wildbanne nominantur, et poenis inde sequen- tibus consuetudine vel jure."

18) Lehnbrief Ottos IV. an das Stift Corbey von 1197, *Falk* Tra- dit. Corb. p. 225. „feodum furesti — — recognovimus et tradidimus, eo tenore, ut in eo usum venandi habeat et jus, quod vulgariter Wilt-

ban appellatur." Hier finden wir dreierlei Begriffe geschieden: furestum, d. h. hier den Wald selbst, usum venandi in demselben, und endlich den Wildbann daselbst, was demnach hier nichts Anderes als das Forstrecht, den durch die beigefügte große Strafe von 100 Mark Gold (§. 14. Nr. 29.) gesicherten und erhöhten Schutz, bedeuten kann. Ebenso findet sich in einer Urkunde Albrechts I. von 1302: "custodiam ferarum et venacionem, quod vulgariter dicitur Wiltpand." *Guden.* l. c. III. p. 9.

19) Diese Bedeutung findet sich in einer Schenkungsurkunde Heinrichs II. von 1015 an die Kirche zu Fulda, *Schaten* Tradition. Fuldens. p. 245. "concedimus in perpetuam proprietatem Wildbannum nostrum," und ganz besonders in einer Urkunde eines Grafen von Sayn von 1264, *Avemann* Histor. Burggrav. de Kirchberg. Append. p. 150. "Item consentimus, quod si Comitissa inceperit agitare, quod vulgariter dicitur, sprengen aliquam feram in terra sua vel sylvis suis, quae vulgo Wiltban dicuntur, et illa in terra nostra vel sylvis nostris Wiltban vocatis capta fuerit, sua erit; similiter si fera fuerit agitata in terra nostra vel Wiltban et in terra Comitisse vel sylvis suis wiltban dictis capta fuerit, nostra erit."

20) Unter den Zubehörungen von Gütern findet sich oft auch: cum venationibus que Wiltpant (Wildphant, Wildbann) apellantur, z. B. in einer Urkunde Ruperts von Durne von 1294, *Guden.* l. c. I. p. 876., und eines Grafen von Gleichen aus demselben Jahre, ebendas. p. 887., sowie auch in andern Urkunden, wo von wirklichen Bannforsten gar nicht die Rede sein kann, Wildbann die Jagd bedeutet, z. B. bei einer Verpfändung mehrerer Güter Rudolphs von Ochsenstein an Konrad Landschade von Steinach von 1373, bei *Guden.* l. c. V. p. 688. "diese hernach geschriebne unser Dörffer, mit Namen — — mit Wasser, Wald, Weid, Bede, Sture, Scholtheißen Amt, Fancige, Gericht, Herberge, Freuel, Wette und Wiltbannt." S. *Stryk* Praef. ad *Ahasv. Fritsch* Corp. jur. ven. macht die Bemerkung, daß in den kaiserlichen Urkunden und Lehenbriefen, ehe es noch gewöhnlich geworden, die Jagd unter den Zubehörungen aufzuführen, wenn solche an weltliche Fürsten und Dynasten ausgestellt worden, der Wildbann, als Forstgerechtigkeit, und nicht die Jagd genannt worden sei; da es nun allerdings gegründet ist, daß es erst später allgemein wurde, bei allen Verleihungen von Gütern die Jagd unter deren Zubehörungen zu erwähnen, und sie früher stillschweigend unter denselben mit begriffen wurde, so ließe sich wol die Benennung Wildbann für Jagd mit daraus ableiten, daß jener in den ältern Urkunden zuerst namentlich aufgeführt wurde. Eine ganz eigenthümliche Meinung über die Terminologie von Forst- und Wildbann findet sich in E. M. Schilling Lehrbuch des gemeinen, in Deutschland giltigen Forst- und Jagdrechts. Dresden 1822. S. 10. Wildbann und Forstbann wird hier ganz von einander geschieden, jener soll den District bedeuten, in dem Einer jagen und alle in der Verleihung unter Königsbann liegenden Befugnisse ausüben kann, dieser hingegen wird derjenige District genannt, "in welchem der damit Beschenkte den Wildbann nicht ausüben und also in einem eignen Forste nicht jagen durfte;" daß diese haltlose, mit keiner Urkunde oder Citat belegte Meinung keiner Widerlegung bedarf, liegt am Tage.

§. 13. Errichtung der Bannforsten.

Die Bannforsten unterscheiden von andern Wäldern und Jagddistricten sich dadurch, daß ihre Inhaber eines größern und

4 *

wirksamern Schutzes, als die dieser sich erfreuten, indem jede Verletzung in jenen mit der unter dem Bann üblichen Strafe geahndet, die in diesen aber weit gelinder nach den Gebräuchen der einzelnen Völkerschaften bestraft wurden. Daher auch jene größere Vortheile als diese gewährten[1]). Zweierlei aber war in den ältesten Zeiten der Bann und die darunter begriffene Strafe: Königsbann, der nur dem Könige allein eigentlich zustand, und dessen Verletzung mit 60 Solidos geahndet wurde; und der gemeine Grafenbann, unter dem diese Großen und andere Richter richteten, dessen Größe nach den Volksgesetzen bestimmt war[2]). Unter Königsbann konnte in der ersten Zeit dieser Periode in der Regel blos der König gebieten, obwol auch die Ausübung des gemeinen Bannes stets einen besondern Auftrag voraussetzte[3]), und nur in einzelnen Fällen stand den Grafen das Gebot unter Königsbann zu[4]). Auf ihren Gütern erlangten zu dieser Zeit auch die Prälaten und, wiewol selten, auch schon der Adel neben der Immunität im alten Sinne Gerichtsbarkeit und Grafenrechte[5]), die sie aber später alle erhielten[6]). Indem nun bei der Verbindung der Jagd mit dem Grundeigenthume die größern Gutsbesitzer auch häufig die Gerichtsbarkeit ausübten, und also unter dem Banne geboten, ist es allerdings denkbar und wahrscheinlich, daß sie, durch den Vorgang der Könige ermuntert, mit dem ihnen verliehenen Bann auch ihre Jagden und Wälder schützten und diese so zu Bannforsten machten[7]). Nimmt man nun dieses an, wozu allerdings die weitere Verbreitung der Bannforsten zu berechtigen scheint, so muß man aber auch zugleich einen Unterschied zwischen gemeinen Bannforsten, in denen jede Verletzung unter dem gemeinen Banne verboten war, und privilegirten Bannforsten, die unter Königsbann standen, machen[8]); ein Unterschied, der wol wahrscheinlich ist, sich aber nicht mit deutlichen Worten in den Urkunden ausspricht, und auf den wir weiter unten wieder zurückkommen werden. Die privilegirten Bannforsten, die unter Königsbann standen, werden übrigens in der Regel verstanden, wenn Forsten überhaupt vorkommen, und hier ist auch von ihnen vorzüglich die Rede.

Die hauptsächlichste Veranlassung[9]) zur Errichtung der Bannforsten gab wol die Jagdliebe der fränkischen Könige[10]). Schon vor dieser Periode finden wir sie im eigenthümlichen Besitz von Wäldern und Jagden[11]), und es bedurfte nur einer weitern Ausdehnung des Systems der Grundherrlichkeit und einer Anwendung von eigentlichen Hoheitsrechten (den Bann) auf das Grundeigenthum, um die Forsten zu begründen. Genau läßt dieser Zeitpunkt sich nicht angeben, und sicher hat dieses ganze Institut sich erst nach und nach ausgebildet, wie die königliche Gewalt eine größere Ausdehnung gewann. Denn schon in frühern

Zeiten haben wir oben (§. 10.) gesehen, daß in einzelnen Ver=
hältnissen die Könige bei den Jagdberechtigungen Vorrechte ge=
nossen, vor Karl dem Großen aber kommen die Forsten selbst nicht
vor [12]), und deshalb, und weil unter ihm die königliche Macht
einen so hohen Standpunkt erreichte [13]), auch es wol nicht leicht
Jemand wagte, gegen ihn, der in einer langen, kräftigen Re=
gierung durch das Waffenglück so hoch gehoben war, mit Be=
schwerden vorzutreten [14]), kann man wol auch von ihm das
Bestehen der Bannforsten oder die vollendete Ausbildung derselben
herschreiben.

Die fränkischen Könige besaßen eine sehr große Anzahl von
Domainen [15]); auch Feldmarken, in denen ihnen allein das Ei=
genthum zustand, die sie nach Hofrecht besetzten, und wo sie die
Normen der Benutzung des ungetheilten Eigenthums nach Be=
lieben festsetzten, waren da [16]); und außerdem waren sie wol
auch Genossen aller der Gemeindewälder und Jagden der Mar=
ken, in denen sie Grundbesitz hatten [17]). Indem nun die Kö=
nige auf allen den Orten, auf denen ihnen die Jagd zustand,
jede Verletzung derselben unter ihrem Bann, dem Königsbann,
untersagten, entstanden die Bannforsten [18]). So lange dies auf
den im ausschließenden Eigenthume der Könige befindlichen Grund=
stücken geschah, widerfuhr dadurch Niemandem eigentlich eine
Rechtsbeschränkung, da ja nur eine größere Strafe als auf die
Verletzung eines andern Privatjagddistricts gesetzt wurde. Aber
auch auf Wälder und Gegenden, die, nicht angebaut, bisher in
Keines Eigenthum waren, und in denen die Jagd daher auch
vorher Jedem freigestanden, mochte der Königsbann erstreckt wer=
den [19]); noch mehr aber als hierdurch [20]) erfolgte eine wirkliche
Verletzung in den Eigenthumsrechten der freien Eigenthümer da=
durch, daß auch große, in dem Grundeigenthume einer oder meh=
rerer Marken befindliche Wälder geschlossen und in Bannforsten
verwandelt wurden, wo dann den zeitherigen Gesammteigenthü=
mern nur einzelne beschränkte Benutzungsrechte, die eine spätere
Zeit dann als Servituten betrachtete, jedoch ohne die Jagd,
überlassen blieben [21]).

Besondere Erwähnung verdient noch die von Möser auf=
gestellte scharfsinnige Ansicht, daß die Bannforsten aus den alten
heiligen Hainen der Deutschen entstanden, indem nach Einfüh=
rung des Christenthums die Könige an die Stelle der Gottheit
in so weit getreten, daß alle die zeither der Gottheit geweihten
Wälder nun in das Eigenthum des Königs gekommen wären
und unter seinem Banne gestanden hätten [22]), welche Ansicht
auch Grimm billigt [23]). Bei den wenigen und dunkeln Nach=
richten, die wir von der Gottesverehrung der Deutschen über=
haupt und ihren heiligen Hainen insbesondere haben, ist die ganze

Sache schwer zu untersuchen und eröffnet den Conjecturen ein weites Feld. Ist es nun aber auch nicht ohne Wahrscheinlichkeit, daß theils in den Markangelegenheiten, und also auch in denen der gemeinschaftlichen Wälder, die Priester einen großen Einfluß in der heidnischen Zeit gehabt, und theils unter priesterlicher Leitung eine gewisse Benutzung der heiligen Haine stattgefunden, wie Möser annimmt, so ist doch hierdurch eine nähere Erklärung der Entstehung der Bannforsten noch nicht gegeben. Denn selbst in den Theilen der fränkischen Monarchie, die zum eigentlichen Deutschland gehören, liegt ein zu großer Zeitraum zwischen der Einführung des Christenthums und der Entstehung der Bannforste, um letztere auf diese Art zu erklären. Nur auf das eigentliche Sachsen demnach könnte diese Erklärung sich beziehen; dann aber entsteht billig die Frage, warum diese Forsten nicht unmittelbar an die Kirche, sondern an den König und von diesem erst durch Schenkung an jene gekommen, da doch in einem der wenigen legislativen Momente, die den heidnischen Cultus betreffen, ausgesprochen ist, daß die Rechte der Tempel in größerm Maße auf die Kirchen übergegangen [24]).

Auch die deutschen Könige nach dem Erlöschen der Karolinger fuhren fort, ihre Waldungen und Jagden, die ihnen auf ihren Stammgütern und den übrigen Besitzungen, die sie als Reichsdomainen hatten [25]), zustanden, in Forsten zu verwandeln [26]), welche Forsten sie jedoch nach und nach theils den Fürsten und Dynasten als Lehn gaben, theils den Kirchen und Klöstern schenkten, wovon weiter unten die Rede sein wird, so daß, wie überhaupt die Güter des Reichs verschleudert wurden [27]), auch die Forsten nach und nach verloren gingen, und von den vielen, die Anfangs den Königen gehörten [28]), im 13. und 14. Jahrhunderte nur noch wenige vorkommen, und diese oft auch nur bei den Verleihungen [29]).

Blos aber den Königen stand es zu, Jagden und Waldungen unter Königsbann zu schließen, oder ihren Frieden auf diese zu legen, da nur sie den Königsbann selbst gebieten und ihn verleihen konnten; ein sogar noch im 13. Jahrhunderte anerkanntes Princip [30]). Nimmt man nun den Begriff der Regalien in dieser Zeit als den der vorzüglichsten, nur von den Inhabern der höchsten Staatsgewalt verleihbaren Rechte, die nicht im Allgemeinen, sondern Einzelnen theils verschenkt, theils als Lehn oder mit diesem in Verbindung vergeben wurden [31]), so unterliegt es keinem Zweifel, daß die Befugniß der Errichtung von Bannforsten ein Regal war [32]), jedoch so, daß, obwol viele Bannforsten errichtet wurden, es doch ein allgemeines Forstregal nicht gab [33]). So werden denn auch in einer Urkunde Friedrichs I. von 1159 unter den Regalien forestica ausdrücklich erwähnt ³⁴), welcher Ausdruck jedoch allein, wenn er nicht von den ganzen übrigen Umständen unterstützt würde, nichts beweisen könnte, da diese Urkunde sich blos auf Italien bezieht, und überhaupt von dem Namen Regalien auf die Sache in jener Zeit nicht zu schließen ist, indem theils das Wort regale, blos adjectiv gebraucht, wie bei mansus, curtis regalis, gar nicht die Regalität bedeutet, theils auch überhaupt unter dem Namen regalia alle Güter und weltlichen Rechte der Geistlichen, also synonym mit temporalia verstanden werden ³⁵), und dann auch noch bei dem Vorkommen dieses Wortes in Italien, wegen der verschiedenen Bedeutung von feudum regale nach longobardischem und deutschem Rechte ³⁶), Vorsicht angewendet werden muß.

Ein hauptsächlicher Beweis der Regalität der Bannforsten liegt ferner darin, daß wir außer den vielen Schenkungen und Verleihungen von Forsten von Seiten der Kaiser an geistliche und weltliche Magnaten ³⁷) auch viele Spuren finden, wo ohne eine solche vom Kaiser geschehene Schenkung entweder eigne Waldungen und Jagddistricte durch Verleihung des Bannes in Bannforsten verwandelt ³⁸), oder diese Verleihung bei kaiserlicher Bestätigung der von Andern gethanen Schenkungen hinzugefügt ³⁹) wurde. Indem nun so die rechtlichen Befugnisse, welche mit den Bannforsten verbunden waren, als unmittelbare königliche Rechte, als Regalien auch ohne zugleich stattfindende Verleihung von Grund und Boden vergeben wurden, so konnte es wol auch kommen, daß das Recht der Bannforsten Jemand auf eines Andern Grund und Boden erhielt ⁴⁰), wo dann die eigentlichen Eigenthumsrechte von denen, die in dem Begriffe der Bannforsten lagen, getrennt waren, jene aber natürlich durch diese beschränkt wurden. In allen solchen Ueberlassungen von Bannforsten wurde nun die unter dem Banne übliche Strafe entweder an den Eigenthümer ⁴¹), oder theils an diesen, theils an den König ⁴²), oder blos an letztern ⁴³) entrichtet, wo dann das Regal selbst, was verliehen war, eigentlich blos in dem erhöhten Schutze bestand ⁴⁴).

Viele Nachrichten sind uns in den Urkundensammlungen über die Einrichtung der Bannforsten aufbewahrt, welche geistliche Personen und Corporationen aus zeither gemeinschaftlichen Wäldern, zu denen sie wegen ihres Grundbesitzes wol als Markgenossen gehören mochten, erhielten. Um hier alle Die, welche früher gleiche Berechtigungen mit ihnen genossen, auszuschließen, bedurfte es außer der kaiserlichen Bestätigung ⁴⁵) zur Errichtung der Bannforsten auch der Einwilligung der Markgenossen, welche letztere sie wol durch eben die Mittel des Aberglaubens erhielten, durch welche sie die Reichsgüter in unzähligen Schenkungen der Kaiser an sich rissen ⁴⁶). Solche Verwandlungen der Marken in Bannforsten lassen sich bis in das 11. Jahrhundert häufig nachweisen. Die erste ist von Karl d. Gr., der dem Stifte Osnabrück einen Wald übergiebt und mit Einwilligung illius regionis potentium in einen Forst verwandelt [47]); bei der Verleihung eines Forstes von Otto III. an die Kirche zu Minden wird die Einwilligung der comprovincialium erwähnt [48]); von Kaiser Heinrich (II.) dem Heiligen sind mehrere hierher gehörige Urkunden mit Forsterrichtungen vorhanden, so an die Kirche zu Basel, wo Alle, die früher den Gebrauch dieses Waldes gehabt [49]), an die zu Würzburg, wo die Vasallen vieler namhaft gemachten geistlichen und weltlichen Großen und andere Eingesessene [50]) einwilligen; ebenso giebt Konrad II. dem Bischof zu Minden das Forstrecht über einen in der Nähe der übrigen Güter dieser Kirche gelegenen Wald, wozu alle Die, welche hier früher die gemeinschaftliche Jagd ausgeübt, ihre Einwilligung erklären [51]), was auch in einer Urkunde desselben Kaisers an den Bischof zu Würzburg stattfindet [52]). Bei der Errichtung eines Forstes von Heinrich III. zu Gunsten der Kirche zu Brixen ist eine Reihe von Namen der Einwilligenden aufgeführt [53]), und die Einwilligung aller Derer, deren Güter in dem eingeforsteten Bezirke gelegen, wird in Urkunden von diesem Kaiser [54]) und von Heinrich IV. [55]) an die Kirche zu Hildesheim erwähnt.

Der Grund, warum in spätern Zeiten keine solche kaiserliche Forsterrichtungen und Einwilligungen der Markgenossen mehr vorkommen, liegt wol theils in der immer mehr verminderten kaiserlichen und erhöhten Macht der Reichsfürsten, theils darin, daß im Laufe der Zeiten bei gänzlicher Veränderung des Reichskriegsdienstes und den immer mehr überhand nehmenden Traditionen die echten Eigenthümer aus dem Stande der gemeinen Freien fast ganz verschwanden, und nun die Jagdbefugniß nicht mehr allen Markgenossen, sondern nur den echten Eigenthümern unter ihnen zustand; daher denn die Kirchen und Klöster, indem gerade ihnen die mehrsten Traditionen geschehen, auch häufig in ihren Districten die alleinigen echten Eigenthümer waren, und sie somit keine besondern Verzichtleistungen, um sich in den alleinigen Besitz der Jagden zu setzen, vorzunehmen brauchten. Daß übrigens Die, welche in obigen Urkunden zu den Forsterrichtungen ihre Einstimmung gegeben, echte Eigenthümer waren, läßt sich aus dem ganzen Zusammenhange jener Urkunden ersehen [56]).

1) *Georg.* Institutiones jur. forest. Germ. §. 13.

2) Capitul. Carol. M. Capit. I. incert. ann. cap. 57. „Ut bannus quem per semetipsum Dominus Imperator bannivit sexaginta solidos solvatur. Ceteri vero banni quos Comites et judices faciunt, se-

cundum legem uniuscujusque componantur." *Baluz*, Capitul. reg. Francor. Tom. I. p. 520.

3) Eichhorn Rechtsgeschichte. §. 164.

4) Capitul. Carol. M. de partibus Saxoniae. cap. 31. „Dedimus potestatem Comitibus bannum mittere infra suo ministerio de faida vel majoribus causis in solidis sexaginta. De minoribus vero causis Comitibus bannum in solidis duodecim constituimus." *Baluz*. l. c. T. I. p. 255.

5) Eichhorn a. a. O. §. 172.

6) Eichhorn a. a. O. §. 223.

7) Montag Geschichte der staatsbürgerlichen Freiheit bei den Franken. Th. 1. S. 304.

8) Montag a. a. O. Th. 1. S. 306. Th. 2. S. 30 folg.

9) Hüllmann Geschichte des Ursprungs der Regalien in Deutschland. S. 24.

10) Ausdrücklich wird diese Jagdliebe der Könige vor Karl d. Gr. und Ludwig dem Frommen in gleichzeitigen Schriftstellern erwähnt. *Eginhard* Vita Carol. M. cap. 22. Annal. rer. a Ludov. gestar. bei *Reuber* Scriptor. rer. Germ. p. 62. und in Ernoldus Nigellus. Lib. IV. bei *Muratori* Script. rer. Italic. Tom. II. p. 72.

11) S. oben §. 10.

12) Daß die bekannte Erzählung von Gregor von Tours (§. 10. Note 9.) sich nicht auf die Bannforsten bezieht, ist schon oben erwähnt worden. Manche wollen dagegen in einem Fragment einer ebersheimer Chronik, bei *Schilter* Ad jus feud. Alam. Diss. de curiis domin. Mantiss. p. 574. (Ed. in 4.), wo von einem Majordomus Erchonaldus, zur Zeit der Könige Dagobert und Chlodewig, die Rede ist, eine Spur von Bannforsten finden; aber weder das Wort, noch die Sache kommt daselbst vor, sondern es wird nur der bannus generalis auf Gütern, die jener Erchonaldus an ein Kloster geschenkt, erwähnt; dabei ist aber durchaus nicht zu erkennen, ob die Verleihung des Bannes jener ältern Zeit selbst, was allerdings ein sehr seltener Fall wäre, oder einer spätern angehört, da diese Chronik erst um das Jahr 1215 geschrieben ist.

13) Eichhorn a. a. O. §. 158.

14) Hüllmann a. a. O. S. 25.

15) Hüllmann Deutsche Finanzgeschichte des Mittelalters. S. 20 bis 35. zählt 123 solche alte Domainen der Karolinger, die in Urkunden vorkommen, auf.

16) Eichhorn a. a. O. §. 84b.

17) S. oben §. 10.

18) Hüllmann Gesch. des Ursprungs der Regalien. S. 24. Anton Geschichte der teutschen Landwirthschaft. Th. 2. S. 325. Mittermaier Grundsätze des deutschen Privatrechts. §. 261.

19) Mittermaier a. a. O. §. 261. Anton a. a. O. Th. 2. S. 84. Weber Lehnrecht. Th. 2. S. 258. Stisser Forst= und Jagdhistorie der Teutschen. Kap. 4. §. 1. v. Beust Von der Jagd= und Wildbannsgerechtigkeit. Kap. 3. §. 1. Ein Beispiel von der Forsterrichtung in einem noch in Keines Eigenthum befindlichen Walde scheint

in einer Urkunde von Karl d. Gr. von 813, *Mabillon* De re diplomatica. Lib. VI. Dipl. 64., sich zu finden; denn nach dieser Urkunde
schickte Karl einige seiner Leute aus, um einen Wald als Forst im Besitz
zu nehmen; als diese aber einen Sachsen, Aldaricus, in dem Besitz eines
Theiles dieses Waldes fanden, den sein Vater schon früher sich angeeignet
hatte, so schenkte Karl diesem den schon an sich gebrachten Theil des
Waldes.

20) *Hugo Grotius* De jure belli et pacis. Lib. II. cap. VIII.
§. 5. sagt zwar, daß es bei den Deutschen eine allgemeine Gewohnheit gewesen, den Fürsten Gegenstände, die in Keines Eigenthum befindlich, zu
überlassen; eine Meinung, die sich jedoch nicht bestätigt.

21) Eichhorn Rechtsgeschichte. §. 199. Einleitung in das
deutsche Privatrecht. §. 280. Montag a. a. O. Th. 1. S. 311.
Georg. l. c. §. 14. hauptsächlich mochte dies wol in solchen Marken zuerst
stattfinden, in denen dem Könige als Genossen Rechte zustanden, oder die
sich ganz in seinem Eigenthume befanden. Wälder in Forste zu verwandeln wurde übrigens durch forestare, und den Bann von schon errichteten
Forsten wegnehmen durch deaforestare bezeichnet. *Du Fresne* Glossar.
med. et infim. Latinitatis s. v. forestare et deaforestare. Ueber
die Art und Weise, wie Forsten errichtet wurden, erzählt übrigens *Du
Fresne* l. c. s. v. foresta, daß der König Männer, um diese Wälder zu
besichtigen und mit Grenzen zu umgeben, abgeschickt und dann diese Verwandlung in Forste überall durch Ausrufer bekannt gemacht habe. Obwol
nun diese ganze Erzählung nicht auf urkundlichen Belegen, sondern auf
bloßen Conjecturen beruht, so haben dennoch viele Andere, wie Stisser,
Beust, Beck, S. Stryk dieses wieder nacherzählt.

22) *Möser* Osnabrückische Geschichte. Th. 1. S. 52 und 359.

23) Grimm Rechtsalterthümer. S. 247.

24) Capitul. Carol. M. de partibus Saxoniae. cap. 1.
„Primum de majoribus capitulis hoc placuit omnibus, ut Ecclesiae Christi,
quae modo construuntur in Saxonia et Deo sacratae sunt, non minorem
habeant honorem, sed majorem et excellentiorem, quam fana habuis-
sent idolorum." *Baluz.* l. c. T. I. p. 251. Die einzige andere hierauf
Bezug habende Stelle, die aber hier nicht in Betracht kommt, ist L.
Frisionum Additio Sapientium. tit. 12. „De honore templorum. Qui
fanum effregerit et ibi aliquid de sacris tulerit, ducitur ad mare et in
sabulo, quod accessus maris operire solet, finduntur aures ejus, et
castratur, et immolatur Diis, quorum templa violavit." *Georgisch*
Corp. jur. Germ. antiq. p. 444.

25) Mansi regales, dominici, curtes regales, fiscales, wie sie öfters
in Urkunden vorkommen, sind solche Güter, die entweder Reichsdomainen
waren, oder den Königen als Stammgüter gehörten, oder ihnen auch als
eröffnete Lehne oder verwirkte Güter anheimgefallen waren. Leukfeld Beschreibung des Klosters Kelbra. S. 240. und desselben Antiqui-
tates Gandersheimiens. p. 99. Anton a. a. O. Th. 2. S. 116.

26) *Georg.* l. c. §. 13.

27) Selbst Heinrich II., der durch seine sogenannte Frömmigkeit so
viel zur Schwächung des Reichs beitrug, klagte schon über die Verschleu-
derung der Reichsgüter und sagte einst dem Bischof Meinwerk von Paderborn, als dieser ihm wieder neue Geschenke abgelockt hatte: „Tu odium
Dei omniumque Sanctorum ejus habeas, qui me bonis concessis cum

detrimento regni spoliare non cessas." **Vita Meinwerci.** cap. 79. *Leibnitz* Scriptor. rer. Brunsvic. Tom. I. p. 554.

28) So werden in dem **Capitul. Carol. Calvi apud Carisiacum,** a. 877. *Baluz.* T. II. p. 260., tit. 53. c. 32., allein 18 Forste genannt, in denen Karl der Kahle theilweise seinem Sohne die Jagd untersagte. Nach Mittermaier's a. a. O. §. 261. Not. 4. Angabe soll ein Verzeichniß der königlichen Forsten in **Kramer's Rheinischer Franzia.** S. 214. befindlich sein; ein Buch, welches ich leider nicht habe bekommen können.

29) So wird 1296 von Adolph von Naffau und 1304 von Albrecht I. ein Forst, „Heiligenforst," im Elsaß, *Schoepflin* Alsatia diplomatica. T. II. p. 65 und 80., und 1310 von Heinrich VII. der Forst bei Nürnberg, *Goldast* Constit. Imperat. Tom. I. p. 319., als noch im Befiß des Reichs erwähnt; Ludwig IV. verlieh den büdinger Forst 1329 an Konrad von Trymperg, *Senkenberg* Selecta jur. et histor. T. II. p. 611., und den Forst von Friedberg 1336 an Gottfried von Eppinstein, *Senkenberg* l. c. T. I. p. 204., sowie Karl IV. 1350 den Reichsforst bei Nürnberg an die Stadt Nürnberg, *Pfeffinger* Vitrar. illustr. T. III. p. 1387. Mehrere Urkunden, aus denen es sich ergiebt, daß um diese Zeit noch Bannforsten in dem Besitze des Reichs gewesen, sind mir nicht vorgekommen.

30) **Sachsenspiegel.** Bd. 3. Art. 64. „Koninges ban ne mut nieman lien wen die Koning selve."

31) **Montag** a. a. O. Th. 1. S. 201. *Hüllmann* Gesch. des Urspr. der Regal. S. 17.

32) **Montag** a. a. O. Th. 1. S. 306. **Anton** a. a. O. Th. 2. S. 350. *Leiser* Jus georgicon. Lib. III. cap. 9. Nr. 39. cap. 12. Nr. 6. *Kemmerich* Pr. de origine et progressu juris venandi. Viteb. 1724. **Eichhorn** Rechtsgeschichte. §. 362.

33) **Mittermaier** a. a. O. §. 261.

34) Dipl. a. 1159. *Tolner* Cod. diplom. Palatinus. p. 54. *Uckelli* Italia sacra. Tom. IV. p. 367. „Quia vero superius mentionem de regalibus fecimus ne quis de eis dubitet nominatim ea exprimimus. Haec itaque Regalia esse dicuntur: Moneta, viae publicae, aquatilia, flumina, publica Molendina, furni, forestica, Mensurae, Banchatica, Portus, Argentaria, pedagia, piscationis redditus, sessoria vini et frumenti et eorum quae venduntur placita Batalia, Rubi, restitutiones in integrum et alia omnia, quae ad regalia omnia jura pertineant. Friedrich hatte nämlich in dieser Urkunde den Bürgern von Este rectores gesetzt und diesen zugleich die Aufsicht und Verwaltung der Regalien übergeben.

35) So heißt es in dem Lehnbriefe des K. Wenzel an den Erzbischof von Mainz: „omnia sua et dicte sue Ecclesie Regalia sive Feuda temporalia." *Guden.* Cod. diplom. T. III. p. 546.

36) **Weber** Lehnrecht. Th. 3. S. 200.

37) S. §. 17. und 18.

38) S. §. 17. Note. 28 und folg.

39) S. §. 17. Note. 34 und folg.

40) Dipl. a. 1168. Cod. diplom. Laurishamiens. T. I. p. 267. *de Ludwig* Differentiae juris Romani et Germanici in ve-

natu. Diff. IV. Nr. 2, hat eine Verordnung von K. Heinrich von Eng-
land, aus *Fleta* Lib. II. jur. Anglicani. c. 40., die auf ein eben solches Verhältniß hinweist: „quae avus noster afforestavit videantur per
bonos et legales homines. Et si aliquem alium boscum quam suum dominicum afforestavit, ad damnum illius cujus boscus ille fuerit, deaf-
forestetur.“

41) S. §. 15. Note 13. letzte Urkunde.

42) S. §. 14. Note 30.

43) S. unten die Note 47. angeführte Urkunde Karl d. Gr.

44) Montag a. a. O. Th. 1. S. 307.

45) *Riccius* Entwurf von der in Teutschland üblichen
Jagdgerechtigkeit. Kap. 1. §. 7. *Wolfart* Comment. jur. de eo,
quod in Germania justum est circa bannum ferinum. Tubing. 1741.
Cap. II. §. 4. 5.

46) Pro remedium animae nostrae und dergleichen Formeln finden
sich in allen Urkunden über Schenkungen an die Kirchen in den mittlern
Zeiten als Triebfedern der Handlungen angeführt.

47) Dipl. a. 804. *Baluz.* l. c. T. I. p. 417. „— Vuihoni Osnabrukgensi
episcopo suaeque ecclesiae — — quoddam nemus — — collaudatione
illius regionis potentium cum omni integritate, in porcis videlicet silvaticis atque cervis, avibus et piscibus omnique venatione, quae sub
banno usuali ad forestum deputatur ad similitudinem foresti nostri Aquis-
granum, pertinentibus in silva oaning in perpetuum proprietatis usum
donavimus, ea videlicet ratione, quod si quisquam hoc idem nemus,
nostro banno munitum sine praedictae sedis episcopi licentia studio venandi, vel silvam exstirpandi vel aliquod hujusmodi negotium peragendi,
unquam intrare praesumpserit, sciat se tam divinae quam regiae ultio-
nis vindictam incursurum, nec non pro delicto sexaginta solidos nostri
ponderis, quos nobis pro banno violato debere statuimus redditurum.“
Es ist besonders diese Urkunde, die die oben angeführte Ansicht von Möser
über die Entstehung der Bannforsten aus den heiligen Hainen herbeigeführt
hat, daher er a. a. O. Th. 1. S. 359. sagt, daß durch diese Schenkung
der Kaiser den Bischof gewissermaßen nur in ein durch die Bekehrung zum
Christenthume erledigtes Amt eingesetzt habe. Wenn aber dem so wäre,
und die Markgenossen also früher ebenfalls von der Jagd in diesem Districte
ausgeschlossen gewesen wären, so muß man billig fragen, weshalb denn
ihre Einwilligung zu dieser Einforstung erfordert worden? Demnach scheint
mir vorliegende Urkunde der Hypothese, die sie hervorgerufen, selbst zu widersprechen. Uebrigens ist diese Urkunde von Wichtigkeit und über ihre
Echtheit lebhaft gestritten worden. Möser a. a. O. Th. 1. S. 359. Not. a.
erzählt diesen Streit, hält sie aber aus überwiegenden Gründen für echt.
Selbst aber dann, wenn sie verfälscht wäre, würde sie doch kaum 100 Jahre
jünger und in ihr die zu jener Zeit üblichen Formeln genau beobachtet
sein, so daß sie also selbst in diesem Falle zum Beweise eines wissenschaft-
lichen Satzes dienen könnte. *Pfeffinger* Vitrar. illustr. T. III. p. 1363.

48) Dipl. a. 991. *Pistorius* Scriptor. rer. Germ. T. III. p. 736.
„ob interventum ac comprobationem fidelium nostrorum ducis Bern-
hardi, fratris sui Lutgeri atque Ailhardi comitis aliorumque comprovincialium suorum etc.“

49) Dipl. a. 1002. *Hergot* Cod. probat. genealog. Habsburg. p. 99.

50) Dipl. a. 1023. *Meichsner* Decision. cameral. T. IV.
Dec. 7. p. 45. „— — bannum nostrum super feras videlicet cervos et
cervas, sues atque Capreolas — — consentientibus atque collaudantibus
Eberhardo Episcopo cum suis militibus, Richardo Abbati Fuldensi cum
suis militibus ipso etiam Episcopo Wirzeburgensi Megenhardo cum suis,
Othone comite cum suis, Adalberto cum suis, Gebhardo comite ejusque
fratribus cum suis ceterisque insuper ejusdem regionis cum provincialibus
majoribus et junioribus ex nostra Imperiali traditione donamus proprie-
tamus et de nostro jure in legitimum forestum indissolubiliter stabilimus
eidem Ecclesiae ejusque professoribus. Si quis igitur hujus munificentiae nostrae violator extiterit 10 libras auri persolvat.“

51) Dipl. a. 1029. *Pistorius* l. c. T. III. p. 736. „quandam silvam
— singulariter in proprietate praediorum ejusdem Mindensi Ecclesiae
et in Pago Entergowi, in comitatu vero Bernardi Ducis cum consensu
et collaudatione praefati ducis Bernardi et sui fratris Dietmari ceterum-
que civium in eadem silva usque modo communionem venandi haben-
tium — — forestari concessimus et Banni nostri districtu circumvalla-
vimus, ea videlicet ratione, ut nemo ulterius in eodem foresto absque
Episcopi suorumque licentia potestatem habeat venandi, sagittandi, retia aut laqueos ponendi aut ullo ingenio feras decipiendi quae merito
sub jure banni continentur. Si quis autem hujus nostri Imperialis praecepti temerarius violator extiterit, sciat se Episcopo et suo advocato
banni nostri summam compositurum.“ Durch die Erwähnung der Lage
dieses Forstes in der Nähe der andern Kirchengüter ist wol auch zugleich
die frühere Theilnahme an demselben, als an einem gemeinschaftlichen
Walde, ausgesprochen.

52) Dipl. a. 1027. *Lünig* Reichsarchiv. Spec. Eccl. P. II.
Cap. 4. Tit. Würzburg. T. XVII. p. 940. „— sylvam juxta Monasterium Murrhardum — — — consentientibus Comitibus locorum Henrico,
Rugero; altero Henrico fratre ejus, Poppone, Gunthero, Sigibaldo, Si-
frido, Hatzone, omnibusque qui ante hoc in praedicta silva venari consueverunt, tradidimus Megenhardo Episcopo Wurzburgensi — — nomine forestarii vel sylvatici juris — — ita ut nemini fas sit ullam
feram sine permissu ante dicti Episcopi et Abbatis et eorum, quibus
potestatem dederint persequi et capere.“

53) Dipl. a. 1048. *Hund* Metropol. Salisburgens. cum no-
tis *Gewolds*. Ratisb. 1719. T. I. p. 317. „Forestum in pago Bustrissa
— — infra terminos quos in praesenti nominamus — — his omnibus,
quos in praesenti conscribimus laudantibus atque voluntarie consentientibus cum banni nostri auctoritate distrinximus ac firmavimus ut nullus
praeter voluntatem praefati Episcopi in eo praesumat cervos aut apros,
capreolos, canibus venari, arcu sagittaque figere — — seu quolibet
venatoriae artis ingenio capere vel decipere. Qui autem hoc forestum
fieri laudaverunt hi sunt, Wecil, Adelram, Baba, Hezeman, Willehalm, Hildebolt, Sigehard, Bercdolt, Alberich, Gerolt, Odalrich,
Berehard, Otdo, Hartwic, Rotheri, Ebbo, Billung, Willehalm, Er-
kenger, Adelhart, Egizo, Deidera, Ebbo, Hartwig, Luidholt, Rodeni,
Benzetin, Amacho, Ebbo — —“.

54) Dipl. a. 1045. (Bilderbeck) Deduction gegen die vermeintliche Regalität der Jagden. Zelle 1741. Fol. S. 76. „—
— bannum super quoddam forestum his terminis circumseptum — —
collaudantibus Duce Ottone Eckiberto Comite, item Godiscalko Comite,
caeterisque qui intra praedictos terminos praedia possident, dedimus,

ea videlicet ratione, ut nullus deinceps absque Episcopi licentia in praedictis terminis potestatem habeat venandi."

55) Dipl. a. 1062. *Schaten* Annal. Paderbornens. T. I. p. 555.
„Proinde omnibus — — notum esse volumus — — tum consensu et
favore Engilberti Mindensis Episcopi et dilectae sororis nostrae Adal-
heidae Gandersheimensis Abbatissae nec non Immitonis Padelbrunensis
Episcopi et Sarachonis Corbiensis abbatis, consentiente et confavente
Ottone Bavariorum Duce caeterisque omnibus, quorum praedia et possessiones sitae erant infra eos terminos quos scribi jubemus, quoddam
forestum et bannum eidem Ecclesiae Hildeneshemensi et praedicto Episcopo — — perpetualiter possidendum concessimus et nostra regali
potestate condonavimus, — — —. Jubentes igitur statuimus et statuentes jubemus, et infra praescriptos terminos nulla nostri regni major
minorve persona venandi jus et potestatem sibi vindicare absque consensu et licentia praedicti Episcopi et successorum ejus sive eorumque
provisores ejusdem foresti ab eis constituti fuerint, praesumat. Quod
si aliquis hujus praecepti nostri temerarius transgressor exstiterit, velut
regalis contemptor decreti justi sententia judicii subjacebit et debita
pro corrupto banno nostro pecunia, scilicet LX solidos de singulis feris
persolvat." Eine ähnliche Urkunde ist mir noch von Lothar II. bekannt
geworden, der 1132 dem Kloster Walkenried „jus imperiale quod dicitur
Wildbann" schenkte, wobei ausdrücklich gesagt ist: „sed haec veraciter ac
benigne cum consilio totius Thuringiae et Saxoniae principum fecimus."
Henr. Eckstormii Chronic. Walkenridense. p. 39. Doch betrifft
diese Erwähnung wol weniger solche Personen, die durch diese Forsterrichtung etwas an ihren Rechten verloren, als die Fürsten, die bei der Aus-
stellung dieser Urkunde gegenwärtig und demnach Zeugen waren, sowie
wir es in der Regel in den Kaiserurkunden ausgesprochen finden, daß das
fragliche Geschäft mit Bewilligung der Großen des Reichs vorgenommen
worden sei. Daß übrigens die in den vorher angeführten Urkunden vorkommenden Einwilligungen nicht blos solche Willenserklärungen der Reichsfürsten sind, erhellt aus diesen Urkunden selbst. Bilderbeck a. a. O. S. 75.

56) Möser a. a. O. Th. 1. S. 361.

§. 14. Von dem Wesen der Bannforsten im Allgemeinen.

Ehe wir die weitere Verbreitung der Bannforsten betrachten,
müssen wir hier erst ihr Wesen selbst und die Jagd- und Waldverhältnisse in ihnen in Erwägung ziehen.

Bannforsten bedeuten, wie schon erwähnt, Wälder und Jagddistricte, in denen Allen und Jeden, außer dem Inhaber des Forstes
oder Dem, dem das Forstrecht verliehen, die eigenthumsmäßige Benutzung und die Jagd unter bedeutender Strafe, der des Königsbannes, untersagt war. Doch darf man dieselben nicht immer als im
wirklichen Privateigenthume ihrer Inhaber im ganzen Umfange sich
denken, da so vielfache Benutzungsrechte Andern als diesen daran
zustanden (§. 16.), sondern häufig bedeuten die Forsten blos die unter Königsbann stehenden Wälder im Gegensatze der im Privateigenthume Einzelner, oder im freien Gesammteigenthume von Gemeinden befindlichen [1]). Namentlich fand dieses wol in allen den For-

sten statt, die aus Gemeindewäldern entstanden, während in denen, zu deren Entstehen die zu den Villen gehörigen Wälder Veranlassung gegeben, ein völlig privatives Eigenthum da sein konnte. Jedenfalls aber trug die Entstehung und Ausbildung der Bannforsten zu der festern Begründung des Privateigenthums an Wäldern mit bei (§. 24.) Der Umfang solcher Forsten war sehr verschieden; öfters finden wir Grenzbezeichnungen in den Urkunden angegeben, die auf einen großen Umfang schließen lassen, noch öfterer hingegen sind sie gar nicht oder so angegeben, daß ein Begriff von ihrer Größe sich nicht bilden läßt [2]). Ein Forst, der einen sehr großen Umfang hatte und die Territorien mehrerer Dynasten, und somit auch viele Dörfer, Flecken, ja sogar die Stadt Frankfurt selbst einschloß, war der Dreieichenforst [3]); und allerdings gehört zur Hegung von allem großen Wild, was seiner Natur nach nicht beständig auf einen kleinen Raum sich beschränkt, auch ein großer Jagddistrict, daher denn wol anzunehmen, daß in der Regel die Forsten einen größern Umfang gehabt [4]). Theilweise waren die Forsten wol auch umzäunt [5]); allgemein konnte dies aber schon wegen des oft großen Umfangs derselben nicht stattfinden [6]), und auch ursprünglich war dies sicher nicht vorhanden, da in den so genauen Verwaltungsvorschriften Karls d. Gr. nirgends eine solche Umzäunung der Forsten erwähnt wird, sondern nur einmal, aber ohne Rücksicht auf Forsten, dieser Umzäumung Erwähnung geschieht [7]). Da, wie wir oben (§. 12.) gesehen, unter dem in den Urkunden vorkommenden Worte Forst wol nicht stets ein Bannforst zu verstehen, sondern dies nur dann anzunehmen ist, wenn der ganze Zusammenhang und namentlich die Erwähnung der Strafe des Bannes dies mit sich bringt, und ferner in einer und derselben Urkunde oft Bannforsten neben Wäldern und Jagden, die nicht eingeforstet waren, vorkommen [8]), so ist auch der Meinung, daß vom Abgange der Karolinger bis zu Friedrich I. unter der Erwähnung von Wäldern mit Jagden in den Urkunden stets Bannforsten zu verstehen seien, gewiß nicht beizupflichten [9]).

Zur Aufsicht der Forsten und Leitung der auf sie sich beziehenden Geschäfte waren von den ältesten Zeiten an besondere Beamte da. In den Capitularien der fränkischen Könige werden sie forestarii genannt [10]), und neben ihnen kommen auch noch venatores und falconarii vor, die, wie wol auch jene, zu den Ministerialen gehörten [11]). In spätern Zeiten wurden diese Aemter erblich und als Lehne vergeben, wie unter Anderem Friedrich II. zwei Brüdern Waldstromer das Oberforstmeisteramt über den Forst bei Nürnberg verleiht [12]) — welche Beamte später unter Heinrich VII. auch forestarii genannt wurden [13]) —, und Albrecht I. einen Konrad von Weinsperg dem Forst zwischen Neckar

grund und Laufen für sich und seine Erben vorsetzt [14]). Daß
solche erbliche Aemter endlich zu dem erblichen Besitz der so ver=
liehenen Forsten führten, ist ganz der Geschichte Deutschlands
und besonders der Erwerbung der Landeshoheit und der einzel=
nen damit verbundenen Rechte gemäß, in welcher Beziehung die
Verleihung der Reichsvogtei über den Dreieichenforst an die Gra=
fen von Münzenberg [15]), die Verleihung des budinger Forstes
an die von Trymperg [16]) und des friedberger an die von Ep=
penstein [17]) besonders zu bemerken ist [18]).

Die Strafe endlich, durch deren Androhung die Forsten
vor Verletzungen geschützt wurden, war die höchste Buße, unter
der geboten wurde, der Königsbann, welche in der für jene Zei=
ten so großen Summe [19]) von 60 Solid. bestand [20]), und die
nicht blos auf die in königlichem Besitz befindlichen Forsten, son=
dern auch auf die andern verliehenen erstreckt wurde [21]). Wurde
auch für einzelne Fälle, jedoch nicht für die Verletzung der For=
sten, diese Strafe von Karl d. Gr. verdoppelt [22]), so blieb sie
dennoch noch Jahrhunderte hindurch gültig, und so finden wir
sie in Urkunden von Karl dem Einfältigen [23]), Otto II. [24]),
Otto III. [25]), Heinrich II. [26]), Konrad II. [27]) erwähnt, und
obige Summe selbst in einer Urkunde von Heinrich IV. [28]) noch
angegeben, sowie selbst auch in den Rechtsbüchern des Mittel=
alters, bei Gelegenheit der Erwähnung der Forsten, die Strafe
des Königsbannes zu 60 Schillingen noch aufgeführt wird [29]).
Doch war diese Summe schon vor der letzerwähnten Zeit in
einzelnen Fällen beliebig erhöht worden, so daß wir als Strafe
des Bannes von Lothar II. [30]) und Otto IV. [31]) die Summe
von 40 und von 100 Pfund reines Goldes erwähnt finden, zu
deren Eintreibung es jedoch sicher nie gekommen.

Als Folge der Barbarei der mittlern Zeiten ist es übrigens
allein zu betrachten, daß z. B. in dem Dreieichenforste auf Ver=
letzung des Bannes der Verlust der Hand gesetzt war [32]), sowie
wir nicht nur in den vorkarolingischen Zeiten [33]), sondern auch
später in Böhmen [34]) Jagdübertretungen sogar mit dem Tode
bestraft finden. Uebrigens findet sich vom 14. Jahrhundert an
weder die Strafe des Bannes erwähnt, noch die Summe dessel=
ben dazugesetzt, und in Urkunden Ludwigs IV. wird nur eine
willkürliche Strafe genannt [35]), wovon sich auch in einer Karls IV.
über die Errichtung des Herzogthums Luxemburg [36]) eine Spur
findet. Daher dürfte wol anzunehmen sein, daß jene alte Strafe
des Königsbannes mit der Folge der Zeit außer Uebung gekom=
men, was, außer den oben angezogenen Beispielen, auch noch
die übrigen ganz eignen Strafbestimmungen in dem Weißthume
des Dreieichenforstes von Ludwig IV. [37]) und in dem Rechte des
büdinger Waldes von Sigismund [38]) bestätigen.

1) Eichhorn Einleitung in das deutsche Privatrecht. §. 281.

2) Da oft auch mit Hülfe guter Specialkarten wegen der Veränderung der Namen es nicht möglich ist, die Grenzen solcher eingeforsteten Districte aufzufinden, wie ich bei einigen Forsten versucht habe, sondern hierzu auch ein gründliches und ganz besonderes Studium der ältesten Topographie Deutschlands gehört, zu dem die vorhandenen Untersuchungen über die Gaugeographie vielleicht nicht einmal ausreichen und noch örtliche Untersuchungen erfordert werden, was mir Beides unmöglich war, und endlich das ganze Ergebniß auch nur von untergeordnetem Interesse sein würde; so habe ich auf diese Grenzen gar keine Rücksicht genommen, und aus den angeführten, oft sehr bekannten Urkunden — von denen ich so nur die wichtigsten Stellen ausheben konnte, da ihre vollständige Mittheilung ohne Noth zu vielen Raum eingenommen haben würde — die Grenzbestimmungen selbst stets weggelassen.

3) F. C. Buri Behauptete Vorrechte der alten Königl. Bannforste, insbesondere des reichslehnbaren Forst- und Wildbannes zu der Dreieich. Frankfurt 1744. Fol. S. 15. 22., wobei sehr genaue Specialkarten beigefügt sind, aus denen sich der große Umfang dieses Forstes ergiebt.

4) Möser Osnabr. Geschichte. Th. 1. S. 363. S. auch Eichhorn Rechtsgeschichte. §. 362.

5) In einer Urkunde von Otto II. von 976, *Schoepflin* Alsat. diplomatica. T. I. p. 128., heißt es: „— curtem dominicam cum alpibus vineis omnibus — — — forestis cinctis duabus cum consueta cinctionis districta, agris, pratis, pascuis — — in perpetuum potestative possideant." Ganz dieselbe Urkunde befindet sich auch bei *Wurdtwein* Nova subsid. diplomat. T. III. p. 373., die aber dort Otto I. zugeschrieben wird.

6) Blos auf die vorstehende Urkunde gestützt, behauptet Anton Geschichte der teutschen Landwirthschaft. Th. 2. S. 326., daß die Forsten ursprünglich und auch noch später umzäunt gewesen; doch berechtigt gewiß die Erwähnung in jener Urkunde allein noch nicht zu diesem Schluß, der, wenn er wirklich begründet wäre, jedenfalls durch mehrere Erwähnungen in den vielen, die Forsten betreffenden Urkunden bestätigt werden müßte.

7) Carol. M. Capitul. de villis. cap. 46. „Ut lucos nostros, quos vulgus brogilos vocat, et ad tempus semper emendent, et nullatenus exspectent ut necesse sit a novo reaedificare." *Baluz.* Capitul. Reg. Francor. T. I. p. 338.

8) So kommen in einer Urkunde Otto d. Gr. an die Kirche zu Regensburg, *Meibom.* Rer. Germ. T. I. p. 743., folgende Worte vor: „cum pratis, pascuis, silvis, forestis, forestariis cum nostro regio banno," wo genau zwischen Forsten und andern Jagden unterschieden wird, was wir auch in drei Urkunden von Heinrich IV. finden, als in einer Bestätigung der Rechte und Besitzungen der Kirche zu Freisingen von 1057, *Hund* Metrop. Salisburg. T. I. p. 150., s. §. 12. Not. 12., dann in einer Schenkung an den Erzbischof von Magdeburg von 1062, *Pfeffinger* Vitrar. illustrat. T. III. p. 175.: „nostrae proprietatis quoddam praedium curtem scilicet quae vocatur Liestmoune — cum universis appendiciis h. e. utriusque sexus mancipiis, areis; aedificiis — — silvis — piscationibus, venationibus — — forestum etiam cum Banno regali per totum pagum Wimodi — — — — in proprium tradidimus et

5

donavimus," und endlich in einer Schenkung an den Bischof von Hildesheim von 1086, *Schaten* Annal. Paderborn. T. l. p. 622.: „curtem
nostram nomine Werla et villas eodem pertinentes — — cum omnibus
appendiciis id est — — silvis et piscationibus — — seu cum omni utilitate, quae ullo modo inde poterit provenire in proprium dedimus, ex-
cipientes de hac ipsa donatione clientes nostros cum bonis eorum, et
silvam, quae dicitur Harz cum forestali jure."

9) Wie **Anton** a. a. O. Th. 2. S. 326. behauptet.

10) Capitul. Carol. M. de villis. cap. 10. „Ut majores nostri
et forestarii poledrarii, cellularii, decani telonarii et ceteri ministeriales
ea faciant etc." *Baluz.* l. c. T. I. p. 333. Carol. M. Capitul. II.
a. 813. c. 18. „De forestis, ut forestarii bene illas defendant, simul
et custodiant bestias et pisces — —" *Baluz.* l. c. p. 510.

11) Capitul. de villis c. 10. (Note 10.) und c. 47. „Ut venatores nostri et falconarii vel reliqui ministeriales, qui nobis in palatio
assidue deserviunt, consilium in villis nostris habeant secundum quod
nos aut Regina per literas jusserimus, quando ad aliquam utilitatem
eos miserimus, aut Siniscalcus et Buticularius de nostro verbo eis aliquid facere praeceperint." *Baluz.* l. c. p. 338. Ebenso kommen in einem
Briefe Karls d. Gr. an seinen Sohn Pipin, *Baluz.* l. c. T. I. p. 461., die
Falconarii et Venatores unter den Ministerialen vor.

12) „— — nachdem uns der veste Hainrich Waldstromer, Ritter,
und Gramlieb sein Bruder, nachgefolget über Meer haben, und uns
jetzund und anderstwo getreulich gethint — — das beweget unsern
Kayserlich Tugend und Gemüthe unsern Getreuen zu helffen, und be-
gaben und darumb, dass sie uns und dem reich, und unsern Nachkommen moegen dienen, so verleihen wir denenselben obgenanden
Hainrichen und Gramlibten und allen ihren Nachkommen, Waldstrohmern,
zu rechten Lehen das Ober-Forstmaister-Ampt des Waldes bey Nürnberg denselben Wald zu heuen und geniessen als ir Vordern den auch
zu Lehen vom Reich genossen haben und wir befehlen in und ihren
Erben und Nachkommen unser und des Reichs Wilde auf demselben
Wald und Vorst, dass si das bestellen mit der jährlichen Sulz, dem
Wilde zu niessen, und machen also gebüret, so mögen sie, so wir oder
unser Nachkommen nicht gegenwärtig seyn, an unsern Statt das wild
jagen und niessen, das geben wir ihnen volle Macht etc." *Stisser*
Forst- und Jagdhistorie der Teutschen. Beilagen Lit. M. M.
S. 79., welcher diese 1223 ausgestellte Urkunde in obiger deutschen Ueber-
setzung aus *Jo. D. Koeler* Comment. histor. de castro imper.
forestali Brunn. p. 14. entnommen. Die Familie der Waldstromer
war, nach *Koeler* l. c. App. doc. Nr. 6., bis 1395 im Besitz dieses
Amtes.

13) Es ist dies eine Verordnung von 1310, *Goldast* Constit. Imper. Tom. I. p. 319., welche beginnt: „Vlto Hoerauff, Conrado Stromer,
Ottoni caeterisque forestariis ac Zeidlariis nemoris nostri et Imperii
apud Nurenberg — —"

14) Dipl. a. 1302. *Guden.* Cod. diplom. T. III. p. 9.

15) **Buri** a. a. O. S. 17 folg.

16) Dipl. a. 1328. *Senkenberg* Select. jur. et histor. T. II.
p. 608.

17) Dipl. a. 1336. *Senkenberg* l. c. T. I. p. 204 et 206.

18) Unten §. 18., wo von der Erlangung der Forsten von Seiten der weltlichen Großen die Rede ist, wird davon näher gehandelt werden, wo dann auch mehrere Urkunden hierüber mitzutheilen sind.

19) Hüllmann Geschichte der Stände. 2. Aufl. S. 207 folg. berechnet, um die enorme Größe dieser Strafe nachzuweisen, daß 60 Solid. damals den Werth von 480 dresdner Scheffel Roggen gehabt haben.

20) Capitul. Reg. Francor. Lib. IV. cap. 1. „bannum nostrum j. e. LX solidos solvere coguntur." cap. 17. et 22. „bannum nostrum i. e. LX solid." Bei weitem nicht in allen Stellen der Capitularien, die diese Strafe erwähnen, wird ihr Betrag mit angegeben.

21) So setzte schon Karl d. Gr. diese Strafe auf die Verletzung des Forstes, den er dem Stifte Osnabrück constituirte. S. §. 13. Note 47.

22) Carol. M. Capitul. Saxon. Aquisgran. a. 797. c. 9. „Item placuit — propter pacem et propter faidam et propter majores causas bannum fortiorem statuere — — solid. LX multiplicare in duplum." Baluz. l. c. T. I. p. 278.

23) Dipl. a. 915. Miraei Oper. diplomat. et hist. T. I. p. 254. S. §. 17. Note 11.

24) Dipl. a. 973. Hund l. c. T. I. p. 135.

25) Dipl. a. 1000. Lünig Reichsarchiv. T. XVII. p. 984. S. §. 16. Note 18.

26) Dipl. a. 1003. Kuchenbecker Annal. Hassiacae Collect. XII. p. 318. „quatenus in hoc silve et aquarum circuitu nulla regni nostri magna aut parva persona aliquatenus praesumat venari, aut ullo ingenio feras insequi sub nostro firmitatis banno regali."

27) Dipl. a. 1029. Pistorius Script. rer. Germ. T. III. p. 736. S. §. 13. Note 51.

28) Dipl. a. 1062. Schaten l. c. p. 555. S. §. 13. Note 55.

29) Sachsenspiegel. B. 2. Art. 61. „Sve so hir bynnen wilt veit, die sal wedden des Koninges ban, dat sin sestich schillinge." Schwabenspiegel, c. 350. nennt hier den Königsbann der Herren Landpfennig.

30) In der Urkunde Lothars II. von 1132 an das Kloster Walkenried, die §. 13. Note 55. erwähnt ist, finden sich am Ende die Worte: „si quis autem, quod absit, donum sive hanc traditionem refringere praesumpserit. Regia potestate coactus auri purissimi centum libras componat, dimidium Camerae nostrae et dimidium ipsi Ecclesiae," und in einer andern Urkunde desselben Kaisers von 1136 an das Kloster Formbach, Monum. Boica. T. IV. p. 129., heißt es: „Si quis vero contra hoc, quod non credimus, ire praesumpserit XL libras auri medietatem Camere nostre et medietatem predicte componat Ecclesie."

31) Dipl. a. 1197. Falke Tradit. Corbeiens. p. 225. S. §. 17. Note 26.

32) Weißthum über den Dreieichenforst von Ludwig IV. von 1338, Grisser a. a. O. Beilage B. S. 5. „— wer darüber jaget zu der Hecken und begriffen wird, der hat ein Hand verlohren, und darüber soll ein Forst-Meister zu Langen rigten von den Hain In den vier schirmen."

33) Gregor. Turon. Lib. X. c. 10. S. §. 10. Note 9.

34) Dipl. a. 1048. *de Ludewig* Reliqu. Manuſc. T. VI. p. 51. Ueber andere Barbareien, die man unter dem Namen der Beſtrafung von Jagdfrevlern ausübte, ſ. §. 31. Note 17.

35) Dipl. a. 1336. *Senkenberg* l. c. T. I. p. 204.

36) Dipl. a. 1354. *Meibom.* l. c. T. III. p. 211. „— — cum bannis sive inhibitionibus venationum, quae vulgo Wildbanne nominant et poenis inde sequentibus consuetudine vel jure."

37) In dieſem Weißthume, Stiſſer a. a. O. Beilage B. S. 5., wird über die Strafe für Den, der ein erlegtes Wild findet und nicht ausantwortet, beſtimmt: „und wer darüber einen Hirtz finde, der ſoll In antworthen uff die nechſten Wildthube, der Hubner ſoll die Vier ſtück, das Haupt und die Haauth antworthen zu Hoff, thete er das nith, ſo ſoll er büſſen Sechtzig ſchilling geben pfennige und einen Helbeling, und einen falen Ochſen mit uffgeregten Hoernern, und mit einem zinnelechten zayle, wer es aber eine Hinde ſo ſoll er geben eine fale Kue, mit uffgeregten Hoernern, und mit einer zinnelechter zaile und Sechtzig ſchilling pfenning, und einen Helbeling und eine fale Geis, Iſt es ein Bock, ſo ſoll er geben einen falen Bock, Sechtzig ſchilling pfenning und einen Helbeling, wer da fehet eine Bermeiſſen, der ſoll geben eine Koffechte Henen und zwolff Hinckeln, und ſechzig ſchilling pfenning und einen Helbeling." Blos auf das Finden und nicht Ausantworten eines Wildes iſt hier alſo die alte Strafe des Königsbannes, noch durch verſchiedene Zuſätze erhöht, geſetzt, während die eigentliche und wirkliche Verletzung der Jagd unter dem Königsbanne ſogar mit Verſtümmelung (Note 34.) beſtraft wurde, ſo daß dann von der eigentlichen Natur dieſer Strafe ſelbſt nicht mehr die Rede war.

38) Beſtätigung des Förſterbuchs des Büdinger Walbes von 1425, Stiſſer a. a. O. Beilage C. S. 17.: „— und ein Haſſen-Lauſſer, oder der einen Haſſen fahet in dem Büdinger Waldt und drumme, de verwirkt ſeinen rechten Daumen, und wo auch einer jagte auf dem Büdinger Wald, der nicht drauf jagen ſoll, den ein Forſtmeiſter, die Foerſter, oder des Forſtmeiſters geſchworne Knecht findet oder vor ware geruhiget als recht iſt, der ſoll buſſen von einem Hirſchen, einen bunden Ochſen, und zehn Pfund Pfennig, und jedem foerſter fünff Schilling Pfenning und von einem Haſen drey Pfund Pfennig und jedem Förſter 20 Pfenning." War demnach in dem vorigen Weißthume auch noch eine, wenn auch ſehr verwiſchte Spur der Strafe des Königsbannes zu finden, ſo fällt dieſe doch hier ganz weg. S. über dieſe Strafen, deren Nichtanwendung ſchon aus ihrer Höhe zu vermuthen, Grimm Rechtsalterthümer. S. 587.

§. 15. Jagdverhältniſſe in den Forſten.

Die Jagdliebe der fränkiſchen Könige [1] mochte wol eine Haupturſache zur Begründung der Forſten mit abgeben, daher denn auch mehrfache Spuren vorhanden ſind, daß ſie wegen der Jagd in den Bannforſten ſich aufgehalten [2], wo ihnen allein die Jagd zuſtand; und ſomit finden wir das zum Weſen der Bannforſten gehörige Verbot der Jagd denn auch in Geſetzen und Urkunden häufig ausgeſprochen.

So verordnete Karl d. Gr., daß ſeine Forſten von den

Beamten gehörig beaufſichtigt und das Wild darin gegen Ein=
griffe geſchützt werde, wobei er zugleich beſtimmte, daß, wenn
er Jemandem innerhalb der Forſte ein oder mehrere Stücke Wild
gegeben, dieſer nicht mehr, als er ihm gegeben, ſich aneigne [3]).
Dieſes Verbot, in den königl. Bannforſten zu jagen, wiederholte
er öfters, unter Verweiſung auf die ihm ſchuldige Treue, und
beſtimmte, daß, wenn ein Graf oder ſonſtiger Beamte und
Miniſteriale dagegen handelte, dieſer vor ihn ſelbſt zur Rechenſchaft
gebracht, von den Uebrigen aber in dieſem Falle, ohne irgend
einen Erlaß, die geſetzmäßige Strafe eingetrieben werden ſollte;
ſowie auch, daß Niemand, der von einem Andern eine dergleichen
Uebertretung wiſſe, ſie verſchweige [4]). In ſeinen für die Longo=
barden gegebenen Geſetzen verbot er eben ſo unter der Strafe
des Bannes in königl. Forſten oder andern, dem König gehöri=
gen Orten, Fallen zu legen [5]). Zur Erhaltung des Wildſtandes
war die Verordnung, im Frühjahre junge Wölfe auf alle Weiſe
zu fangen und ihm überhaupt die Erlegung eines Wolfes, unter
Vorzeigung des Felles, anzuzeigen [6]), gewiß geeignet, ſowie ſich
überhaupt aus der Vorſchrift, daß von allen Gütern über alle
Zweige des Einkommens, ſo auch über das erlegte Wild jähr=
lich zu Weihnachten eine genaue Rechnung abgelegt werde [7]);
ergiebt, daß Karl d. Gr. die Jagd in den Forſten auch als Theil
des Einkommens, und nicht blos als zu ſeinem Vergnügen ge=
hörig, betrachtete; wogegen die Verordnung Karls des Kahlen,
in der er in mehreren namhaft gemachten Forſten ſelbſt ſeinem
Sohne die Jagd unterſagt, blos auf die Erhaltung ſeines Ver=
gnügens hinweiſt [8]).

Nicht aber blos in Beziehung auf die in königl. Beſitz be=
findlichen Forſten ſind die Jagdverbote ausdrücklich ausgeſprochen,
ſondern auch wegen den andern Perſonen, und namentlich den
Geiſtlichen gehörenden finden wir daſſelbe in den Schenkungs=
urkunden über dieſe Forſten, oder in den Urkunden, die Errich=
tung derſelben enthaltend. So erwähnt Karl d. G. in der be=
kannten Schenkung an das Stift Osnabrück ausdrücklich, daß
es Niemand unter der Strafe des Königsbannes wage, ohne
Erlaubniß des Biſchofs dieſen Forſt wegen der Jagd zu betre=
ten, wobei er auf daſſelbe Verhältniß ſeines eigenen Forſtes bei
Aachen hinweiſt [9]). In den wenigen, die Forſte betreffenden
Urkunden, die von den nachfolgenden Kaiſern und Königen bis
zu Otto d. Gr. vorkommen, habe ich blos ein hierher gehöriges,
beſonders ausgedrücktes Jagdverbot gefunden, nämlich vom König
Zwendibold, das zu Gunſten des Stifts Trier gegeben war [10]),
was ſich jedoch von Otto I. an, beſonders in den Urkunden der
ſächſiſchen Kaiſer, deſto häufiger findet. So verbietet dieſer Kai=
ſer ausdrücklich Jedermann die Jagd in einem dem Biſchof von

Utrecht gegebenen Forfte ohne deffen befonderer Erlaubniß, eben=
falls unter Beziehung auf die eignen Forfte [11]); Otto II. fpricht
ein gleiches Verbot mit der Redensart aus, daß alle Jagden in
einem beftimmten Forfte nostra pace auctoritateve gefichert
fein follen [12]), fowie ja überhaupt der Bann den vom König
aufgelegten Frieden bedeutet. Von Otto III. find mir drei Ur=
kunden bekannt geworden, in denen er dem Bifchof von Mainz,
der Abtei Elten und dem Bifchof von Würzburg Forften ge=
fchenkt und Jedermann in denfelben, zu Gunften der Eigenthü=
mer, die Jagd verbietet [13]). Heinrich II., unter allen deutfchen
Kaifern wol am freigebigften gegen die Geiftlichkeit, erneuerte
bei der Beftätigung der Rechte des Stifts Osnabrück das Ver=
bot von Karl d. Gr. [14]) und fügte es auch andern Verleihun=
gen bei [15]). In einer Verleihung an den Bifchof von Minden
fprach Konrad II. diefen Rechtsfatz ebenfalls aus [16]), ohne aber
ein allgemeines Gefetz darüber zu erlaffen [17]). Von Hein=
rich III. [18]), Heinrich IV. [19]) und Otto IV. [20]) ift bei verfchie=
denen Verleihungen daffelbe gefchehen. Urkunden fpäterer Zeit,
in denen noch ausdrücklich das Jagdverbot in den Forften er=
wähnt wird, find mir weit weniger vorgekommen [21]), fo z. B.
von Albrecht I., der den Schutz über einen Forft einem Konrad
von Weinsperg übergiebt [22]), von Ludwig IV., von dem ein
folcher einem Gottfried von Eppenftein übergeben wird [23]), und
ebenfo im Weißthume diefes Kaifers über den Dreieichenforft,
nach dem die Jagd dafelbft nur dem Kaifer und dem Vogt von
Münzenberg zufteht [24]), und endlich von Churfürft Ernft von
Sachfen, der in eine vom Kaifer gefchehene Uebertragung des
Forftes bei Weißenburg von dem Markgrafen Albrecht von Bran=
denburg, als Burggrafen von Nürnberg, an den Bifchof von
Eichftädt und die Grafen von Pappenheim, einwilligt [25]).

Das Verbot der Jagd in den Bannforften unter der Strafe
des Königsbannes war durch die Gefetze aus der fränkifchen und
die vielen Verleihungen aus der folgenden Zeit als allgemein
gültiger Rechtsfatz in das Volksleben eingegangen, und fand fo
denn auch feine Stelle in den Rechtsbüchern des Mittelalters.
In dem Sachfenfpiegel nämlich wird die Strafe des Königs=
bannes zu 60 Schillingen für jedes in einem Bannforfte erleg=
tes Wild feftgefetzt, und nur Bäre, Wölfe und Füchfe find als
gemeinfchädliche Thiere von diefem Verbote ausgenommen [26]),
und auch befondere, den Schutz der Jagd in den Bannforften
betreffende Maßregeln wegen den Reifenden angeordnet, fo daß
diefe die Hunde gekoppelt, den Bogen angefpannt und den Kö=
cher bedeckt haben follen [27]). Der Schwabenfpiegel ftimmt hier=
mit ganz, beinahe wörtlich überein [28]). Wenn übrigens im Sach=
fenfpiegel nur drei Bannforfte erwähnt werden, fo ift dies ein

offenbarer Irrthum Eike's von Repgow, indem nach dem Umfange, in dem er Sachsen nimmt [29]), weit mehrere sich urkundlich
nachweisen lassen [30]); daß jedoch die von ihm gegebenen Rechts-
fätze auf alle Bannforsten, und nicht blos auf die von ihm genannten sich beziehen, ist schon von Mehreren bemerkt worden [31].)

Ausnahmsweise findet sich auch eine von den Eigenthümern
der Forste.Andern gestattete Erlaubniß zu jagen, wie der Herzog
Albert von Sachsen in einem, ihm vom Erzbischof Gerhard von
Bremen verliehenen Forste diesem und seinen Nachfolgern die
Jagd erlaubt [32]) Eine andere Erlaubniß dieser Art gesteht der
Bischof Konrad von Freisingen einem Konrad von Lock und un-
ter seinen Erben den Aeltesten in dem Forste zu Lock zu, welche
Urkunde um so merkwürdiger ist, als aus derselben sich ergiebt,
daß diese Familie die Aufsicht und Leitung der Geschäfte dieses
Forstes, judicium et magisterium, gehabt und daraus ihre
Ansprüche auf den Forst selbst hergeleitet habe, und weil bei der
gestatteten Erlaubniß zur Jagd wol zuerst eine bestimmte Zeit,
in der die Jagd ausgeübt werde, erwähnt wird [33]). Eine solche
sogenannte geschlossene Zeit, die zur Erhaltung des Wildes unum-
gänglich nöthig, konnte wol in allen Forsten, wie sie die Natur
verlangte, ziemlich gleichmäßig gehalten werden, ohne daß es
eine Aussprechung derselben bedurfte, blos aber, wenn, wie im
vorliegenden Falle, einem Fremden die Jagd in den Forsten erlaubt wurde, war es nöthig, die Zeit, in der die Jagd erlaubt,
anzugeben. Allgemein konnte jedoch eine solche Bestimmung nicht
vor der vollständigen Begründung der Landeshoheit eingeführt
werden, daher diese Angelegenheit erst in die folgende Periode
gehört. Auch im Dreieichenforste war eine solche Erlaubniß dem
Abt von Fulda gegeben, daß er während der Hirschfeiste Hirsche,
und in der Eberdreyß sechs hauende Schweine jagen durfte [34]).

Von einem jährlichen Jagddeputate aus Bannforsten sind
mir nur wenige Beispiele vorgekommen, indem Otto III. dem
Kloster Elten jährlich 12 Stücke Rothwild aus dem Forste, in
dem jenes gelegen, zu liefern verschreibt [35]), und Bischof Meinwerk von Paderborn einem Edlen, Esiko, jährlich aus dem Forste
Reinhardshausen 2 wilde Schweine und 2 Hirschkühe verspricht [36]);
sowie nach dem Weißthume des Dreieichenforstes der Rath zu
Frankfurt zu jeder Messe ein Hirsch bekommt [37]).

Was die Thiere selbst anlangt, deren Jagd in den Forsten
Jedermann verboten war, so läßt sich nicht leugnen, daß in vielen Urkunden, in denen derselben Erwähnung geschieht, nur
Hirsche und Schweine, oder Hirsche, Rehe, Schweine und Bären genannt werden [38]); ob es aber wirklich ursprünglich nur
Hirsche und Rehe waren, auf die der Bann gelegt wurde, und
ob man eine, dem allerdings erst später ausgebildeten Begriff

der hohen Jagd analoge Idee hierbei zum Grunde legte [39]), wage ich nicht zu entscheiden. Weit mehr aber scheint mir gegen eine solche Annahme, als dafür zu sprechen. Denn nicht nur findet sich nicht die geringste, diese Annahme bestätigende Spur in den so genauen Verwaltungsvorschriften Karls d. Gr., sondern auch die in den Urkunden über Forste vorkommenden Jagdbestimmungen sprechen oft so allgemein von der Jagd, daß eine solche Annahme dadurch nicht bestätigt wird [40]), und andere Urkunden sagen sogar, daß alle Jagd zu dem Wildbanne gehört [41]), sowie es auch im Sachsenspiegel und Schwabenspiegel gewiß bemerkt worden wäre, wenn die später sogenannte niedere Jagd nicht mit in der Bannforstgerechtigkeit wäre begriffen gewesen, da von allen Jagdthieren nur reißende Thiere, Bären und Wölfe, daselbst ausgenommen sind. Hierzu kommt noch, daß wir nirgends auch nur den geringsten Nachweis finden, es habe in einem Bannforste irgend Jemand, außer dem Eigenthümer, die jetzt sogenannte niedere Jagd ausüben dürfen, wovon doch in den vielen Urkunden, die über solche Verhältnisse aus gegenwärtiger Periode vorhanden sind, etwas sich müßte entdecken lassen, und es auch schon wegen Hegung des zu den Bannforsten gehörigen Wildes nöthig war, daß ein Dritter nicht in denselben beliebig andere Thiere jagen durfte, dem obige Erlaubniß, reißende Thiere zu erlegen, nicht widerspricht, da diese Erlaubniß nur wegen der persönlichen Sicherheit gegeben war. Das Namhaftmachen gewisser Jagdthiere in den Urkunden glaube ich daher für weiter nichts als eine Eigenthümlichkeit des Curialstyls jener Zeiten halten zu können; will jedoch die Möglichkeit zugestehen, daß am Ende dieser und dem Anfange der folgenden Periode, unter dem Ausdrucke Wildbann, als eine Eintheilung in hohe und niedere Jagd schon aufgekommen [42]), oft die hohe Jagd verstanden worden [43]), obwol mit urkundlicher Gewißheit selbst dieses sich nicht nachweisen läßt.

Die Jagdfolge, in der Natur jedes Jagdeigenthums begründet [44]), stand jedenfalls dem Forsteigenthümer in die benachbarten nicht eingeforsteten Jagddistricte zu; denn da sie nach den Rechtsbüchern sogar jedem Jagdinhaber in den benachbarten Forst zukommt [45]), so kann sie um so weniger dem mächtigen und privilegirten Forstinhaber gegen andere abgesprochen werden. Auch in Urkunden wird sie erwähnt [46]); eine Beschränkung auf eine gewisse Zeit, wie in den ältesten Gesetzen vorkommt [47]), findet sich jedoch nicht, wol aber eine auf eine gewisse Strecke, bis zu welcher das Wild zu verfolgen, in einer Urkunde des Landgrafen Albrecht (des Unartigen) von Thüringen [48]).

Bei der großen Ausdehnung der Forste konnte es nicht fehlen, daß Mancher, dessen Grund und Boden von einem solchen

Forste eingeschlossen war, verhindert wurde, auf seinen eigenen Grundstücken zu jagen ⁹⁹); in der Regel aber war es wol mehr gemeinschaftlicher Grund und Boden, als Privateigenthum, der dem Forstbanne eines Dritten unterworfen wurde, und was das Letztere anlangt, wol nur sehr selten echtes Eigen selbst, sondern größtentheils ein abgeleitetes Eigenthum, da ja gerade in der Zeit der Ausbildung und Verbreitung der Bannforsten jenes bei den gemeinen Freien immer mehr verschwand und in dieses überging, während der nächste Mächtige, Bischof, Kloster, Kirche, Fürst, Graf oder Dynast, Der war, der das echte Eigenthum erlangte und auch auf verschiedene Weise in den Besitz des Forstbannes kam. So liegt denn selbst in diesem Ausschließen vieler Grundeigenthümer von der Jagd kein Verlassen des alten Systems, nach dem diese mit dem Grundeigenthume verbunden war, sondern blos eine fortdauernde Verbindung der Jagdbefugniß mit dem echten Eigenthume, und an einigen Orten und in kleinen Territorien etwa eine Ausdehnung des Begriffs des Eigenthums (Grundherrlichkeit) auf die der Gerichtsbarkeit und dem Grafenbanne unterworfenen Districte, wozu die vielfach modificirte Abhängigkeit der in diesem Districte wohnhaften, als Vasallen, Ministerialen, Hörigen oder selbst auch Leibeignen, nothwendig viel beitragen mußte.

1) S. §. 13. Note 10.

2) Bei Buri Behauptete Vorrechte der alten königlichen Bannforsten, S. 3 und 6 folg., findet sich eine Zusammenstellung von hierauf Bezug habenden Stellen aus den Chroniken.

3) Carol. M. Capitulare de villis. cap. 36. „Ut silvae et forestae nostrae bene sint custoditae; et ubi locus fuerit ad stirpandum, stirpare faciant, et campos de silva increscere non permittant. Et ubi silvae debent esse, non eas permittant nimis capulare atque damnare. Et feramina nostra intra forestes bene custodiant. Similiter accipitres et spervarios ad nostrum profectum provideant —" *Baluz.* Capit. Reg. Francor. T. I. p. 336. Capit. II. a. 813. cap. 18. „De forestis, ut forestarii bene illas defendant, simul et custodiant bestias et pisces. Et si Rex alicui intus foreste feramen unum aut magis dederit, amplius ne prendat, quam illi datum sit." *Baluz.* l. c. T. I. p. 510. Die Fische werden hier als zu den Bannforsten gehörig mit angeführt, wie solches auch in vielen Urkunden, wie in der Karl d. Gr. an das Stift Osnabrück, §. 13. Note 47., in einer von Otto I. von 948, *Heda* Historia Episcop. Traject. p. 84., im Weißthume Ludwigs IV. über den Dreieichenforst, Stisser Forst- und Jagdhistorie. Beilage. S. 6., und in vielen andern geschieht. Außer den Bannforsten dagegen war die Fischerei frei, doch so, daß der Eigenthümer der Ufer sie ausüben konnte, und demnach bei ihr eine ziemlich gleiche Verbindung mit dem Grundeigenthume, wie bei der Jagd stattfand, Mittermaier Grundsätze des deutschen Privatrechts. §. 290., und daß ebenso nach und nach immer mehrere zum Besten der großen Grundeigenthümer ausgeschlossen, und so ein Fischereiregal vorbereitet wurde. Hüllmann Geschichte des Ursprungs der

Regalien. S. 55 folg. Nur partikularrechtlich und nicht gemeinrechtlich war übrigens das Regal der Fiſcherei. Daß hierbei die Grundſätze des Longobardiſchen Lehnrechts II. F. 56. von großem Einfluß geweſen, iſt nicht zu verkennen, beſonders, wenn die Beſtimmungen dieſes Geſetzes ſo allgemein ausgedrückt werden, wie dies von Anton Geſchichte der teutſchen Landwirthſchaft. Th. 2. S. 559. geſchieht, der darauf den Grundſatz: die Flüſſe ſind des Reiches Straße, baut, welcher aber nach einer richtigen Würdigung dieſer Conſtitution Friedrichs I. nicht darin liegt, indem daſelbſt nur die Hoheit über die öffentlichen Flüſſe und die Abgaben, die für die ausſchließliche, durch Privilegien geſtattete Benutzung der Fiſcherei in ſolchen Flüſſen, wo ſie ſonſt Allen frei ſteht, entrichtet wurden, für ein Regal erklärt ſind. S. darüber Eichhorn Rechtsgeſchichte. §. 362. Note h.

4) Carol. M. Capit. I. a. 802. cap. 39. „Ut in forestes nostras feramina nostra nemo furare audeat, quod jam multis vicibus fieri contradiximus, et nunc iterum bannimus firmiter ut nemo amplius faciat, et sicut fidelitatem nobis promissam unusquisque conservare cupiat, ita sibi caveat. Si quis autem Comes vel Centenarius aut Bassus noster aut aliquis de ministerialibus nostris feramina nostra furaverit, omnino ad nostram praesentiam perducantur ad rationem. Ceteris autem vulgis, qui ipsum furtum de feraminibus fecerit, omnino quod justum est componat, nullatenusque eis exinde aliquid relaxetur. Si quis autem hoc scierit, alicui perpetratum, in ea fidelitate conservata, quam nobis promiserunt et nunc promittere habent, nullus hoc celare audeat. *Baluz.* l. c. T. I. p. 374.

5) Carol. M. leges Longobard. cap. 71. (*Georgisch* Corp. jur. Germ. ant. p. 1152.) Capitularia excerpta ex leg. Longob. c. 5. (*Baluz.* l. c. T. I. p. 349.) „Ut nemo pedicas in foresto dominico seu in quolibet Regali loco tendere praesumat: Et si ingenus hoc perpetraverit, bannum dominicum solvat. Et si servus est dominus illius emendet sicut lex est.“

6) Caroli M. Capitul. de villis. c. 69. „De lupis omni tempore nobis annuntient quantos unusquisque comprehenderit et ipsas pelles nobis praesentare faciant. Et in mense Majo illos lupellos perquirant et comprehendant tam cum pulvere et hamis quam cum fossis et canibus.“ *Baluz.* l. c. T. I. p. 341.

7) Caroli M. Capitul. de villis. c. 62. „Ut unusquisque judex per singulos ex omni conlaboratione nostra quid de babus — — quid de feraminibus in nostris forestis permisso captis, quid de diversis compositionibus, quid de mollsis, quid de forestibus — — quid de lignariis et faculis, quid de axilis et alio materiamine. — —. quid de frugibus arborum, — — quid de insitis et diversis arboribus — — — habuerint, omnia seposita distincta et ordinata ad nativitatem Domini nobis notum faciant, ut scire valeamus quid vel quantum de singulis rebus habeamus.“ *Baluz.* l. c. T. I. p. 339.

8) Capitul. Caroli Calvi. Tit. 53. cap. 32. „In quibus ex nostris palatiis filius noster, si necessitas non fuerit, morari vel in quibus forestibus venationem exercere non debeat — —“ cap. 33. „Ut Adelelmus de forestibus diligenter sciat quot porci et feramina in unaquaque a filio nostro caciata fuerint.“ *Baluz.* l. c. T. II. p. 268.

9) S. §. 13. Note 47.

10) Dipl. a. 895. *Hontheim* Histor. Trevir. diplom. T. I. p. 282. „ut quandam sylvam in bannum mitteremus, et ex ea, sicut Franci dicunt, forestem faceremus. Omnem ergo sylvam — — per bannum nostrum omnibus prohibemus, et ex ea forestem facimus, ne deinceps ullus hominum in ipsa bestiam capere quacunque venationis arte absque possessoris ejus licentia praesumat."

11) Dipl. à. 943. *Heda* Histor. Episcop. Traject. p. 261. „ — ex hoc — — privilegio authoritatis nostrae interdicimus, ut nullus comitum aliorumve hominum in pago Forestensi, qui est comitatu Everhardi, cervos, ursos capreas, apros bestias insuper quae teutonica lingua Elo aut Lehelo appellantur venari absque praelibatae Cathedrae Praesulis permissu praesumat. Volumus quoque, firmiterque Regalis edicto munificentiae praecipientes jubemus, ut in eodem pago aut in sylva, quae nuncupatur Felnabe ac universis finibus ejus ac praefati pagi ad usque adjacentes, caeteras regiones praedictae Trajectensis ecclesiae jus servetur forestense, ut nobis et nostris — —"

12) Schenkung an den Bischof von Merseburg von 947, *Wideburg* De pagis veter. Misniae. p. 149.: „ — — qualescunque venationum species in his modo sint terminis, vel nutriantur, seu ex magna procedunt silva, que miriguido dicitur, ut sint nostra pace secura auctoritateve, jubemus." Derselbe Ausdruck, pax statt bannus, findet sich in einer Urkunde Heinrichs II. von 1015, *Schannat* Tradit. Fuldens. p. 246., sowie in den Rechtsbüchern des Mittelalters, s. unten Note 27. und 28., und oben §. 12. Note 8. Anton a. a. O. Th. 2. S. 326. bemerkt, daß dieser Ausdruck: sub pace regia, für Bann, erst unter den sächsischen Kaisern aufgekommen.

13) Dipl. a. 996. *Guden.* Cod. diplom. T. I. p. 14. „Forestum et bannum nostrum et ejusdem banni usum — — Willigiso venerabili Archiepiscopo — — tradidimus. — — Hunc predictum forestam ad altare S. Martini donavimus ea ratione, ut nemo mortalium in eodem foresto venari vel feras inquietare audeat, nisi ab ejusdem ecclesie Prothopresule licentiam accipiat." Dipl. a. 997. *Schaten* Annal. Paderborn. T. I. p. 344. „Ad haec quatuor foresta in Stenwalt, in Offet, Wiehmoet et Subort. In his quatuor forestis cervum vel cervam venandi nullus habeat licentiam nisi verbo et consensu Abbatissae et si cervus vel cerva effugiat de his forestis, eos in alias sylvas sequi sit licentia Abbatissae nunc, et in foresto in quo est Eltica constructa singulis annis inter cervos et cervas XII ferae tribuuntur Abbatissae." Dipl. a. 1000. *Lünig* Reichsarchiv. T. XVII. p. 934. „Concessimus potentiam ut omnis silva quae ad castellum Bernheim seu ad villam Luttershausen dictam pertinere videtur, sicut nostri juris publici forestum, tuta ac defensa munita ac in perpetuum forestata, habeatur, quatenus nullius hominis magna sive parva persona in eodem foresto venationem aliquam exercere, cervum aprum sive apram, ursum sive capreolum capere praesumat, si quis igitur facere, quod absit, ullatenus ausus erit, ita nostrum imperialem bannum componet S. S. Wirzeburgensi Ecclesiae memoratae, uti in nostris publicis forestis aliquam caperet feram."

14) Diese Bestätigung von 1023 erfolgte beinahe mit denselben Worten, wie in der Urkunde Karls d. Gr. (§. 13. Not. 47.) Möser Osnabrückische Geschichte. Th. 2. Urkunden Nr. 19. S. 18. Schon Otto d. Gr. hatte auf dieselbe Weise 952 jene Schenkung bestätigt. Ebendas. Nr. 13. S. 5.

15) So in einer Urkunde an die Abtei Hirſchfeld von 1003, S. §. 14. Note 26., dann in einer an die Kirche zu Magdeburg von 1009, *Schaten* l. c. T. I. p. 392. „de forestis autem — — ad praefatam ecclesiam Magadaburgensem pertinentibus, jam firmam Sancto et supra nominatis Sanctis facimus roborationem, ut unusquisque fidelium haec cum aliqua temeritate invadere pertimescat,“ ſowie auch 1015 an die Abtei Fulda, *Schannat* l. a. p. 246. „foresta et wildbannos — — et in feris forestandis — — talem pacem et securitatem — — qualem ceterae omnes regales Ecclesiae habere visae sunt.“ Montag Geſchichte der ſtaats= bürgerlichen Freiheit bei den Franken. Bd. 2. S. 196. bemerkt ſehr richtig, daß regales ecclesiae die reichsfreien Klöſter und Abteien bedeute.

16) Dipl. a. 1029. *Pistorius* Script. rer. Germ. T. III. (Ed. a. 1554) p. 736. „Si quis autem hujus nostri imperialis praecepti temerarius violator exstiterit, sciat se Episcopo et suo advocato banni nostri summam compositurum.“

17) Die Schlußformel dieſer Urkunde führt *Goldast* Constit. Imperial. T. III. p. 312. als ein allgemeines, von dieſem Kaiſer erlaſſenes Geſetz an, wie ſchon Buri, Abhandlungen von der Regalität der Jagd, in deſſen behaupteten Vorrechten der Bannforſten S. 44., bemerkt.

18) Z. B. 1048 an den Biſchof zu Brixen, *Hund* Metrop. Salispurg. ed. *Gewold* (Ed. a. 1719) T. I. p. 317., und 1049 an den Biſchof zu Paſſau. ibid. p. 365. „concessimus jus et potestatem legitimi banni super venatione et foresto, — — ea videlicet conditione, ut nemo absque licentia et voluntate praefati Episcopi — — infra praedictos ejusdem foresti terminos banni conclusione vetitos praesumat venari, aut aliquod genus ferarum quod in forestarum jure banni interdicitur, lege qualibet, venatoria industria capere vel decipere.“

19) Z. B. an den Biſchof von Hildesheim 1062. *Schaten* l. c. T. I. p. 555. S. §. 13. Note 55.

20) Dipl. a. 1197. *Schaten* l. c. T. I. p. 921.

21) Außer den hier genannten Urkunden ſpäterer Zeit kenne ich weiter keine, die dieſes Verbot ausdrücklich erwähnen; doch will ich, obwol ich viele und wichtige Urkundenſammlungen durchgegangen, nicht in Abrede ſtellen, daß noch einige dergleichen ſich könnten finden laſſen.

22) Dipl. a. 1302. *Guden.* l. c. T. III. p. 9.

23) Dipl. a. 1336. *Senkenberg* Select. jur. et hist. T. I. p. 204.

24) Weißthum über den Drei=Eicher=Wildbahn von 1338. Stiſſer a. a. O. Beilage Lit. B. S. 5. „Auch theilen Sie, dass eine Faut von Muntzenberg diesen vorgenannten Wildtbann von dem Reich zu lehen hat, und weren sol dess Wildbannes unwaid an allen Stücken, hernach geschrieben stehet, mit namen soll er weren, dass niemand In denselben Wildtbanndt jagen solle, dann ein Kayser, und ein Faut von Muntzenberg, der soll jagen am Hecken und an Garn zu zocken — — “

25) Dipl. a. 1475. Stiſſer a. a. O. Beilage Lit. BB. S 64.

26) Auch im Weißthum über den Drey=Eicher=Wildbahn, Stiſſer a. a. O. S. 6., findet ſich etwas dieſer Beſtimmung Aehnliches, indem daſelbſt feſtgeſetzt iſt, daß der Hirte den Hund an der Leine habe,

ihm aber doch freigelassen bleibe, denselben, wenn ein Wolf kömmt, los-
zulassen und diesen zu hetzen.

27) **Sachsenspiegel. B. 2. Artik. 61.** „Do got den menschen
geschup, do gaf he yme gewalt over vische und vogele, und alle wilde
dier. Dar umme hebbe wie is orkünde von godde, dat nieman sinen
lief noch sin gesunt an dissen dingen verwerken ne meah. Doch sint
drie stede bynnen deme lande to sassen, dar den wilden dieren vrede
geworcht is by koningesbannes, sunder beren unde wolven und vössen;
dit hetet banvorste. Dat is die heide to koyne; dat andere die hart;
dat dridde die maget heide. Sve so hir bynnen wilt veit, die sal wedden des koninges ban, dat sin sestich schillinge. Sve so durch den
banvorst rit, sin boge und sin armburst sal ungespannen syn, sin ko-
ker sal bedan syn, sine winde unde sine bracken solen upgevangen
syn, unde sine hunde gekoppelet. Jaget en man en wilt buten deme
vorste unde volgent yme die hunde bynnen den vorst, die man mut wol
volgen, so dat he nicht ne blase noch die hunde nicht ne grute, unde
ne missedat dar nicht an, of he san dat wilt veit; sinen hunden mut
he wol wederupen. Neman ne mut die sat tredden durch jagen noch
durch hitzen, sint der tiet dat dat korn ledekene hevet.‟

28) **Schwabenspiegel. cap. 350. (Berger S. 276.)** „Do Got den
menschen beschuf, do gab er im gewalt uber visch und uber vogel und
uber allerlevy tyer, davon habent die Künig gesetzt, daz nieman seinen leib noch seinen gesunt vervvürchen mag mit diesen dingen, doch
habent die herrn panförst, wer in darinn icht tut, da habent sy puz
uber gesetzet, als wir hernach wol sagen. Si habent auch uber vögel
vnd uber visch pan gesetzt, das betävvtet frid allen tyeren, wan an
den wolfen vnd an den Pern pricht nieman chainen frid, vver in ainen
Panforst vvilt wundet, vellet oder jagt oder töttet, der sol dem herren,
des er ist, sechtzig Schilling des herrn landphennig. vver durch den
Pannforst reyt, sein armprust vnd sein pog sullent vngespannen sein,
und sein chucher bedekeht, sein wind und sein Prack sullent auf gevangen sein, sein jagdhund sullend bekuppelt sein. Jagt ain man ain
vvildt mit urlaub des herrn, und flevvhet es darin den Panforst des
herrn, er sol den hunden widerrufen und mag er sy nicht wider prin-
gen, er sol in nachvolgen vnd sol sein horn nicht blasen in dem forst,
noch die hund nicht grüssen, was denn dem wildt geschicht von den
hunden, da ist der Jäger vnschuldig an. Jagt aberer oder hetzt er die
hundt an das wildt oder blaset er sein horn, so ist er puz schuldig,
da werd wild gevangen oder nicht, und is das ain man ain tyer wundet in seiner wiltpann, das flevvhet von im, das es chumbt aus
seinen augen und es chumbt in ain annder wiltpan vnd vellet da nider, wes das wildt cze recht sey das sull wir sagen, und stirbt es
darinn, E das es daruber chümbt, der es gejagt hat, des ist es cze
recht, und vindt er es lemptig, er soll es lassen sten, wann es cze
recht des ist des, da der wiltvank ist, ain jeglich wildt ist ains mans
mit recht, die weil es in seiner gewalt ist, chümbt es aber auss seiner
wiltpann, so ist es nicht sein. Ist das ain man ain wildt jagt, und
chümbt es von im unverseret, und ist aber so müd, das es nider vellt
und nicht fürpas mag, und chumbt es aus seinen augen, das er sein
nicht mehr siecht, und wer es darnach vindt, des ist es mit recht,
und doch also ob er sich sein hat abgethan, aber diweil er es sucht,
so ist es sein. Wer es unter der weyl vindet, der sol es im widergeben, es sey totes oder lemptigs; wann ain geglich wildt aus deiner

gewalt chumbt, ſo iſt es nicht dein, und aus dein wiltvang, ſo iſt es dein nicht, als ein geglich wildt in ſein freyheit, aus deinen augen chumbt, ſo iſt es dein nicht.“

29) Wie ſich aus der Aufzählung der Fahnenlehne und Biſthümer in Sachſen, Sachſenſpiegel. B. 3. Art. 62., ergiebt.

30) So der Forſt im Biſthume Osnabrück, §. 13. Note 47., der von Otto III. und Konrad II. dem Biſthume Minden, §. 13. Note 48. und Note 51., der von Heinrich IV. dem Erzbiſthume Magdeburg, §. 14. Note 8., und der von Otto II. dem Biſthume Merſeburg, oben Note 12., verliehene. Außer dieſen ſchon angeführten Forſten ſind mir noch mehrere bekannt geworden, wie einer bei Altſtädt, Leukfeld Hiſtor. Beſchreibung von Kelbra. S. 220., einer im Lauenburgiſchen, Scheidt Bibl. Hiſt. Goetting. T. praef. p. XVIII., und mehrere im Paderborniſchen, Schaten l. c. T. I. p. 355. 362., welche Anzahl bei nur einigem Nachſuchen ſich gewiß noch ſehr vermehren ließe. Uebrigens iſt es bekannt, wie wenig alle hiſtoriſche Nachrichten des Sachſenſpiegels zu gebrauchen, und ebenſo mag es ſich wol auch mit den topographiſchen verhalten; jedenfalls hat hier Eicke von Repgow nur die Forſten genannt, die in ſeiner Nähe ſich befanden und ihm demnach bekannt waren.

31) Stiſſer a. a. O. Kap. 7. §. 32. Riccius Entwurf von der in Teutſchland üblichen Jagdgerechtigkeit. Kap. 1. §. 37. Georg. Inſtit. jur. foreſt. §. 185.

32) Dipl. a. 1228. *Scheidt* l. c. praef. p. XVIII. „— — noverint univerſi quod quando cum Domino noſtro Bremenſi Archiepiscopo Gerhardo ſecundo compoſitione amicabili concordati fuimus et uniti — — ab omni, quam habuimus ſuper civitate Hamburg, — — comitia et foreſto ex utraque parte Bylne fluminis ceſſimus actione. Praenominatus autem dominus noſter Archiepiscopus — — foreſtum totum ab altera parte Bylne fluminis verſus Lauenburg ſurſum, ubi ripa dicti fluminis protenditur in continenti cum concordavimus, nobis in feodo contulit et conceſſit. — — In foreſto vero nobis a dicto Archiepiscopo collato ipſe Archiepiscopus cum voluerit et ſucceſſor ejus venandi habebit liberam facultatem.“

33) Dipl. a. 1269. *Scheidt* l. c. p. 192. et *C. Meichelbeck* Hiſtor. Friſingenſ. T. II. P. II. p. 64. „— notum eſſe volumus — — quod cum inter nos ex parte una et Dominum Chunradum militem de Lok et heredes quondam Wernheri officialis noſtri in Lok ex parte altera ſuper jure foreſte et venationis in diſtrictu Lok, que jura praefati Chunradus et heredes ſibi, nobis contradicentibus, uſurpabant, orta eſſet materia quaeſtionis, hujus modi conventio inter nos et ipſos deciſa extitit in hunc modum: Videlicet quod praefatus Chunradus et heredes praenotati, neque judicium neque magiſterium aliquod ſibi in aliqua foreſta noſtra de cetero uſurpabunt, nec inter venatores noſtros judicandi, inſtituendi vel deſtituendi aliquam habebunt poteſtatem, hoc tamen excepto, quod prefatus Chunradus, vel quicunque inter praedictos heredes ſenior fuerit, ipſo Chunrado non existente et aucupandi niſo, terciolos et accipitres et falcones et venandi cum ipſis venatoribus liberam habeat poteſtatem, temporibus debitis, ſtatutis et conſuetis, hoc adjecto, quod quicunque venatorum praefato Chunrado vel heredi ſeniori, ſi ipſe Chunradus ſuperstes non fuerit, contrarius extiterit vel rebellis, idem venator in duabus metretis avene, quod vulgo phruntmez dicitur, punietur, quarum una cedit nobis et alia prefato Chunrado vel heredi ſeniori. Adicimus etiam quod quandocunque nos praeſentes fue-

rimus, omnes carnes de venatione et aves de aucupatione — — nostro praespectui presententur, ut de ipsis ordinemus pro nostro libitu voluntatis. Praeterea pro eo quod idem Chunradus et dicti heredes a judicio et magisterio foreste cesserunt in recompensatione hujus cessionis promittimus, ipsis jure feudali percipere duas partes avene scapularum ipsarum et aliorum, que ad forestam et ad venationem pertinebant, pro nobis tertia parte omnium praedictorum decisa et retenta. — —." Es ist hier zugleich ein Beispiel eines sehr alten und merkwürdigen Seniorats gegeben.

34) Weißthum über den Drey=Eicher=Wildbahn. Stisser a. a. O. Beilage Lit. B. S. 9. „Auch theilten sie, dass ein Apt von Fulda in der Hirtzfeiste Stosshirtze Jagen mag mit Zochten und in der Eberdreyss Sess hawender Schwein."

35) S. oben Note 13. die zweite Urkunde. In späterer Zeit wurden solche Deputate theils wegen abgetretener Jagd, theils wegen Wildschäden häufiger, und bestehen jetzt noch, z. B. in Sachsen, an mehreren Orten.

36) *Leibnitz* Script. rer. Brunsvic. T. I. p. 532. Ein anderes Beispiel erwähnt Anton a. a. O. Th. 2. S. 354. aus Kindlinger's Münsterischen Beiträgen; ein Buch, von dem ich leider nur den dritten Band habe einsehen können.

37) Weisthum über den Drey=Eicher=Wildbahn. Stisser a. a. O. S. 10. „Auch theilten sie, dass des Fauths Jeger von Müntzenberg in der Mess zu Franckfurth, so sollen sie fahen ein Hertz, und wann sie kommen zu Sachsenhausen, so sollen sie blosen durch die Stadt, und sollen in dem Schultheisen heimführen, der soll sie zu Bade führen, und soll sie ehrlichen lassen, und soll den Hirtz mit den Schöffen theilen, als sein ehr ist."

38) Sehr viele, theils schon früher angeführte, theils noch namhaft zu machende Urkunden gehören hierher, und ich verweise hier blos auf die oben Note 11. und 13. angeführten.

39) Wie Anton a. a. O. Th. 2. S. 349. und 358. annimmt.

40) Wie z. B. oben Note 13. die erste Urkunde.

41) Wie die Urkunde über den Osnabrücker Forst von Karl d. Gr., oben §. 13. Note 47., und die späteren Bestätigungen desselben bei Möser a. a. O. Th. 2. Urkunden S. 5. und 13.

42) S. unten §. 28.

43) Anton a. a. O. S. 351.

44) S. oben §. 8. Note 24.

45) Sachsenspiegel. B. 2. Art. 61. (Note 27.) Schwabenspiegel. Kap. 350. (Note 28.)

46) Urkunde von Otto III. oben Note 13. zweite Urkunde.

47) Leg. Rotharis. cap. 319. (oben §. 8. Note 26.)

48) Dipl. a. 1275. Lenkfeld Histor. Beschreibung des Klosters Kelbra. S. 84. „Recognoscimus quod Nobili Viro Friderico Comiti de Beichlingen et suis heredibus universis — — venationem illam juxta Castrum suum Lare et quod vulgariter Wildpan dicitur, a monte, qui Wibelsberg nominatur, usque ad montem Walungisberg cum omnibus juribus, honoribus et libertatibus ad ipsam venationem spectantibus, jure feudali contulimus et conferimus per praesentes,

quodque idem nobilis Fridericus Comes in praedicta venatione canum
suorum sequatur cursum usque ad vallem quae Geblingen nuncupatur,
sibi damus in praesentem liberam facultatem."

49) Eichhorn Rechtsgeschichte. §. 362.

§. 16.   Waldverhältnisse in den Bannforsten.

Wie wir schon gesehen, war der ursprüngliche Begriff von
Forsten, Bannforsten, von unserer heutigen technischen Bedeutung,
nach der sie in der Regel blos größere Waldungen bezeichnen,
verschieden, indem sie außer Waldungen und Jagd auch noch
ganze, oft große Landdistricte umfaßten. In solchen unter Königsbann gestellten Districten, die im spätern Mittelalter oft auch
Wildbann genannt wurden, waren nun keineswegs alle einge-
schlossenen Wälder und Fluren im wirklichen Eigenthume des
Inhabers, sondern der mit dem Wildbanne, Forst und auch
Forstrecht im ältern Sinne, Belehnte hatte hierselbst die ausschließliche Jagdbenutzung, die Pfändung bei allen in diesem
Districte begangenen Freveln, die Gerichtsbarkeit, die Benutzung
des Holzes und die Oberaufsicht auf alle in dem Forste einge-
schlossenen Privat- oder Gemeindewaldungen ¹), so daß, wenn
auch die Erhaltung der Jagd und Ausschließung aller Uebrigen
von derselben die Hauptursache der Entstehung der Forsten war,
doch schon auf eine Schonung des Holzes und Verhütung der
Waldverwüstungen, obgleich vielleicht nur, um so den Wildstand desto sicherer zu erhalten, mit Rücksicht genommen wurde ²);
daher lassen sich von den ältesten Zeiten an in Urkunden und
Gesetzen mancherlei Spuren und Vorschriften, die sich auf eine
Erhaltung solcher Wälder, und überhaupt die Regelung der
Waldbenutzungen beziehen, nachweisen.

Was nun zuvörderst allgemeine Vorschriften über die Waldbenutzung und Erhaltung der Wälder anlangt, so sind darüber
schon Verordnungen Karls b. Gr. da, in denen er vorschreibt,
daß an passenden Orten die Wälder gerodet, wo sie aber sein
müssen, sie nicht beschädigt werden sollen ³); sowie er denn überhaupt seinen Forstbeamten die Wälder gehörig zu beschützen befiehlt ⁴), eine auch von Ludwig dem Frommen wiederholte Verordnung ⁵). Ueber die Einkünfte aus den Forsten mußte ferner
unter Karl gehörige Rechnung jährlich zu Weihnachten abgelegt
werden ⁶). Auch bei der Ertheilung des Forstbannes an das
Stift Osnabrück verbietet derselbe das Roden in dem verliehenen Walde ⁷), was auch in der Bestätigung der Rechte dieses
Stiftes von Otto I., Konrad II. und Heinrich II. wiederholt
zu sein scheint ⁸).

In den folgenden Jahrhunderten, in denen so viele Schen-

kungen von Forsten erfolgten, so daß endlich nur noch so wenige Bannforsten im königlichen Besitz blieben, die aber auch
am Ende dieser Periode in das Eigenthum Anderer kamen, finden sich keine Spuren von Verordnungen über die Erhaltung der
Forste [9]), und erst, als die Waldungen durch Ausrodungen und
die Freiheit, die man für die Holzbenutzung gestattete, sehr gelitten hatten [10]), kommen solche Vorschriften, wie aus der karolingischen Zeit, wieder zum Vorschein. So wird in einer Schenkung des Abtes von Lorch über einige Waldorte zur Anlegung
von Aeckern und Weiden an ein anderes Kloster ausdrücklich verordnet, daß außer den Grenzen dieser angegebenen Orte in dem
Bannforste selbst weder Holz gefällt, noch Theile des Waldes
gerodet würden [11]). Besonders häufig kommen die hier in Frage
stehenden Vorschriften über den Reichsforst bei Nürnberg vor;
so wird in der Belehnungsurkunde Rudolphs I. über das Forst-
meisteramt dieses Forstes dem Forstmeister genaue Aufsicht und
Schutz des Waldes anbefohlen, so daß auch ohne seine Anordnung
Niemand Holz zum Bauen nehmen darf [12]); eine Anordnung, die
die frühere Vernachlässigung dieses Forstes deutlich erkennen läßt.
Wie wenig aber diese Vorschriften gefruchtet, beweisen viele andere spätere Anordnungen derselben Art; so befiehlt Heinrich VII.,
daß die Forstmeister und übrigen Beamten dieses Waldes, der
durch Brand und Ausrodung viel gelitten habe, ihn wieder in
Anbau bringen, wie er vor funfzig Jahren gewesen, und nicht
leiden sollen, daß Fremde, die kein Recht an ihm haben, durch
Kauf oder andere Mittel irgend einen Nießbrauch an ihm sich
verschaffen [13]). Ludwig IV. erwähnt ebenfalls den Schaden,
den dieser Wald erlitten, und verordnet, daß Niemand, der nicht
von Alters her ein Recht dazu gehabt, Holz aus ihm erhalte,
daß alle Förster und andere Beamte desselben auf Erfordern des
Raths zu Nürnberg vor diesem jährlich erscheinen und daselbst
schwören sollen, Alles zu thun, „das dem Reiche und der Stadt
gut und nütze sei,“ und Alles, was dem Walde schädlich sei, zu
rügen, wobei die Strafbestimmungen bei Verletzung dieses Waldes dem Ermessen der Richter überlassen wurden [14]). Karl IV.
wiederholte später diese Anordnung [15]), und in einem Aufsatze
vom Amt und Recht der Forstbeamten in diesem Walde von
dem Erboberforstmeister Konrad Waldstromer wird neben vielen
einzelnen Bestimmungen auch das Recht der Pfändung gegen
alle Waldverletzer und die allgemeine Verbindlichkeit, für das Beste
des Waldes zu sorgen, angeführt [16]). Auch außer diesen Nachrichten über den nürnberger Forst finden sich noch andere Urkunden über Erhaltung verschiedener anderer Forsten. So befahl
Albrecht I., daß Niemand es ferner wage, in dem Heiligenforste
Holz gänzlich auszuroden und Neuland zu machen, sondern daß

6

von alten Leuten über die Zubehörungen und Rechte dieses Forstes Nachricht einzuziehen und demnach zu verfahren sei, so daß Das, was zu diesem Forste gehöre, es sei angebaut oder nicht, wieder zu ihm geschlagen werde [17] Die großen Verwüstungen, die der büdinger Wald erlitten, erwähnt Ludwig der Baier in einer Urkunde, in der er den Schutz über diesen Wald einem Konrad von Trymperg übergiebt [18]. Eben so finden sich in dem Weißthume desselben Kaisers über den dreieichner Wald Vorschriften zu dessen Schutz und Bewahrung gegen Verletzungen und Frevel, wobei namentlich gegen das Aschebrennen und Feueranlegen im Walde barbarische Strafen gesetzt und über das Roden besondere Bestimmungen getroffen sind, nach denen es blos gegen dreifache Erstattung des Zehnten erlaubt und darüber noch festgesetzt wird, daß, wenn Jemand Aecker und Wiesen im Umfange des Forstes hat, er Sorge tragen muß, daß sie nicht zu Wald werden; wenn dies aber geschehen und das Holz so stark geworden ist, daß zwei Ochsen mit dem Joch es nicht niederdrücken können, er es ohne Genehmigung des Forstmeisters nicht roden darf [19]. Besondere, auf den Schutz des Holzes in den Bannforsten sich beziehende Bestimmungen enthalten der Sachsen= und Schwabenspiegel nicht, auch nicht das Kaiserrecht, das bei Erwähnung der Wälder nur von den Marken spricht [20]; wol aber hat solche besondere Bestimmungen das Rechtsbuch Ruprechts von Freisingen, nach denen die Holzentwendung in den Forsten mit dem Verluste der Hand, oder mit einer Strafe von 65 Pfund Pfennigen belegt war [21].

Ueber besondere Arten der Waldbenutzung finden sich noch mehrerlei Anordnungen, die nicht, wie die schon angeführten urkundlichen Bestimmungen, im Allgemeinen die Erhaltung der Forste betreffen, sondern auf die einzelnen Fälle selbst sich beziehen. Zu den Rodungen von Theilen der Forste, was in den allgemeinen Anordnungen oft verboten, ist in einigen besondern Fällen Erlaubniß gegeben: so wiederholt Friedrich I. eine schon vom König Konrad der Kirche in Eilwardestorp und einem Burkhard, Burggraf (Präfect) von Magdeburg, gegebene Erlaubniß, auf ihren Grundstücken in einem Forste bei Altstädt Neuland zu machen [22]; ebenso gestattete der Bischof von Worms einem Kloster in dem Walde, dessen Grundeigenthum dem Kloster Lorch zuständig, worüber ihm aber Bannforstgerechtigkeit gehörte, vier Acker zu roden [23]), woraus sich deutlich die Befugniß des Inhabers des Wildbannes ergiebt, in allen demselben unterworfenen, auch ihm nicht eigenthümlichen Waldungen eine Aufsicht über deren Erhaltung zu führen. Rodungen hingegen, die ohne Erlaubniß Dessen, der den Wildbann hat, geschehen, scheinen nicht in das Eigenthum Derer, die sie vorgenommen, überge=

gangen zu ſein; denn ſo verleiht z. B. Kaiſer Ludwig IV. das Neuland im büdinger Walde, was ohne Erlaubniß des Reiches gemacht worden, an einen Konrad von Trymperg ²⁴), dem er das Jahr zuvor dieſen Wald in Schutz gegeben ²⁵).

Eine hauptſächliche Art der Waldbenutzung in Deutſchland war die Hutung, beſonders mit Schweinen bei der Eichelmaſt, wovon wir ſchon oben aus den älteſten Zeiten Nachrichten mitgetheilt ²⁶), und wegen ihrer Ausübung in den Forſten finden ſich ebenfalls einige Nachweiſungen. So verordnet Karl d. Gr. wegen der Schweinehutung in den Forſten, daß die Richter und andere vornehmere Beamten, die ihre und ihrer eignen Leute Schweine in die königlichen Wälder treiben laſſen, zuerſt den Uebrigen zu einem guten Beiſpiele den Zehnten davon abgeben ſollen ²⁷). Es ergiebt ſich alſo hieraus, daß die Hutung geſtattet und als Mittel, ein Einkommen aus den Forſten zu erhalten, betrachtet wurde, indem jene uralte, früher beſonders bei den Weſtgothen ausgebildete ²⁸) Abgabe des zehnten Stücks der eingetriebenen Thiere hier als allgemeine Norm angeführt wird. Noch nach mehreren Jahrhunderten hatte ſich dieſe Abgabe erhalten und durch ſie ſelbſt die Hutung, wenigſtens an einem Orte, einen ganz beſondern Charakter angenommen, denn wegen des Forſtes des Kloſters Mauermünſter ²⁹) war feſtgeſetzt, daß bei der Eichelmaſt alle Eigenhörige ihre Schweine gegen Abgabe des Zehnten in den Wald treiben; ja, daß ſogar auch die von ihnen, die dies nicht thun, den Zehnten abgeben ſollen. War alſo früher die Hutung die Hauptſache, wegen deren Geſtattung jene Abgabe gegeben werden mußte, ſo wurde letztere ſelbſt ſpäter zur Hauptſache, und um ſie zu erhalten, blos die Hutung als Mittel gebraucht. Die Gewohnheit, den Benachbarten die Hutung in den Wäldern gegen dieſe Abgabe, oder auch ohne dieſe zu geſtatten, war jedoch nicht allgemein ³⁰); denn ſo finden wir, daß König Adolf dem Kloſter Königsbrück die Hutung in dem Heiligenforſte ausdrücklich erlaubte, ohne jener Abgabe zu gedenken ³¹). In dem Dreieichenforſte ſcheint allen Denen, die zu ihm gehört, die Hut freigeſtanden zu haben, denn wir finden nur die Beſtimmung, daß bei voller Maſt von jeder Hufe 30 Schweine eingetrieben werden ſollen; doch waren die beſondern Hirten verboten, und ſelbſt der gemeine Hirte ſoll, wegen Schonung des Holzes und der Jagd, mit den Ziegen und Schafen nur ſo weit in den Wald treiben, als er mit dem Stabe werfen kann, und den Hund an dem Seile führen; dagegen ſollte ohne Genehmigung des Forſtmeiſters nach dem St. Walpurgistage nicht mehr in dem Walde gehütet werden ³²). Wegen des Reichsforſtes bei Büdingen findet ſich die Beſtimmung, daß blos bei voller Maſt den Unterthanen gegen gewiſſe Abga-

6 *

ben an die Forſtbeamten die Schweinehutung zuſteht, bei nicht
voller Maſt hingegen blos der „Herr" des Forſtes, die Grafen
von Iſenburg, die mit dieſem Walde belehnt [33]), und die Forſt=
beamten ſelbſt die Hutung haben ſollen [34]).

Was die Holznutzungen aus den Forſten anbetrifft, ſo fin=
den wir darüber ſehr verſchiedene Beſtimmungen, indem bei eini=
gen Forſten ein ſolches Beholzungsrecht, ſchon als lange beſte=
hend, gleichſam beſtätigend erwähnt und nur gewiſſermaßen mo=
dificirt wird; bei andern hingegen, deſſen Erwähnung auf die
Weiſe geſchieht, daß die neue Begründung ſelbſt durch die in
Frage ſtehende Urkunde zu erfolgen ſcheint. Was die letztere
Art anlangt, ſo gehören hierher folgende urkundliche Nachrichten:
Ein Biſchof von Paſſau gab dem Stifte St. Nicolai das Recht,
aus ſeinem Forſte alles nöthige Bau= und Brennholz ohne ir=
gend eine Vergütung zu nehmen [35]); Herzog Leopold von Baiern
geſtattete dem Kloſter Reichersberg, daß es zu jeder Zeit zwei
Wagen Holz aus ſeinem Forſte holen durfte [36]); im Forſte des
Kloſters Mauermünſter dagegen mußten die Köhler, Diejenigen,
welche Bauholz fällen, und Alle, die welches zum Verkauf ha=
ben wollen, bei dem Forſtbeamten erſt nachſuchen [37]); dem Klo=
ſter Königsbrück aber ertheilte König Adolf in dem Heiligenforſte
ein ganz unbeſchränktes und unbedingtes Beholzungsrecht [38]);
Ludwig IV. erlaubte dem Männerſpital zu Frankfurt, aus dem
Reichsforſte (wol dem Dreieichenforſte) täglich einen einſpännigen
Wagen voll Holz oder Stöcke zu holen [39]), und dem St. Ca=
tharinenkloſter zu Frankfurt geſtattete Karl IV. daſſelbe, was
auch Kaiſer Sigismund beſtätigte [40]). Daß aus ſolchen beſtimm=
ten Quantitäten Holz, die Einem zu holen freiſtand, ſpäter, als
man es nicht mehr ſo holen, ſondern der beſſern Aufſicht wegen
zu beſtimmten Zeiten übergeben ließ, und auch bei unbeſtimmten
Verleihungen ein beſtimmtes Maaß dafür feſtſetzte, das noch jetzt
ſtattfindende Deputatholz entſtand, hat ſehr viel Wahrſchein=
lichkeit [41]).

Von ſolchen Holzbenutzungsrechten der erſten Art, die nicht
durch die fragliche Urkunde erſt begründet, ſondern ſchon weit
früher wol vorhanden waren — worüber auch in der Forſtord=
nung des Kloſters Mauermünſter ſich einige Andeutungen fin=
den [41a]) — ſcheinen mir die in K. Ludwigs Weißthume des
Dreieichenforſtes und K. Sigismunds Beſtätigung des Förſter=
buchs des büdinger Waldes enthaltene Beſtimmungen beſonders
bemerkenswerth; nach jenen ſoll jeder Hübner, deren im Gan=
zen 36 ſind, das Recht haben, das zur Erhaltung und Auf=
bauung ſeiner Gebäude nöthige Holz, ſowie wöchentlich „einen
grünen Wagen voll Holzes, und einen dorren" aus dem Forſte
zu nehmen [42]), nach dieſem aber, dem Förſterbuch des büdinger

Waldes, sind die Berechtigungen viel ausgedehnter; denn nicht nur der Forstmeister und jeder Förster kann das Holz, was er zum Bauen und Brennen bedarf, nehmen, sondern dasselbe Recht steht auch den Burgmannen zu Gelnhausen zu, ohne daß sie deshalb etwas zu entrichten haben; auch werden noch mehrere in den Forst gehörige Dörfer aufgeführt, und bemerkt, daß jedem geforsteten Manne das nöthige Bauholz gegen eine geringe Abgabe von Wein an den Forstmeister und seine Leute zu verabreichen sei, und daß Jeder derselben, dessen Frau im Kindbett ist, einen Wagen Holz nehmen und verkaufen darf [43]).

Ueber alle solche Befugnisse, die von dem Inhaber der Forste Andern gestattet worden, sowie über die Behandlung und Aufsicht der Forste im Allgemeinen konnten nun auch gewisse Ordnungen entworfen werden. In den Forsten, die nicht aus Holzmarken entstanden, und in denen demnach keine, in den frühern Zeiten schon rechtlich begründete Befugnisse Andern zuständen, kam dem Herrn ohne Frage das Recht zu, solche Ordnungen zu erlassen, wobei aber stets wol mehr ein Aufschreiben und Sanctioniren von dem bis dahin in den fraglichen Forsten Üblichen als neue Bestimmung der Waldbehandlung stattfinden mochte. Eine solche alte Forstordnung ist die von dem Kloster Mauermünster [44]); ähnliche einzelne Bestimmungen sind uns auch von Herzog Ludwig dem Bärtigen von Baiern aufbewahrt [45]), und gewissermaßen mochte hierher auch der schon angeführte Aufsatz von dem Amte der Forstbeamten im nürnberger Forste gehören [46]). In den aus Gemeindegrundstücken und Holzmarken gebildeten Forsten dagegen konnte der Forstherr ohne Genehmigung der Berechtigten keine Ordnungen erlassen, und die derselben, welche auf solche Forste sich beziehen, sind denn auch alle in der Form von Weißthümern uns aufbehalten, wie das Weißthum über die Wehrmeistereiwaldungen bei Montjoie [47]), das oft angeführte Weißthum Ludwigs IV. über den Dreieichenwald und Sigismunds Bestätigung des Försterbuchs des büdinger Waldes. Daß in allen Forsten, selbst da, wo althergebrachte und große Befugnisse Andern zuständen, die Ausübung der zukommenden Rechte, und namentlich die der Befugniß Holz zu fällen, unter der Aufsicht der Forstbeamten (Förster) stand, scheint ziemlich allgemein gewesen zu sein [48]), und in allen den angeführten Weißthümern und Forstordnungen wird stets von ihrer Pflicht, den Wald und die Jagd zu schützen, und ihren, besonders für jene Zeiten nicht unbedeutenden Nutzungen gehandelt [49]). Das Recht endlich, verschiedene Befugnisse in den Forsten auszuüben, wird selbst Forstrecht [50]) in einem neuern Sinne genannt, und Die, denen es zusteht, und nicht allein die Förster, kommen oft unter dem Namen forestarii vor [51]).

Die Eigenthümer der Forste und Inhaber des Wildbannes überließen nun aber, einzelne Begnadigungen ausgenommen, alle solche Nutzungsbefugnisse wol nicht immer unentgeltlich, sondern oft mußte dafür etwas abgegeben oder geleistet werden. Außer jener, bei den Hutungen oft gebräuchlichen Abgabe des Zehnten finden sich auch noch andere Leistungen. Die Worte der schon erwähnten Urkunde, in der vom Bischof von Passau einem Kloster das Holzungsrecht, „sine exactione juris quod forstrecht dicitur," gestattet wird, lassen auf eine ziemlich allgemeine Abgabe für die Bewilligung von Nutzungen der Forste unter diesem Namen schließen. Vielleicht, daß diese Abgabe mit der so häufig vorkommenden Lieferung von Getreide, namentlich von Hafer, von den Forstberechtigten, deshalb auch Forsthafer genannt [52]), identisch sei, welcher Forsthafer unter andern in der Vergleichungsurkunde des Bischofs von Freisingen mit einem Konrad von Lock erwähnt wird, wo Letzterer, der von dem in Anspruch genommenen Forstmeisteramte und der Gerichtsbarkeit über den Forst abgestanden, dafür, neben der persönlichen Gestattung der Jagd im Forste, auch zwei Dritttheile des Hafers und anderen Getreides, was zum Forste gehört, erhalten soll [53]). Auch in dem Weißthume über den Dreieichenforst von Ludwig IV. wird der Forsthafer erwähnt [54]), doch so allgemein, daß etwas Näheres daraus sich nicht erkennen läßt [55]). Außer solchen Lieferungen kommen nun aber auch an andern Orten Leistungen anderer Art, namentlich Leistungen von Diensten vor; so mußten in Corbei die Forstberechtigten eine bestimmte Anzahl Karren Holz aus dem Forste in das Kloster schaffen [56]); für das Kloster Oldersbach in Baiern mußte jeder der Colonen für die Befugniß, sein Brennholz zu nehmen, drei Wagen Holz fahren [57]), und im nürnberger Forste mußten alle in denselben gehörigen Dörfer auf Erfordern der Förster oder deren Diener, bei Verlust ihres Rechtes, dem Reiche Fuhren leisten [58]).

Sehr bedeutende Einkünfte aus den Forsten bildeten die von der wilden Bienenzucht eingeführten Abgaben; doch war solche Zeidlerwirthschaft wol nicht weit verbreitet, und außer mehreren nur vorübergehenden und beiläufigen Erwähnungen der Zeidler in den Urkunden finde ich eine besondere Anführung derselben nur in dem nürnberger Forste; hier aber mußten diese Einkünfte beträchtlich sein, denn Karl IV. versetzte sie an einen von Seckendorf für 200 Mark löthigen Silbers [59]), von dem sie erst an den Burggrafen und dann an den Rath von Nürnberg kamen [60]).

So suchten demnach die Inhaber von Forsten durch Gestattung von Hutungs=, Beholzungs= und andern Rechten ein bestimmtes Einkommen aus ihren Besitzungen zu erhalten, unbekümmert gewöhnlich darum, ob und wie durch solche einge=

räumte Befugniſſe ihre Beſitzungen ſelbſt geſchmälert und deren
Beſtes gefährdet würde, da ſowol dem Geiſte und den Verhält=
niſſen jener Zeit eine geregelte, auf naturwiſſenſchaftliche Princi=
pien gegründete Behandlung der Wälder und höhere ſtaatswirth=
ſchaftliche Rückſichten bei ihrer Benutzung fremd waren und fremd
ſein mußten, als auch die Forſtinhaber ſelbſt durch das Be=
dürfniß der Umwohnenden, durch deren Aufopferung von eig=
nen Rechten die Forſten oft gebildet wurden, nothwendig ge=
leitet werden mußten, ſolche vielfache Befugniſſe ihnen zuzu=
geſtehen.

Bei Betrachtung ſolcher verſchiedenartigen Befugniſſe, welche
den in der Nähe der Bannforſten Angeſeſſenen und den Leuten
der Inhaber derſelben zuſtanden, verbunden mit den dafür her=
gebrachten Leiſtungen, läßt ſich eine große Aehnlichkeit der Wald=
benutzungsbefugniſſe bei dieſen Forſten mit denen in den Holz=
marken nicht verkennen. Eine Bemerkung, die auch durch die
Entſtehung wol mancher Forſte beſtätigt wird. Wir haben näm=
lich oben §. 13. ſchon geſehen, daß viele Forſte von dem neun=
ten bis in das zwölfte Jahrhundert aus Holzmarken mit Ein=
willigung der Markgenoſſen gebildet wurden. Hierdurch kam
denn an den Inhaber ſolcher Bannforſten die ausſchließliche
Jagdberechtigung, der Schutz und die Aufſicht über die einge=
forſteten Bezirke, jedenfalls auch ein unbeſchränktes Holznutzungs=
recht, und, indem der Forſtherr ſo ſchon mittels anderer Titel
gewöhnlich in dem Beſitz der Gerichtsbarkeit war, auch die Ge=
richtsbarkeit über alles zu dem Bannforſte Gehörige. Ein be=
ſchränktes Benutzungsrecht der ehemaligen Waldeseigenthümer,
mit deren Einwilligung die Forſte errichtet, blieb jedoch jeden=
falls ⁶¹), und vielleicht iſt ſchon in der bekannten und oben an=
geführten osnabrücker Urkunde Karls d. Gr. eine Andeutung
davon enthalten ⁶²). Beſonders kenntlich iſt dieſes Verhältniß
in den drei oft genannten Reichsbannforſten bei Nürnberg, Bü=
dingen und Dreieich. Bei dem nürnberger Forſte nämlich deutet
die von Heinrich VII. ausgeſprochene Ausſchließung von Frem=
den ⁶³), ſowie die in dem angeführten Aufſatze des Forſtmeiſters
erwähnte Verbindlichkeit aller Derer, die in den Wald gehören,
dem Reiche Fuhren zu leiſten, womit wol die geringe Vergütung,
die ſie für das von ihnen gefällte Holz den Förſtern gaben, in
Verbindung ſteht ⁶⁴), auf ein den Marken ähnliches Verhältniß,
was bei dem Dreieichenwalde mehrfache Beſtimmungen des Weiß=
thums, als die über die Hutung und das Holzungsrecht zu thun
ſcheinen, ſowie in demſelben auch oft das Wort Mark für Forſt
oder Wald gebraucht iſt ⁶⁵). Am deutlichſten jedoch iſt dieſe
Hinweiſung in der Beſtätigung des Förſterbuchs des büdinger
Waldes von Sigismund, wo, wie in den Weißthümern, über

eigentliche Holzmarken, die dahin gehörigen Ortſchaften namentlich angeführt und ihre einzelnen Befugniſſe angegeben werden,
ja das Reich ſelbſt oberſter Märker über den Wald genannt
wird.⁶⁶). Mehr aber noch, als in dieſer Weiſe, ſcheinen die
bei den hier genannten Forſten feſtgeſetzten jährlichen öffentlichen
Gerichte für die Annäherung der Marken zu ſprechen; nur daß
an der Stelle der Obermärker oder Holzgrafen die Reichsforſtmeiſter ſich befinden, und das untergeordnete Forſtperſonal wol
auch eine wichtigere Stimme, als die übrigen Berechtigten, hat-
ten⁶⁷). Alle den Wald betreffenden Angelegenheiten gehörten
vor dieſes im Mai gehaltene, und daher Maigericht genannte
Gericht, namentlich alle Bußen und Pfändungen⁶⁸). Daß übrigens wol über jedem Forſte der Eigenthümer die Gerichtsbarkeit
beſaß, und ſelbſt bei weitern Verleihungen derſelben ſie mit ver-
gab, und auch an die Beamten, welche er den Forſten vorſetzte
belegirte, iſt bei Erwägung der ganzen Verhältniſſe der Gerichtsbarkeit in den mittlern Zeiten ſehr leicht erklärlich, und ſo wird
denn die Gerichtsbarkeit, als zum Forſte gehörig, auch in einer
Urkunde Albrechts I. angeführt⁶⁹), und in der öfters genannten
freiſinger Urkunde, in der ein Ritter Konrad von Lock ſeinem
in Anſpruch genommenen Rechte an einen dem Biſchof gehörigen Forſt entſagt, wird magisterium und judicium forestae
als verbunden angeführt⁷⁰).

Außer den genannten, auf ein in manchen Beziehungen
ähnliches Verhältniß zwiſchen Forſten und Marken hinweiſenden
Beiſpielen laſſen ſich wol auch noch mehrere finden; ſo wird in
einem Weißthume des dreizehnten Jahrhunderts über die Wehrmeiſterei Waldungen bei Montjoie dem Herzoge von Jülich, der
daſelbſt Holzgraf war, der Wildbann zugeſprochen⁷¹), und der
den Grafen von Naſſau über einen Wald zuſtehende Wildbann
wird in einer Urkunde geforſtete Mark genannt⁷²).

1) Anton Geſchichte der teutſchen Landwirthſchaft. Th. 3.
S. 446 und 455.

2) Anton a. a. O. Th. 2. S. 326.

3) Caroli M. Capitul. de villis. cap. 36. „Ut silvae et forestes nostrae bene sint custoditae; et ubi locus fuerit ad stirpandum,
stirpare faciant, et campos de silva increscere non permittant. Et ubi
silvae debent esse, non eas permittant nimis copulare atque damnare.
(*Baluz.* Capitul. Regium Francor. T. I. p. 336.)

4) Capitul. II. Caroli M. a. 813. c. 18. „De forestis, ut forestarii bene illas defendant, simul et custodiant bestias et pisces.“
Baluz. l. c. T. I. p. 510.

5) Capitul. V. Ludovic. P. a. 819. cap. 22. „De forestis nostris,
ut ubicunque fuerint diligentissime inquirant quomodo salvae sint et defensae — —“. *Baluz.* l. c. T. I. p. 617.

6) Caroli M. Capitul. de villis. cap. 62. *Baluz.* l. c. T. I. p. 339. S. oben §. 15. Note 7.

7) Dipl. a. 804. *Baluz.* l. c. T. I. p. 417. S. §. 13. Note 47.

8) Dipl. Otton. I. a. 965. Möfer Osnabrückische Geschichte. Th. 2. Urkunden Nr. 13. S. 5. Dipl. Henrici II. a. 1025. Ebendaf. Nr. 19. S. 18. und Dipl. Conradi II. a. 1028. Ebendaf. Nr. 20. S. 15. In allen diesen Urkunden sind die Bestimmungen Karls d. Gr. wörtlich wiederholt, nur fehlen dabei die Worte: „vel silvam exstirpandi,“ die in der Urkunde dieses sich befinden; weil aber sonst alle andern Bestimmungen hier wieder anzutreffen, und namentlich die in jener Urkunde nach obigen Worten vorkommende Formel: „vel aliquod hujusmodi negotium peragendi,“ auch hier vorkommen, diese aber nach dem Jagdverbote offenbar sonst ohne Sinn sein würden: so halte ich dafür, daß dadurch überhaupt eine Verlegung des Waldes ausgedrückt werden soll.

9) Doch findet sich eine besondere Bestimmung aus dieser Zeit, indem ein Bischof von Straßburg 1194 einigen Gemeinden die Grenzen ihrer Waldungen bestimmte, das Holzungsrecht denselben ließ, doch ihnen das Roden, den Holzverkauf und die Bestellung von Forstbeamten untersagte. *Wurdtwein* Nov. subsid. diplom. T. IX. p. 168. Wahrscheinlich ist demnach hier von einem Forste die Rede, und die Grenzbestimmungen betreffen nur die Theile des Forstes, in denen jene Rechte den erwähnten Gemeinden gestattet wurden.

10) Anton a. a. O. Th. 2. S. 327.

11) Codex Larisham. T. I. p. 265. „— — loca inculta et saltuosa partim agris partim pascuis opportuna certis limitibus determinata. Veruntamen ab extirpatione ejusdem sylvae et ab incisione lignorum, quae banno sunt abnoxia prorsus abstineant.“

12) Dipl. a. 1289. Stiffer Forst= und Jagdhistorie der Teutschen. Beilage Lit. K. S. 48. „— Noverint universi praesentium inspectores, quod officium Foresti nostri in Nuremberg contulimus Ottoni, dicto Forstmeister fideli nostro dilecto, et omnibus suis heredibus talium feudorum capacibus novalibus suis ad ipsum ex successione progenitorum suorum hucusque devolutis a nobis et imperio deinceps in feudum possidendum: ita quod ipse Otto praefatus una cum suis servis sibi ad regimen ejusdem officii necessariis silvam praenotatam foveat et omni loco impingeret, ubi eandem silvam succisam indebite viderit aut nocive. Nulli etiam sine sui demonstratione pro structura aliqua silvam succidere liceat ante dictam — — “ Wörtlich, wie bei Stiffer, findet sich diese Urkunde auch bei *Goldast* Constitut. Imper. T. I. p. 318., wo sie aber Heinrich VII. zugeschrieben wird. Wo Stiffer diese Urkunde hergenommen hat, ist nicht angegeben.

13) Dipl. a. 1310. *Goldast.* l. c. T. I. p. 319. „— — Considerantes — quod nemus nostrum et praefati Imperii apud Nuremberg per incendia et extirpationes, in nostrum ac Reipublicae praejudicium vastatum et in agros sive novalia a multis retroactis temporibus est redactum: unde fidelitati vestrae, sub Regii favoris obtentu, ac perditione jurium et officiorum vestrorum vobis in ipso nemore competentium districte praecipiendo mandamus, quatenus infra hinc et festum omnium Sanctorum proximum certa die collecta vestra coram Sculteto et Consulibus in Nuremberg omnes simul et semel exhibeatis praesentiam corporalem, ac manibus vestris sacrosanctis reliquiis juramentum publicam faciatis, quod dictum nemus a quinquaginta annis citra destructum, ut

praedictum, modis quibuscunque ac in agros redactum, in statum pristi-
num, hoc est, in sylvam et arbores, auctoritate Regia redigatis, ac
redigi procuretis, non sinentes, quod aliqui extranei, jus in ipso nemore non habentes per venditionem aut vias alias capiant vel recipiant
aliquem usumfructum, prudentum virorum Civium nostrorum in Nurenberg super praemissis, si necesse fuerit, consilium et auxilium invocan-
tes." Ein merkwürdiges Beispiel von Goldast's Art der Bearbeitung ist
hierbei zu finden, indem er diese Urkunde ohne die geringste Abweichung,
nur mit verschiedenen Ueberschriften, das erste Mal Mandatum ad foresta-
rios et Zeidlarios de furrentis vastatis aut abalienatis restaurandis, und
dann Mandatum de restaurandi sylva imperiali in agros destructa überschrieben, gleich unmittelbar aufeinanderfolgend zwei Mal hat abdrucken
laffen.

14) Dipl. a. 1331. Stisser a. a. O. Beilage Lit. PP. S. 87.

15) Dipl. a. 1347. Stisser a. a. O. Beilage Lit. EE. S. 70.

16) Stisser a. a. O. Beilage Lit. NN. S. 79. Diese im Jahre
1373 abgefaßte Urkunde ist, wie in deren Eingang gesagt wird, eine
Rechtsbelehrung, die der damalige Oberforstmeister Konrad Waldstromer
auf Verlangen der Förster über alle Rechtsverhältnisse abgefaßt; Stisser
giebt nicht an, woher er sie entnommen, und wie viele andere von ihm
mitgetheilte Urkunden, so ist auch diese nur einer neuern Bearbeitung abgedruckt.

17) Dipl. a. 1304. *Schoepflin* Alsat. dipl. T. II. p. 80. „— —
Bona imperii non diminuere sed augere disponentes, statuimus, praeci-
mus et mandamus, ut nullus hominum nemus nostrum et imperii dictum
Heiligvorst deinceps vastare vel evellere radicitus, aut novalia aliqua
facere audeat aliqualiter vel praesumat. Sed volumus ut de pertinenciis et juribus ipsius nemoris, apud antiquiores homines circa metas
nemoris residentes diligens inquisicio habeatur, et ea quae per inquisi-
cionem habitam inventa fuerint, dicto nemori pertinere, sive sint culta
sive inculta nemori praedicto attineant et in antea non colantur, sed
pro augmento nemoris foveantur."

18) Dipl. a. 1328. *Senkenberg* Selecta jur. et histor. T. II.
p. 608. „Wir Lodewig — — enbyden dem Erwürdigen Manne Conrad
von Trymperg — — unser Huld und alles Gut, wisse das uns gethan
ist, das man den Butinger Walt den du und die Ganerben von uns
und von dem Ryche zu Lehen habent ret und vervvuste an manichen
Orten also das derselbe Walt grossliche mit roden beschaedigt wirdt,
und dass die Furster die daruber gesetzt sint das nicht weren, als sie
billig thun solten, davon wellen und gebyten dir ernstlichen und vest-
liche by unsern Hulden, das du schaffest und denselben Welt also
bevvarest, das er also nicht gerodet nach verwustet werde, und was
dich noit daran anginge, da wollen wir dir zu behelffen sin, wir wollen auch ab du yemant darumb angriffen musste, das du und alle dye
dir das gehelfen sint, mit Rechten nyemant darumb nicht schuldig sie."

19) Weisthum über den Drey-Eicher-Wild-Bahn, a.
1338. Stisser a. a. O. Beilage Lit. B. S. 4 seq. „— — Auch soll
er (der Voigt von Münzenberg) weren alles raden also lang es seyn
Wiesen oder eckern bis das Jener seinen zehenden Dreywerbe davon
gegiebt, also mag er den Acker geren mit dem Pfluge und die Wiesen
gemehhen mit der Sensen." — „Auch soll er weren Eschenbornen, wer
das thete, und begriffen wurde dem soll ein Forst-Meister binde sein

Hendt uff seinen Ruck und sein Bein zu Hauff, und einen pfal zwischen sein Bein schlagen und ein fewer vor sein Fuss machen, und das soll also lang brennen, bis Im sein Solen verbrennen von seinen Fässen, und nit von seinen schuen." — „Auch soll man weren die Wäldt anzustossen, wo man den begriffe, dem soll man binden Hendt und Fuss und soll In legen Dreywerbe vor das fewer, da es am allergrösten ist." — „Auch theilten sie, wo ein Man hatt Wiesen, und ekere, die in sein Hub gehören, die mag er allweg halten, dass sie nicht zu Waldt werden, verhenget aber er, dass es zu Waldt würdet, und dass also stark würdet, dass es zween Ochsen mit eim Joch nit nieder mögen getrüken, so soll er es nit raden ohne laube eines Forstmeisters."

20) **Kaiserrecht.** Th. 2. Kap. 57 und 58. S. §. 20. Note 3: 8. und §. 24. Note 8.

21) **Baierisches Rechtsbuch Ruprechts von Freisingen,** herausgegeben von Westenrieder. S. 76. §. 106.: „Swer aver vert mit wizzen in Ein gefürsts holz do des fürsten pan auf leit, erwischt in der holtz hay. dar inne. unn pfendet in unn pringt er daz pfant fur den Richter unn bechlagt in nach dem pfant so fleust er (wirb er schuldig, verliert er) LX unn fünf pfunt oder die hant do er es genommen hat. un dem chlager wirt nicht püzz. daz ist dar vm gesetzet, daz der Richter dez fürsten. ist. des daz holtz ist, so getaner recht, habent alle pan holz. di der Aebt sint oder ander praelaeten. Ist aver daz man von dem stam chümt, daz der holz hay nicht chumt alz vere untz aus dem vorst. der ze pann ist gelaet, so mag in der vorster nicht mer pfenden. vnn ist er des schadens ledig. daz ist dar vm gesetzet daz er im mit ersten slag gerüft." Aus der Bestimmung über den Verlust der Hand sieht man wegen der dazugesetzten Alternative sogleich, daß dieses zu jenen vielen, nie ausgeübten Strafbestimmungen gehört, von denen wir schon oben aus der L. Burgundionum, s. §. 9. Note 18. und 23., und dann auch an mehreren Stellen des Dreieicher Weisthums, sowie auch in dem Rechtspruch des Oettinger Landgerichtes, s. §. 29. Note 23., Beispiele gefunden haben. Die Strafe von 65 Pfund läßt besonders nach der Art, wie sie hier geschrieben, auf einen Zusammenhang mit der alten Strafe des Bannes schließen. Auch im baierischen Landrecht kommen Bestimmungen über Bannforsten vor, s. §. 24., doch bedeuten diese daselbst nur das überhaupt im Privateigenthume befindliche Holz.

22) Dipl. a. 1174. **Leukfeld Historische Beschreibung von Kelbra.** S. 220. „— Insinuamus — quod venerunt ad nos Burchardus Magatheburgensis Prefectus et fratres Ecclesie Dei genitricis, que est in Eilwardestorp petentes, sibi nostro privilegio confirmari, ut liceat eis novalia facere in prediis suis in silva, que dicitur Vorst et adjacet castro quod nuncupatur Altstede juxta concessionem antecessoris et dilecti patrui nostri regis Conradi — — Ordinamus ergo et firma lege decernimus, ut absque omni contradictione deinceps eandem abtineant justiciam — — scilicet ut carus et fidelis noster Burchardus Magatheburgensis praefectus et ipsius posteri simul et fratres supra memorati in praediis suis in praedicta silva Novalia sibi faciant, et nullum impedimentum ab aliqua persona magna vel parva penitus habeant." Hieße es nicht in dieser Urkunde zwei Mal ausdrücklich in praediis suis in silva etc., so würde ich es lieber so geben: zu ihren Gütern in dem genannten Walde Neuland zu machen; so aber muß wol angenommen werden, daß zu jenen Gütern selbst Holzboden gehörte, der aber mit

zu dem Forste geschlagen und der Disposition der Eigenthümer entnommen war. Altstädt war übrigens eine Pfalz, Sachsenspiegel. B. 3. Art. 62., und der Wald dabei ein Forst. Leukfeld a. a. O. S. 217. — Obgleich praefectus dann und wann Bischof heißt, so kann es doch hier diese Bedeutung, theils weil zur Zeit Friedrichs I. kein Erzbischof Burkhard von Magdeburg gelebt, *G. Torquati* Series pontific. Magdeb. in *Menken.* Scriptor. rer. Germ. et praec. Saxonic. T. III. p. 382., theils wegen des Zusatzes in der Urkunde: et ipsius posteri, nicht haben. Demnach muß hier praefectus entweder Schultheiß oder Burggraf heißen; für Ersteres spricht die Glosse zu Art. 16. des Sächs. Weichbildes, wo gesagt wird, Schultheiß heiße zu Latein. praefectus; für Letzteres dagegen streitet das Vorkommen in vielen Urkunden; denn so werden in einer solchen vom Markgraf Dietrich (dem Bedrängten) von Meißen von 1200, *Menken* l. c. T. III. p. 1028. Menherus praefectus de Misna, Henricus praefectus in Liznik, Gerhardus praefectus de Greutz erwähnt, von denen Einige in einer andern Urkunde desselben Jahres, ibid. p. 1029., burggravii genannt werden; endlich kommt ein Burggraf Burkhard von Magdeburg, der zur Zeit Erzbischof Wichmanns, 1152—1180, f. G. Torquatus l. c. p. 382, lebte, in einer Urkunde des Markgrafen Dietrich vom Osterlande, *de Ludwig* Reliqu. Mass. T. V. p. 245., vor, welcher der vielleicht der in obiger Urkunde gemeinte sein kann.

23) Dipl. a. 1168. Cod. Laurisham. T. I. p. 266. „— — dilectis fratribus nostris in Sconaugia novellationem agrorum seu pratorum quatuor aratris sufficientem in foraste, ad Virnheim pertinente, cujus quidem fundus Laureshamense monasterium, regalis vero bannus nostram respicit ecclesiam, hilariter indulsimus et praesentis scriptis auctoritate confirmavimus."

24) Dipl. a. 1329. *Senkenberg* l. c. T. II. p. 611. „— — haben ym und sinen Erben jerlichen zu rechten Lehen von Unsern Keyserlichen Gewalt und Milt das Gereut von der Burg Budingen untz in Budinger Wald das uns und des Ryche angehoret zu funff Plugen und das Gereut von dem Dorf Wechtersbach untz in den vorgenannten Wald, auch zu funff Plugen, wo und an welchem Ende er die vorgenannten Plugveste nemen wolle an eyme Stucke ader mee, vvann die Roder alle an uns und des Ryches Urlaup geschehen sint."

25) S. Note 18.

26) S. oben §. 7.

27) Caroli M. Capitulare de villis. cap. 36. „— — Et judices, si eorum porcos ad saginandum in silvam nostram miserint, vel majores nostri, aut homines illorum, ipsi primam illam decimam donent ad exemplum bonum praeferendum, qualiter post modum ceteri homines illorum decimam pleniter persolvant." *Balux.* l. c. T. I. p. 336.

28) S. oben §. 7. Note 20. 21.

29) Die ganze Ordnung über diese Waldverhältnisse ist um so merkwürdiger, da sie sich in einer der ältesten uns aufbewahrten Forstordnung befindet, daher sie hier einen Platz erhalte: Membrana Meinhardi abbatis de juribus Maurimonasterii ac Ministerialium ejusdem circ. an. 1144. *Schoepflin* Als. diplom. T. I. p. 225 seq. „— — Camerale nemus item fagorum mons et augia nemo debet incidere sine jussione abbatis, neque porcos ibi pascere. Consocii hoc juris habent, quod in saltu Vosago ipsi ac famuli libere faciant ligna incidere et porcos pascere. — Jus custodum nemoris item forestariorum. Super omne nemus

abbas constituet sex custodes, quorum unusquisque in natali Domini persolvere debet porcum unum, quatuor sextaria vini et octo panes, modium avene forensis mensure cum una securi, et medietas horum pertinet ad advocatum. Custos nihil juris habet in camerali nemore, nisi ceciderit ibi arbor aut a vento aut aliquo modo per se, tunc VII pedes in grossiori parte pertinent ad abbatem, reliquum est custodis. Si autem abbas edificialem arborem alicui dederit, hic dabit custodi nemoris quartale vini aut ligna quae absciderit, et illi idem custodes inde duos mansos habent cum omni jure, unum ad Vilare alterum ad Ridenburch. Unusquisque autem qui in hoc banno ignem ardentem habet, de silva Wasegen ante pascha persolvere debet gallinam, V ova, exceptis consociis et eorum servis. Ipsi vero exinde hanc licentiam habeant, ut aedificia si e filiis suis ibi incidant et ad comburendum quantum necesse est sumant, scilicet ultra Berebach. Si autem ista parte incidere voluerit, hoc a custode nemoris querere oportet, et omnes qui ibi aliquid ad vendendum incidere cupiunt, ex utraque parte Berebach, similiter a custode petere debent. Illo quoque anno, quando pleniter glandes creverint, custos nemoris ante festivitatem S. Michaelis omnibus hominibus Sti Martini notificare debet, et omnium porcorum, qui ibi pasti fuerint, decima pars abbati proveniat. Si quis autem porcos suos illuc ire non praemiserit a ministerialibus domi decimam dare cogetur. Si quis vero glandes furtive in silva collegerit, furti reus inde judicabitur. Pignora etiam que custos nemoris in camerali nemore abstulerit ante abbatem ferre debet. Caeterum vero ipse retinebit et si in eodem camerali nemori arbor noviter abcisa fuerit et hoc intrunco apparuerit, si custos ablisorem non prodiderit ipsimet reus erit. Si autem per vestigia eum reppererit etiam in domo sua ei pignus accipiet."

30) Es scheint mir hierbei auf die nähern örtlichen Verhältnisse der Forste überhaupt angekommen zu sein, über die, bei dem Mangel näherer Nachweisungen, sich nicht leicht Vermuthungen aufstellen lassen. Wenn nämlich vor der Einforstung ein solcher Wald Gemeindewald war, so behielten die frühern Nutznießer neben andern Rechten wol auch die Hutung, worauf vorstehende Forstordnung mit hinzuweisen scheint, wie dies in den Marken der Fall war; waren dagegen die Forsten vor der Einforstung im Privatbesitz, so mögen solche Rechte den Nächstwohnenden wol nicht zugestanden worden sein, sondern zu ihrer Begründung einer besondern Verleihung bedurft haben.

31) Dipl. a. 1296. *Schoepflin* l. c. T. II. p. 65. „— — ex benignitate regia indulgemus, ut pecora sua parva et magna seu pecudes, specialiter porci sui silvam Heiligenforst nostram et imperii intrare debeant et nutriri valeant de pascuis et glandibus silve ejusdem. Et quod eadem abatissa et conventus in dicta silva Heiligenforst ligna sine contradictione qualibet secare possint."

32) Weisthum über den Drei-Eicher-Wild-Bahn. Stifter a. a. O. Beilage Lit. B. S. 6. „Auch soll er weren In demselben Wildpann allen sundn Hirtten, auch soll ein gemeiner Hirtt nit verrer fahren mit seinen schaffen, und Ziegen in den Waldt, dan er mit seinem Stab gewerfen mag, und soll allezeit davor stehen, und wercuda sein Herrns, und sein Hund an eim seil füren, wer es aber, dass er einen Wolff hetzen würde, dass mag er wohl thun, und wann sein Hund herwieder kompt, so soll er Ine an sein seil nemen." S. 8. „Auch theilten sie jeglicher hube zu Jeglichem Jahr alss voller eckern ist dreyssig Schwein, und einen Eber, und ein Mocken in die Marck

da die hub ingehöret, und die Schwein sollen gehen ohne dyt." S. 10.
„Auch ist getheilet, dass ein jeglicher Merker mag uff den andern
faren, und kein Schwein sollen in den Wald gehn nach Sanct Wal-
purgentag ohne des Forstmeisters Willen."

33) Stisser a. a. O. S. 344.

34) Bestätigung des Försterbuchs Büdinger Waldes. Stisser a. a. O. Beilage Lit. C. S. 12. „Zum ersten mag ein Eckern ist in
dem Waldt so soll jeglicher Herr hundert Schwein haben auf seinem
Hauss, dass heissen Küchen-Schwein und die sollen des Morgens auss
ihrem Hauss gehen und Abends wieder darein, und der Forstmeister
Einhundert, die sollen gehen durch den Waldt, und darnach jeglicher
Forster zwölff Schweine, und die sollen gehen in Ihrem Ambt, wäre
aber darüber mehr Eckerns, dass man Hute bestellen mag, so soll der
Forstmeister reiten zu dem Herrn und soll sprechen, Herr es ist wohl
mehr Eckerns, wollet ihr das schauen und schirmen euch zu Nutz, und
dem Waldt zu Ehren, so verleghe ich das und bestellen die Hude,
dass euch recht geschehe, und dem Waldt seine Ehre bleibe, auch
sollen die Foerster und Wald Leuthe, die sie darzu heissen, das Eckern
besehen und sollen es achten, und wie sie es achten also soll es der
Forstmeister bestellen."

35) Dipl. a. 1076. Monum. Boica. T. IV. p. 294. „Sunt autem hec, que eidem monasterio dedimus sive damus: Primo ut in nostro
foresto sibi contiguo recipere debeant sine exactione juris, quod Forstrecht dicitur, omnia ligna que ad edificandum necessaria habuerint, vel
cremandum."

36) Dipl. a. 1141. Monum. Boica. T. IV. p. 408. „duobus
plaustris aut vehiculis eorum a modo semper in posterum patere silvam,
que vulgo dicitur Vorst, — — ita videlicet, ut nullus ejusdem silve
procuratorum ab eis exigat ullam precium."

37) S. oben Note 29. Auch von K. Friedrich II. finden sich einige
solche Beispiele; so gab er dem Kloster Bosau 1214 das schon von Heinrich IV. und Philipp verliehene Recht, aus dem Forste bei Altenburg
wöchentlich 2 Fuder Holz zu nehmen, und dem Marienkloster ebendaselbst
gestattete er 1215 täglich 1 Fuder dürres Holz aus dem Walde, die Leine,
zu holen, wie Limmer Geschichte des Pleißnerlandes. Th. 1.
S. 320., ohne aber die betreffenden Urkunden näher anzugeben, erzählt.

38) S. Note 31.

39) Dipl. a. 1346. Senkenberg l. c. T. I. p. 87.

40) Dipl. a. 1414. Stisser a. a. O. Beilage Lit. Y. S. 61.

41) Anton a. a. O. Th. 3. S. 460.

41a) S. oben Note 29., wo gleich zu Anfang der Urkunde mit darauf hingedeutet zu sein scheint.

42) Weißthum bei Stisser a. a. O. Beilage Lit. B. S. 8.

43) Bestätigung des Försterbuchs Büdinger Waldes.
Stisser a. a. O. Beil. C. S. 14 und 15.

44) S. oben Note 29.

45) An mehreren Orten von Lang's Geschichte Ludwig des
Bärtigen, Herzogs von Baiern, finden sich einzelne, auf solche
Forstordnungen hinweisende Bestimmungen; nur ist es sehr zu bedauern

daß der berühmte Verfaſſer dieſer ausgezeichneten Monographie, die durch=
aus aus Urkunden gearbeitet iſt, nicht auch dieſe abgedruckt oder wenigſtens
angeführt hat.

46) Konrad Waldſtromers Auffaß vom Amte und Recht der Förſter,
Forſt= und Oberforſtmeiſter a. 1373, Stiſſer a. a. O. Beilage Lit. N N.
S. 79 folg. Daß die Waldſtromer Erboberforſtmeiſter des nürnberger
Forſtes waren, iſt oben §. 14. ſchon erwähnt.

47) Ritz Urkunden und Abhandlungen zur Geſchichte des
Niederrheins. Aachen 1824. Bd. 1. Abth. 1. S. 140. Dieſes Weiſs=
thum iſt aus dem Ende des 13. Jahrhunderts, wie Ritz, ohne das Jahr
ſelbſt ermitteln zu können, angiebt.

48) Kaiſerrecht. Th. 2. Kap. 60. *Senkenberg* Corp. jur.
Germ. P. 1. p. 50. „Nymant sal holcz holen her enthu ez mit der
furstere vvllen. Eyn iclich man sal wissin vnn sal gewarnet sin Ob
eme der forstere dez waldes een deel IV eynen wagen fol holczes gibet.
Holet he den ane loube der merkere wert her begriffin von eyme der
yn dy marke horet an Jeder stat also ez ussgescheydin ist. In dem
waldrechte Daz her verlustig ist wordin also ab ez eme der huder
nicht gegebin hette. Sint geschrebin stet Weme daz ding befolen wert
der sal sin wartin, Der hat nicht me macht den eme herloybet ist von
dem der ez macht hat.“ Eigentlich ſpricht dieſes Rechtsbuch hier von
den Marken, doch aber ſo allgemein, daß es gewiß auch auf Forſten, na=
mentlich auf ſolche, die den Marken ähnlich, bezogen werden kann, und wir
ſehen denn hieraus, daß allerdings die Förſter die Abgabe des Holzes zu
leiten, doch ſchon damals nicht frei zu verfügen hatten.

49) Kaiſerrecht. Th. 2. Kap. 59. S. §. 20. Note 30. Die hier
ausgeſprochene Verantwortlichkeit der Förſter findet ſich auch in der Forſt=
ordnung des Kloſters Mauermünſter (oben Note 29.), woſelbſt auch, wie
ebenfalls in dem Waldſtromerſchen Auffatz und den oft angezogenen Ur=
kunden über den Wald zu Dreieich und bei Büdingen die Einkünfte dieſer
Beamten noch ganz beſonders erwähnt worden. Andere Beiſpiele finden
ſich bei Anton a. a. O. Th. 3. S. 473 und folg.

50) Anton a. a. O. Th. 3. S. 452 folg.

51) Anton a. a. O. Th. 2. S. 335.

52) Stiſſer a. a. O. S. 208. *Meier* Jurisdict. forestalis.
cap. 5. th. 67. Späterhin, nach Ausbildung der Landeshoheit, ſcheinen
ſolche Leiſtungen in gewöhnliche, ganze Bezirke betreffende Laſten überge=
gangen zu ſein, mit denen dann ebenfalls die oft den Mühlen, Scharfrich=
tereien und Vorwerken aufgelegte Verbindlichkeit, die landesherrlichen Hunde
zu füttern, verbunden und gleichen Urſprungs war.

53) Dipl. a. 1261. S. oben §. 15. Note 33.

54) Bei Stiſſer a. a. O. Beilage Lit. B. S. 9. „Auch theilten
sie um den habern, der dem Kayser und dem Fauth von Munzenberg
gefellet, dass man den weren soll zu Langen mit Diepurger Burgmass
gehaufft.“

55) Noch einige andere, die ganze Sache aber ebenfalls nicht deut=
licher machende Beiſpiele von ſolchen Getreidelieferungen finden ſich bei
Anton a. a. O. Th. 2. S. 335. und Th. 3. S. 464.

56) *Sarachonis* Regiſtr. tradit. ap. *Falke* Tradition. Corbeiens. p. 6. et 8.

67) Dipl. a. 1288. Monum. Boica. T. V. p. 336.

58) Angef. Auffatz vom Rechte der Fürsten u. f. w. bei Stiffer a. a. D. Beilagen Lit. N. N. S. 81. „— Es soll auch die Landschafft, die in den Wald gehört, dem Reich mit ihren wägen dienen, wenn In die Vorster ader ihre Diener gebieten, wer das versess und nicht tett, der soll kein Recht fürbass in dem Wald haben."

59) Dipl. a. 1350. Stiffer a. a. D. Beilage Lit. F. F.

60) Dipl. a. 1360 et 1488. Stiffer a. a. D. Beilage Lit. G. G. et O. O.

61) Eichhorn Einleitung in das deutsche Privatrecht. §. 280.

62) S. §. 13. Note 47. Aus den Worten dieser Urkunde: „quod si quisquam hoc idem nemus, nostro banno munitum sine praedictae sedis episcopi licentia studio venandi, vel silvam exstirpandi vel aliquod hujusmodi negotium peragendi unquam intrare praesumpserit," folgert nämlich Möser Osnabrückische Geschichte. Th. 1. S. 362. wol sehr richtig, daß außer der Jagd hier nur Das verboten worden sei, wodurch eine wichtige Schmälerung des Waldes habe erfolgen können, wie Ausroden und dergleichen, während die übrigen frühern Nutzungsbefugnisse nicht aufgehoben worden wären.

63) Dipl. a. 1310. oben Note 13.

64) Nach der Note 58. angeführten Stelle über die Fuhren heißt es dann wegen des Waldbrandes weiter: „Es ist auch recht, wenn der Wald prynnet, wem der Vorster oder ir Diener darzu gepieten, die sollen darzu komen, wer das versesse der ist dem Vorster der In gepoten hat LX haller schuldig," welche Verbindlichkeit sich denn wol ebenfalls aus den Benutzungsrechten herleiten läßt.

65) S. Stiffer a. a. D. Beilage S. 6. und hier schon öfters angeführten Stellen aus diesem Weißthume.

66) Stiffer a. a. D. Beilage S. 12. „Zum ersten theilen sie dass des Reichs Obrister Mercker seye über den Wakdt — —" dann sind S. 15. alle die eingeforsteten Dörfer aufgeführt.

67) Man sieht demnach aus diesen Bestimmungen, daß bei den Verwandlungen dieser frühern Marken in Forste, ohne daß die ehemaligen Berechtigungen ganz aufgehoben wurden, hier die früheren Markbeamten in königliche Beamten und das Gebot und Verbot auf den König übergegangen sei, ohne daß dadurch die alten Berechtigungen selbst ganz aufgehoben wurden. Eichhorn Einleitung. §. 280.

68) Nähere Nachweisungen über die innere Einrichtung und Verfassung dieser Gerichte finde ich nicht, doch werden sie mit der Angabe, daß Frevel, Buße und Pfändung vor sie gehören und Niemand außer den Vorstehern der Forste in ihnen zu dingen habe, in den Urkunden öfters erwähnt; namentlich handeln von dem Gerichte im Dreieichenforste, außer dem Weißthume Ludwigs IV. noch viele Andere bei Buri behauptete Vorrechte der alten königl. Bannforsten u. f. w. sich befindliche Urkunden, und mehrere dergleichen, die sich auf den nürnberger Forst beziehen, sind in den Beilagen bei Stiffer a. a. D. zu finden.

69) Dipl. a. 1302. *Guden.* Cod. diplom. T. III. p. 9. „— — Nobili viro Conrado de Wynsperg et suis heredibus — — custodiam ferarum et venationem, quod vulgariter dicitur Wiltpand de Opido Neckirgemonde usque Laufen, — — nostro et Imperii nomine duximus

committendum. Hoc edicto regio districtius inhibentes, ne quis Offi-cialium nostrorum seu aliquis alter, cujuscunque status aut condicionis existat, memorato Conrado et suis heredibus exceptis in dictis districti-bus venationes exerceat, vel alias aliquid sibi juris seu jurisdictio-nis in eisdem vindicet seu usurpet."

70) S. oben §. 15. Note 83.

71) S. Ritz Urkunden und Abhandlungen zur Geſchichte des Niederrheins. Bd. 1. Abth. 1 S. 140.

72) Dipl. a. 1319. *Senkenberg* Selecta. T. II. p. 303.

§. 17. Erwerbung der Bannforſte a. von den Geiſtlichen.

Urſprünglich waren alle vorhandenen Bannforſten, wie ſich aus deren Begründung ergiebt, in dem Beſitz der Könige. Die Vortheile, die mit dieſem Beſitz verbunden waren, erregten bei geiſtlichen und weltlichen Großen bald den Wunſch, dergleichen ſich auch zu verſchaffen [1]), was denn, auf verſchiedene Weiſe verſucht, beiden einen gleich glücklichen Erfolg gewährte; und ſowie mit dem Laufe der Zeit in Deutſchland faſt alle königlichen Rechte, namentlich die nutzbaren, aus den Händen der Könige in die der geiſtlichen und weltlichen Fürſten kamen [2]), ſo erlang-ten dieſe auch nach und nach alle ehemaligen königlichen Bann-forſten. Außer den Forſten aber, die früher im königlichen Beſitz waren, mögen wol Geiſtliche wie Weltliche ihre eigenen Waldun-gen häufig eigenmächtig in Bannforſte verwandelt [3]) und gegen die Beſchwerden der dadurch in ihren Rechten Verletzten mit kaiſerlichen Pergamenten ſich geſchützt haben [4]). Von den Forſt-erwerbungen der Geiſtlichen ſei nun zuerſt die Rede.

Der Aberglaube des Mittelalters reichte ihren habſüchtigen Beſtrebungen hülfreich die Hand, und von der großen Menge von Bänden, die deutſcher Fleiß mit Urkunden jener Jahrhun-derte gefüllt, beſteht bei weitem der größte Theil aus Schen-kungen an Geiſtliche und Beſtätigungen ihrer Rechte und Gü-ter [5]). Daher denn auch ſo viele, die Bannforſte betreffende Urkunden, die deren Verleihungen an Geiſtliche enthalten, vor-handen ſind; und im Ganzen läßt ſich bei der Erwerbung der Bannforſte von Seiten der Geiſtlichen der Weg der Verleihung als der dabei übliche bezeichnen [6]), von dem wieder vier ver-ſchiedene Richtungen bemerkbar ſind. Es erhielten nämlich die Geiſtlichen Bannforſte durch Schenkungen ſchon errichteter von den Königen, durch die Verleihung der Forſtgerechtigkeit (des Wildbannes) auf eigenem Grund und Boden, durch Einforſtun-gen bei Gelegenheit der kaiſerlichen Beſtätigungen der von Pri-vatperſonen ihnen geſchenkten Waldungen und Güter, und end-lich dadurch, daß die Kaiſer Gemeindewaldungen, an deren ge-meinſamen Benutzung die Kirche wegen anderer Grundſtücke

7

schon Theilnahme haben mochte, zum Besten der Geistlichen in Bannforste verwandelten, wobei eine Einwilligung der frühern Gleichberechtigten, gegen deren fortdauernde Ansprüche nun die kaiserliche Urkunde den neuen Forstherrn schützte, angeführt wurde. Von dieser vierten und letzten Art der Entstehung der Bannforste ist schon oben gesprochen worden, daher ich sie hier übergehe [7]).

Solche Schenkungen von Bannforsten, die alle pro salute animae, oder divinae mercedis intuitu und häufig ob petitones dilectae conjugis nostrae, oder venerabilis Episcopi, oder Abbatis rogatu etc. erfolgten, giebt es sehr viele. Schon in der karolingischen Zeit kommen sie vor; so schenkte Ludwig der Fromme einem Kloster [8]), Ludwig der Jüngere dem Kloster Methen [9]), Arnulph dem Kloster Ranshof bei dessen Stiftung [10]) einen Forst. Auch von Karl dem Einfältigen haben wir eine Urkunde einer solchen Schenkung [11]). Am häufigsten jedoch finden sich diese Schenkungen aus der Zeit der sächsischen Kaiser. So erhielt das Bisthum Regensburg von Otto I. [12]) und das von Merseburg von Otto II. [13]) einen Forst; mehrere Schenkungen dieser Art sind von Otto III. da, wie an die Bischöfe von Freisingen [14]), Magdeburg [15]) und andere [16]); ebenso von Heinrich II. (dem Heiligen), als an den Bischof von Freisingen [17]) und andere Prälaten [18]). Von Konrad II. findet sich eine solche Schenkung an den Bischof von Würzburg [19]) und eine an den von Osnabrück [20]), welche aber eigentlich nur eine auch schon von Otto I. und Heinrich II. erfolgte Wiederholung jener bekannten Schenkung Karls d. Gr. ist [21]), von Heinrich III. an die Kirche zu Passau [22]) und von Heinrich IV. an den Erzbischof von Hamburg [23]) und einige andere Kirchen [24]). Von dieser Zeit wurden jedoch die Schenkungen kaiserlicher Güter mit Forsten, oder auch dieser allein aus der leicht begreiflichen Ursache, weil die Domaingüter schon fast alle in die Hände der Großen des Reichs gekommen waren, seltner, und nur noch zwei hier anzuführende Verleihungen sind mir vorgekommen, nämlich eine von Konrad III. an die Kirche zu Cambray [25]) und von Otto IV. an die Abtei Corbei [26]).

War die Einrichtung der Bannforste ein eigenthümliches Recht der Kaiser (§. 13.), so mußten natürlich die Geistlichen, wenn sie eigene Grundstücke in Bannforste verwandeln wollten, zu der Zeit, wo das Ansehen und die Macht der Kaiser noch nicht auf Kosten der Großen des Reichs, sowie später, vermindert war, diese Verwandlung von den Kaisern vornehmen und ihre Grundstücke mit dem Königsbanne belegen lassen [27]). Nur wenige Urkunden, die eine solche Forsteinrichtung enthalten, sind mir vorgekommen. König Zwandibold verwandelte einen Wald des Stifts Trier in einen Forst [28]); Heinrich II. gab einem Bischof Balderich von Leyden und einem Grafen desselben Namens [29]), sowie dem Kloster Elwangen [30]) das Forst= und Wildbannsrecht über ihre eigenen Wälder; ebenso Konrad II. einem Bischof von Minden [31]), und Heinrich III. verwandelte die Waldungen der Kirche zu Hildesheim [32]), sowie Heinrich VI. endlich die des Klosters Kzuenburg [33]) (Novum castellum) in einen Forst.

Von den Forstverleihungen bei Bestätigung der geistlichen Instituten geschenkten Güter mögen folgende Beispiele genügen: Otto I. bewilligte dem Stifte Utrecht die Bannforstgerechtigkeit [34]), Otto II. dem zu Freisingen [35]), Otto III. gab sie zu einigen dem Bischof von Würzburg geschenkten Gütern [36]) und bestätigte vier Bannforste der Abtei Elten [37]). Ebenso bestätigte Heinrich II. dem Bischof von Paderborn [38]) und der Abtei Fulda [39]) einige Bannforste, und Lothar II. ertheilte dem Kloster Walkenried auf den demselben geschenkten Gütern die Forstbanngerechtigkeit [40]), die er auch dem Kloster Formbach in Baiern bestätigte [41]). In der so eben angeführten fuldaischen Urkunde von Heinrich II. wird gesagt, daß alle unmittelbaren königlichen Abteien die Forstgerechtigkeit gehabt, die sie dann ebenso wie die Bisthümer auf verschiedene Weise erlangt, und so finden wir denn in den hergebrachten Bestätigungsbriefen der Kaiser über die Rechte und Güter solcher Institute gewöhnlich auch Bannforste erwähnt, ohne daß dabei die Art ihrer Erwerbung angeführt wird. Auf diese Weise wurde denn selbst der Besitz eigenmächtig errichteter Forste geschützt, und den Beschwerden und Klagen der dadurch in ihren Rechten gekränkten Unterthanen ein Damm entgegengesetzt. Zu der Annahme von eigenmächtigen Bannforsterrichtungen scheint uns das Beispiel der weltlichen Fürsten zu berechtigen, von denen dieses im folgenden §. erwiesen werden wird. Denn alle die Verhältnisse, welche bei diesen ein solches Unternehmen begünstigten, wie ein großer Grundbesitz und Grafenrechte, waren auch bei den Bisthümern und vielen Abteien vorhanden [42]).

Eine solche Erwähnung bei spätern Bestätigungen der Rechte geistlicher Institute findet sich unter Andern in der Bestätigungsurkunde der Rechte des Bisthums Chur von Otto II. [43]), in der des Bisthums Paderborn von Otto III. [44]) und der des Erzbisthums Magdeburg von Heinrich II. [45]). Ebenso erwähnt Heinrich IV. in der Bestätigung aller Rechte und Güter des Bisthums Freisingen die Forste [46]), Friedrich I. in der Bestätigung des Klosters Berchtoldsgaden [47]), und selbst Friedrich III. noch in einer Urkunde an das Bisthum Speier [48]).

So kam es denn, daß am Ende dieser Periode mit vielen

7 *

andern königlichen Rechten auch den Forst = und Wildbann die geistlichen Fürsten Deutschlands erlangt hatten, und daß das, was Anfangs nur Folge einer einzelnen Gnadenbezeigung der Könige war, später ein allgemeines Befugniß wurde.

1) *Wolfart* De banno ferino. Cap. II. §. 5. Riccius Entwurf der in Deutschland geltenden Jagdgerechtigkeit. Cap. II. §. 2.

2) Sehr treffend schildert *Schoepflin* Alsatia illustrata. T. II. praef. p. 2. diese ganzen Umstände; er nennt den Elsaß (Alsatia): „publici totius Germaniae status et juris appellanda compendium,“ und sagt dann weiter: „Quos altius autem in Alsatica Geographia ascendimus eo ampliora Regum et Imperatorum reperimus domania. Tempus erat, quo flumina (?), silvae, minerae, moneta, vectigalia, telonia et potior terrarum Alsatiae pars regio fuerit fisco obnoxia, quo Magistratus Provinciales a Regibus et a Caesaribus constituti ad tempus; quo numerosus ex ingenuis delectus est miles, certis mansis instructus, ad arma pro Imperio semper capienda paratus, unde Ordo equestris. Verum enim vero perpetua et immoderata Austrasiae Regum et Germaniae Caesarum in ordines Sacros atque civiles liberalitate et concessione Regalium terrae fiscales in territoria Procerum; Magistratus provinciales in Toparchas regionum conversi sunt, atque adeo delegata Rectorum Provincialium potestas commutata in propriam.“

3) *Georg.* Institut. juris forestalis. §. 16.

4) *Hüllmann* Geschichte des Ursprungs der Regalien. S. 28.

5) Man denke nur allein an die 28 Bände der Monument. Boicor.; welche große Anzahl von Grundstücken, Forst =, Gerichts =, Zoll =, Immunitäts = und andern Verleihungen wird nicht erfordert, um eine solche Summe von Urkunden zusammenzubringen.

6) Besonders gilt dies im Gegensatz gegen die Weltlichen, welche denselben Zweck weniger durch erschlichene Urkunden, als durch offene Aneignung königlicher Rechte und den Schutz derselben mit eigner Gewalt erreichten.

7) S. oben §. 13. Note 47 und folg.

8) Dipl. a. 823. *Lünig* Reichsarchiv. P. XVIII. p. 364. „— — partem quandam de foreste nostra contiguam ipso monasterio, quod ad Fiscum nostrum nomine Columbarium aspicere vel pertinere videtur, in nostra eleemosyna eidem Monasterio concederemus —“

9) Dipl. a. 880. Monum. Boica. T. XI. p. 431,

10) Dipl. a. 898. Monum. Boica. T. III. p. 309. „— — cum curtilibus et edificiis — — agris, pratis, pascuis, silvis, cum foresto ad Honhart.“

11) Dipl. a. 915. *Miraei* Opera diplom. et historic. T. I. p. 254. „— delegaverimus namque ipsam forestem praelibatis partibus jure perpetuo in proprium tenendam et totum undecunque ad integrum, velut dudum semper in Regum manibus constiterat, firmavimus omni tempore possidendam, in tantum, ut neque a quoquam venatio ullatenus fiat per illam, nisi Praelati illius Ecclesiae licentiam omnino habuerit indeptam. Si quis ita temerario ausu in ea venari praesumpserit, sic bannum Regium inde componat, quomodo antea componebatur dum Regum in manibus steterat.“

12) Dipl. a. 940. *Hund* Metropolis Salisburg. T. II. p. 372.

13) Dipl. a. 974. oben §. 13. Note 12.

14) Dipl. a. 989. *Hund* l. c. T. I. p. 93.

15) Dipl. a. 997. *Schaten* Annal. Paderborn. T. I. p. 345.

16) Wie an den Bischof von Minden. Dipl. a. 991. *Pistorius* Script. rer. German. T. III. p. 991. „— — in proprium dedimus forestos nostros Haculingehagen et Moringewald nominatos, dedimus supra dicto Episcopo et ejus Ecclesiae sylvam Syntel vocatam quantum ex occidentale parte fluminis, quod Wysera nuncupatur, sui Epioopatus comprehendit ea videlicet ratione, ut nulla deinceps persona in praedictis venari praesumat sine licentia Mindensis Episcopi." Dann auch noch an den Bischof von Worms, 988, *Schannat* Histor. Episcop. Wormat. T. II. p. 28., und an den Erzbischof von Mainz, s. §. 15. Note 13.

17) Dipl. a. 1002. *Hund* l. c. T. I. p. 95.

18) Z. B. an die Abtei Hirschfeld 1003, oben §. 14. Note 26., das Kloster Ganbersheim 1008, *Leibnitz* Script. rer. Brunsvic. T. II. p. 377., und an die Abtei Fulda 1013 und 1015. *Schannat* Corp. Tradition. Fuldens. p. 244 et 245.

19) Dipl. a. 1027. *Lünig* Reichsarchiv. P. XVII. p. 940.

20) Möser Osnabr. Geschichte. Th. 2. Urkunden Nr. 20. p. 15.

21) S. oben §. 13. Note 47.

22) Dipl. a. 1049. *Hund* l. c. T. I. p. 365. S. §. 15. Note 18.

23) Dipl. a. 1062. *Pfeffinger* Vitrar. illustr. T. III. p. 175. Dipl. a. 1088. *Schaten* l. c. T. III. p. 609.

24) So an Freisingen 1063. *Hund* l. c. T. I. p. 103., und an Passau 1067, ibid. p. 245.

25) Dipl. a. 1146. *Pfeffinger* l. c. T. III. p. 1074.

26) Dipl. a. 1197. *Falke* Tradition. Corbeiens. p. 225. „— — fideli nostro Widekino Corbeiensi Abbati et Ecclesiae sibi commissae feodum furesti, quod Soligo dicitur in praesentia principum Imperii recognovimus et tradidimus, eo tenore, ut in eo usum venandi habeat et jus, quod vulgariter Wiltban appellatur, siue qualibet contradictione exerceat. — — Ut ergo inviolabiliter observetur, quod legaliter ordinavimus, hujus facti seriem — — sigilli nostri impressione — — roboramus, adjicientes, ut si quis hoc factum nostrae auctoritatis munimine consolidatum qualibet occasione solvere attemptaverit, veluti laesae Majestatis reus nostrae severitatis sentiat indignationem et pro tam temerario excessu exsolvat centum talenta puri auri nostrae Majestatis quinquaginta aliam partem Ecclesia, quam laedere praesumpsit."

27) Stisser Forst- und Jagdhistorie der Teutschen. Cap. IV. §. 5 seq. *de Goebel* Diatrib. de jur. venand. P. I. §. 8. Anton Geschichte der teutschen Landwirthschaft. Th. 2. S. 350.

28) Dipl. a. 895. *Hontheim* Histor. Trevir. diplom. T. I. S. §. 15. Note 10.

29) Dipl. a. 1008. *Lünig* l. c. P. XVII. p. 492. „— — bannum nostrum Balderico S. Leodinensis ecclesiae Praesuli nec non Balderico Comiti super eorum proprias silvas — — quae ambo Nithae vocantur

— — per hanc nostram praeceptalem paginam concedimus atque largimur et de nostro jure in eorum jus ac dominium transfundimus ea videlicet ratione, ut praescripti Balderici de praenominato Banno ejusque utilitate de hinc liberam habeant, quidquid sibi placuerit potestatem faciendi, omnium hominum contradictione remota."

30) Dipl. a. 1024. *Pfeffinger* l. c. T. III. p. 1374. „— — quandam Silvam Virgunda dictam ad Elwanence Coenobium pertinentem, per nostram Imperialem potentiam, legali Banno Forestum fecimus cum omnibus terminis ejusdem silvae, qui infra sunt scripti, cujus pars Francorum legibus subjacet. — — Super quae omnia Nostro Imperiali Banno praecipimus, ut in eadem Foresti a Nobis constituta nulli venari aut piscari aut quidlibet exercere liceat, nisi ejusdem Ecclesiae permittente Pastore."

31) Dipl. a. 1033. *Pistorius* Script. Rer. Germ., Chronic. Mindens. T. III. p. 735. „Sigbertus Mindensis Ecclesiae Episcopus nostram adiit celsitudinem hoc supplicans, quatenus nos, quoddam Forestium sui scil. Juris per Imperiali nostri praeceptum, forestari faceremus — — — proinde Imperiali praecipimus auctoritate: ut nullus in eodem foresto venationis exercitium, praeter praedictae Ecclesiae Episcopi consensum, agere praesumat."

32) Dipl. a. 1045. *Schaten* l. c. T. I. p. 315.

33) Dipl. a. 1196. *Schoepflin* Alsatia diplom. T. I. p. 305. „Similiter jus forestie in villa Hitendorf sancte Marie et fratribus in Novo Castro Deo famulantibus, quantum ad ipsorum predia et possessiones pertinere dinoscitur pro remedio anime nostre contulimus."

34) Dipl. a. 948. *Heda* Histor. Episcop. Traject. p. 261. S. §. 15. Note 11.

35) Dipl. a. 978. *Hund* l. c. p. 135. „— Insuper etiam sub banno imperiali nostro jubemus quidquid deinceps in his locis nascatur in venationibus sive piscationibus, ut nullus audeat se abaque licentia Episcopi intromittere. Si quis hoc praevaricaverit, regium bannum episcopo seu Advocato illius persolvat."

36) Dipl. a. 1000. *Lünig* l. c. P. XVII. p. 934. S. §. 15. Note 13.

37) Dipl. a. 997. *Schaten* l. c. T. I. p. 344. S. §. 15. Note 13.

38) Dipl. a. 1002. *Schaten* l. c. T. I. p. 362.

39) Dipl. a. 1015. *Schannat* Corp. Tradit. Fuldens. p. 245. S. §. 15. Note 15.

40) Dipl. a. 1132. *Leukfeld* Antiq. Walkenrid. Cap. XVIII. §. 3. p. 355. „— notum esse volumus — — quod Adelhaida — — Deum haeredem sibi faciens locum quendam, Walkenrit nominatum, qui sui juris erat — — divino cultui mancipavit — — — nos itaque ejus laudabilem affectum commendantes et confirmantes non solum confirmamus, verum etiam — — eandem donationem contigua quaedam adjicientes et Jus Nostrum quod Wildban dicitur eidem loco permittentes, Regia nostra potestate amplificavimus et auximus."

41) Dipl. a. 1136. Monument. Boica. T. IV. p. 129. Von spätern Zeiten sind mir keine hierher gehörigen Urkunden mehr vorgekommen, und an der Stelle solcher einzelner Bestätigungsbriefe finden wir die Forste nur bei den allgemeinen Bestätigungen aller Rechte und Besitzungen noch erwähnt. Wahrscheinlich mochten um diese Zeit alle größern

geistlichen Institute auf die oben angegebenen Arten Forsten erlangt haben, oder konnten sie doch jetzt bei der immer mehr abnehmenden kaiserlichen Gewalt eher wie früher sich eigenmächtig constituiren; daher es denn solcher specieller Bestätigungen nicht mehr bedurfte.

42) Eichhorn Rechtsgeschichte. §. 222.

43) Dipl. a. 976. *Schoepflin* l. c. T. I. p. 128.

44) Dipl. a. 1001. *Schaten* l. c. T. I. p. 355. „— Insuper renovamus et confirmamus — — — et de foresto, quod incipit de Dellina flumine et tendit per Ardennam et Sinede."

45) Dipl. a. 1009. *Schaten* l. c. T. I. p. 392. S. §. 15. Note 15.

46) Dipl. a. 1057. *Hund* l. c. T. I. p. 150. S. §. 12. Note 12.

47) Dipl. a. 1156. *Hund* l. c. T. II. p. 121. „— — monasterio Berchtesgaden omnia, quae liberalitate regum vel Imperatorum, largitione principum, oblatione fidelium collata sunt confirmamus, specialiter autem et nominatim forestum, quod circa villam undique tenditur, cum venationibus, piscationibus et omni jure foresti, quod comes Engilbertus suique parentes longis retro temporibus possederant, post eos etiam omnes Beringarius de Sulzbach, qui scilicet idem forestum praefatae ecclesiae plusquam triginta annos ante nos traderat."

48) Dipl. a. 1463. *J. H. Boecler* ad Aeneae Silvii historiam rerum Friderici III. Argent. 1685. p. 92.

§. 18. Erwerbung der Forste b. von den weltlichen Großen.

Uebten auch einzelne mächtige Fürsten einen großen Einfluß bei den Kaisern aus, und erlangten sie dadurch auch häufig vielfache Belehnungen und Begnadigungen, so war dieser Einfluß doch nur vorübergehend, der Person mehr als dem Stande angehörend, und gab ihnen nur eine durch ihre Unentbehrlichkeit hervorgerufene Gewalt, keineswegs mit der Gewalt zu vergleichen, die geistige Ueberlegenheit, List und kluge Benutzung der Religionsbegriffe jener Jahrhunderte in die Hände der Geistlichen legte. So geschah es denn, daß wol diese ihren Einfluß als das Mittel gebrauchen konnten, vielfache Besitzungen und Rechte von den Kaisern zu erlangen, ein Mittel, das Jahrhunderte hindurch wirksam blieb, für jene aber dieses Mittel theils nur in einzelnen Umständen anwendbar, theils gänzlich erfolglos war. Die Schwäche einzelner Kaiser, die Verminderung ihrer Macht, die Erblichkeit der Fürstenlehne, vielfache Streitigkeiten, und besonders die Römerzüge — Umstände und Ereignisse, die in steter Wechselwirkung standen — gaben aber den weltlichen Fürsten die Gelegenheit und die Mittel, durch eigenmächtige Erweiterungen ihrer ursprünglichen gutsherrlichen und verliehenen Rechte, Anmaßungen und kecken Trotz nach und nach auf denselben Punkt zu kommen, auf den erschlichene Privilegien die hohe Geistlichkeit geführt [1]). Unter den Rechten, die nach und

nach auf diese und ähnliche Weise die Fürsten erlangten, gehö=
ren auch die Bannforste, über deren Erwerbung schon nach ihrer
ganzen Art und Weise ein bestimmter Zeitraum sich nicht ange=
ben läßt, und worüber in den Gesetzen und Urkunden mehr
einzelne Andeutungen als bestimmte Nachweisungen sich finden
lassen.

Die hauptsächlichsten Umstände, welche zu der Erwerbung
der Bannforste bei den Fürsten im Allgemeinen mitgewirkt, sind
der große Grundbesitz, den diese stets gehabt, und die ihnen ver=
liehene Amtsgewalt. Allgemein bekannt ist es, wie die nach=
maligen erblichen Fürsten und alten Grafen alle aus dem Ur=
adel der Nation, dem Stande der großen, freien Gutsbesitzer,
hervorgegangen sind. Auf den Grund und Boden ihrer Stamm=
güter hatten sie so umfassende Rechte und Nutzungen, die später
oft zu Regalien geworden, daß man den Inbegriff aller dieser
Rechte nach dem jetzigen Sprachgebrauche keineswegs durch Grund=
besitz und Privateigenthum in deren heutigem Sinne genügend
ausdrücken kann ²), und alle die Rechte, die den Königen auf
ihren Domainen zustanden, die ja auch aus solchen Stamm=
gütern hervorgegangen, sind ebenfalls den Dynasten auf den
ihrigen, wol blos mit einziger Ausnahme der anfänglich weni=
gen, aus der Hoheit abstammenden Rechte zuzuschreiben ³).
Schutzherrlichkeit über die Hintersassen, Fischerei, Jagd u. s. w.,
ja selbst an vielen Orten wol das Recht zum Bergbau, gehören
in den Kreis solcher aus dem Eigenthume jener Güter hervor=
gegangenen Rechte ⁴). In diesen ausgedehnten Eigenthumsrech=
ten und der Freiheit der Dynasten, verbunden mit den Grafen=
gerechtsamen, die sie alle erlangten ⁵), liegt nun ein Hauptgrund
der spätern, lange schon vorbereiteten Landeshoheit aller dieser
großen Gutsbesitzer ⁶). Aus ihrem Stande gingen die Inhaber
der Fahnenlehne (im eminenten Sinne), die Fürsten und die
Grafen hervor, und außer den alten Stammbesitzungen erhielten
sie nun noch besondere, diese mit umfassende Amtsdistricte ⁷),
die nach Erblichkeit der Aemter mit diesen und den Stammbe=
sitzungen in den Familien blieben ⁸), und nur die der Zahl nach
früher allerdings bedeutenden kleinen Territorien bestanden wol
nur aus letztern und nicht auch aus Amtsdistricten ⁹). Diesel=
ben Eigenthumsrechte, welche die Dynasten in jenen hatten,
konnten sie in diesen, bei deren Erlangung viele, von aller Guts=
herrlichkeit freie Eigenthümer ihnen in einzelnen Beziehungen ¹⁰)
unterworfen wurden, nicht ausüben; doch erlangten sie bald in
denselben die nutzbaren Rechte, die dem Kaiser hier eigentlich
zustanden, und konnten wol auch einige von jenen ihren Rech=
ten in den Stammbesitzungen auf diese Bezirke mit ausdehnen ¹¹).
Die Jagd, verbunden mit Eigenthum von Wäldern, hatten sie

eigentlich nur in den Grenzen der Stammbesitzungen und in den mit dem Amte selbst ihnen vom Kaiser verliehenen Domainen und andern in dem Amtsbezirke gelegenen Lehnen; und so konnten sie denn auch in diesen Amtsbezirken selbst, vermöge des so erhaltenen nutzbaren Eigenthums, die Jagd theilweise ausüben, und sahen sich vielleicht auch oft in die Rechte von Genossen an gemeinschaftlichen Wäldern und Jagden gesetzt, wo es ihnen bei ihrer überwiegenden Macht leicht werden mußte, besondere Bevorrechtungen über die andern Markgenossen zu erhalten. Das eine Erforderniß zur eigenmächtigen Errichtung von Forsten war so in dem schon begründeten Wald- und Jagdeigenthume vorhanden, und das andere, das Auflegen des Bannes, blieb nicht lange aus.

Wie wir oben (§. 13.) gesehen, war schon zur Zeit Karls d. Gr. ein doppelter Bann, der Königs- und der Grafenbann, vorhanden, welcher letztere, mit der Gerichtsbarkeit verbunden, Jedem, der diese ausübte, auch zustand, so daß dann der Grafenbann von den Prälaten und Dynasten ausgeübt wurde, als beide zu der alten Immunität auch die Gerichtsbarkeit[12]) und andere Rechte der alten Grafen erwarben, und die Grafschaft selbst nicht mehr als Amt, sondern als Landdistrict, in dem jene Rechte auszuüben waren und der im Eigenthume der geistlichen Stiftungen oder der Besitzer der Herrschaft sich befand, vorkommt[13]). Nur in einzelnen Fällen und nach besondern Verleihungen konnten in den ältesten Zeiten die Grafen unter Königsbann gebieten, während ihr Bann in der Regel nur 12 Solidos betrug[14]). Indem nun die großen Grundbesitzer schon zeitig den Grafenbann hatten, und selbst unter Karl d. Gr. die Grafen in der Regel aus dem Stande der großen Gutsbesitzer genommen wurden, konnten diese ihre Waldungen, oder wol vielleicht selbst solche, an denen ihnen nur aus dem Gesammteigenthume entspringende Rechte zustanden, mit ihrem, dem Grafenbanne, belegen, und so, dem Beispiele der Könige nachahmend, sich selbst Bannforste errichten[15]). Solche Bannforste waren nun zwar unter keinen so großen Schutz, wie die königlichen Bannforste, gesetzt, indem bei diesen jede Verletzung unter Königsbann, bei jenen nur unter Grafenbann untersagt war, gewährten jedoch mehr Vortheile, als der Besitz nicht eingeforsteter Waldungen und Jagdbezirke; daher, wie wir aus einem Verbote Ludwigs des Frommen sehen, schon zu dieser Zeit die Grafen sich Bannforste angeeignet hatten. Es verordnet nämlich dieser Kaiser, daß keine Privatperson Bannforste besitzen solle, wenn sie nicht nachweisen könne, daß sie dazu königliche Erlaubniß erhalten[16]), und daß die Grafen keine neuen Forste errichten und die ohne königliche Erlaubniß errichteten wieder

freilaffen follten [17]); sowie er bei einer andern Gelegenheit, wo
ein Graf Autharius einen neuen Forst errichten will, seinen
Sendgrafen die Untersuchung dieses Anspruchs anbefiehlt und die
Entscheidung ihnen anheimstellt [18]). Ob aber in diesen Gesetzen
von Forsten, die unter Königsbann oder nur unter Grafenbann
errichtet, die Rede, läßt sich aus dem Zusammenhange nicht ab-
sehen. So viel aber beweist der ganze Fortgang der Geschichte,
daß diese Verbote wenigstens in späterer Zeit nicht beachtet wurden, und die weltlichen Großen fortwährend Bannforste errichteten [19]).

Ganz in die Hände der Fürsten kam aber das Recht, Bannforste zu begründen, als sie den Königsbann überhaupt erlangt,
von welcher Zeit an jenes Befugniß keineswegs mehr als ein
den Königen allein zustehendes Recht betrachtet werden kann.
Als von der Zeit der letzten Karolinger an die deutschen Herzöge
eine so große Macht und Bedeutung erreicht [20]), mochten sie
wol auch mit andern Rechten die Befugniß, unter Königsbann
zu sprechen, zugleich mit erlangt haben [21]). Indem aber später
theils durch das Streben der Bischöfe und Grafen, theils durch
die Politik der Kaiser die Herzogthümer aufgelöst wurden [22])
und außer einigen Bischöfen die mächtigsten weltlichen Fürsten,
als die Land [23])-, Mark- und Pfalzgrafen, die herzoglichen
Rechte, besonders den Heerbann erhielten, und nun Fahnenlehne
und Fürstenämter entstanden [24]), ging wol auch der Königsbann mit auf diese über [25]), sowie auch öfters Grafen, und in
allen dem Reiche noch unmittelbar unterworfenen, nicht verlehnten Districten die Voigte [26]) denselben ausübten. Wenn demnach dieser Zeitpunkt sich auch nicht genau angeben läßt, so ist
doch sicher, daß zur Zeit des Sachsenspiegels dieses schon bestanden, denn hier heißt es ausdrücklich, daß Pfalzgrafen, Landgrafen, Grafen und Voigte unter Königsbann dingen, letztere jedoch
nur dann, wenn sie ihn vom Könige selber haben; denn sowie
der König Keinem die Verleihung des Bannes verweigern kann,
wenn er ihm das Gericht, zu dem der Bann gehört, vorher gegeben, so kann auch nur der König den Bann verleihen, und
Keiner, der ihn so erst erhalten [27]). In jedem Bezirke kann
übrigens nur Einer den Königsbann haben, und strenge Strafe
war für Den gesetzt, der unbefugt sich desselben anmaßte [28]).
Die Markgrafen dagegen — welche gleich bei ihrer Einführung
eine größere Macht als die andern Grafen, und eine der herzoglichen ziemlich nahe kommende Gewalt hatten [29]), und die,
wenn sie auch im Reichsdienste unter den Herzögen standen,
doch wegen ihrer unmittelbaren Verbindung mit dem Kaiser von
jenen nicht abhängig wurden [30]) — hatten nicht den Königsbann, sondern ihnen wurde nur die Hälfte desselben, also

30 Schillinge, gewettet, aber „by sines selues hilden," während die Andern allerdings bei einer größern Buße, aber nicht wie dieser unter eignem Namen und Bann, sondern unter dem des Königs gebieten könnten [51]).

Wenn nun auf solche Weise im Laufe der Zeiten die Mehrzahl der weltlichen Großen den Königsbann oder einen eignen, nicht unter jenem stehenden Bann erlangten, so war auch gar kein Hinderniß mehr vorhanden, selbst Bannforste, und zwar unter Königsbann stehende, also sogenannte privilegirte Bannforste zu errichten [32]), welche Befugniß zwar wegen der bei ihr vorhandenen Verbindung von Eigenthums- und Hoheitsrechten, durch die Auflegung des Friedens auf eigne Grundstücke, noch immer ein Regal war, jedoch wie viele andere Regalien im elften und zwölften Jahrhundert aufgehört hatten den Königen allein zuzugehören und schon den Fürsten des Reichs zustanden. Denn es gehört durchaus zu dem Charakter der Staatsverfassung Deutschlands in jener Zeit, daß selbst alle wirklichen Regierungsrechte zwar lehnsweise, aber doch zu eignem Rechte von den Fürsten ausgeübt wurden [33]), und wenn auch jenes bedeutende publicistische Sprichwort: „quantum Imperator potest in imperio, tantum potest princeps in territorio," erst einer weit spätern Zeit angehört [34]), so waren doch mit den Regierungsrechten auch alle nutzbaren Rechte des Königs, namentlich die, welche aus dem Wesen der alten Stammgutsverhältnisse abzuleiten, und auch selbst andere, wie z. B. das Confiscationsrecht, so weit dieses nicht Ausfluß der Lehnsherrlichkeit war [35]), in die Hände der Fürsten gekommen.

Die eigne Begründung von Forsten auf den Grund und Boden der alten Stammgüter und anderer, von den Fürsten erworbener Besitzungen ist nun wol die hauptsächlichste Art und Weise, wie diese in den Besitz von Bannforsten kamen; außerdem fehlte es aber auch nicht an Gelegenheit, schon errichtete königliche Bannforste zu erhalten. Die einfachste Art derselben war, daß die Könige die weltlichen Großen mit solchen Forsten belehnten oder sie damit beschenkten, wovon freilich nur wenige Beispiele aufzufinden. So gab Heinrich IV. einem Grafen Eberhard einen Forst, den Heiligenforst genannt, zum Eigenthume [36]); Friedrich I. belehnte den Herzog Heinrich von Sachsen und Baiern (den Löwen) mit dem Harzforste, den schon früher ein Graf Uto vom Kaiser Konrad auf die Weise in Lehn bekommen, daß dieser Forst stets mit dem Gute in Eimbeck verbunden sein sollte [37]), und gab in der wichtigen Urkunde an das Haus Oesterreich demselben die Bannforstgerechtigkeit im ganzen Herzogthume [38]), obwol es zweifelhaft blieb, ob diese eine Verleihung oder nicht vielmehr eine Bestätigung schon erworbener Rechte ist; Ludwig IV. übergab den Forst bei Friedberg denen von Eppenstein zum Schutz, und belehnte sie zugleich mit demselben [39]; sowie derselbe auch einen Grafen von Tübingen mit dem Forste Schönbach belehnte [40], und Karl IV. endlich schenkte der Stadt Nürnberg den bei derselben gelegenen Forst [41].

Eine andere Gelegenheit, schon begründete königliche Bannforste zu erhalten, bot sich durch die, den ganzen Staatseinrichtungen jener Zeit angemessene Art der Verwaltung derselben dar. Schon sehr frühzeitig finden sich Spuren, daß die Aufsicht und Verwaltung königlicher Forste den Grafen anvertraut war [42], die dann wol häufig, überhaupt mit dem Wirkungskreise der Grafen und anderer frühern Beamten verbunden, diesen mit zu Lehn gegeben wurden [43], so daß sie später, als die Lehne erblich und aus der frühern Anvertrauung zur Verwaltung ein lehnsmäßiger Besitz wurde, ganz den weltlichen Herren anheimfielen, wovon aber freilich auch nur wenige Beispiele sich nachweisen lassen [44]. Jedenfalls konnte bei den einzelnen Fürstenlehnen, besonders, wenn sie lange in einer Familie gewesen, nicht genau angegeben werden, ob einzelne Theile, und darunter auch Bannforste, zu den Familiengütern oder Lehnen gehörten, was dann ebenfalls oft eine Veranlassung zu deren erblichem Erwerb gab [45], wovon ein Beispiel im Elsaß bei einer Theilung in der habsburgischen Familie, die daselbst die Landgrafschaft besaß, sich findet, wo von einem Forste gesagt wird, daß es nicht bekannt sei, ob er zur Grafschaft oder zum Lehne gehöre, oder eigen sei [46]. Ja selbst über einen Forst Lock, der dem Bisthume Freisingen gehörte, hatten die von Lock, denen dessen Verwaltung anvertraut gewesen, durch diese so viele Rechte gewonnen, daß der Bischof durch bedeutende Zugeständnisse nur davon sich befreien konnte [47], ein hier allerdings eigentlich nicht hergehöriges Beispiel, was aber doch augenscheinlich zeigt, wie leicht dasselbe in größerem Umfange von den mächtigen weltlichen Großen gegen den Kaiser erreicht werden konnte, was hier gegen einen geistlichen Fürsten ein bloßer Mittelfreier erlangte. Ein sehr wichtiges Beispiel hingegen davon, wie durch die Anvertrauung zur Verwaltung, die fast immer auf den Lehnsnerus gegründet wurde, Forste in das Eigenthum der Familien ihrer Verwalter kamen, giebt der Dreieichenforst und der Forst bei Büdingen. Der Dreieichenforst war denen von Hagen, wie aus einer Urkunde Lothars II. erhellt [48], übergeben, die dann den Namen Münzenberg, und zwar mit dem Beisatz der Voigte von Münzenberg, geführt [49]. Als nun diese Familie 1250 ausgestorben und sämmtliche Besitzungen an sechs Erben gefallen, unter denen die Grafen von Falkenstein und Hanau befindlich, von denen die Erstern ⅓ der Erbschaft, und dabei die Voigtei

zu Münzenberg an ſich gebracht, ſo kam an dieſe auch der
Dreieichenforſt, der zu ¼ bei den Grafen von Hanau blieb ⁵⁰).
Den Grafen von Falkenſtein wurde nun als Voigten von Münzenberg in mehreren Urkunden der Schutz dieſes Forſtes noch beſonders anempfohlen ⁵¹). Nachdem aber auch dieſe Familie 1418
erloſch, kamen ihre Beſitzungen, und mit dieſen auch die Voigtei
über den Dreieichenforſt, an deren Erben, unter denen die Grafen von Iſenburg, die neben dem ſtets bei Hanau bleibenden
Sechstel die übrigen Theile nach und nach erwarben ⁵²). Der
Reichswald bei Büdingen kommt in einer Urkunde von Ludwig IV., als denen von Trymberg und ihren Ganerben verliehen, vor ⁵³); vielleicht, daß dieſe letzten die von Iſenburg
waren, denn in einem Lehnbriefe von K. Wenzeslaus an Johann
von Iſenburg über dieſen Wald wird, daß er ihn durch den
Tod ſeines Vaters erhalten, erwähnt ⁵⁴); doch hatten in dieſem
Forſt, wie ſich aus dem von K. Sigismund beſtätigten Förſter-
buche über denſelben ergiebt, der Reichsforſtmeiſter, deſſen Amt die
Iſenburge nicht mit bekleideten, obwol ſie in derſelben Urkunde
als Herren dieſes Waldes aufgeführt wurden ⁵⁵) und derſelbe
Kaiſer ſie auch mit dieſem Walde belehnte ⁵⁶), bedeutende Rechte,
die aber die Iſenburge 1484 unter kaiſerlicher Beſtätigung durch
Kauf von den Forſtmeiſtern an ſich brachten ⁵⁷).

Einzelne, den Königen noch vorbehaltene Förſte mochten
wol auch durch die gänzlichen Verleihungen der Pfalzgrafſchaften
mit andern vorbehaltenen Rechten an die Fürſten kommen ⁵⁸),
obwol es mir nicht geglückt, darüber beſondere Urkunden zu finden. Doch ſteht mit der Pfalz zu Sachſen (Lauchſtädt), die im
13. Jahrhundert die meißniſchen Fürſten erwarben, das den
Markgrafen von Meißen zukommende Amt eines Obriſt-Reichs-
jägermeiſters wahrſcheinlich in Verbindung ⁵⁹). Ob nun gleich
unter den Hofbeamten der fränkiſchen Könige ſich vier Jäger-
meiſter finden ⁶⁰), ſo laſſen ſich doch aus der ganzen folgenden
Zeit bis zu dem großen Interregnum, und ſelbſt noch einige
Zeit nachher, keine Spuren von der Fortdauer dieſer Aemter bei
den Kaiſern in Deutſchland entdecken, und die erſte Urkunde, in
der es vorkommt, iſt der Lehnbrief Karls IV. an den Landgraf
Friedrich den Strengen von Thüringen und Markgraf von
Meißen ⁶¹), nach der es aber allerdings ſcheint, als ob durch
dieſe Urkunde dieſes Amt nicht erſt begründet worden, ſondern
ſchon früher vorhanden geweſen ſei ⁶²). Mehrere andere Für-
ſtenhäuſer, wie z. B. Oeſterreich, wegen Kärnthen, Würtemberg
und Pommern ⁶³), hatten gleiche Aemter, oder nahmen ſie wenigſtens in Anſpruch. Alle dieſe Reichsämter ſind für unſern
Gegenſtand aber ganz ohne Einfluß, und konnten zu der Erlangung der Bannforſte ſchon deshalb nicht mitgewirkt haben, weil

sie erst zu einer Zeit vorkamen, wo die Fürsten schon längst in dem Besitz derselben waren. Nur jenes meißnische Reichslant hat, wie wir weiter unten (§. 28.) sehen werden, einen praktischen Einfluß in Beziehung auf die Jagdfolge geäußert.

Blos eine Art, wie die Fürsten schon begründete Bannforste erwerben konnten, ist noch zu erwähnen, nämlich die Geldverlegenheiten der Kaiser nöthigte diese oft zu Verpfändungen von Landbistricten, Domainen und andern Besitzungen, mit denen häufig dann auch Forste verbunden waren, wie z. B. in der Verpfändung der Landvoigtei in Elsaß auch ein Forst zu Hagenau von Karl IV. an den Pfalzgraf Rudolph vom Rhein ausdrücklich mit verpfändet wurde [64]. Indem nun solche Reichspfandschaften nur selten wieder eingelöst wurden und häufig den Titel zu immerwährenden Erwerbungen gaben, schon ehe noch Karl V. in der Wahlcapitulation jedem Stande seine Pfandschaften zu bestätigen versprach [65], gaben sie zugleich einen Grund und eine Gelegenheit zum gänzlichen Erwerb schon begründeter Forste. Auch unter den Großen des Reichs selbst kommen Verpfändungen von Forsten vor, die sie auf verschiedene Weise erlangt; so verpfändete z. B. der Bischof Balduin von Paderborn 1355 einen Forst an den Landgraf Herrmann von Hessen für 100 Mark Silber [66].

1) *Fülmann* Geschichte des Ursprungs der Stände. 1. Aufl. Th. 2. S. 20. sagt hierüber von den weltlichen Fürsten im Gegensatz gegen die geistlichen: „Anmaßungen vertraten bei ihnen die Stelle des Pergaments."

2) *Biener* De natura et indole dominii in territ. Germ. p. 96. sagt hierüber sehr richtig: „fere imperium regnumque videbatur." S. auch *Mettinger* De statu militiae veterum Germ. p. 35.

3) *Biener* l. c. p. 100.

4) Ein aus Urkunden verschiedener Zeiten zusammengestelltes Verzeichniß dieser Rechte findet sich bei *C. L. B. de Knigge* D. de natura et indole castrorum. p. 49. Daß schon vor der goldnen Bulle das Bergrecht den Fürsten zugestanden, beweist *Ludwig* Erläuterung der goldnen Bulle. Th. 1. S. 806 folg., und die Regalität der Bergwerke wurde zuerst von Heinrich VI. in einer Urkunde von 1189, *Pistor.* Script. rer. Germ. (Ed. I.) T. III. p. 747., und auch bei *Schaten* Annal. Paderborn. T. I. p. 887. in folgenden Worten ausgesprochen: „ — cum omnis argentifodina ad jura pertineat imperii et inter regalia nostra sit computata, nulli venit in dubium, quin ea quae nuper in Episcopatu Mindensi dicitur inventa ad nostram totaliter spectet distributionem, unde in ea nulli hominum quicquam juris recognoscimus, nisi hoc a nostra liberalitate valeat specialiter impetrare." Früher hingegen gehörten die Bergwerke, wenn sich auch zeitig einzelne kaiserliche Belehnungen darüber finden, zu den Eigenthumsrechten der großen Güter, *Füllmann* Geschichte der Regalien. S. 62., und der genannte Kaiser spricht ja jenen Satz selbst in einer Urkunde aus, die einen Vergleich zwischen ihm

und dem Biſchof von Minden, der die auf ſeinen Beſitzungen neuentdeckten Bergwerke nach Eigenthumsrecht in Anſpruch nahm, enthält. Leicht möglich iſt es allerdings, daß ſich Heinrich VI. zu dieſer Idee durch die bekannte Conſtitution ſeines Vaters II. F. 56., welche für Italien das Bergregal anerkennt, habe leiten laſſen; doch will ich nicht behaupten, daß jener Kaiſer ſchon in den Irrthum verfallen geweſen, wie ſpäter viele Juriſten, ſelbſt noch des 18. Jahrhunderts (ſ. §.29.), die die Anwendung dieſer Conſtitution in Deutſchland behaupteten. Weit einfacher läßt ſich jene Erklärung Heinrichs VI. aus ſeiner ganzen übrigen Politik, das geſunkene Anſehen und die verminderte Macht der Kaiſer auf Koſten der Fürſten wieder zu erheben, erklären, was ebenfalls die Urſache ſeiner Beſetzung von Meißen war, wozu der dortige reiche Bergbau ihn beſonders anreizte, Weiſe Geſchichte der Churſächſ. Staaten. Th. 1. S. 106. Von dieſer Zeit an wurde das Bergregal im Principe dagegen überall anerkannt, Sachſenſpiegel. B. 1. Art. 35.; dies bewirkte in der Wirklichkeit jedoch keine Einziehung aller Bergwerke für den Kaiſer, ſondern führte nach der Gewohnheit der deutſchen Fürſten blos dahin, bei vorkommender Gelegenheit dieſe ihnen ſchon lange zuſtehenden Rechte vom Kaiſer ſich beſtätigen zu laſſen, um ſo einen neuen Rechtstitel bei etwaigen künftigen Streitigkeiten zu erhalten, — qui, ut se a vicinorum injuriis tuerentur saepe ex privilegio Caesareo exercebant, quod ex jure dominii repetere poterant, ſagt hiervon *Biener* l. c. p. 124. — Daher denn von dieſer Zeit an eine Reihe von kaiſerlichen Beſtätigungen der Bergwerke vorkommt. Ludewig a. a. O. Th. 1. S. 807. Die hauptſächlichſte Wirkung dieſer neuentſtandenen Idee der Regalität war wol aber in dem Innern der einzelnen Territorien, indem, auf ſie und die Beſtätigungen fußend, die Fürſten alle in denſelben beſtehenden Bergwerke ſich anzueignen vermochten, wenn ihnen nicht hier beſondere von ihnen ausgegangene Verleihungen im Wege ſtanden.

5) Eichhorn Rechtsgeſchichte. §. 222.

6) Burggraf *de Kirchberg* De superioritate territ. in allodiis Imper. §. 8 seq.

7) Dieſen Unterſchied zwiſchen dem Amtsbezirk und den eignen Beſitzungen findet man in den Urkunden oft angegeben; z. B. in einer von Ludwig dem Deutſchen, *Hund* Metropol. Salisburg. T. II. p. 15., heißt es: „dedit itaque Bribinus fidelis dux noster de sua proprietate in suo ducatu quidquid habuit ad Salapingiti."

8) Biener Machtvollkommenheit des deutſchen Kaiſers. S. 140 folg. Eichhorn a. a. O. §. 222.

9) Pütter Beiträge zum deutſchen Staats = und Fürſtenrecht. Th. 1. S. 130.

10) Eichhorn a. a. O. §. 221 folg.

11) *Biener* De natur. et ind. dom. p. 101. 148. Pütter a. a. O. S. 116 folg. Doch bemerkt Lezterer S. 175 folg. ſehr richtig, daß dieſer Unterſchied zwiſchen Stammbeſitzung und Amtsbezirk im Anfange nur in den eigentlich deutſchen, nicht aber in den eroberten wendiſchen Provinzen feſtgehalten worden ſei, was unter Andern die ſächſiſch = meißniſche Geſchichte mit der vielleicht in ganz Deutſchland am früheſten ausgebildeten Landeshoheit der meißner Markgrafen, und den Gegenſatz, den hierzu die von dieſen ebenfalls erworbene Landgraffſchaft Thüringen abgiebt, ganz deutlich beweiſt.

12) Eichhorn a. a. O. §. 86., 173. und 303.

13) Eichhorn a. a. O. §. 222. und 234a.

14) Carol. M. Capit. de partibus Saxoniae. cap. 31. et Capitul. inc. anni I. cap. 57. (*Baluz.* Capitul. Reg. Francor. T. I. p. 520. S. oben §. 13. Note 2 und 4.)

15) Montag Geschichte der staatsbürgerlichen Freiheit bei den Franken. Th. 1. S. 304 folg.

16) Capitul. IV. Ludovici. P. a. 819. c. 7. „De forestis noviter institutis: Ut quicunque illas habet, dimittat, nisi forte judicio veraci ostendere possit, quod per jussionem sive permissionem Domini Karoli genitoris nostri eas instituisset; praeter illas, quae ad opus nostrum pertinent, unde nos decernere volumus quidquid nobis placuerit." *Baluz.* l. c. T. I. p. 612.

17) Capitul. V. Ludovici P. a. 819 sive Capitula de instructione missorum. cap 22. „De forestis nostris ubicunque fuerint diligentissime inquirant, quomodo salvae sint et defensae, et ut Comitibus denuncient, ne ullam forestem noviter instituant et ubi noviter institutas sine nostra jussione invenerint, dimittere praecipiant." *Baluz.* l. c. T. I. p. 617.

18) Lib. IV. Capitul. Reg. Franc. Append. III. c. 3. „De foreste quam Autharius Comes habere vult, ubi ea prius non fuisse dicitur, volumus ut Missi nostri rei veritatem inquirant et juxta quod justum invenerint, ex nostra auctoritate definiant." *Baluz.* l. c. T. I. p. 798.

19) Wie wir noch sehen werden, finden sich alle weltliche Große häufig in dem Besitz von Forsten, während in den vielen Urkundensammlungen nur sehr wenige Verleihungen von solchen an Weltliche vorkommen. Ueberhaupt begannen zwar die Könige von karolingischem Stamm schon Regalien aller Art, wie sie in jenen Zeiten vorkamen, zu vergeben, und dahin gehört denn auch die Bannforstgerechtigkeit; diese Verleihungen hingen aber nur von dem Belieben der Könige ab, und erfolgten nur einzeln zu verschiedenen Zeiten, so daß wir denn vor den Hohenstaufen kein Beispiel finden, daß die Fürsten solche Verleihungen im Allgemeinen erhalten hätten, und daher eine allgemeine Regel darüber sich nur aus diesen häufig wiederholten Verleihungen bilden läßt. Montag a. a. O. Th. 1. S. 202 folg. Daß aber viele solche Regalien anfänglich von den Fürsten nur angemaßt und erst später, nachdem sie diese schon lange ausgeübt, von den Kaisern bestätigt wurden, läßt sich in vielen einzelnen Fällen darthun, und stimmt ganz mit dem Gange der deutschen Geschichte zusammen.

20) Eichhorn a. a. O. §. 221. und 234. Ueber die nach und nach erfolgte Ausbildung der herzoglichen Macht hat sehr treffende Andeutungen *Schoepflin* Alsatia illustr. T. II. p. 10.

21) Genau läßt sich die Zeit, wo sie den Königsbann erhielten, nicht angeben, so viel aber ist gewiß, daß sie zu der Zeit der Rechtsbücher des Mittelalters ihn hatten, während derselbe ihnen nach den Gesetzen Karls d. Gr. nicht zustand. Daher die hier versuchte Conjectur.

22) Sehr ausführlich und genau findet sich dieses dargestellt bei Eichhorn a. a. O. §. 235. 239. 240.

23) Den Namen Landgrafen erhielten die wenigen, die noch von den alten Grafen übrig waren, und die nicht mit den aus bloßen Dynasten durch Verleihung der Grafenrechte über ihre eignen Besitzungen entstandenen neuern Grafen zu verwechseln sind. Eichhorn a. a. O. §. 234.

24) Eichhorn a. a. O. §. 290. und 300. Die Idee des Amtes war bei den Fahnenlehen zur Zeit der Rechtsbücher noch vorhanden. Schwabenspiegel Kap. 42. (Berger S. 179.)

25) *Schoepflin* l. c. T. II. p. 18. zählt den Königsbann mit unter den Rechten der alten Landgraffschaft Elsaß auf.

26) Eichhorn a. a. O. §. 290.

27) Sachsenspiegel. B. 3. Art. 64. „— — Sestich schillinge weddet man deme greven vnde ok deme vogede, die under Koninges banne dinget, of he den ban selve vonme Koninge hevet. Koninges ban ne mut nieman lien wen die Koning selve. Die Koning ne mach mit rechte nicht weigeren den ban to liene, deme it gerichte gelegen is. Verliet en greve siner grafscap en deil, oder en voget siner vogedie dat is weder recht. Die belende man ne mut dar over nenen Koninges ban hebben, als man yne von yme dulden dorve. Ban liet man ane manscap. Palenzgreven unde landgreven dingen under Koninges banne als die greve; de weddet man ok sestich schillinge. Jewelkene marcgreven drittich schillinge, die dinget by sines selvis hulden. —"

28) Sachsenspiegel. B. 1. Art. 59. „— — By Koninges banne me mvt neman dingen, he ne hebbe den ban van deme Koninge vntvangen. Sve den ban enes vntfet, he ne darf yne anderwarve nicht vntvan, of die koningstrist. Bynnen ener vogedie ne mach nen Koninges ban sin svnder eyn. Sve by Koninges banne dinget die den ban nicht vntvangen hevet, de sal wedden sine tvngen." Kam der höhere Richter in den Bezirk des niedern, so war die Gewalt dieses auf jenen devolvirt, und dies, wenn der König in die Provinz kam, war wol auch der einzige Fall, indem er der Einzige war, der unter Königsbann zu gebieten hatte. Sachsenspiegel. B. 1. Art. 58. Zur Zeit der Compilation des Schwabenspiegels fing wol wenigstens die Größe der Strafe des Königsbannes an, antiquirt zu werden; denn in einer Stelle wird die Buße nach des Landes Gewohnheit und der Königsbann blos unter dem Namen der alten Buße erwähnt, Schwabenspiegel. Kap. 41. (Berger S. 179.) „Ain jeglich fürst hat nach seines lanndes gevvonhait puz vnd also habent auch annder herrn puz vnd auch die Richter nach irer gevvonhait doch sagen vvir die alten puss die die chunig den herren gesetzet haben," während an einer andern Stelle, Kap. 350. (s. §. 15. Note 28.) der Königsbann „des herren landpfennig" heißt und zu 60 Schilling, also in der alten Höhe, angegeben wird.

29) Schon ihre Stellung als höhere Militairbefehlshaber an den Grenzen verlangte dies. Eichhorn a. a. O. §. 170.

30) Eichhorn a. a. O. §. 234 a. II. Weder von den Markgrafen von Meißen, noch den Landgrafen von Thüringen läßt eine Unterordnung unter die Herzöge von Sachsen sich nachweisen. Böttiger Geschichte von Sachsen. Th. 1. S. 132 und 167.

31) Sachsenspiegel. B. 3. Art. 64. (Note 28.) und Art. 65. „Die marcgreve dinget by sines selves hulden over ses weken —" In der Glosse zu diesem Artikel findet sich eine weitere Ausführung darüber nebst den verschiedenen ältern Meinungen über jenen Ausdruck. Was übrigens die Glosse zum Art. 70. B. 3. in der Zobel'schen Ausgabe von 1582 Fol. 420 b. von den Freiheiten und Vorrechten der Mark zu Meißen sagt, ist wohl weit eher für eine Folge der zur Zeit der Glosse schon bestandenen Macht des meißnisch-sächsischen Hauses, als für den Grund der Ausbildung dieser Macht anzusehen. Der Schwabenspiegel. Kap. 45. (Ber-

ger S. 182.) hat ebenfalls obigen Ausdruck von dem Banne des Markgrafen, die Bestimmung selbst aber wol nur fälschlich mit auf den Pfalzgrafen ausgedehnt, denn das Sächsische Weichbild Art. 10. — aus
dessen Glossen übrigens erhellet, daß hier Bann und Hulden gleich sind —
sagt Dasselbe auch nur von den Markgrafen. Jedenfalls scheint mir der
Umstand, daß der bis auf den Heerbann vom Herzog unabhängige Markgraf nicht wie alle Andern, die den Herzögen früher mehr unterworfen
waren, den Königsbann, sondern einen eignen hohen Bann hat, darauf
hinzudeuten, daß die Herzöge allein anfänglich den Königsbann im Allgemeinen, und nicht blos für einzelne besondere Fälle, wie schon die Grafen
unter Karl d Gr., bekommen haben, und daß er erst nach Auflösung der
alten Herzogthümer auf die andern Fürsten übergegangen sei. Anders wenigstens scheint es mir nicht zu erklären zu sein, daß wol Grafen und
und Voigte, nicht aber der Markgraf den Königsbann gehabt.

32) *Hüllmann* Geschichte des Finanzwesens in Deutschland. S. 50 folg. und oben §. 13. i. A.

33) *Eichhorn* a. a. O. §. 290.

34) *Hert*. De paroemiis jur. Germ. Lib. II. behauptet zwar,
daß dieser Satz schon vor Rudolph II. gegolten habe, was aber gewiß
falsch ist, nehme man auch den Sinn dieses Rechtssprichwortes, das die
ältern Publicisten sehr beschäftigte, wie man nur immer will. Andere
hingegen setzen sehr richtig den Ursprung desselben erst in eine spätere Zeit,
wie *Eiben* Diss. de origine illustris regulae S. R. I. principes ceterosque territorii dominos tantum posse in suis
territoriis, quantum Imperator in Imperio, in *Ejusdem*
Opuscc. P. III. p. 751. *Hugo* De statu regionum Germaniae.
Cap. IV. *Pfeffinger* Vitrar. illustrat. T. III. p. 1117. *Biener*
Machtvollkommenheit. §. 98. p. 192.

35) War die Confiscation eines Lehngutes blos Folge des Lehnfehlers,
so war dazu der Lehnherr auch ohne kaiserliche Bestätigung berechtigt, da
dieses aus der Natur des Lehnwesens sich ergab; doch s. *Zachariä* Sächsisches Lehnrecht. §. 26.; aber auch den Anfall der confiscirten Güter
im Allgemeinen sprach ein Fürstengericht unter Lothar II. den Fürsten zu.
S. *Dodechini* Append. ad Mar. Scoti Chronic. ad. ann. 1125.
Pistorius Script. rer. Germ. T. I. p. 470. „Rege (Lothario II.)
apud Ratisbonam in conventu principum inquirente, praedia judicio
proscriptorum a rege si juste forisfactoribus abjudicata fuerint, vel pro
his quae regno attinent commutata, utrum cedant ditioni regiminis vel
proprietati regis: judicatum potius regiminis subjacere ditioni quam
regis proprietati.“ S. auch *Schaten* Annal. Paderborn. T. I. p. 709.

36) Dipl. a. 1065. *Schoepflin* Alsat. diplom. T. I. p. 172. „—
— duas villas — — cum foresto Heiligenforst nominato — — cum
omnibus appendiciis — — — fideli nostro Eberhardo comiti in proprium
dedimus atque tradidimus et in eternum omnium contradictione remota,
possidendas concessimus — —“

37) Dipl. a. 1157. *Mader*. Antiq. Brunsvic. p. 117. „— nepos
noster Henricus Dux Bavariae et Saxoniae — — obtulit Nobis privilegium Praedecessoris et Progenitoris nostri — — in quo continebatur,
quod Comes quidam olim Uto nomine praedium uxoris suae Beatricis
— — et idem aliud praedium suum — — cum omnibus pertinentiis
suis praefato Imperatori Conrado in proprium donaverit et qualiter Imperator e contra — — duo ejusdem Comitis Udonis beneficia, Comi-

tatum suum videlicet et forestum in montanis, qui dicuntur Hartz, sibi suaeque uxori — — in beneficium perpetualiter tradiderit et stabiliverit, eo videlicet tenore, ut quicunque suorum utriusque sexus, praedium illorum in loco, qui Einbieke vocatur, obtinuerit, is quoque praedicta duo beneficia, forestum videlicet et Comitatum praedicti Comitis Utonis in Lisga tam a sua, quam omnium successorum suorum Regum et Imperatorum, donatione, sine omni contradictione, jure beneficiali, possidere deberet — — — Nos — — saepe dicto Nepoti Nostro Henrico Duci, haeredi videlicet Comitis Utonis, Comitatum suum et forestum, in montanis Hartz, lege in perpetuum valitura in beneficium concessimus." Es ist dies ein merkwürdiges Beispiel eines sehr frühzeitig vorkommenden Mann= und Weiberlehnes, und zwar als ein feudum majus, was an den Herzog Heinrich erst durch seine Gemahlin, die Tochter K. Lothars II., gekommen sein mußte, da die Welfen auf diese Weise ihre Besitzungen in Sachsen erhielten, und der in der Urkunde erwähnte Graf Uto war demnach jedenfalls ein Graf von Supplinburg.

38) Dipl. a. 1156. *Senkenberg* Lebhafter Gebrauch des uralten deutschen bürgerlichen und Staatsrechts. S. 123. „— cunta enim secularia judicia, banne silvestre et ferinarum, piscine et nemora in ducatu Austriae debent jure foedali a duce Austriae dependere."

39) Dipl. a. 1336. *Senkenberg* Selecta jur. et histor. T. I. p. 206. „Wir Lodewig — — verlehen uffenlich an diessen Briefe, dass wir Godfriden von Eppinstein — — mit dem Wiltpanne den wir em emphalen haben mit sammt den Burggraven und Burgmannen — — zu Friedeberg in Lehen mit gebesseren en zu Lehen verlyhen, das sie denselben Wiltpannen jagen mogen, wan sie das bederfen." Unter demselben Tag und Jahr hat dieser Kaiser noch eine andere Urkunde ausgefertigt, in welcher er diesen Forst demselben zum Schutze übergab. S. oben §. 16.

40) Dipl. a. 1324. *Stisser* a. a. D. Beilagen S. 63. Lit. Z.

41) Dipl. a. 1350. *Pfeffinger* l. c. T. III. p. 1387.

42) Daß dies schon in der karolingischen Zeit stattfand, ergiebt sich außer den an mehreren Stellen namhaft gemachten Capitularien der fränkischen Könige auch aus *Eginhardi* Epistolae, Epist. ad Comitem Poponem, *Bouquet* Recueil des historiens des Gaules et de la France. Paris 1793. Fol. T. VI. p. 370.

43) *Lehmann* Speierische Chronik. B. 2. Kap. 17.

44) *Biener* Machtvollkommenheit u. s. w. S. 169.

45) *Schoepflin* Alsat. illustr. T. II. p. 17. „bona Landgraviae fiscalia a patrimonialibus Habsburgensium in Alsatiae terris separare difficile est."

46) Dipl. a. 1239. *Hergott* Geneal. Habsburg. Cod. diplom. T. II. p. 255. „Diu Hart ist diu eigen so ist si des Graven Albrechtes und des Graven Rudolphs. Horet si zer Graffschaffte so ist sie gemeine. Ist sie Lehen so ist sie aber gemeine."

47) Dipl. a. 1269. S. §. 15. Note 38.

48) Dipl. a. 1129. *Buri* Behauptete Vorrechte der alten königlichen Bannforste, insbesondere des reichslehnbaren Forst= und Wildbannes zu der Drey=Eich. Frankfurt 1744. Fol. S. 22.

49) Buri a. a. D. S. 19.

50) Näher ausgeführt und mit Urkunden belegt ist alles dies bei Buri a. a. D. S. 41 folg., woraus sich zugleich ergiebt, daß zwischen beiden Häusern keine Theilung vorgenommen worden, sondern ein condominium in solidum stattgefunden habe.

51) So von Ludwig IV. und von Wenzel 1397. S. Buri a. a. D. S. 24 und 28.

52) Buri a. a. D. S. 43 folg., wo auch die Belehnungsurkunde vom K. Sigismund von 1420 an die Isenburge angeführt ist.

53) Dipl. a. 1328. Stisser a. a. D. Beilage Lit. S. S. 57. (S. §. 16.)

54) Dipl. a. 1395. Stisser a. a. D. Beilage Lit. T. S. 58. „Wir Wentzlaw — — bekennen — — dass Wir — — Johansen von Ysenburg — — die nachgeschrieben Güther, mit Nahmen das Burgamt der Burg Gelnhausen und dem Büdinger Wald, mit allen und jeglichen ihren Zugehörungen, die von Uns und dem Reiche zu Lehen rühren, und von Todts wegen seines Vaters, an Ihn recht und redlich kommen und gefallen seyn, zu verleihen gnädiglich geruheten.“ Diese Urkunde ist wie viele andere bei Stisser befindliche in der Sprache sehr modernisirt. Ueber die Verhältnisse der beiden Familien Trymperg und Isenburg s. *Ludolph.* Symphorema Consultat. et decissionum. T. I. p. 710.

55) Försterbuch des Büdinger Waldes von K. Sigismund 1425 bestätigt, bei Stisser a. a. D. Beilage Lit. C. S. 11 folg.

66) Dipl. a. 1420. Stisser a. a. D. Beilage Lit. R. S. 56. Auch die Belehnung mit dem Dreieichenforste erfolgte in derselben Urkunde.

57) Die Kaufsurkunde und die der kaiserlichen Bestätigung von demselben Jahre findet sich bei *Ludolph.* l. c. T. I. p. 693 und 695.

58) *Biener* Machtvollkommenheit. S. 170. Durch die ganzen Veränderungen, die Deutschland vom 10. bis in das 12. Jahrhundert erfahren, hatte auch die pfalzgräfliche Würde ebenso wie ihre Geschäftsthätigkeit sich geändert, s. *Pfaff* D. de origine et natura potestatis quae fuit Scr. Palatii Comitum in regnis Germaniae et Franciae. Hal. 1827. und größere Reichsdomainen, zu denen wol häufig auch Forste gehörten, die beide noch am längsten im königlichen Besitz geblieben, waren wol in der Regel damit verbunden. Ueberhaupt war dies auch eine Erwerbsart der Forste, daß die wenigen noch übrig gebliebenen Reichsdomainen im 12. und 13. Jahrhundert an die Fürsten kamen, zu welchen wol auch gewöhnlich Forsten gehörten, besonders dann, wenn ganze Landdistricte, aus den Herrschaften von Dynasten, Reichsstädten und einzelnen, dem Reiche noch zuständigen Besitzungen bestehend, als solche Domainen betrachtet und auf verschiedene Weise an die Fürsten gegeben wurden, wie z. B. das pleißner Land im 13. Jahrhundert an die meißner Fürsten kam. Daß in dieser großen Reichsdomaine es auch Forste gegeben, die jetzt noch königliche Waldungen sind, habe ich sichere Vermuthungen, ohne aber specielle Urkunden darüber auffinden zu können.

59) *Pfeffinger* l. c. T. III. p. 969. Näher entwickelt und gebilligt wird diese Meinung von Horn Sächsische Handbibliothek. Th. 9. Abhandlung über des H. R. Reichs Oberjägermeisteramt der Markgrafen von Meißen. S. 992. Vielleicht, daß die verschiedenen spätern Aemter dieser Art von gleicher Würde waren und sich auf den Amtsdistrict eines jeden dieser Fürsten bezogen. L. A. Gebhard Chrono-

logiſche Geſchichte der erblichen Reichsſtände in Deutſchland.
Halle 1776. 4. 1. Bd. S. 197.

60) *Hincmar* De palatiis edid. *Sirmond.* p. 207.

61) Dipl. a. 1350. Stiſſer a. a. O. Beilage S. 89. (§. 28. Not. 20.)
Später wurde dieſes Amt noch öfters beſtätigt; ſo d. 28. Auguſt 1661,
d. 10. Oct. 1693 und 9. Auguſt 1708. Horn a. a. O. S. 989.

62) Horn a. a. O. S. 980. weiſt mit guten Gründen nach, daß dieſes Amt wol ſchon der Vater Friedrichs d. Strengen, Friedrich d. Ernſte,
von ſeinem Schwiegervater, Ludwig IV., erhalten habe. Wie übrigens
die Grafen von Pappenheim bei dem churſächſiſchen Erzmarſchallamt als
afterbelehnte Marſchälle vorkommen, ſo finden wir auch hier die Grafen
von Schwarzburg als Subvenatores bei der bekannten und merkwürdigen
Ausübung dieſes Amtes auf dem Reichstage zu Metz von 1356. S. Horn
a. a. O. S. 1001 folg. und auch Böttiger a. a. O. Th. 1. S. 250.

63) §. §. Schrötter Abhandlungen aus dem Oeſtreichiſchen
Staatsrecht. Th. 2. Wien 1762. p. 189 — 202. *C. A. Beck.* Spec.
juris publ. austriaci. Viennae 1750. p. 46. und *Schwabenſpie-*
ge l. Cap. 37. (Ed. *Senkenberg.*) ſprechen von dieſem kärnthniſchen Amte.
Wegen der Andern ſ. Stiſſer a. a. O. S. 374. und Beilage Lit. LL.,
S. 77., wo der Lehnbrief Karls IV. von 1348 über dies Amt an die Herzöge von Pommern befindlich, und auch Horn a. a. O. die ganze 3. Ab-
theil. ſeiner Abhandlung. S. 1025 — 1072.

64) Dipl. a. 1349. *Schoepflin* Alsat. dipl. T. II. p. 193.

65) Pütter Hiſtoriſche Entwickelung der Staatsverfaſ-
ſung des deutſchen Reichs. Th. 2. S. 84.

66) Dipl. a. 1355. *Schaten* l. c. T. II. p. 334. „partem nostram
nemoris dicti vulgo Reynerswold cum annexis juribus foresti piscat-
rae, venationis aliisque omnibus ad dictam nemoris forestique partem
spectantibus.“

§. 19. Fortſetzung.

Haben wir im Vorhergehenden die Umſtände und die Art
und Weiſe, unter denen und auf welche die weltlichen Großen
Deutſchlands im Stande waren, ſich theils Bannforſten zu errichten, theils ſchon errichtete zu erwerben, betrachtet, ſo liegt
uns nunmehr ob, daß ſie wirklich in dem Beſitz ſolcher waren,
darzuthun, indem nur dann, wenn dieſes geſchehen, es für gewiß anzunehmen, daß ſie auf die angegebene Weiſe dieſelben
erlangt, da, wie ſchon bemerkt, ſolcher umfaſſenden Verleihungen und Schenkungen von Gütern und Forſten, wie ſie die
Geiſtlichen von den Kaiſern erhielten, die weltlichen Großen ſich
nur ſelten zu erfreuen hatten.

In vielen Urkunden, die über Schenkungen, Verleihungen,
Erbtheilungen und andere Rechtsgeſchäfte aufgenommen worden,
finden ſich weltliche Große in dem Beſitz von Forſten, und es
mögen hier eine Reihe ſolcher verſchiedenen Urkunden aus verſchiedenen Zeiten einen Platz finden. Schon unter Ludwig dem

Frommen werden bei einer von zwei Privatleuten gemachten Schenkung zwei Theile eines Forstes erwähnt [1]), billig aber muß bei der Seltenheit dieses Vorkommens zu jener Zeit wol bezweifelt werden, ob dieses Theile eines wirklichen Bannforstes, oder nur eines andern Waldes gewesen [2]). Dahingegen wird die Bannforstgerechtigkeit (jura campestria et sylvestria, ein allerdings seltener Ausdruck) ausdrücklich mit unter den Nutzungen der Güter aufgeführt, aus denen ein Abt Gerhard, einem edlen Geschlechte entsprossen, ein Kloster gestiftet, was Heinrich I. bestätigt [3]). Unter der Schenkung einer Frau vornehmer Abkunft, Gysle, an das Stift Osnabrück kommt ebenfalls ein Forst vor [4]), und sehr merkwürdig ist eine Urkunde Heinrichs V., in der er ausdrücklich sagt, daß die Grafen von Sutfene die Bannforstgerechtigkeit aus eignem Rechte und nicht aus königlicher Belehnung haben [5]). Schenkungen von Forsten an Klöster, die von weltlichen Grafen geschehen, gaben die Veranlassungen, daß in den kaiserlichen Bestätigungsurkunden dieses erwähnt wird; so kommen in den Bestätigungsbriefen Lothars II. an das Kloster Formbach [6]) und Friedrichs I. an das zu Berchtoldsgaden [7]) Forste, die früher in dem Eigenthume von Grafen waren, vor. Bei einem Theilungsvergleiche zweier rheinischen Grafen von 1202 geschieht des Forstbannes ebenfalls Erwähnung [8]), und in einem Vergleiche des Herzogs Albert von Sachsen (lauenburger Linie) mit dem Erzbischof Gerhard von Bremen entsagt Ersterer unter Andern seinen Rechten an einem Forste, von dem er jedoch einen Theil von Letzterem zu Lehn empfängt [9]); sowie auch in einer Urkunde über eine Theilung in der gräflich Sponheimschen Familie ein Forst in demselben Jahrhundert vorkommt [10]). Heinrich der Erlauchte, Markgraf von Meißen, hatte mit dem Kloster Dobrilugk Streitigkeiten wegen der Grenzen in einem Forste [11]); bei einer Theilung in der Familie der Dynasten von Rappolstein wird ein „Bannholz" erwähnt [12]); ein Graf von Falkenstein und Münzenberg verkauft an ein Stift einen Forst [13]), und die Streitigkeiten der Grafen von Nassau mit einem von Eppinstein wegen eines Bannforstes wurden durch einen Schiedsrichter entschieden [14]). Unter den Zubehörungen von Stadt und Schloß zu Orlamünde [15]), einer frühern Grafschaft, kamen in Urkunden von Friedrich dem Streitbaren, nachmaligem Churfürsten von Sachsen, und seinen Brüdern Forste (Wildbanne) vor, die ebenfalls Burggraf Dietrich von Altenburg bei dem Verkaufe eines Schlosses erwähnt [16]), und Landgraf Johann von Leuchtenberg in einer dem Kloster Oswald gemachten Schenkung mit aufführt [17]). Unter den Zubehörungen von Besitzungen wurden Forste ferner noch genannt bei dem Verkaufe der Grafschaft Sonnenberg von K. Sigismund [18]), bei der Belehnung eines Grafen von Waldeck vom Landgraf Ludwig von Hessen [19]), bei dem Verkaufe eines Gutes eines Grafen von Sayn [20]) und bei einer Theilung der Grafen von Gleichen [21]).

Aus dieser Reihe von Urkunden, die mit weniger Mühe, wenn es sonst nöthig wäre, noch bedeutend sich vermehren ließe, erhellet nun, daß die weltlichen Großen in den verschiedenen Gegenden Deutschlands nach und nach alle in Besitz von Forsten gekommen waren, ob es gleich nicht zu läugnen ist, daß bei einigen dieser Beispiele es zweifelhaft bleibt, ob von wirklichen Bannforsten, oder von gewöhnlichen Wäldern mit der Jagd gesprochen wird (§. 13. und 26. a. Anf.) Einen andern Beweis dafür, woraus zugleich einleuchtet, daß dieser Erwerb schon vor dem großen Interregnum stattgefunden, geben die Rechtsbücher des Mittelalters [22]). Bei der Erwähnung der Bannforste im Sachsenspiegel (B. 2. Art. 61.) wird blos gesagt: „doch sint drie stede bynnen deme lande to sassen, dar den wilden dieren vrede geworcht is by koninges banne;" wenn aber zur Zeit der Abfassung dieses Rechtsbuches die Bannforste nicht schon im Besitz der Fürsten und Dynasten gewesen, oder doch in der Regel zu einem solchen Besitz die Genehmigung und Erlaubniß der Könige erfordert worden wäre, so hätte dieses Eicke von Repgow gewiß erwähnt Noch deutlicher aber spricht für unsern Satz der Schwabenspiegel, indem es daselbst (c. 350.) heißt: „doch haben die herrn panfürst wer in darinn icht tut, da habent sy puzz uber gesezet," und diese Buße von 60 Schillingen wird weiterhin nicht Königsbann, sondern „des Herrn Landpfennig" genannt, so daß also hieraus die Errichtung vieler Bannforste durch die weltlichen Großen selbst, nicht durch die Könige, sich ergiebt, was wol zu dem Schlusse berechtigt, daß solche eigenmächtige Begründungen von Forsten vor der Zeit der Abfassung und in der Gegend Bearbeitung dieses Rechtsbuches so häufig stattgefunden, daß die ältere und eigentlich legale Begründung derselben durch die Könige ganz in Vergessenheit gerathen. Auch in dem Rechtsbuche Ruprechts von Freisingen wird der Bannforste im Besitz der Fürsten und Prälaten gedacht, ohne den König dabei zu erwähnen [23]). Daher denn also wol ganz besonders im südlichen Deutschland dergleichen Forsterrichtungen gebräuchlich waren, und somit denn auch in die dortigen Rechtsbücher eingingen. Von dieser Forsterrichtung durch die weltlichen Magnaten selbst [24]), die durch das ganze Vorhergehende wol hinlänglich erwiesen, habe ich jedoch nur einen unmittelbaren urkundlichen Beleg gefunden, in dem der Pfalzgraf Heinrich 1318 einen dem Kloster Seligenthal gehörigen Wald in einen Forst verwandelte [25]).

Es ist eine sehr häufig gemachte und in der deutschen

Reichsgeſchichte, ſowie in der Geſchichte der einzelnen Inſtitute vollkommen beſtätigte Bemerkung²⁶), daß die Fürſten und Großen des Reichs Rechte und Bewilligungen weniger von den Kaiſern erhalten, als ſchon erworbene Rechte, um ſich ſo in deren Beſitz zu ſichern²⁷), von jenen haben beſtätigen laſſen, was dann freilich oft die Veranlaſſung zur Erwerbung eines neuen Titels für ſchon lang hergebrachte Rechte gegeben. Eine Bemerkung, die auch bei unſerm Gegenſtand ſich machen läßt. Denn lange nachher, als nach den zuvor angeführten Urkunden Fürſten, Grafen und Dynaſten in dem Beſitz von Forſten vorkommen, finden wir in kaiſerlichen Lehnbriefen und Privilegien dieſe unter den Zubehörungen der Güter erwähnt, und ſo ihren Beſitz beſtätigt, ſo daß ſehr leicht die Meinung entſtehen konnte — da noch dazu die geiſtlichen Fürſten hauptſächlich durch kaiſerliche Verleihungen Forſten erhalten — der Beſitz der Bannforſtgerechtigkeit hänge durchaus von kaiſerlichen Verleihungen ab²⁸). Von Karl IV. an, mit dem überhaupt das Privilegienweſen anfing bedeutend zu werden, kommen ſolche Beſtätigungen ſehr häufig vor; ſo werden in dem Lehnbriefe an Friedrich den Strengen, Markgrafen von Meißen, über das Pfalzgrafen- und das Reichs-Oberjägermeiſteramt²⁹) und in der Errichtungsurkunde des Herzogthums Luxemburg³⁰) unter den von Alters hergebrachten und anderen Fürſten ebenfalls zuſtehenden Rechten auch die Bannforſte erwähnt. K. Wenzel beſtätigte den Herzögen von Baiern alle hergebrachten Rechte, und darunter auch die Forſte³¹), die ebenfalls als alt hergebrachte und auch andern Fürſten zuſtehende Rechte von K. Sigismund in der Errichtungsurkunde des Herzogthums Cleve³²), der Beſtätigung der Rechte der Grafen von Hohenlohe³³) und in den Lehnbriefen über das Herzogthum Sachſen³⁴) und Geldern³⁵) vorkommen. Friedrich III. beſtätigte auf dieſelbe Weiſe dieſe Rechte ebenfalls mehreren weltlichen Großen; ſo in einem Lehnbriefe einem Konrad von Limpurg³⁶), denen von Fleckenſtein³⁷) und den Grafen von Kirchberg³⁸), was dann ebenfalls in der Erhebungsurkunde des Herzogthums Holſtein³⁹), in dem Beſtätigungsbriefe an die Markgrafen von Baden⁴⁰) und in der Eventualbelehnung Herzog Alberts von Sachſen mit dem Herzogthume Jülich⁴¹) ſich findet. Daß übrigens in keiner dieſer Urkunden das fragliche Recht erſt ertheilt, ſondern nur als ſchon früher begründet erwähnt und nach dem Curialſtyl jener Zeit mit aufgeführt und beſtätigt wird, bedarf weiter keiner Bemerkung.

1) Ex Chartulario Werthinenſi d. a. 817. *Leibnitz* Scriptor. Rer. Brunsvic. T. I. p. 118. „— Notum fieri cupimus — — quomodo nos Eric et Ermenfrid tradimus Hildegrim Episcopo duas partes de illa foresta, quae est super fluvio Arnapa, qui vocatur

ad Crucem, quidquid ad illas duas partes adspicit totum et ad integrum donamus et tradimus perpetualiter ad possidendum."

2) S. oben §. 17. über bie verſchiebene Bebeutung vom Wörte Forſt; leicht möglich iſt es aber auch, baß hier nur von einem Nutzungsbefugniſſe geſprochen wird, was bieſen beiden in einem königlichen Bannforſte zuſtand, ſ. §. 16., was baburch an Wahrſcheinlichkeit gewinnt, baß in bieſer Zeit bas Wort Forſt wol in ber Regel einen wirklichen Bannforſt bebeutet.

3) Dipl. a. 932. *Gundling* De Henrico Aucupe. §. 18. Nr. 7. „ — — Nos idem monasterium cum omnibus, quae ad ipsum pertinent, in nostra Tutela perpetuo conservandum suscepimus et statuimus, ut — — Abbas — omnia jura judiciariasque potestates in Villa Bonii et in S. Laurentio in Maisons in parte sua quam habet in Villa Leubineo — — libere et potestative exerceat et in his locis et in omnibus, quae possidet, concedimus et confirmamus et Bannum et justitiam impetum et burinam — — et campestria et sylvestria jura — — in sempiternum possideat, sicut Fundator ipsius loci nobili Prosapia exortus ante conversionem suam possidebat."

4) Dipl. a. 1085. *Möſer* Osnabrückiſche Geſchichte. Th. 2. Urkunden Nr. 33. S. 41. „ — — Insuper et forestum in his tribus silvis Dyvbrock, Thyburebrock, Straden in porcis videlicet silvaticis, cervis capreolis, castoribus, leporibus, piscibus, omnique venatione quae sub banno usali ad fiscum deputatur." Aus bieſem Ausbruck: cum banno usuali, ſchließt *Montag* Geſchichte der ſtaatsbürgerlichen Freiheit bei den Franken. Th. 1. S. 303., baß bies nur ein Forſt unter Grafen= und nicht unter Königsbann geweſen. In einer andern Urkunde aus bieſer Zeit, von 1088, *Lünig* Reichsarchiv. Specilegium Ecclesſ., Fortſetzung bes 1. Theils, Anhang von den Erzſtiftern S. 92., über eine Schenkung eines Gerhard von Stumpenhauſen heißt es bei Aufzählung der Pertinenzen von vier Manſen auch: „cum — sylvis, forestia venationibus —." Nach Dem, was oben §. 12. über bie verſchiebene Bebeutung von forestum geſagt worden, iſt es aber wol kaum glaublich, baß hier in letzterer Stelle von wirklichen Bannforſten bie Rebe ſei.

5) Dipl. a. 1108. *Lindenbrog* Histor. Episcop. Deventr. p. 214. „ — — Item ipsi domino Comiti de Sutfene et ejus successoribus confirmavimus — — bannum ferarum ex utraque parte Islae — — quod totum praedecessores et ipse ex proprietate sua non dono regali habet."

6) Dipl. a. 1136. Monum. Boica. T. IV. p. 129. „ — — confirmamus quidquid juris habere debet ex donatione praediorum Comitum Ekeberti, Udalrici nec non Hermanni fratris ipsius: specialiter pastus edificia et quecunque adjacentis forestie utensilia."

7) Dipl. a. 1156. *Hund* Metropol. Salisburg. T. II. p. 121. S. §. 17. Note 47.

8) Vergleich von 1202 zwiſchen Gerharb, Grafen von Are und Nurbergh, und Lothar, Grafen von Hoſtade. *Günther* Cod. dipl. Rhenan. T. II. p. 74. „ — feralis bannus, qui attinet Are indivisus communiter est Comitum in Are sive in aquis sive in silvis et ab omnibus licebit venari sive communiter sive singulariter. Castelanis quoque venari, quod vulgo dicitur peſen et blasen zu dem Walde licebit."

9) Dipl. a. 1228. *Scheidt* Biblioth. histor. Goetting. T. I. praef. p. XVIII. S. §. 15. Note 82.

10) Theilungsvertrag von 1248 zwischen den beiden Brüdern Heinrich von Heinsberg und Simon, Grafen von Sponheim, wobei Ersterer sich einen Forst vorbehält. Chr. J. Kremer Beiträge zur Jülich= und Bergischen Geschichte. Bd. 1. Urkunde Nr. 1. „— Item reservo mihi quartam partem castri — et silve, que Wiltban dicitur et piscationem ibidem, hoc tamen apposito, quod — — nec dabo alicui licentiam ibidem venandi aut piscandi nisi de suo consensu." Auch in einer Urkunde von 1291, *Falkenstein* Cod. diplom. p. 91., kommt ein Schloß mit einem Forste vor.

11) Dipl. a. 1287. *Horn* Henricus illustris Cod. Dipl. Nr. 76. p. 357. „Notum esse volumus — — quod cum Monasterium in Dobrilug a nostris forestariis et hominibus in quibusdam nemoribus — — impediretur frequentius, et ab hoc ad nos saepius suas defferrent querelas, finem hujusmodi querelis et impedimentis imponere cupientes, Bodoni de Ylburg et Alberto de Borne dapifero senioribus dedimus in mandatis et eorum fidei commissimus ut personaliter ad locum accederent et distinctiones terminorum intra nostra foresta et dicti monasterii respicerent et viderent."

12) Dipl. a. 1298. *Schoepflin* Alsatia diplom. T. II. p. 69.

13) Dipl. a. 1310. *Guden.* Cod. diplom. T. III. p. 60. „— sylvam nostram propriam dictam der Vorsch apud villam Benstad sitam — — jure proprietario perpetuam possidendam." Guden setzt zu Vorsch ad marg. „den Forst".

14) Dipl. a. 1350. Stisser Forst= und Jagdhistorie. Beilage Lit. L. S. 50. „— Wissent alle die diesen Brief sehent oder horent lesen, umb solche Zweyunge als was unter dem Eteln Herren Graff Gerlachen von Nassauwe und Hern Godfrieden von Eppinstein und iren freunden uffgelauffen un an mich Dyederichin Hern von Runkel gelassen sin zu richten myneclichen ader rechtlichen, das ich mit ir beyder Wissen si gerichtet hen in dirre Wyse als hernach stet — — — mee sprechin ich umb den Walt zum Hanneberge wann der Wiltband ist des Graffen von Nassauwe, das hee denn beschirmen mag."

15) Dipl. a. 1393. Horn Leben Friedrichs des Streitbaren. Urkundensammlung Nr. 76. S. 692. „Wir — — bekennen — daz wir den gestrengen Conrad von Wirczeburg — — ingesaczt und ingeantwortet habin zcu eym rechte pfande Orlamunde unser Sloz hus und stat — — und verseczen yn auch daz genante sloz mit gerichten, zcinsen, gulden, geleiten, czollen — weyden, vischereyen, wingarten, agkern, und gemeinlich mit allen zcugehörungen usgeslossen unser manschafft und lehen geistlich und wertlich und unsir wiltbanne."

16) Dipl. a. 1393. Horn a. a. O. Nr. 77. S. 693.

17) Dipl. a. 1396. *Hund* l. c. T. III. p. 39. „— — alle obgeschriebene neuguetter Stuckh und Dörfer mit allen ihren Ehren, Rechten, Gerichten, Herrlichkeiten, Nutzen — — Wiltpännen, forst — — und alles anderer Zucgehorung nichts ausgenommen — —"

18) Dipl. a. 1452. *Burgemeister* Cod. diplom. equestris. T. II. p. 1561.

19) Dipl. a. 1438. *Pfeffinger* Vitrar. illustrat. T. III. p. 1131.

20) Dipl. a. 1486. *Guden.* l. c. T. V. p. 987.

21) Dipl. a. 1508. *Menken* Scriptor. Rer. Germ. praec. Saxonic. T. I. p. 580.

22) Stisser a. a. O. S. 332. *Wolfart* De eo quod in Germania justum circa bannum ferinum. Cap. II. §. 12. *de Ludwig* Differ. jur. Rom. et Germ. in venatu. Differ. V. N. 8.

23) Baierisches Rechtsbuch von Ruprecht von Freisingen. §. 106. S. oben §. 16. Note 21.

24) *Georg.* Institution. jur. forestat. Germanor. §. 21.

25) Dipl. a. 1318. Monum. Boica. T. XV. p. 457.

26) *Biener* De natura et indole dominii in territor. Germ. p. 101 et 122.

27) Ludwig Erläuterung der goldnen Bulle. Th. 1. S. 806.

28) Eine Meinung, die, wenn man blos auf die ältern Gesetze sieht, allerdings begründet erscheint, der aber durch die ganzen Ergebnisse der Geschichte widersprochen wird. Die Vertheidiger der unbedingten Regalität der Jagd, wie Cramer, Goebel, Lübbe und Andere, bauen viel auf diese Meinung.

29) Dipl. a. 1350. Stisser a. a. O. Beilage S. 89. Lit. QQ. S. unten §. 28. Note 20.

30) Dipl. a. 1354. *Meibom.* Rer. Germ. T. III. p. 211. „— Ereximus decoravimus — — decernentes expresse quod Tu — — Ducis perpetue omni dignitate, nobilitate, jure — — et consuetudine gaudere debeatis et frui continuo, quibus alii Scri Imperii principes et duces — — — freti sunt hactenus et cottidie potiuntur, terras tuas oppida, castra — — cum omnibus silvis rubetis — — bannis sive inhibitionibus venationum, quae vulgo Wildpenne nominantur, et poenis inde sequentibus consuetudine vel jure — "

31) Dipl. a. 1376. *Scheidt* l. c. p. 131.

32) Dipl. a. 1417. *Pfeffinger* l. c. T. III. p. 249., wo fast dieselben Worte wie in der Urkunde Note 31. zu finden.

33) Dipl. a. 1418. *Pfeffinger* l. c. T. III. p. 1083. „— Wann für Uns kommen ist des edlen Albrechts von Hohenlohe — — erbare Pottschafft — — dass Wir denselben — ┼ alle und jeglich seine Gnadt, Freybeit, Recht — die die Herrschafft von Hohenlohe — — erworben und herbracht haben und mit nahmen: Alle und jede seine Gelaite, Zoelle — Wildpaenne — — zu vernewern und zu bestaettigen, gnaediglich geruhen."

34) Dipl. a. 1425. Horn a. a. O. Nr. 308. p. 906.

35) Dipl. a. 1433. *Pfeffinger* l. c. T. III. p. 1084.

36) Dipl. a. 1422. *Menken* l. c. T. I. p. 474. „— — item der Wildbann der sich anhebt zu Limburg und geht de Knochen abe bis gen Geislingen — und dann weiter heißt es: „— und auch ihr Herrschafft, Wildpan, forstrecht, Zölle — — — bestaetigen, neuen, geben und befestigen."

37) Dipl. a. 1450. *J. A. Boecler* Ad Aeneae Silvii historiam rer. Friderici III. Argent. 1685. p. 12.

38) Dipl. a. 1473. *Burgemeister* l. c. T. II. p. 1572. „— — mit allen und jeglichs Iren Herrschaften, Wildpennen und Foersten."

39) Dipl. a. 1474. *Meibom.* l. c. T. III. p. 213. „— — concedimus et investivimus — — eundem Ducatum ita erectum tenere cum

omnibus Ducatibus et Principatum dignitatibus, juribus — — et prae-
sertim jure auream argenteamque monetam fabricandi, venationesque
banniendi."

40) Dipl. a. 1475. *Schilter* De diplomatibus et documen-
tis histor. Friderici III. illustrantibus. p. 103.

41) Dipl. a. 1483. *Boecler.* l. c. p. 96.

Zweiter Abschnitt.
Von den gemeinschaftlichen Wäldern und Jagden.

---

§. 20. Von den Marken im Allgemeinen *).

Schon oben (§. 5. und 6.) war von den Marken bei der
Darstellung der Verhältnisse in der ersten Periode die Rede; indem aber die speciellen, die Marken betreffenden Rechtsquellen
erst aus dieser Periode herrühren, und nach denselben dann auch
in dieser die Markverhältnisse die größte Ausdehnung erlangten
und viele Wälder des westlichen und südwestlichen Deutschlands
in diesen Verhältnissen standen [1]: so gehören denn die Marken
auch dieser Periode ganz besonders an.

Was zuvörderst den Namen anlangt, so haben wir ebenfalls oben [2] gesehen, wie die ursprüngliche Bezeichnung von
Grenze bald auf die Wälder, die sie hauptsächlich bildeten, und
zwar auf die im Gesammteigenthume befindlichen Wälder überging. Und so ist denn für solche Wälder der Name Mark [3],
und für die Corporationen, denen sie zuständig, der von Markgenossen, Märkerschaft [4], auch in dieser Periode gewöhnlich, neben welchem Namen in den lateinischen Urkunden häufig
eine nähere Bezeichnung durch communio in silvis und dergl. [5]
sich findet [6].

Die Genossen der Mark werden Märker, im Gegensatz
von den Ausmärkern, genannt; doch hat letzteres Wort auch oft
die Bedeutung eines Markgenossen, der außerhalb der Mark
wohnt, aber innerhalb derselben Grundstücke besitzt und auch an
den Markrechten Theil nimmt [7], während wieder oft alle, außerhalb der Mark befindliche, mögen sie in derselben Grundstücke
haben oder nicht, von aller Nutzung ausgeschlossen sind [8]. Jedenfalls waren in den ältesten Zeiten nur die echten Eigenthümer vollberechtigte Markgenossen, doch so, daß selbst der hof-

rechtliche Besitz in denselben einzelne Berechtigungen gab [9]); als aber vom 9. Jahrhundert an die große, im 12. Jahrhundert erst vollendete Veränderung des Reichsheerdienstes eintrat [10]) und in dieser Zeit der größte Theil der frühern echten Eigenthümer, um dem lästigen Heerbann zu entgehen, ihr echtes Eigenthum durch die Traditionen an Klöster, Kirchen und weltliche Große in einen abgeleiteten, auf vielfache Weise modificirten hofrechtlichen Besitz verwandelten [11]), so hatte dieses auch auf die Erfordernisse zu der Ausübung der Rechte eines Markgenossen den entschiedensten Einfluß. In den Weißthümern über die Marken aus dem 14. und 15. Jahrhundert finden sich nun über die Erfordernisse, um als Markgenossen betrachtet zu werden, in Beziehung auf die einzelnen Marken selbst, sehr verschiedenartige Bestimmungen, ja in vielen Weißthümern hat man diese, Allen bekannte und täglich vor Aller Augen befindliche Umstände nicht einmal zu erwähnen für nöthig gehalten [12]). Wird nun auch in einigen Marken am Oberrhein Jeder, der eine eigne Haushaltung hat, oder doch wenigstens angesessen ist [13]), als Markgenosse betrachtet, so findet sich doch auch in dem Weißthume einer andern daselbst gelegenen, der bibrauer Mark, ein Grundbesitz von 32 Morgen Landes [14]), und in den westphälischen Marken — die hier wol ganz besonders zu berücksichtigen, da aus mehrfachen Ursachen im alten Sachsen die alten rein germanischen Verhältnisse sich mehr als an andern Orten erhalten — Grundeigenthum und der Besitz eines Hofgebäudes [15]) als Bedingung des Märkerrechts ausgesprochen. Demnach läßt sich wol im Allgemeinen der Satz aufstellen, daß, um Markgenosse zu sein, der Besitz eines Privateigenthums in der Mark selbst zu der Zeit der Abfassung der Weißthümer in der Regel erfordert worden [16]). So wie aber in den ältesten Zeiten die Ausübung solcher Rechte jedenfalls an das echte Eigenthum geknüpft war, bei der Verminderung und theilweisem Verschwinden der echten Eigenthümer aber auch die Inhaber eines abgeleiteten Eigenthums, wie es das Bedürfniß mit sich brachte, in der Ausübung ihrer frühern Rechte zum großen Theil blieben [17]), so finden sich denn auch zu der genannten Zeit die noch vorhandenen echten Eigenthümer, besonders in Westphalen, und daselbst Erexen genannt [18]); in dem Besitz von besondern Vorrechten bei der Markbenutzung [19]).

In allen Marken ist ein Vorsteher, Obermärker, oberster Herr über die Mark, Waldbott, oberster Voigt, oder auch, besonders in Westphalen, Holzgraf, oberster Erexe, nach dem verschiedenen Sprachgebrauch der Weißthümer, genannt [20]). Dieser Vorsteher war entweder ein gewählter, oder sein Amt war erblich an den Besitz eines in der Nähe gelegenen Gutes gebunden, was dann von denen dasselbe besitzenden Fürsten, Gra-

sen, Herren oder Edeln verwaltet wurde [21]); nur selten sind in
größern Marken mehrere solche Vorsteher vorhanden [22]). Oberaufsicht und Schutzherrlichkeit über die Mark bilden den Wir-
kungskreis dieser Vorsteher [23]), und außer mehreren Ehrenrech-
ten [24]) standen ihnen auch nutzbare Rechte zu, welche letztere,
in den einzelnen Marken sehr verschieden, in der Regel in einem
Theile, oder auch den ganzen Markbußen, denselben Rechten,
die die gemeinen Märker in der Mark hatten, oft auch in größerer Ausdehnung als diese, und endlich noch oft in der Jagd
in der Mark bestanden [25]). Obermärkerschaft und Landeshoheit
stehen in keiner nothwendigen Verbindung, und wenn auch häufig
die Landesherren zugleich Obermärker waren, so waren es doch
an andern Orten auch wieder oft bloße Gutsbesitzer; ja, es finden
sich sogar Beispiele, daß dieses Amt nicht Edeln, sondern blos
Freien zustand [26]), obwol nicht zu verkennen ist, daß aus diesem Amte, oder wenigstens theilweise mit dessen Hülfe, die Landeshoheit ausgebildet wurde [27]).

Außer dem Obermärker finden in den verschiedenen Markgenossenschaften sich auch noch andere niedere Beamte, custodes
silvae [28]), Markmeister, Forstmeister, Holzmeister, Förster,
Forstknechte u. s. w. genannt, die von den Märkern gewählt wurden und eine Aufsicht über die Markgüter und deren Benutzung
führten [29]) und für allen Schaden oft verantwortlich waren [30]).

Ursprünglich war die Mark jedenfalls im Gesammteigenthume aller Märker, und selbst, als nach und nach diese nicht
mehr, wie früher, in die Classe der echten Eigenthümer gehörten, findet sich dennoch in mehreren Weißthümern — denn nur
sehr wenige erwähnen diesen Punkt — als in dem der Mark
bei Homburg, der bibrauer Mark und der altenhaslauer Mark,
dieses Gesammteigenthum ausdrücklich ausgesprochen [31]). Wie
aber schon in den ältesten Zeiten oft ganze Marken in dem Eigenthume der Könige und des Adels waren, und hier die Märker nur die ihnen von diesen eingeräumten Befugnisse ausüben
konnten [32]), so mußte dies nach der großen Verminderung des
echten Eigenthums und dessen Erwerb von einzelnen Mächtigern
um so leichter in späterer Zeit stattfinden, und wenn besonders
dieser zugleich Obermärker wurde, so konnte das Obereigenthum
an der Mark in einzelnen Fällen leicht an diese Obermärker über-
gehen. Häufig jedoch findet sich dieses Verhältniß nicht [33]),
und in der Regel stand das Eigenthum wol den Märkern selbst
zu [34]). Diese Erscheinung ist nun wol dadurch zu erklären, daß
der größte Theil der Waldungen, die im Eigenthume der nachmaligen Landesherren waren, und in denen nach den von ihnen
getroffenen Bestimmungen ihre Hintersassen Befugnisse ausübten,
oder auch solcher, an denen dieselben durch die Traditionen das

Obereigenthum, erlangten, mit dem Laufe der Zeiten in Forste verwandelt wurden (§. 13. und 18.), in denen wir dann den Anwohnenden oft den Märkerrechten ähnliche Befugnisse ausüben sehen (§. 16.), so daß denn in der Regel als wirkliche Holzmarken nur solche Wälder sich gewöhnlich finden, bei denen keine derartigen Umstände vorhanden waren, die zu der Begründung von Bannforsten führten. Nach der Natur des deutschen Gesammteigenthums darf man demnach den Märkern einen ideellen Antheil an der Mark nicht zuschreiben [35]), da vielmehr das Bedürfniß und Herkommen die Benutzung regelte, obwol diese dann und wann mit der Größe des Grundeigenthums der einzelnen Markgenossen in Verbindung steht; diesem widerspricht auch nicht, daß bei den in den Chartularien uns aufbewahrten Traditionen der ältesten Zeit an Klöster und Kirchen zugleich die Uebertragung des Antheils an der Markbenutzung mit vorkommt [36]), während später, zur Zeit der Weißthümer, der Verkauf eines markberechtigten Grundstücks dem Näherrecht der Markgenossen (Marklosung) unterworfen war [37]). Wo hingegen die Mark im Eigenthume des Obermärkers stand, konnte dieser wol das Recht auf die Markbenutzung beliebig vergeben, wenigstens läßt sich auf eine andere Weise das Vorkommen einer solchen Schenkung [38]) nicht erklären [39]).

*) D. K. H. L., Freiherr von Löw, Ueber die Markgenossenschaften. Heidelberg 1829. Auf diese sehr gute Monographie muß hier sowol im Allgemeinen, als auch in Beziehung auf die einzelnen Markenverhältnisse verwiesen werden, da eine ausführlichere Erörterung und Darstellung dieses Gegenstandes hier zu weit zu führen scheint.

1) Am Rhein, in Westphalen und in einem Theile von Niedersachsen kommen die Marken besonders vor, Mittermaier Grundsätze des deutschen Privatrechts. §. 268. und v. Löw a. a. O. S. 6.; doch vermuthet sie Lezterer auch in einigen Gegenden des nördlichen Deutschlands, ohne sie aber mit Urkunden belegen zu können. Georg. Institut. jur. forestal. Germ. §. 16. sagt, daß sie sich in den ehemaligen slavischen Ländern wol schwerlich finden dürften. Doch findet sich bei dem Dorfe Ottendorf, in der Nähe von Wurzen, eine solche Mark, über welche der jedesmalige Rittergutsbesitzer von Trebsen Holzgraf ist. Etwas Näheres über diese Verhältnisse habe ich jedoch nicht erhalten können.

2) §. 6. Note 2.

3) Grimm Rechtsalterthümer. S. 497 folg. Stisser Forst- und Jagdhistorie der Teutschen. Cap. 10. §. 25. Reinhard De jure forestali Germanorum nec non de jure Märkerrecht dicto. Francof. 1759. 8. p. 152 seq. Haltaus Glossarium. p. 954. und 1315. An lezterm Ort und bei Grimm finden sich sehr viele Belege über den verschiedenen Sinn des Wortes Mark, als Grenze, District und Wald. S. auch Kaiserrecht. Th. 2. c. 57. Senkenberg Corp. jur. Germ. T. I. p. 48. „Von dem recht in der vvelde. Wo eyn wald ader eyn marke is darin sess dorffe ader czwelffe ader me gehoret Do han alle lude macht unn recht dy marke zu besicende czu aller czid

also ez sich fuget. Uhn sint etliche lude uzewenig gesessin Dy in der marke han gud legende Dy enhan dez nicht czu thunde, wo Dy in-gesessin lude er marke bestellen. Aber also daz dy marke uss der rech-ten termynunge uss luden icht werde gegebin vnn ouch bescheydelich werde gehouwen ane wostenunge. Ouch sint dy märkere inwendig der marke gesessin die dy marke schuldig czu waren vor Alle den luden dy se ane griffen weder den rechtin. Aber daz se dy lude nicht dan-nen dringen sollen Dy ussewendig der marke sint gesessin, vnn doch han gud legende in der marke."

4) *v. Löw* a. a. O. S. 1. Ueber den Ursprung der Marken s. eben-daselbst S. 81 folg.

5) So kommt in einer Urkunde Konrads von Falkenstein von 1326, *Guden.* Cod. dipl. T. V. p. 801., vor: „in communem sylvam die Mark vulgariter nominatam;" oft fehlt auch jene Uebersetzung, wie in einer Urkunde Landgraf Heinrichs von Hessen von 1335, *Kuchenbecker* Annal. Hassiac. Coll. XI. p. 96. „in nemore, quod vulgo de Mark dicitur," und in einer andern eines Grafen von Tübingen von 1301, *Besold* De Camer. Würtenberg. p. 393. „cum silvis earundem vil-larum, que vulgariter Gemein Merche nuncupantur." An andern Stellen heißt es auch wieder blos communio in silvis, ohne daß das Wort Mark beigefügt wird, wie bei *Meichelbeck* Histor. Frising. T. I. p. 449.

6) Namentlich kommt, wie Grimm a. a. O. S. 479. bemerkt, in der Schweiz und in Schwaben oft Allemeinde vor, was sich auch im Elsaß findet; z. B. in folgender, für die Markenverhältnisse wichtigen Urkunde von K. Rudolph I. von 1275, in der er als Schiedsrichter einen Streit zwi-schen dem Abt und den Bürgern von Weißenburg entscheidet, *Schoepflin* Alsat. diplomat. T. II. p. 8. „Preterea pronuntiamus et dicimus, quod tres montes silvestres scilicet Bannholz, Dowelberg et Bremelberch ad abbatis cameram debent perpetue specialiter pertinere, Sed omnes alie silve quas monasterium Sancti Petri Wissenburgensis in Wissen-burgensi territorio possidet, sint communes et almeinde vulgari voca-bulo. Ita ut abbas sit super his magister et dominus, nulli tamen nisi cui abbas consilio mediante licentiam dederit, in eisdem silvis tradita facultate secandi, sed habeat idem abbas liberam et plenariam faculta-tem in ipsis silvis omnia ligna secandi, quibus ad necessariam curiarum suarum et ecclesiarum structuram et edificia indigebit. Item quando facta fuerit cum consilio, quod dicitur enunge vulgariter, ordinatio super silvas transgressor ipsius abbati tenebitur ad emendam. Item custodes silvarum communi consilio statuantur. Item pecora gregum pascantur in silvis praedictis, sine dolo, malo ingenio, fraude. Item omnes homines habitantes in territorio plenum jus habeant adigendi et impellendi ad glandes silvarum omnes porcos, quos in suis curiis aut in domibus nutrierunt. Insuper quilibet memorati territorii por-cos non nutriens viginti quinque porcos emere poterit et non ultra in dictis silvis et glandibus depascendos. Item quicunque non in terri-torio constitutus ad glandes ipsarum silvarum porcos adegerit, abbas militum atque civium assistente praesidio dictos porcos capere poterit, et de ipsis libere facere seu beneplacitum voluntatis. Item liber liceat cuivis homini civitatis ipsius opus habenti in ipsis silvis secare tres ar-bores ad torcular."

7) *v. Löw* a. a. O. S. 23. und 79. Grimm a. a. O. S. 514.

8) So nach der Note 6. angeführten Urkunde und dem Kaiserrecht. Th. 2. c. 57. (Note 3.) und c. 58. „Von den ussluden dy do holtz

houvven. Eyn iclig man sal wissin wer in eyne marke nicht enhoret wert der dynne begriffin hauwende Daz her med rechte sal gefangen sin der merkere un hod vorlorn wass he do by eme hat, komet he aber vor den walt an daz feld vnn komen den dy lude dy do huden dez waldes ader der marke Dy ensollen se nicht anegriffen noch phenden wan se sollen en czusprechin med dez Keysers rechte. Daz ist med gerichte vnn thun so se anders ycht dorczu So mag se der beclagen der den schodin hot gethon vor eynen roub. Komet her auch uss der marke termynivnge also daz se dy volge nicht enhan gethan, unn quemen alle dy czu der marke horen her ensal keyne antworte geben vor en, vnn enhat med en nicht czu schaffen — —"

9) S. oben §. 6. Möser Osnabrückische Geschichte. Th. 1. S. 361. Eichhorn Einleitung in das deutsche Privatrecht. §. 280.

10) Eichhorn Rechtsgeschichte. §. 294.

11) Sehr ausführlich handelt von den Traditionen und diesen Veränderungen überhaupt Hüllmann in seinem classischen Werke, Geschichte des Ursprungs der Stände, bes. S. 212 folg.

12) Es ist dies eine sehr häufige Erscheinung, von der im Allgemeinen schon oben §. 1. die Rede gewesen. S. auch v. Löw a. a. O. S. 25.

13) v. Löw a. a. O. S. 26 folg. und die daselbst mitgetheilten Urkunden.

14) S. bei Grimm a. a. O. S. 505. und bei v. Löw a. a. O. S. 26.

15) v. Löw a. a. O. S. 88.

16) Grimm a. a. O. S. 505. und die vielen daselbst mitgetheilten Stellen aus Weißthümern.

17) Möser a. a. O. Th. 2. Absch. 2. §. 24.

18) Möser a. a. O. Th. 1. Absch. 1. §. 11. und Absch. 5. §. 31. und v. Löw a. a. O. S. 71—75., wo eine sehr gründliche Erörterung über die Erberen zu finden. Grimm a. a. O. S. 504. ist anderer Meinung und verwirft die Mösersche und Klöntruppische Ansicht, welcher v. Löw gefolgt ist.

19) v. Löw a. a. O. S. 95.

20) Reinhard l. c. p. 155. Grimm a. a. O. S. 503. v. Löw a. a. O. S. 47 und 126.

21) S. Grimm a. a. O. S. 502. und v. Löw a. a. O. S. 48. 126 und 130 folg., nebst den daselbst angeführten Urkunden.

22) Grimm a. a. O. S. 503. v. Löw a. a. O. S. 130. Dieser erwähnt, daß besonders zwischen Hessen und Nassau viele Marken gemeinschaftlich waren.

23) v. Löw a. a. O. S. 59 und 131.

24) Mitgetheilt bei v. Löw a. a. O. S. 61 und 133.

25) Von dieser Jagdbefugniß werden wir unten §. 22. sprechen; wegen der übrigen Befugnisse s. die Urkunden bei v. Löw a. a. O. S. 61 folg. und 134 folg.

26) Grimm a. a. O. S. 503.

27) v. Löw a. a. O. S. 55 folg. 64 und 128.

28) S. oben die Urkunde in Note 6.

29) *v. Löw* a. a. O. S. 66 und 138. *Reinhard* l. c. p. 164.

30) Kaiserrecht. Th. 2. c. 59. *Senkenberg* l. c. T. I. p. 50. „Von der walthutere rechte. Eyn iclich man sal wissin der eynes waldes sal huden Daz he schuldig ist antworte czu gebin alles dez schadin der in dem walde geschit. Siat geschrebin stet. weme eyn ding befolin wert Der sal ez wartin wanne wert ez vorlorn her sal ez czu rechte geldin." Eben diese Bestimmung findet sich in der Forstordnung des Klosters Mauermünster §. 16. Note 29.

31) *Reinhard* l. c. p. 154 seq. *v. Löw* a. a. O. S. 42. Auch hierauf scheinen mir die oben angeführten Stellen des Kaiserrechts, Th. 2. c. 57 und 58., hinzuweisen.

32) Eichhorn Rechtsgeschichte. §. 84 b.

33) *v. Löw* a. a. O. S. 42., der mit dem größten Fleiß alle hierher gehörigen Urkunden benutzt, führt nur zwei Fälle davon an.

34) *Reinhard* l. c. p. 156. *v. Löw* a. a. O. S. 45.

35) Eichhorn Einleitung §. 168. Dagegen nimmt Grimm a. a. O. S. 530. ideelle Antheile der Markgenossen an, ohne jedoch seine Gründe näher auszuführen.

36) Z. B. aus dem Chartulario Werthinensi von 806. *Leibnitz* Script. Rer. Brunsvic. T. I. p. 130. „ego — — tradidi — — ad reliquias S. Salvatoris — — particulam hereditatis et proprii laboris mei, id est totam comprehensionem in sylva, que dicitur Hoissi in aquilonali ripa fluvii Rurae, quam ibidem dudum comprehendi inter montem et ipsum fluvium communionemque in eandem silvam." und eine andere solche Formel, ebendas. „ego — — tradidi — — portionem hereditatis meae id est omne quod jure hereditario legibus obvenit — — in terra aratoria seu in pratis et in pascuis et in omnem communionem mecum in sylva — "

37) Eichhorn Einleitung. §. 105. S. auch Grimm a. a. O. S. 531. und die daselbst angeführten Urkunden.

38) Bei der Begründung einer Messe heißt es in einer Urkunde Konrads von Falkenstein von 1326, *Guden.* l. c. T. V. p. 801.: „Item eidem sacerdoti dabimus communitatem et equalem porcionem tanquam uni nobilium de nostris in communem sylvam die Mark vulgariter nominatam."

39) Ganz besonders erstreckte sich das Amt des Obermärkers auf die Haltung der feierlichen Markengedinge, in denen alle, die Marken betreffende Angelegenheiten im Beisein sämmtlicher Märker zur Sprache gebracht, Streitigkeiten entschieden und Frevler bestraft wurden. So interessant nun auch sowol im Allgemeinen, als insbesondere in Beziehung auf das ältere Gerichtsverfahren — besonders wenn man die von Grimm a. a. O. S. 233 und 504. bemerkte Aehnlichkeit der Markverfassung mit der ältesten Volksverfassung beachtet — die Darstellung dieser Gerichte ist, so scheint mir eine Darstellung derselben doch ganz außer den Grenzen dieser Arbeit zu liegen, daher ich über diese nur auf *v. Löw* a. a. O. S. 191 bis zu Ende, *Reinhard* l. c. p. 165. 168. 173 seq., Struben Rechtliche Bedenken. Bd. 3. Bed. 116. und *Pufendorf* Observationes jur. univers. T. II. obs. 60. und *Ejusd.* De jurisdictione Germanica liber. P. III. Sect. I. Cap. II. „de judiciis lignariis et jurisdictione lignaria." p. 688 seqq. verweise.

§. 21. Waldbenutzung in den Marken.

Von den verschiedenen und vielfachen Berechtigungen, die in den Forsten, die aus Gemeindewaldungen entstanden, den ehemaligen Markgenossen unter einzelnen Beschränkungen noch zustanden [1]), ist oben (§. 16.) schon die Rede gewesen, so daß hier nur die Benutzung der eigentlichen Marken zu betrachten.

Die Benutzung der zu den Marken gehörigen Gegenstände stand den sämmtlichen Markgenossen zu, wie solches durch Gewohnheit und autonomische Bestimmungen festgesetzt war [2]), und je mannigfacher und größer diese Gegenstände waren, desto ausgedehnter erscheint auch die Benutzungsbefugniß, so daß dann, namentlich in Westphalen, wo außer Wäldern, Weiden und Gewässern, die am Rheine in der Regel allein die Marken bilden, auch noch große Haiden zu den Marken gehörten, mehrerlei Arten der Benutzung vorkommen [3]). Was nun die hauptsächlichste, hier allein zu erwähnende Benutzung, die der Wälder [4]), anlangt, die denn vorzüglich in dem Rechte, Brenn- und Bauholz zu erhalten, bestand, obwol neben dieser noch einzelne kleine Nebennutzungen vorkommen, so war solche in den verschiedenen einzelnen Marken auf so mannigfache Art bestimmt, daß es schwer ist, darüber allgemeine Bestimmungen aufzufassen. Das Recht, Holz zum Brennen aus der Mark zu nehmen, war in den ersten Zeiten ohne Beschränkung und ganz dem Belieben der Märker anheimgestellt, und die diesfallsigen Einschränkungen gehören, wie auch die einzelnen Vorschriften über Waldcultur, erst einer weit spätern Zeit [5]) an; doch findet sich wieder in andern Weißthümern, auch noch vor der Zeit abgefaßt, wo die Umstände auf Erhaltung des Holzes zu denken zwangen, das Recht für die einzelnen Märker, sich Brennholz zu holen, bald gleich für alle, bald nach einem Verhältniß des Grundbesitzes der einzelnen, bald auch nach bestimmten Quantitäten, und bald endlich nach dem Bedürfniß der einzelnen angegeben [6]), wo dann dem Obermärker, den übrigen Markbeamten, den Erbexen, selbst oft den Pfarrern und Schulmeistern besondere, bald im Allgemeinen nur erwähnte, bald in größern Quantitäten festgesetzte Vorrechte zukamen [7]). Weit öfter, als bei dem Brennholze, ist bei dem Bauholze eine bestimmte Quantität nach Stämmen angegeben, wie es nach dem Bedürfniß für die einzelnen Fälle von Sachverständigen bestimmt war, wobei denn die nach dem Umfange der Ländereien sich richtende Größe und Anzahl der Gebäude mit in Betracht kam [8]). Allgemein war übrigens das Verbot des Verkaufs von den aus den Marken gezogenen Nutzungen, selbst oft der, mit Hülfe dieser, verfertigten Gegenstände außerhalb der Mark [9]), und in einigen Marken war den Genoffen unterfagt, Privatwald zu befitzen, der, wenn dergleichen entftanden, von felbft in Markwald überging [10]). Eine andere hauptfächliche Waldnutzung ift die Weide in den Markwäldern, befonders die der Schweine bei der Eichelmaft, welche namentlich in Weftphalen, fowie überhaupt in früheren Zeiten in Deutfchland, von großer Wichtigkeit war. Findet nun auch, in Beziehung auf die Beftimmungen der Weißthümer, über die Modalität diefer Benutzung eine große Mannigfaltigkeit ftatt, fo daß bald die Anzahl des einzutreibenden Viehes felbft für alle Märker gleich, bald nach letzterer Stand verfchieden angegeben, bald aber auch fo beftimmt wird, daß entweder das Bedürfniß und der Viehftand der Einzelnen, oder die Größe des Grundeigenthums diefe Befugniß regelt [11]), fo ift doch die Modalität diefer Benutzung ftets im Verhältniß zu dem Grundeigenthume der Einzelnen [12]). Denn da es eine ziemlich allgemeine Vorfchrift ift, daß kein Markgenoffe bei diefer Weide fremdes Vieh unter das feinige aufnehme [13]), fo fcheint der Grundfatz, daß Jeder nur fo viel Vieh, als er von feinen Grundftücken überwintern kann, eintreiben dürfe, angenommen gewefen zu fein; ein auch im neuern Rechte faft immer anerkannter Grundfatz. Außerdem enthalten viele Weißthümer noch befondere polizeiliche Verordnungen, namentlich über die Schweinemaft, bei welcher es dann auch von den Markbeamten beftimmt wurde, ob volle, halbe oder viertel Maft vorhanden fei [14]), wornach dann die Anzahl der einzutreibenden Schweine fich richtete. Eine von der Billigkeit gegen diejenigen Märker, die regelmäßig gar keine, oder doch nur wenig Schweine hielten, um auch fie fo an dem Vortheile der Maft Theil nehmen zu laffen, ausgehende Abweichung von dem ebengenannten Grundfatze enthält die, aber auch nur ein Mal fich findende Vorfchrift, daß bei der Maft jeder Märker, der fonft keine Schweine hat, um die Maft zu benutzen, welche kaufen dürfe [15]).

Faffen wir die aufgeführten Beftimmungen über die Modalität der Markbenutzungen zufammen, fo kann uns nicht entgehen, daß auf verfchiedene Art die Größe des Grundeigenthums auch einen Unterfchied in der Quantität der Benutzung bewirken könne [16]), im Allgemeinen jedoch in den verfchiedenen Marken nicht diefer Maaßftab vorwalte, fondern das Herkommen ganz vorzüglich die Berechtigungen der einzelnen Markgenoffen beftimme [17]).

1) Eichhorn Einleitung. §. 280.

2) Sächf. Weichbild. Art. 1. „Markrecht ist dieses das die Markleut hievor bey den alten gezeiten, unter einander gesetzt haben, von ir selbs wilkür.‟

3) v. Löw Ueber die Markgenoffenfchaften. S. 92.

4) Nur sehr selten kommen Gemeindeäcker in dem Markenverbande vor, v. Löw a. a. O. S. 33. hat dieselben nur ein Mal in den Weißthümern gefunden.

5) v. Löw a. a. O. S. 152 und 155 folg. und die daselbst angeführten Urkunden.

6) Die verschiedenartigsten Bestimmungen hierüber, aus sehr verschiedenen Weißthümern entnommen, finden sich in Grimm Rechtsalterthümer. S. 508 folg. und v. Löw a. a. O. S. 34 folg. 38 und 94. mitgetheilt.

7) v. Löw a. a. O. S. 33. 95. 106.

8) S. die vielen von Grimm a. a. O. S. 509 folg. und v. Löw a. a. O. S. 34 und 158 folg. aus Weißthümern entnommenen urkundlichen Bestimmungen darüber. Auch in der §. 20. Note 20. angeführten Urkunde von Rudolph I. findet sich Einiges darüber.

9) Grimm a. a. O. S. 508. v. Löw a. a. O. S. 148. Auch die Bestimmung des Weißthums über den Dreieichenwald von Ludwig IV., Stisser Forst= und Jagdhistorie. Beilage Lit. B. S. 6. „Auch soll er weren Rinden schliessen on einen schuchart, der in der Mark sitzet, der soll sie sliessen von stüchen under seinem Knihe, oder von Zimmerholz, das er, oder seine Nachbaurn gehawen hetten zu Rüwe davon soll er sein Loder lowen, dass er davon seinen Nachbarn schuh mache," scheint mir hierher zu gehören.

10) v. Löw a. a. O. S. 151.

11) Grimm a. a. O. S. 521. v. Löw a. a. O. S. 34. 98 und 172 folg.

12) Diese Modalität nach der Größe des Grundeigenthums findet sich ganz deutlich auch in folgender Tradition aus dem Chartular. Werthinens. *Leibnitz* Script. Rer. Bruns. T. I. p. 119. „ego Betto — — tradidi particulam hereditatis meae — — — in villa, quae dicitur Haltheim, id est curtile cum adjacentiis, uno rodo et modico prato ex uno jurnali in terra arabili cum caeteris omnibus, quae ad ipsum curtile legaliter respiciunt, hoc est pascuis, perviis, usibus aquarum, dominationemque in sylvas ad supradictam villam pertinentes cum pastu plenissimo juxta modulum curtilis ipsius. an. XXXIII. Car. regn."ausgesprochen.

13) v. Löw a. a. O. S. 172.

14) v. Löw a. a. O. S. 168 folg. Grimm a. a. O. S. 522.

15) S. die oben §. 20. Note 6. angeführte Urkunde Rudolphs I.

16) v. Löw a. a. O. S. 88.

17) v. Löw a. a. O. S. 79 und 95.

§. 22. Jagdberechtigung in den Marken.

Aus den §. 13. angeführten Urkunden über die Forsteinrichtung aus früheren Gemeindewäldern, wobei die früheren Gesammteigenthümer in diese Verwandlung einwilligten, ergibt sich zugleich, daß diesen in jenen Wäldern das Jagdrecht zugestanden. Denn nicht nur werden in einigen dieser Urkunden ') ganz aus=

drücklich Diejenigen, welche bisher in den so verwandelten Wäldern die Jagd gehabt, als einwilligend erwähnt, sondern auch
in den andern Urkunden lehrt der Umstand, daß nach Erwähnung
der Einwilligung sogleich das Jagdverbot in den neubegründe-
ten Forsten förmlich, also als eine Folge jener, ausgesprochen
wird [2], daß diese Einwilligenden und früheren Gesammteigenthümer auch früherhin selbst Inhaber der Jagd gewesen. Wenn
dieses nicht stattgefunden, so ließe sich dann auch — da selbst
nach der Forstverwandlung allen Denen, die frühere Gesammteigenthümer dieser Wälder waren, noch Holzungs- und viele
andere Benutzungsbefugnisse in den Forsten zugestanden [3] und
ein förmliches Privateigenthum an diesen deren Inhabern keineswegs immer zugeschrieben werden kann [4] — nicht erklären,
warum eigentlich jene Einwilligungen noch gesucht und auf eine
so förmliche Art mit der angegebenen Folge ausgedrückt worden
wären. Daß jene, in den benannten Urkunden als einwilligend
Aufgeführten zu der Classe der echten Eigenthümer gehört, ist
aber ebenfalls schon bemerkt worden [5], wie es denn ein allgemein anerkannter Satz des deutschen Rechts ist, daß echtes Eigenthum mit der Jagdbefugniß auf Privatgrundstücken und mit
diesen in Verbindung stehenden Gemeindebesitzungen im Zusammenhange gestanden [6].

Dieser allgemeine Grundsatz ist es nun auch, dessen Leitung
wir bei Untersuchung der Jagdverhältnisse in den Marken, worüber nur selten einige Weißthümer etwas enthalten, folgen
müssen. Im 14. Jahrhundert, mit dem die Aufzeichnung der
Weißthümer hauptsächlich begann, war die große Veränderung
in Deutschland, durch welche das echte Eigenthum aus den
Händen der mehrsten Freien entschwunden [7], schon beendet, und
somit dürfte es wol nur wenige Marken geben, wie einige west-
phälische, in denen unter den Genossen sich echte Eigenthümer
immer noch befunden, und in der Regel gehörten diese dann zu
dem spätern niedern Adel, bei dessen Besitzungen, wenn diese
nicht rechte Lehne waren, nur allein noch vom echten Eigenthume die Rede sein kann. Da nun, wie wir oben gesehen, das
Amt des Obermärkers in der Regel entweder mit einem Gute,
was im echten Eigenthume befindlich, verbunden war, oder, was
häufiger noch der Fall, einem Kloster oder einem zum hohen Adel
gehörigen Großen zustand, welche die im echten Eigenthume befindlichen Rechte sich stets erhalten haben [8], und die es ja noch dazu
sind, denen von den geringern Freien durch die Traditionen die
Rechte jenes echten Eigens, die diesen zuvor zugestanden, übertragen wurden, so kann es auch keinem Zweifel unterliegen, daß
die Jagd in den Marken dem Obermärker, in der Regel mit
Ausschluß der gemeinen Märker, zugestanden habe [9]. Und die

fes ist es denn auch, was durch die wenigen Weißthümer, die
die Jagd erwähnen, bestätigt wird.

In einem der ältesten der uns erhaltenen Weißthümer aus
dem Ende des 13. Jahrhunderts [10]), in dem über die Wehrmei-
stereiwaldung bei Montjoie, wo der Herzog von Jülich Obermärker war, wird diesem der Wildbann über den Wald zugesprochen [11]), und in einem zweiten Weißthume über denselben
ihm ebenfalls die Jagd in der hergebrachten Weise gehörend bestätigt [12]). In der erbacher, camberger und wurgesser Mark
stand dem Grafen von Dietz als Obermärker die Jagd zu [13]),
welche ebenfalls in der Fossenhaide dem Obermärker, dem Grafen von Catzenelnbogen, zugesprochen wird, dem außerhalb der
Mark, ebenso wie dem benachbarten Grafen von Dietz in derselben, wo dieser weder Obermärker noch Landesherr war [14]),
die Jagdfolge so weit zustand, als Jeder von diesen an der
Grenze des Waldes zu Pferde haltend mit einer Art werfen
kann [15]). Dem Abte von Fulda wird ebenfalls in dem salzschlirfer Weißthume die Jagd allein zuerkannt [16]), was wir in
den Markenwäldern des altenhoslauer Gerichts ebenfalls in Beziehung auf den Schutzherrn, den Grafen von Hanau, finden [17]).

Bei der großen Mannigfaltigkeit, die in den einzelnen Bestimmungen der Weißthümer über die Markberechtigungen vor-
herrscht, darf es uns nun auch keineswegs wundern, wenn wir
über die Jagdverhältnisse einzelne Anordnungen treffen, die von
dem oben angegebenen und durch die bisher aufgeführten Beispiele bestätigten Grundsatz der Verbindung derselben mit den
echten Eigenthumsrechten der Grundstücke der Markgenossen in
den Händen der Obermärker, ganz oder theilweise abweichen,
wodurch aber jenem Grundsatze selbst gewiß nicht widersprochen
wird. In der Mark zu Ober-Ursel war festgesetzt, daß der
Waldbott jährlich am St. Catharinentage die Jagd schließen,
und es so das Jahr lassen sollte; würde er jedoch nach dieser
geschlossenen Zeit auch jagen, so solle es den Märkern und Landmann ebenfalls drei Tage hernach erlaubt sein [18]). Eine Berechtigung zur Jagd für den gemeinen Märker während der hier
durch Autonomie festgesetzten Jagdzeit ist in dieser Bestimmung
wol keineswegs zu treffen, sondern nur, wenn der Obermärker
die festgesetzte Zeit überschreitet, scheinen die sonst zur Jagd nicht
Berechtigten die Erlaubniß hierzu erhalten zu haben. Eine ganz
ähnliche Vorschrift enthält das Weißthum über die seubberger
und erlebacher Mark in folgenden Worten [19]): „Den Wild-
„Bahn mag Herr Philipps, Graf zu Hanau, als der Oberherr
„und Waldbott, oder sein geschickter eines jeden Jahres, uff Son-
„tag Laetare zu Mitfasten, so man die Mark bestellet zuthuen:
„Also, daß in der Mark dasselbe Jahr aus niemand darinn

„jagen oder Wildwerk treiben soll: wollte aber der Waldbotte
„oder die Seinen das aufthun und darinn jagen oder Wildwerk
„treiben, das mag Er thun, und so er darinn gejagt, so ist es
„drey Tage darnach, Rittern, Edelleuten, oder Pastorn in der
„Mark gesessen, die darinn eignen Rauch halten und nicht mehr
„auch erlaubt zu jagen, die mögen dann auch an des Waldbot=
„ten hecken anbinden und jagen, und wann solches also 6 Wo=
„chen 3 Tage gewährt, so mag der Waldbott darnach allwege,
„wenn Er will, den Wildbahn wiederumb zuthun, nach seinem
„Gefallen, alsdann soll er wieder zubleiben, und niemands darin
„jagen, also lang biß der Waldbott wieder von neuen 3 Tage,
„wie vorsteht gejagt hat." Also auch hier ist, wie bei dem vo=
rigen Beispiele, nicht von einer eigentlichen Jagdberechtigung im
Allgemeinen, sondern nur davon die Rede, wenn die Bestimmung
über den Schluß der Jagdzeit von dem eigentlichen Berechtigten
überschritten wird. Ebenso wenig kann also auch eine Abwei=
chung von dem zuvor ausgesprochenen Grundsatze durch diese
Beispiele documentirt werden, am wenigsten durch letzteres, da
Ritter, Edelleute und Geistliche sehr häufig im Besitz von echtem
Eigenthume geblieben, oder doch durch die erhaltenen rechten
Lehnen alle in jenem liegende Rechte auszuüben hatten. Eine
wirkliche Abweichung von diesem Grundsatze ist jedoch in einem
Weißthume aus späterer Zeit, wo die Eintheilung der Jagd in
hohe und niedere gewöhnlich geworden, enthalten, indem in dem=
selben dem Obermärker die Rehjagd, die andere Jagd aber sämmt=
lichen Markgenossen zugesprochen wird [20]. Auf eine solche ähn=
liche Abweichung ist auch aus dem Weißthume über die kirbur=
ger Mark zu schließen, wo ohne irgend eine Angabe davon,
wem die niedere Jagd zustehe, die hohe Jagd den Obermärkern,
den Fürsten und Grafen von Nassau, zugesprochen wird [21], so
daß wol anzunehmen, die niedere habe den Märkern zugestan=
den. Wie wenig verbreitet jedoch solche Jagdberechtigungen der
Märker gewesen, erhellet aus der singulären Bestimmung des
galgenscheider Weißthums [22], daß es einer schwangern Frau
freistehen solle, ihren Mann oder Knecht, um Wild zu fangen,
auszuschicken, wenn sie ein Gelüste darnach habe; denn wäre
hier den Märkern die Jagd überhaupt zuständig gewesen, so
hätte es dieser Erlaubniß nicht erst bedurft.

Ob übrigens den in den westphälischen Marken unter dem
Namen Erbexen vorkommenden echten Eigenthümern die Jagd
zugestanden, läßt sich aus Mangel an Nachrichten nicht mit Be=
stimmtheit sagen, da überhaupt die Jagd nur sehr selten in den
Weißthümern erwähnt wird [23].

1) Oben §. 13. Note 47.

2) Dieser innere Zusammenhang zwischen jener Einwilligung und dem Jagdverbot in den Forsten leuchtet besonders aus der Urkunde Karls des Großen (§. 13. Note 47.) ein, sowie auch in andern Urkunden unmittelbar nach der Erwähnung dieser Einwilligung es immer heißt: „ita ut nemini fas sit, ullam feram sine permissu ante dicti Episcopi et eorum quibus potestatem dederint, persequi et capere," wie in der von Konrad II. an das Stift zu Würzburg von 1027, oder auch: „jubentes igitur statuimus et statuentes jubemus, ut infra praescriptos terminos nulla nostri regni major minorve persona venandi jus et potestatem sibi vindicare — — praesumat," und so in allen den angeführten Urkunden auf ähnliche Art. Auch daher, daß die praedia possidentes als einwilligend erwähnt werden, ist dieses mit zu erkennen, indem, wie wir von der ersten Periode in der 1. Abtheilung gesehen haben, und von dieser Periode in dem 3. Abschnitt der 2. Abtheilung sehen werden, die Jagd immer mit dem Grundeigenthume, dem echten Eigen, verbunden war.

3) S. oben §. 16.

4) Eichhorn Einleitung. §. 281.

5) S. oben §. 13. besonders Note 56.

6) Eichhorn a. a. O. §. 284. und Rechtsgeschichte. §. 58. Mittermaier §. 270.

7) S. §. 20. und 27.

8) *Biener* De indole et natura domin. in territor. Germ. p. 41.

9) *v. Löw* Ueber die Markgenossenschaften. S. 62. Dann und wann waren jedoch die gemeinen Märker nicht gänzlich ausgeschlossen, wie weiter unten erwähnt werden soll.

10) Die uns erhaltenen Weißthümer beginnen, wie schon erwähnt, hauptsächlich erst mit dem 14. Jahrhundert. v. Löw a. a. O. S. 1.

11) Ob hier Wildbann im eigentlichen Sinne für bannus ferinus, als mit der Forstgerechtigkeit verbunden, oder blos für die Jagdbefugniß zu verstehen, läßt sich aus der Urkunde selbst, wie solche Ritz Urkunden und Abhandlungen zur Geschichte des Niederrheins. Bd. 1. Abth. 1. S. 140. mitgetheilt, nicht erkennen. Ueber dieses Amt der Herzoge von Jülich hat Chr. J. Kremer in Actis Acad. Theodoro-Palatinae. Tom. III. p. 284. eine besondere Abhandlung geliefert, in der vielleicht ein näherer Aufschluß über die Modalität dieser Berechtigung zu finden; leider aber ist es mir nicht gelungen, dieses Werk benutzen zu können.

12) Weißthum von 1579. Ritz a. a. O. S. 152. „So en soll niemantz uff des Richswalde zu hegge jagen noch mit stempen noch mit Penden dan der herre van Monschauwe und Gulich die sullen jagen alsz sey hier gejaget hant.

13) Weißthum von 1421. *Reinhard* De jure forestali Germ. p. 196. „Item forth hant sie geweist die Grafen und Herrn der Graveschafft von Dietze fur oberste Merker und bekennende Inen dass sie Richter seindt über Halss und über Heubt und bekennen inen ires Wildfangs — —" In einer sehr langen Anmerkung zu dieser Stelle sucht Reinhard den nothwendigen Zusammenhang der Jagd mit den Obergerichten und der Oberhoheit darzuthun.

14) Wie v. Löw a. a. O. S. 184. zu dieser Stelle bemerkt.

15) **Weißthum von 1444.** *Reinhard* l. c. p. 269. „Item weisen si Graven zu Catzenelnbogen ein Obristen Herrn über die Mark — — und sey auch der Wildtfangk, der Schwandt und das Wildtpfandt des ehegenanten Grave Johans, vnnd vorther, als weitt aus der Marken also ein Grave zu Catzenelnpogen uff einem Ross heltett, an den eussersten Puschen, vor dem Walde und mit einer Axe ausser dem Walde, und der Marck gewerfen möge, vnnd do endbinnen habe niemand kein Recht, dan ein Grave von Diezs habe das Recht, jage der seine Graffschafft, der möchte seinem Wild also fherne, in den vorgenanten Wald, die Fessenhelde nachvolgen, als derselbe Grave, uff einem Ross hielt, vor dem ehegenanten Walde unnd mit einer Axe in denselben Wald gewerffen könte — —" Ueber das uralte, hier sich findende Symbol des Hammerwurfs s. Grimm Deutsche Rechtsalterthümer. S. 55.

16) Grimm a. a. O. S. 44. **Salzschlirfer Weißth. v. 1506.** „weiset man unserm gn. Herrn von Fulda zu setzen und zu entsetzen, wasser und weid und den wildfang, gebot und verbot."

17) *v. Löw* a. a. O. S. 64.

18) **Weißth. v. 1484.** Stisser Forst= und Jagdhistorie. Beilage Lit. G. S. 40. „Item ein Waldbott mag järlich auf Sanct Katharinen - Tag, so man die Marck bestellet, den Wild Bann zuthun, alsdann soll er das Jar zubleiben: Ob aber ein Waldbott daruber darinnen jagte, so soll es darnach uber drey Tage den Märkern und Landmann auch erlaubt seyn zu jagen."

19) Stisser a. a. O. Beilagen Lit. ZZ. S. 102. Dieses Weißthum soll von 1493 sein, dann aber scheint die Sprache sehr modernisirt zu sein. Eine ganz ähnliche Bestimmung, wie in diesem Weißthume, soll nach *v. Löw* a. a. O. S. 33. in einem von **W. v. Fischart Wetteravia.** Bd. 1. Heft 1. mitgetheilten vorkommen.

20) **Formula judicii lignarii Ahltensis de a. 1551.** *Pufendorf* Observat. jur. univ. T. II. p. 241. „Ferner gefragt weme de Ersten dei Jagt up dem Ahlten Wolde gestendig. Darup tho rahte gebracht dorch Olrich Druven; de Rehe - Jagt gehöret thom Huse Ruthe und die andere Jagt sey gemeine. Gefragt, ust man mit jemannes der Jagt sey gestendig in dem Wolde. Darup ingebracht Cord Volkmannes; wam halte dat de Ersten Roth - Jagt hebben und M. G. Herr oick de macht hebbe tho jagen." Nämlich Wer das Rothe= Haus inne hat, ist nach diesem Weißthume Obermärker. Allerdings gehört denn dieses wie das folgende Beispiel, der Zeit nach streng genommen, nicht mehr in diese Periode, und somit denn auch nicht hierher; doch hoffe ich wegen der hier erfolgten Anführung vollkommen entschuldigt zu sein, weil in der nächsten Abtheilung die Markenverhältnisse nicht wieder besonders, wie hier, behandelt werden können, und auf die Giltigkeit der Bestimmungen der Weißthümer selbst lange vor der Zeit ihrer Abfassung die ganze Natur und Entstehungsart derselben, sowie auch der Umstand hinweist, daß in ihnen ein oft schon längst antiquirtes Recht enthalten.

21) **Weißthum über die Mark von Kirburgk v. 1661.** *Reinhard* l. c. App. Nr. 4. p. 211. „Zweitens, dass hochermeldten beyden Gemeinschaffts - Herren (fürstl. Nassau=Catzenelnbog. und gräfl. Nassau= Saarbrückisches Haus) in dieser Mark die jurisdiction und Hohe Obrigkeit allein angehörig, — — auch den hohen Wildfang allein hergebracht."

22) **Weißthum v. 1460.** Grimm a. a. O. S. 498. „Und da in-

binnen solle nimantz fischen oder striken odir einige wilt fangen hus-
sen laube und verhenknisse der obgeschr. herrschaft von Schonecke, is
enwere dan, das eine frauwe schwanger gienge mit einem Kinde, die
mag einen man odir Knechte usschicken de wilts so vil grifen und fahen, das sie iren gelosten gebussen moge ungeverlichen.“

23) v. Löw a. a. O. S. 109. sagt, daß er hierüber keine Urkunde
habe finden können, führt aber an, daß in Klöntrupps Alphabet.
Handbuch s. v. Erbexe gesagt werde, sie hätten in der Mark die niedere
Jagd gehabt. Da nun Klöntrupp hierzu ebenfalls keine Urkunden anführt, so glaubt v. Löw, daß die Beweisstellen in jener Abhandlung:
Ueber Erbexen und Gutsherren in Beziehung auf das Mar-
kenrecht, die ihm nicht zugänglich geworden, zu finden wären. Leider
habe ich mir keine dieser Klöntruppischen Schriften zur Ansicht verschaffen können.

§. 23. Freie Pürsch [1]).

Die freie Pürsch wird wol am richtigsten als das allen in
einem gewissen District Angesessenen zustehende Recht beschrieben,
an den Orten, wo keine Forstgerechtigkeit besteht, zu jagen [2]).
Sie wird besonders in einigen Gegenden Schwabens und auch
in einigen Orten von Franken erwähnt [3]). Das Recht, in den
zu der freien Pürsch gehörigen Districten zu jagen, war wol
stets an den Besitz eines Grundeigenthums gebunden [4]), und
stand nicht nur den in solche Districte gehörigen und daselbst
angesessenen Reichsrittern und andern Edelleuten, sondern auch
den Bürgern der Städte, und selbst auch den Bauern zu [5]), da
Vagabunden und anrüchige Personen von derselben allein als
ausgeschlossen erklärt wurden [6]); und damit weder solche Personen, noch auch andere, die zu pürschen nicht befugt, und die
kein Haus noch Hof haben, die freie Pürsch ausüben, schrieb
die biberacher Pürschordnung besondere Pürschpässe vor [7]). Der
Stadt Gemünd wurde dieses Recht (eine gemeine Pürsch, genannt Mundat) vom Kaiser Sigismund [8]) und der Stadt
Rothweil von Friedrich III. [9]) bestätigt. Alle in demselben
Districte zur freien Pürsch Berechtigten bildeten eine besondere
Gesellschaft, die über die Berechtigung selbst Anordnungen treffen, Beamte bestellen und Alles thun konnte, was der Vortheil
des Vereins erforderte [10]). Bei dem schwäbischen Pürschcollegio
hatten früher die Reichsstädte Ulm und Biberach das Directo-
rium geführt [11]), und mehrere kaiserliche Bestätigungen über
dieselbe, als von Maximilian I. von 1516, Ferdinand I. von
1559 und Rudolph II. von 1601 werden uns namhaft gemacht [12]). Geschlossene Jagdzeit in diesen Districten, sowie
andere auf die Erhaltung der Jagd sich beziehende Anordnungen, wie solche die biberacher Pürschordnung von 1722 enthält [13]), sind wol erst aus neuerer Zeit und durch den überein-
stimmenden Willen aller Genossen dieser Gesellschaften gebildet.

Polizeiliche Rücksichten veranlaßten schon 1678 ein kaiserliches Rescript an den schwäbischen Kreis, über die Aufhebung der freien Pürsch Bericht zu erstatten; ob nun dieser gleich beifällig erfolgte [14]), so ist dennoch die Aufhebung selbst, so lange das Reich noch bestand, nicht geschehen [15]).

Urkundliche Nachrichten aus älterer Zeit, als das 15. Jahrhundert, und namentlich über den Ursprung dieses Instituts, habe ich leider nicht erhalten können, was ich um so mehr beklage, als in demselben vielleicht eine Erhaltung der ältesten Jagdverhältnisse in gemeinschaftlichen Grundstücken zu liegen scheint, von dem freilich in den spätern Nachrichten, nach dem Aufhören jenes früheren Gesammteigenthums, nichts als die Verbindung mit eignem Grundbesitz geblieben. Wol möglich ist es übrigens, daß zu dieser Erhaltung das zeitige Aufhören des Herzogthums Schwaben mit beigetragen [16]). Eine Aehnlichkeit mit den Marken hat die freie Pürsch eben so wenig, als einen Zusammenhang mit denselben [17]), und ist an dieser Stelle nur deshalb erwähnt worden, weil in gegenwärtigem Abschnitte von solchen, in Gemeinschaft auszuübenden Rechten die Rede war.

1) J. **Otto** Freier Pürsch Beschreibung. Augsburg 1680. Zweite Ausgabe von **C. C. W.** mit Noten und Beilagen. Ulm 1725. *St. Ch. Harpprecht* Sciagraphia liberae venationis Germanicae inprimis vero Suevicae. Tub. 1702. **Burgemeister** Freier Pürsch Beschreibung. Ulm 1721. **Stisser** Forst- und Jagdhistorie. Cap. I. §. 24—26. *de Beust* Tract. de jure venandi et banno ferino. Jen. 1744. Cap. 10. Von diesen Schriften sind mir die von **Burgemeister** und die 2. Aufl. der von **Otto** nicht zugekommen. **Stisser** geht über diese ganze Sache nur sehr oberflächlich weg, und v. **Beust**, der ihr zwar 9 Seiten gewidmet, hat nicht aus Urkunden, sondern aus andern alten und veralteten Schriften unter lästiger Einmengung von Stellen des römischen Privatrechts und des longobardischen Lehnrechts gearbeitet. **Otto's** Abhandlung ist fast ganz unbrauchbar, und **Stisser** sagt von ihr, a. a. O. S. 24., mit Recht: „Es ist eine läppische „Schrift, worin Vieles, so hierher nicht gehört, mit untermengt worden; „er giebt auch durch manchen Schnitzer an den Tag, daß er das Jagd„wesen und die dahin gehörigen Weidesprüche schlecht verstehen müsse, hat „sonsten sehr parteiisch geschrieben." Dieses Urtheil möchte ich auch auf die Dissertation von **Harpprecht** ausdehnen, von der **Stisser** bemerkt, daß in ihr wenig Trost zu finden; denn wenn er gleich in der Vorrede sagt, daß ihm viele Mittheilungen aus Archiven geschehen, so finden sich doch keine Urkunden bei ihm mitgetheilt. Nur einige wenige spätere Urkunden aus *Burgemeister* Cod. dipl. equest. und die Biberacher Pürschordnung von 1722 bei **Stisser** a. a. O. im Anhang Nr. 2. S. 115. sind mir über dieses Institut bekannt geworden, daher ich denn auch im Ganzen jenen ältern mangelhaften Schriften folgen mußte, und somit hier selbst blos etwas sehr Mangelhaftes und Unvollständiges geben kann.

2) **Otto** a. a. O. Nr. 3. *Harpprecht* l. c. §. 1. v. **Beust** Cap. 10. §. 1.

3) v. **Beust** a. a. O. §. 4.

4) In einem Vertrage zwischen K. Maximilian I. und Graf Eberhard zu Würtemberg von 1490, *Burgemeister* Cod. dipl. equest. T. I. p. 476. heißt es: „diese hernach geschriebne haben die Pürsch vor dem Schwartzwald, von wegen Ihrer Sitze, Dörffer und Guetter, so daselbsten gelegen sind, alltem Herkommen Brauch und Gwer dess Jagens versprochen." Eine Urkunde Berthold's von Stain wegen der freien Pürsch von 1466, *Burgemeister* l. c. p. 1562., sagt: „und hab von seinen Eltern nie anderst gehort, denn allweg wer Werthausen inne gehabt der solle und müg da Jagen."

5) Stiffer a. a. O. Cap. I. §. 24. v. Beust a. a. O. Cap. 10. §. 2. Dasselbe sagt auch die *Biberacher Pürschordnung* (freilich erst von 1722) bei Stiffer Anhang. S. 115.: „§. 1. Gleichwie in diesen Ober- und Unter Pursch-Bezirck, sowohl die Herrschafften und Obrigkeiten, als auch Bürger und Unterthanen des freyen Pürschen von uralten Zeiten her fähig seyn, und in dessen wirklicher Ubung stehen; Also sollen dieselben auch fürterhin dabey gelassen und insonderheit die Bürger und Unterthanen davon keinesweges excludiret werden."

6) *Biberacher Pürschordnung*, Stiffer a. a. O. p. 115. „§. 2. Die laut Recess de An. 1666. §. 4. et §. 5. davon bereits excludirte Henker, Wasenmeister und andere mit dergleichen Macul behafftet, mithin keiner ehrlichen Gesellschafft fähige Leuthe, je und allweg davon, und von dessen Ubung ausgeschlossen seyn und bleiben."

7) *Biberacher Pürschordnung*. §. 3. Diese Pässe sollten hiernach, um jeden Mißbrauch auszuschließen, alle halbe Jahre erneuert werden.

8) Dipl. a. 1434. *Burgemeister* l. c. T. II. p. 1560.

9) Dipl. a. 1474. *Burgemeister* l. c. T. II. p. 1575.

10) Stiffer a. a. O. Cap. I. §. 25. v. Beust a. a. O. Cap. 10. §. 2.

11) v. Beust a. a. O. §. 2.

12) Otto a. a. O. Nr. III.

13) §. 6. bis 22. bei Stiffer Anhang. S. 116—121.

14) v. Beust a. a. O. §. 2.

15) In den durch die Territorialveränderungen der neuern Zeit an Baden gekommenen Districten der freien Pürsch wurde dieselbe durch Mandat v. 13. Jan. 1807 aufgehoben. Behlen und Laurop Handbuch der Forst- und Jagdgesetzgebung des Großherz. Baden. §. 357.

16) *Harpprecht* l. c. §. 4. v. Beust a. a. O. In diesen beiden Schriften wird übrigens mit Hülfe römischer und longobardischer Gesetze, sowie einiger von den Forsten handelnden Urkunden dargethan, daß die freie Pürsch weder in der natürlichen Freiheit, noch in dem Grundeigenthume, sondern nur in kaiserlichen Privilegien, landesherrlichen Concessionen oder auch in einer Immemorialverjährung ihren Grund habe, da nach der, zur Zeit dieser Schriftsteller ziemlich allgemein verbreiteten, unhistorischen Grille die Jagd als ein überall geltendes Regale betrachtet wurde.

17) Auf einen solchen Zusammenhang habe ich in meiner Diss. de jure venationem exercendi in Germ. usq. ad sec. XVI obtinente ganz fälschlich hingewiesen.

Dritter Abschnitt.

Von den Eigenthumsverhältnissen an Wald und Jagd bei den Privatgrundstücken.

---

§. 24. Waldeigenthum.

Nur wenige Nachrichten sind es, die wir über die rechtlichen Verhältnisse der im Privateigenthume befindlichen Wälder in den hier einschlagenden Rechtsquellen finden, weit weniger, als über die Forste, die Jagd und die Markgenossenschaften uns aufbewahrt sind; daher denn auch nur wenig über diese Verhältnisse mitgetheilt werden kann.

Wie wir oben (§. 7. a. E.) gesehen, fand sich zwar schon in der ältesten Zeit ein Privateigenthum an Wäldern, ohne doch aber so nach den rein deutschen Gesetzen ausgebildet zu sein, daß der heutige rechtliche Begriff von Eigenthum auf dieses Verhältniß eine Anwendung gefunden hätte, indem vielmehr, wol durch Rückerinnerung an das älteste stattgefundene Verhältniß, die Idee einer Gemeinschaft aller Wälder noch geherrscht, und so das Privateigenthum an denselben weniger in einem unbedingten Ausschließungsrechte jedes Dritten, als in dem eignen, von keinem Andern beschränkten Benutzungs- und Verfügungsrechte bestanden hatte. Selbst noch lange nach der Zeit der ersten Periode mochte jene Idee praktische Folgen gehabt haben, und vielleicht irren wir nicht, wenn wir sie zum Theil mit als Ursache und Grund der vielen Nutzungsbefugnisse betrachten, die wir Fremden in den Bannforsten zustehend (§. 16.) gefunden haben; daher wir ebenfalls schon bemerkt (§. 14.), daß dem Inhaber der Forste ein volles Privateigenthum an denselben in seinem heutigen Sinne nicht immer zugestanden habe, besonders dann nicht, wenn vor der erfolgten Einforstung jene Wälder Gemeindewälder, oder wenn auch dieses nicht der Fall und sie zu einem Gute gehört, doch in ihnen den Hintersassen und Inhabern eines hofrechtlichen Besitzes von dem Herrn solche Befugnisse eingeräumt gewesen. In späterer Zeit aber verschwand jene früher herrschend gewesene Idee über die Modalität des Eigenthums an den Wäldern, und machte der jetzt noch geltenden eines wirklichen Eigenthums in dem heutigen Sinne Platz [1]), wornach der Waldeigenthümer Jeden, der nicht ein wohlerworbenes Recht auf einzelne Nutzungsbefugnisse hat, von allen Nutzungen auszuschließen berechtigt ist. Finden sich nun zwei so verschiedene Ideen in verschiedenen Zeiten herrschend, so muß zwar nothwendig ein Uebergang von der einen zur andern stattgefunden haben; doch ist dieser häufig, und so auch im vorliegenden Falle nur mit Mühe zu entdecken und seinem ganzen Wesen nach nicht mit Urkunden zu belegen. In der Ausbildung und weitern, fast allgemeinen Verbreitung der Bannförste glaube ich nun jenen Uebergang zu finden; denn die durch die Einforstungen erfolgte, theils gänzliche, theils nur theilweise Ausschließung der Umgesessenen von der Benutzung der Forste unter schweren, kaum zu erschwingenden Strafen, und in späterer Zeit auch unter der Furcht willkürlicher harter Ahndung, mußte eben so wie der Umstand, daß die den Umgesessenen in den Forsten verbliebenen Nutzungen nicht mehr wie früher, jedenfalls blos durch ihr Bedürfniß begrenzt, oder gar in ihre Willkür gestellt waren, sondern daß hierüber feste urkundliche Bestimmungen entworfen, und diese oft unter Form von Gnadenbriefen ertheilt worden, und daß solche Berechtigungen durch eben solche Ertheilungen oft auch Andere, als die ursprünglich Berechtigten, empfingen, die Idee eines förmlichen Eigenthums nach und nach erzeugen, neben dem die Erhaltung aller dieser Berechtigungen, als Rechte Dritter an einer fremden Sache, sehr gut bestehen konnte [2]). War aber diese Idee eines Eigenthums an Wald in einem dem unsern nahe liegenden Sinne einmal da, so konnte sich dieselbe auch nicht auf die Bannforste blos beschränken und ihr Uebergang auf die den Privatpersonen zuständigen Wälder im Allgemeinen nicht ausbleiben [3]). Schnell freilich erfolgte dieses nicht, und ein fester Zeitpunkt läßt sich dafür noch weniger annehmen. Daß aber zur Zeit der Rechtsbücher des Mittelalters jene Idee eines Eigenthums an Wald schon vorhanden war, läßt sich nicht verkennen. Denn nach dem Sachsenspiegel mußte Jeder, der in einem fremden Walde Holz hieb, 3 Schill. Buße neben dem Schadenersatz entrichten, welche Buße aber 30 Schill. betrug, wenn Jemand gesetztes Holz oder tragbare Bäume fällte, Obst abbrach oder Maalbäume abhieb und Marksteine ausgrub, und weit strenger noch wurde die Entwendung von geschnittenem Gras oder gehauenem Holz bestraft, nämlich, wenn es bei Nacht geschah, mit dem Galgen, wenn bei Tage, mit Staupenschlag [4]). Ganz dieselbe Bestimmung befindet sich im Schwabenspiegel, nur mit dem Unterschiede, daß neben obiger Strafe von 30 Schill. schon alternativ der Staupenschlag mit erwähnt wird, und daß diese Strafe auch auf das Fällen von Bauholz mit ausgedehnt ist [5]). Vergleicht man diese Bestimmungen mit denen der ältesten rein deutschen Gesetze der ersten Periode über diesen Gegenstand [6]), so findet sich, daß hier zwar allerdings noch immer, wie nach jenen, in den Fällen, wo irgend eine Arbeit und

Mühwaltung von Seiten des Eigenthümers an dem Holze, was Gegenstand der Entwendung geworden, aufgewendet worden war, die Strafe in besonderer Rücksicht auf diese Müh-waldung festgesetzt wurde — welchen Umstand auch die Glosse andeutet [7]) und das Kaiserrecht, jedoch nur in Beziehung auf die Marken, anerkennt [8]), und wie solches auch in dem Rechtsbuche Ruprechts von Freisingen, der nur von Ent-wendung von verarbeitetem Holze aus den Wäldern, die nicht Forste waren, spricht, sich findet [9]) — daß aber in diesen an-geführten Artikeln der Rechtsbücher auch im Allgemeinen eine, jenen ältern Volksgesetzen fremde, oder wenigstens nicht deutlich ausgesprochene Rücksicht auf den Schutz des Holzes vorhanden ist, die blos in dem mehr ausgebildeten Eigenthumsrechte an den Wäldern ihren Grund haben kann. Dieselben Grundsätze, wie in obigen Rechtsbüchern, finden sich auch im baierischen Landrechte [10]). Wer eines Andern „gewunnens", also wol gefälltes oder eingefahrenes Holz entwendete, müßte Diesem den doppelten Werth und dem Richter halb so viel bezahlen [11]); fällte Jemand aber eines Andern Holz, so soll er 36 Pfennige entrichten; wenn jedoch dem Eigenthümer der Schade im Ver-hältniß zu dieser Summe zu groß erscheint, so soll er ihn eidlich angeben, wo dann Jener ihn doppelt zu ersetzen und dem Ge-richte halb so viel als Strafe zu bezahlen hat [12]); wenn dage-gen Einer einen Maalbaum (Marchbaum) oder Panholz, das gezeichnet ist, fällt, so wird er mit Staupenschlag bestraft, oder er muß 1½ Pfund Pfennige an den Eigenthümer und halb so viel an das Gericht bezahlen [13]). Hierauf wird in diesem Land-rechte selbst eine Definition von Panholz gegeben, nach der dasselbe jedes Holz ist, was Einer bei rechtem Nutz und Ge-wehr ohne alle Ansprache zu eigen oder Lehne besitzt [14]). In dieser Stelle scheint mir aber nun eine Bestätigung jener Ansicht zu liegen, daß die Bannforste zu der Ausbildung des Waldeigenthums Gelegenheit gegeben. Denn hier finden wir Bannholz überhaupt als die im Eigenthume befindlichen Wälder bezeichnet [15]), ohne daß vom Banne selbst irgend eine Spur da-bei zu finden ist; denn daß auf die Schreibart Pan statt Bann hier nichts ankommen kann, liegt um so mehr am Tage, da wir Bann selbst da, wo nach dem ganzen Zusammenhange von ihm wirklich die Rede ist, wie z. B. im Wildbann, oft auch Pann und Pan geschrieben finden [16]). Der Ausdruck Bannholz für Forst oder Bannforst findet sich aber selbst in Urkunden [17]), und so scheint es mir keinem Zweifel zu unterliegen, daß — da selbst schon lange vor diesem, in der Mitte des 14. Jahrhunderts pu-blicirten Landrechte der Name Forst oft auch von andern Wäl-dern als wirklichen Bannforsten gebraucht wird [18]) — auch der

Name Bannholz in Baiern überhaupt auf die im Privateigenthume befindlichen Wälder angewendet, und mit diesem Namen
zugleich der zuerst in den Forsten mehr ausgebildete Begriff des
Eigenthums auf diese übertragen worden ist. Anders nämlich
läßt es sich wol nicht erklären, warum jedes im wirklich gerichtlich übertragenen Eigenthume befindliche, oder vom Lehnherrn verliehene Holz mit diesem Namen bezeichnet worden wäre.

Nachdem wir so die allgemeinen Principe über die Eigenthumsverhältnisse an Wäldern, wie solche im Laufe dieser ganzen
Periode sich ausgebildet, betrachtet, mögen einige noch hierher
gehörige Einzelnheiten Platz finden.

Wälder, die in Keines Eigenthum waren, kommen jetzt,
nachdem viele solche ehemalige herrenlose Waldungen in Forste
verwandelt oder sonst occupirt waren, bei der gestiegenen Bevölkerung nicht mehr vor, und Theilungen von Gemeindewäldern
unter deren Theilhaber, sowie die in Letzterer Belieben stehenden
Rodungen in denselben, wovon wir in der ältesten Zeit einige
Spuren gefunden, lassen sich ebenfalls nicht weiter auf die Weise
auffinden, daß man dadurch berechtigt wäre, eine allgemeine
Gewohnheit dafür anzunehmen. Eine mit vielen Solennitäten
verbundene merkwürdige Besitzergreifung in einem gemeinsamen
Walde, die ein Graf von Chastelin (vielleicht Castell) ausübte,
läßt nach den dabei gebrauchten Worten: sicut mos est et erat,
auf eine frühere gemeinsame Gewohnheit darüber schließen [19]).
Doch fehlt es an allen spätern Bestätigungen einer solchen Gewohnheit, ohne Einwilligung der Mitberechtigten sich in den
Besitz solcher Wälder zu setzen, und der Codex, aus dem diese
Nachricht entnommen, ist freilich schon um das Jahr 1030 geschrieben.

Die im Privateigenthume befindlichen Wälder waren wol
nicht oft unabhängig von dem Besitz anderer Grundstücke, für
sich allein stehende Besitzungen; doch finden sich allerdings Urkunden über Verkäufe solcher einzelnen Wälder aus dem 9. [20]),
12. [21]), 13. [22]) und 14. [23]) Jahrhundert, deren bei weiterm
Nachsuchen wol auch noch mehrere sich entdecken ließen, und
schon bei jenem, in dem 9. Jahrhundert vorkommenden einzelnen Walde sind besondere Grenzzeichen erwähnt. Der gewöhnliche Fall aber war der, daß Wälder mit den Privatbesitzungen
verbunden waren, und vom 9. bis in das 15. Jahrhundert werden in fast allen Urkunden über Käufe, Schenkungen oder Belehnung von Landgrundstücken und andern Besitzungen auch die
Wälder in der gewöhnlichen Formel: cum mancipiis utriusque
sexus, areis, villis, pascuis, aquis aquarumque decursibus, piscationibus, silvis (gewöhnlich auch venationibus) et
omnibus appendiciis cunctisque qualicumque modo nomi-

10

nari possunt utensilibus, mit erwähnt, ohne Unterschied, ob
Kaiser, geistliche oder weltliche Große oder Privatpersonen die
Urkunden ausstellten [24]. Diese Wälder mögen wol alle einzelne
begrenzte Stücke gewesen sein, und nur aus dem Anfange dieser
Periode lassen sich Spuren finden, daß die einem Privatmanne
zugehörigen Wälder als numerische Theile eines ganzen, großen
Waldes angegeben werden [25].

Nicht allein aber mit den größern Besitzungen der Freien,
auch mit den kleinen Grundstücken der Hofhörigen waren Wälder schon in den ältesten Zeiten häufig verbunden [26]. Wurden
aber auch zu den Grundstücken aller der verschiedenen Classen
von Hintersassen Wälder gewiesen, so hatten sie doch in denselben eigentlich weiter keine Rechte, als ihnen der Herr anwies [27],
und mußten oft Abgaben von Holz entrichten [28], sowie namentlich bei den Landsiedeleien und den Meiergütern die Wälder nicht
veräußert und blos zum Bau des Hofes verwendet werden durften [29]; und obwol, im Ganzen genommen, bei diesen Gütern
die besondern Meierordnungen allein das oft sehr verschieden
gestaltete Verhältniß der zu diesen Gütern gehörigen Waldungen
bestimmten, so war doch in der Regel dem Inhaber nur gestattet,
zu seinen nöthigsten Bedürfnissen Holz aus ihnen zu entnehmen,
und die ganze Benutzung an die Aufsicht des Gutsherrn und
die Ausübung der ihm vorbehaltenen Rechte gebunden [30].

Obgleich schon im 12. Jahrhundert an mehreren Orten die
Wälder durch schlechte Wirthschaft und große umfassende Berechtigungen, die Andern darin zustanden, gelitten hatten und oft
verwüstet worden waren [31], so lassen sich doch keine Beschränkungen des freien Eigenthumsrechts finden, die von der Idee einer
Erhaltung der Wälder ausgehen und in der Oberaufsicht des
Staates begründet gewesen wären, indem in damaligen Zeiten
weder eine solche staatswirthschaftliche Idee bekannt war, noch
auch der Charakter des Lehnsystems eine so nahe Annäherung
des gesellschaftlichen Zustandes an ein wirkliches Staatsverhältniß
gestattete [32]. Alle die Beschränkungen demnach, welche wir
über die freie Benutzung eigner Wälder in Urkunden finden, beziehen sich entweder auf bäuerliche Verhältnisse, wo sie in den
Rechten des Gutsherrn gegründet waren, oder auf solche Privatwälder, die in einem Forste gelegen, auch der Oberaufsicht
des Forstherrn unterworfen waren [33], oder finden in voigtei-
lichen Rechten über geistliche Besitzungen [34], oder endlich gar
in einzelnen Kaufbedingungen ihren Grund [35]. Daß in spätern Zeiten, nach Ausbildung der Territorialhoheit, solche früher schon hergebrachte Befugnisse zur Beschränkung der freien
Waldbenutzung theilweise auch die Gelegenheit zu einer allgemeinen Aufsicht gegeben, will ich nicht in Abrede stellen,

gewiß aber konnte sie in den früheren Zeiten selbst nicht vorhanden sein.

1) Anton Geschichte der teutschen Landwirthschaft. Th. 1. S. 462.

2) Hierbei ist wol zu bemerken, welche mannigfache Modificationen das Eigenthum nach dem deutschen Rechte überhaupt erfahren, und wie viele Beschränkungen des Privateigenthums und Berechtigungen Dritter, die ursprünglich ihren Grund in einem Miteigenthume vielleicht hatten, später als Servituten angesehen und betrachtet wurden, Eichhorn Rechtsgeschichte. §. 60.; wenigstens war dies die Ansicht der blos römisch gebildeten Juristen, die aber nach und nach in das Leben selbst einging.

3) Anton a. a. O. Th. 2. S. 387.

4) Sachsenspiegel. B. 2. Art. 28. „Sve so holt houwet, oder gras snit, oder vischet in enes anderen mannes watere an wilder wage, sin wandel dat sint dre schillinge, den scaden gilt he uppe sin recht. — Vischet. he in diken die gegraven sin, oder howet he holt dat gesat is oder barende bome, oder brict he sin ovet, oder howet he malbome, oder grevet he up stene die to marcstenen gesat sin, he mut drittich schillinge geven. —— Sve nachtes gehouwen gras oder gehouwen holt stelet, dar sal man richten mit der weden. Stelt het des dages it gat to hut unde to hare." In den Anmerkungen der Zobelschen Ausgabe e. und f. wird hierzu Wyde, wie diese Ausgabe statt Weden hat, gesagt: „das ist, Man sol ihn hengen", und Haut und Haar, „das ist zu staupen hawen".

5) Schwabenspiegel. cap. 217. (Berger S. 219.) „Wer holtz slecht oder graz sneydet oder vischet in ains anndern herrn wasser der soll geben drey schilling und das ist er pfant wert man soll uber in richten Als hie vor geschriben ist Vischet er mer dann drey stund darinn oder slecht er ainem pauholtz oder slecht er pernden pavvm ab oder grebt er markstain aus man sol im haut und har abslahen oder er soll es lösen mit dreyssigk schilling etwa ist es tzehen pfunt der in ainen pauholtz slecht und wa man in vindet man mag in wol aufheben pis an den Richter. Wer aber nächtz gemätes graz oder geslagen holtz stilt man soll uber in richten mit der wid stilt er es aber tags es get im cze haut und cze har."

6) S. oben §. 7. a. E. und Note 2.

7) In der Zobelschen Ausgabe von 1582. Fol. 231 b. Nr. 7. Uebrigens bemerkt die Glosse zu diesem Artikel noch, daß tragende Bäume: Eichen, Buchen, Weinstöcke, Feigen-, Kastanien-, Aepfel- und Birnbäume, und Alles, was nutzbare Früchte trägt, wären, und daß die auf das Umhauen und Entwenden der gesetzten (gepflanzten) Bäume angedrohte Strafe nur dann eintrete, wenn diese schon Wurzeln geschlagen.

8) Kaiserrecht. Th. 2. cap. 58. Senkenberg Corp. jur. Germ. Tom. I. p. 49. „Eyn iclig man sal wissin wer in eyne marke nicht enhoret, wert der dynne begriffin hauwende Daz her med rechte sal gefangen sin der merkers va hed verlorn was he do by eme hat, komet he aber vor den walt an daz felt vnn kommen den dy lude dy do huden des waldes ader der marke Dy ensollen se nicht angegriffen noch phenden wan se sollen en ezusprechin med dez kaysers rechte Daz ist med gerichte vnn thun se anders ycht dorczu, So mag se der

10 *

beclagen der den schodin hot gethon vor eynen roub. Komet her auch uss der marke termynivnge also daz se dy volge nicht enhan gethan, vnn quemen alle dy czu der marke horen her en sal keyne antwort geben vor en, vnn enhat med en nicht czu schaffen. Ez entwere denn daz he holcz hette geladin daz eyn ander gehouwen hette Noch der marke rechte, vnn sölde ez verbouwen uff sin gut (ader an eynen ge-meynen nucz der werlde) wer anders do mede wert begreffin in der marke ader uss der marke her muss antworte gebin noch dez Keysers rechte. Sint geschrebin stet wer dem andern daz syne nymt Der sal ez eme antworte gebin vor dem Keyser, Ob er eme czuczusprechin hat. Aber hod her daz holcz selber gehouwen von dem stamme ader hod hers gelesin (von dem stamme) czu bornen So beheldet he der marke er recht. — — "

9) **Baierisches Rechtsbuch des Ruprecht von Freysing,** herausgegeben von B. Westenrieder. München 1802. S. 75. §. 105. „Swer gewunnes holz stilt. do sol. jener des es do ist. in auf dem spor. nachgen. ez sei wagen oder charre oder nimt man es auf der strazze. vor des mannes tür er mag wol. gen in daz haus. vnn er sich versieht do es ein tragen sei. vindet er es dar inne er sol. den wirt oder die Hausfrawen ze red setzen. wil er sein laugen. ez sei sein nicht. so soll es jener berechten. als ander diuf. und sol. sich sein unterwinten. also sol. auch der tun. der dem wagen nach get. vnn swenn er es berecht. so sol man ims mit der zwigült wider geben. unn sol dem Richter geben LX unn drey pfunt."

10) S. über dieses Rechtsbuch Eichhorn Einleitung. §. 13.

11) *Heumann* Opuscula. p. 74. Codex jur. Bavar. antiqui. tit. 7. Art. 1. „Der eim sein gewunnens holtz oder hevv hinfürt." Wer dem andern sein hevv oder sein gevvunnens holtz hinfürt, hat er da pfant umb, so sol er auf sein pfant bereden, daz er im daz hevv oder das holz genomen hab, hat er aber nicht pfant, so sol man sein laugen darumb nemen mit seinem ayde, und sind paid dem Gericht nichts schuldig darum, es möcht dann jener war gemachen mit tzvvain, die es warsvvesten, die mit im svveren, das er im sein holtz oder hevv genomen hab, das sol man im gelten mit der tzvvigült dem Richter halb alz vil.

12) **Baierisches Landrecht a. a. O. Art. 2.** „Der holtz ab-havvt oder mäet oder sneit im sein grass ab." Haut ein man dem an-dern sein holtz, oder mäet, oder sneit im sein gras ab, und ist im sein an laugen, und hat er pfand darumb, daz sol er im gelten mit sechs und dreissig pfenig. Deucht aber jenen sein schad ze gross, daz er des geltz nicht genemen möcht, oder wolt, so soll er seinen schaden betevvrn mit seinem aid, und den sol man im mit der tzvvigült gelten, und dem gericht halb als vil und sol der sechs und dreissig pfenig ledig sein, laugnet er aber sein, und hat nicht pfant von im, so sol zwischen in geschehen was recht ist.

13) **Baierisches Landrecht a. a. O. Art. 3.** „Der marchpaum havvet oder panholtz." Haut er marchpavvm, oder panholtz, die aus-gezaichnet sind, man sol im haut und har abslachen, oder er sol es lösen mit anderthalben pfunt pfenig von dem, dem der schad ge-schehn ist, und dem gericht halb als vil. Laugnet aber er sein, und hiet der clager von im nicht pfant, so sol tzvvischen ir geschehn, was recht ist.

14) **Baierisches Landrecht** a. a. D. Art. 4. „Was panholtz ist." Wir haben erfunden, was panholz gesein müg oder nicht, da sprechen wir umb, und wer eins holtz es sey aigen oder lehen, des er gesezzen sey pey rechten nutz und gevver an alle ansprach, das mag vvol sein panholtz gehaissen und sein, wolt da yeman widersprechen, möcht er dann sein holtz zu seiner nutz und gevver mit dem rechten verantwurten, alz daz puch sagt, des sol er geniessen.

15) S. **Eichhorn Einleitung.** §. 157 und 159., wo von dem echten Eigenthume der vollkommenen und unvollkommenen Gewehr die Rede ist, und **Rechtsgeschichte.** §. 355. Es scheint die hier vorkommende Bedeutung von Bann aus der entstanden zu sein, nach der er überhaupt den ruhigen und gesicherten Besitz bezeichnet. S. oben §. 12. Note 8.

16) Ueberhaupt ist in diesem Landrechte sehr gewöhnlich P statt B geschrieben, wie in Paum, Prugk (Brücke) (tit. 8. Art. 1.), Pern statt Bären (tit. 9. Art. 1.), verpieten, Prunnen und dergl. mehr. In dem ersten Abschnitte dieser Abtheilung, sowie auch unten §. 26. finden sich mehrere Urkunden, wo Wildpan oder Wildpann steht.

17) Z. B. in **Dipl. Rudolphi I.** a. 1275. *Schoepflin* Alsatia Diplomatica. Tom. II. p. 8. „tres montes silvestres scilicet Bannholz — — ad Abbatis cameram debent perpetuo specialiter pertinere."

18) S. oben §. 12.

19) Aus dem **Cod. traditionis Monasterii Scheyern** circ. a. 1030. Monum. Boica. Tom. X. p. 382. „Nobilis quidam comes de Chastelin, Hermannus nomine, ingressus cum servis et rusticis suis de legitimis curtiferis apud Willingam liberam silvam in loco, qui dicitur Helingerswenga, modo autem interior cella nuncupatur, et sibi eam sueque uxori Comitisse felicis memoriae Hazige absque omni contradictione apprehendit: sicut mos est et erat communem silvam de legitimis curtiferis apprehendere: et in potestatem sui juris tam populari more, arborum scilicet incisione, ignium ustione domorumque edificatione, quam trium dierum in eodem loco, quod hereditario jure hereditatem retinere mos est, sessione, a monte qui dicitur Chitinrein usque ad locum qui dicitur Chivirinis Ursprinch vendicavit. Postea vero aliquando transacto tempore praedicte dominationis servi et rustici iterum egressi a Willingan eumque a monte priori Chitinrein scilicet usque ad rivulum Diezzentenbach dictum more solito, quo et prius, apprehenderunt suisque dominiis determinaverunt. Tum ex hoc silva ab eadem familia excolitur et inhabitatur — —" In dieser Erzählung ist denn allerdings Manches dunkel, und namentlich scheint mir, wegen des zuerst gebrauchten Wortes: libera silva, und des später vorkommenden Ausdrucks: communis silva, es nicht ganz deutlich zu sein, ob von einem herrenlosen, oder von einem gemeinschaftlichen Walde hier die Rede ist, obgleich das Letztere wol wahrscheinlicher sein dürfte.

20) **Chartul. Werthinens.** *Leibnitz* Script. Rer. Brunsvic. Tom. I. p. 114. „In Christo patri Altfrido gratia Dei Episcopo Emptori, Ego Gunthrad et Athilovin venditores. Constat nos tibi vendidisse et ita vendidimus, id est, comprehensionem nostram in silva, quae vocatur Witerwald, quam comprehensionem homines tui una nobiscum circuiverunt et novis signis obfirmaverunt. an. 848."

21) **Dipl. Henrici V. ad Monast. S. Georgii** a. 1119. *Menken* Script. Rer. Germ. et praecipue Saxonic. Tom. III. p. 1111.

22) Urkunden über den vom Kloster zum heil. Creutz in Gotha vom Landgraf Albrecht gekauften Wald Luthechenrod, 1297. *Menken* l. c. p. 1040.

23) Urkunde über einen vom Kloster zu Dobrilugk von einem benachbarten Gutsbesitzer gekauften Wald, 1301, bei *Ludwig* Reliq. Manusc. Tom. VI. p. 408.

24) Zur Bestätigung dieses allgemein bekannten und nie in Abrede gestellten Satzes genüge es, statt einer ermüdenden Mittheilung von Urkunden, blos eine Reihe derselben aus verschiedenen Jahrhunderten und verschiedenen Gegenden Deutschlands zu benennen, in denen sich diese Erwähnung findet. Chartul. Werth. trad. a. 21. regn. Lud. P. *Leibnit* l. c. T. I. p. 108. Dipl. Lothar. I. a. 844. *Schaten* Annal. Paderborn. Tom. I. p. 128. Dipl. Arnulph. a. 899. Monum. Boica. Tom. I. p. 851. Dipl. Henric. I. a. 929. *Gundling* Henric. Aucup. p. 313. Dipl. Otton. I. a. 937. *Kettner* Antiquit. Quedlinghurg. p. 5. Dipl. Otton. II. a. 979. *Leibnitz* l. c. T. III. p. 714. Dipl. Henric. II. a. 1002. *Schaten* l. c. T. I. p. 365. Dipl. Conrad. II. a. 1025. Monum. Boica. T. VI. p. 161. Dipl. Henric. III. a. 1050., l. c. T. III. p. 103. Dipl. Henric. IV. a. 1065. *Schaten* l. c. T. I. p. 564. Dipl. Archiep. Adelbert. Mog. a. 1123. *Guden.* Cod. diplom. T. I. p. 60. Dipl. Fridric. I. a. 1163. Monum. Boica. T. VI. p. 161. Dipl. Com. de Ortenburg. a. 1272. *Scheidt* Biblioth. histor. Goetting. T. I. p. 194. Dipl. Rudolph. de Ochsenstein a. 1373. *Guden.* l. c. T. V. p. 688. Dipl. Imp. Sigismundi a. 1452. *Burgemeister* Cod. diplom. equest. T. II. p. 1561. Dipl. Fridric. III. a. 1475. *H. Boecler* ad *Aeneae Silvii* historiam rer. Fridr. III. Argent. 1685. p. 103.

25) Chartul. Werthinens. *Leibnitz* l. c. T. I. p. 104. „Ego Hradolfus — — tradidi ad reliquia S. Salvat. — — particulam hereditatis meae in pago Folum, in villa, que dicitur Englandi, id est curtile unum et duodecimam partem in sylvam quae dicitur Braclog cam pascuis et plena dominatione — — a. 30. Car. reg."

26) Ebirhardi Mon. Fuld. Summaria Tradit. Cap. V. Nr. 11. in *Schannat* Corp. Tradit. Fuldens. p. 300. „— — et silvam sicut alii lidi habere videntur XL jugerum."

27) Struben Rechtliche Bedenken. Th. 3. S. 115.

28) Anton a. a. O. Th. 1. S. 466.

29) Lennep Von der Leihe zu Landsiedelrecht. Cod. prob. Nr. 45.

30) Mittermaier Grundsätze des deutschen Privatrechts. §. 269.

31) Anton a. a. O. Th. 2. S. 327. theilt ein Beispiel mit, wo der Boden eines ganz verwüsteten Waldes, der einem Hof und seinen Hintersassen gemeinschaftlich gehörte, an die Berechtigten 1152 vertheilt wurde, da sonst keine Nutzungen mehr aus ihm zu entnehmen waren.

32) Um alle Versuche der ältern Juristen, die forstliche Herrlichkeit, oder wie sie sonst das Aufsichtsrecht des Staats auf die Waldungen nannten, aus den ältesten Zeiten abzuleiten, in ihrer gänzlichen Unhaltbarkeit darzustellen, bedarf es nur eines genauen Blickes auf die gesellschaftlichen Verhältnisse jener Zeiten. Denn vor Ausbildung der Landeshoheit finden wir keine Idee des Staats ausgesprochen; ohne daß diese aber vorhanden war, konnte jenes Institut nicht bestehen. Stisser, der in seiner Forst-

und Jagdhiſtorie. S. 150 ſeq. ebenfalls die forſtliche Herrlichkeit von den älteſten Zeiten an ableitet, bringt eine Urkunde von Friedrich und Wilhelm, Landgrafen von Thüringen, v. 1405 bei, Beilage Lit. A. S. 1., durch welche dieſe dem Nonnenkloſter in Jena einen Wald ſchenken, wo die forſtliche Herrlichkeit vorkommen ſoll. In der ganzen Urkunde ſteht aber natürlich nichts davon, und Franke hat in der 2. Aufl. von Stiſſers Werk S. 153. ſchon richtig bemerkt, daß es daſelbſt fürſtliche Gewalt, und nicht forſtliche Gewalt, wie dieſer geleſen und darauf ſeinen ganzen Satz gegründet, heißen müſſe.

33) Beiſpiele davon oben §. 16. Beſonders gehört hierher die Urkunde vom Biſchof Konrad von Würzburg v. 1168, Cod. Lauresham. Tom. I. p. 266., in der er einem Kloſter die Erlaubniß giebt, in ſeinem Forſte, deſſen Grund und Boden dem Kloſter Laureſham gehörte, und in dem ihm blos das Forſtrecht zuſteht, Neuland zu machen.

34) So erlaubt z. B. der Graf Wilhelm von Jülich in einer Urkunde von 1234, Kremer Geſch. von Jülich. Th. 3. Urk. S. 78., einer Abtei, Wälder, die zu ihren Allodialbeſitzungen gehörten, auszuroden.

35) So z. B. bei dem Verkaufe einer Mühle zwiſchen dem Kloſter Dobrilugk und Alexander von Beyersdorf v. 1276. *de Ludwig* Reliq. Mss. Tom. I. p. 116. „Insuper de lignis insularum ad molendinum pertinentium, modica ligna ad necessitatem ignis secabit, sed nulla prorsus grandia ligna incidet sine nostro consilio, nisi valuerit evidentem utilitatem demonstrare. Sed nulla ligna vel parva vel grandia vendet.‟

§. 25. Die Jagd auf eignem Grund und Boden, außerhalb der Forſte, war keinem Verbote unterworfen.

Schon oben haben wir durch Zuſammenſtellung mehrerer Nachrichten, die uns aus den älteſten Zeiten aufbewahrt, nachgewieſen[1]), daß in jenen Zeiten die Jagdbefugniß, mit dem Grundeigenthume verbunden, jedem freien Eigenthümer auf eignem Grund und Boden, und wol auch auf gemeinſchaftlichen Grundſtücken zugeſtanden habe. Ebenſo haben wir aber auch geſehen[2]), daß vom 9. Jahrhundert an durch die auf verſchiedene Weiſe entſtandenen und weit verbreiteten Bannforſte, verbunden mit dem Uebergange von vielem kleineren echten Eigenthume in einen abgeleiteten hofrechtlichen Beſitz, viele Grundeigenthümer nicht nur die Jagd auf gemeinſchaftlichen Grundſtücken[3]), ſondern auch ſelbſt auf ihren eignen, wenn dieſe zu dem Bezirke eines Bannforſtes geſchlagen wurden, durch die zu dem Weſen derſelben gehörenden und aus ihm hervorgehenden Jagdverbote verloren hatten. Ob aber ſolche Verbote blos auf die Bannforſte ſich erſtreckt, oder ob ſie auch auf die, denſelben nicht zugetheilten Grundſtücke ausgedehnt worden, iſt eine Frage, die bei der fortgeſetzten Unterſuchung über die Schickſale der Jagdbefugniß in Deutſchland von großer Wichtigkeit iſt.

Die allgemein in den Capitularien der fränkiſchen Könige von Karl dem Großen, Ludwig dem Frommen und Karl dem

Kahlen enthaltenen Jagdverbote⁴) sprechen einzig und allein von den Bannforsten, und können auf die außerhalb derselben befindlichen Grundstücke und Jagden keineswegs ausgedehnt werden⁵). Blos eine einzige andere Verordnung Karls des Großen, die auf alle Unterthanen sich bezieht und in der ein Jagdverbot vorkommt, habe ich in den Bestimmungen über die Sonntagsfeier gefunden, wornach an den Sonntagen selbst Niemand jagen soll⁶); nur auf die Grafen bezieht sich dagegen das Verbot desselben Kaisers, an den Gerichtstagen zu jagen⁷). Verbindet man nun mit diesen Verboten die Nachrichten gleichzeitiger Schriftsteller, welche erzählen, daß die Franken jedes andere Volk in der Jagdfertigkeit übertroffen und daß Karl seine Söhne nach Sitte der Franken im Reiten, Jagen und in den Waffen habe üben lassen⁸), so ergiebt sich daraus nothwendig, daß außerhalb der Forsten die Jagd nicht verboten gewesen⁹), und sie Jeder, innerhalb der übrigen rechtlichen Bestimmungen, habe ausüben können; denn widrigenfalls hätte es weder wegen der Sonntagsfeier, noch wegen des ordentlichen Abhaltens der Gerichtstage jener particulairen Verbote bedurft.

Noch ein anderes Jagdverbot, was blos auf die Geistlichen, als mit deren Würde man die Jagd nicht vereinbar hielt¹⁰), sich bezieht, ist hier zu erwähnen. Schon Karlmann untersagte ihnen die Jagd und die Streifereien in den Wäldern mit Hunden, und verbot ihnen überhaupt, Falken zu haben¹¹), was Pipin wiederholte¹²), und Karl der Große nahm nicht nur in sein erstes Capitulare jene Verordnung Karlmanns auf¹³), sondern schärfte dasselbe auch in spätern Capitularien wieder ein¹⁴), was wir auch von Karl dem Kahlen noch finden¹⁵). Das canonische Recht, was überhaupt über die Jagd sehr ungünstig urtheilt¹⁶), untersagt diese beinahe mit den nämlichen Worten, wie die angeführten Capitularien allen Clerikern¹⁷). Selbst auf dem tridentinischen Concil wurde dieses Verbot, was auch schon früher eine Synode zu Augsburg 952 ausgesprochen haben soll¹⁸), wiederholt¹⁹). Nichtsdestoweniger aber überschritten die Geistlichen, besonders die hohen, dieses Verbot stets, und wenn auch alle die vielen Schenkungen von Bannforsten und Gütern mit dem Jagdrechte nicht nothwendig einen Schluß auf die eigne Ausübung dieses Rechtes mit sich bringen, da sie ja dasselbe durch ihre Beamten ausüben lassen konnten, so ließen doch diese Schenkungsbriefe und Verleihungen sehr leicht eine Ausdehnung auf das Recht zur eignen Ausübung der Jagd zu, wozu auch besondere Erlaubniß oft erlangt wurde. Denn so gab Heinrich II. 1019 diese Erlaubniß dem Bischof Bruno von Augsburg²⁰), ein Pfalzgraf Siegfried 1093 dem Abte eines von ihm gestifteten Klosters²¹), sowie der König Johann von

Böhmen 1310 einem Bischof von Eichstädt ²²), und schon oben ²³) haben wir gesehen, wie Herzog Albrecht von Sachsen dem Erzbischof von Bremen und dessen Nachfolgern die Jagd in einem ihm von demselben verliehenen Forste gestattete. Ueberhaupt aber fehlt es keineswegs an Nachrichten von Uebertragung jenes Verbotes ²⁴). Daß übrigens in diesen gesetzlichen Bestimmungen so wenig, als in den vorher angeführten, ein allgemeines, auf alle Unterthanen bezügliches Jagdverbot zu finden, bedarf keiner Erwähnung.

In den wenigen Gesetzen der Kaiser nach Abgang des karolingischen Stammes, die außer Privilegien, höchstens Vorschriften über den Landfrieden und einige, die Grundverfassung des Reichs betreffende Bestimmungen enthalten ²⁵), ist über die Jagd nichts zu finden ²⁶), und die in Privilegien, Bestätigungen und Verleihungen enthaltenen Jagdverbote, die wir oben an verschiedenen Orten angeführt, beziehen sich nur auf einzelne bestimmte Bannforste Derjenigen, zu deren Gunsten diese Urkunden ausgestellt worden, und haben demnach weder außerhalb der Forste, noch auch sonst die Kraft allgemeiner Gesetze ²⁷).

Wenn übrigens jener regalistische Geist, der vom 16. Jahrhundert an so viele Juristen beseelte, schon nach Begründung der Bannforste in den Gerichten herrschend gewesen wäre, so hätte es wol leicht geschehen können, daß, mit Hülfe der auf die Forste sich beziehenden particulären Verordnungen und durch weitere Ausdehnung der dieselben betreffenden Verbote, ein allgemeines Jagdverbot, wenigstens für den freien Besitzer eines kleinen Grundeigenthums und den Vasallen, im Laufe einiger Jahrhunderte hätte entstehen können. Daß aber dieses nicht geschehen, erhellet deutlich aus den Rechtsbüchern des Mittelalters. Denn wenn auch der Sachsenspiegel ebenso wie der Schwabenspiegel ²⁸) das Jagdverbot in den Forsten unter der Strafe des Königsbannes, als einen damals schon gemeingültigen Rechtssatz, kennt, so findet sich doch in beiden nicht die geringste Spur eines auch außerhalb der Forste gültigen Jagdverbots. Im Gegentheil erkennt der Sachsenspiegel, bei den Vorschriften über die Jagdfolge in den Worten: „Jaget en man en wilt buten deme vorste, unde volgent yne die hunde bynnen den vorst," ein außerhalb der Forsten bestehendes Jagdrecht an, was ebenfalls, und noch weit deutlicher, durch den Schwabenspiegel, bei dem hierbei der Einfluß des fremden Rechts nicht zu verkennen, geschieht, indem derselbe ganz unabhängig von den Bannforsten, und diesen entgegengesetzt, von dem „wiltpann" eines Mannes spricht, in dem diesem die Jagd zusteht und alles darin befindliche Wild sein eigen ist. Besondere Strafen hingegen auf die Verletzung des Jagdrechts eines

Anderen, außerhalb der Bannforste, wie sie schon die ältesten Volksgesetze enthalten, finden wir in den Rechtsbüchern des Mittelalters nicht ausgesprochen, und es ist daher zweifelhaft, ob bei solchen Verletzungen etwa eine willkürliche Strafe eintrat, oder ob der Verletzte blos auf Schadenersatz klagen konnte. Das sächsische Weichbild selbst erwähnt nichts von der Jagd [29]), und nur in der Glosse findet dieselbe eine Erwähnung, wobei die von dem Principe der Ergreifung einer herrenlosen Sache ausgehenden Jagdbestimmungen des römischen Rechts [30]) mit den deutschrechtlichen, auf das Eigenthum gegründeten Grundsätzen über die Jagd in Einstimmung zu bringen versucht wird, wovon denn das Resultat ist, daß Jeder auf seinem Eigenthume die Jagd habe, und sie jedem Dritten daselbst verwehren könne [31]). Ganz auf ähnliche Weise sucht auch Klingen in seiner Bearbeitung des Sachsenspiegels zu dem 61. Art. des 2. Buchs [32]) diese verschiedenen Rechtsprincipe zu vereinigen; nur nimmt er mehr auf das wirklich bestehende Verhältniß, als jener Glossator, Rücksicht, indem er nicht blos von Eigenthümern, sondern von Grundherren spricht, und den Unterschied, den er dabei auf den Umstand gründet, ob der Grundherr Gerichtsbarkeit selbst habe oder nicht — da er ihm in jenem Falle eine willkürliche Bestrafung des Uebertreters, in diesem aber nur die aus dem römischen Rechte hier aufgenommene actio injuriarum gestattet — schreibt sich jedenfalls aus dem alten Rechte der Bannforste her; daß aber dieses weder bei ihm, noch in jener Glosse erwähnt worden, hat seinen Grund wol darin, daß am Ende dieser und dem Anfang der folgenden Periode, wohin wenigstens Klingen gehört [33]), die ganze Lehre von den Bannforsten nicht mehr praktisch war.

Eine, dem ersten Anscheine nach mit diesen deutschrechtlichen Grundsätzen in Widerspruch stehende Bestimmung hat die culmische Handfeste, nach welcher von jedem Thiere, das ein Bürger fing, mit Ausnahme von Bären, Schweinen und Rehen, an das Haus des Deutschmeisters eine bestimmte Buße gegeben werden mußte [34]); ein Widerspruch, der aber wol wegfällt, wenn man bedenkt, daß dieses Gesetz der Sieger gab, und daß hier auch nur von den Bürgern, bei denen so wegen des Mangels, oder doch der geringen Ausdehnung von Feldern und Wald, an ein Jagdrecht nicht sehr zu denken, die Rede war.

Wenn wir übrigens in dem Schwabenspiegel [35]) noch besondere Strafbestimmungen über Entwendungen von Vögeln und Hunden, die zur Jagd gebraucht werden, finden, ähnlich den Bestimmungen des alten allemannischen Gesetzes [36]), so weisen sie ebenso wie diese indirect auf die Gestattung der Jagd hin.

1) Abth. 1. §. 8. und 9.

2) Abth. 2. Abschn. 1. §. 15.

3) Abth. 2. Abschn. 2. §. 22.

4) Diese Verbote sind oben §. 15. in den Noten schon mitgetheilt.

5) Riccius Entwurf von der in Teutschland üblichen Jagdgerechtigkeit. Cap. 1. §. 13. Jargow Einleitung in die Lehre von den Regalien. B. 2. Cap. V. §. 6.

6) Capitul. Car. M. Capitul. I. a. 789. cap. 79. „Statuimus quoque secundum quod et in lege Dominus praecipit, ut opera servilia diebus dominicis non agantur — — quod nec viri ruralia opera exerceant, id est nec in vinea colenda, nec in campis arando, nec in metenda, vel foenum secando, vel sepem ponendo, nec in silvis stirpare, vel arbores caedere, vel in petris laborare, nec domos construere, nec in horto laborent, nec ad placita conveniant, nec venationes exerceant.“ Die diesem Kapitel vorgesetzte Ueberschrift: omnibus, beweist, daß diese Vorschrift auf das ganze Volk sich bezogen.

7) Capitul. Car. M. Capit. III. a. 789. Cap. 1. „Ut comites — — in venationem non vadant illo die, quantum placitum debent custodire, nec ad pastum.“

8) *Eginhard.* Vita Carol. M. cap. 18. „— — filios quam primum aetas patiebatur, more Francorum equitare armis ac venationibus exercere fecit.“ cap. 22. „— — quia vix ulla in terris natio invenitur, quae hac in re (scil. in venatu) Francis possit aequiparari. —“ S. auch *Aimonius* De gestis Francor. Lib. I. cap. 21. Lib. IV. cap. 17.

9) Weber Lehnrecht. Th. 2. S. 257.

10) *Fel. Spitz* Tract. de clerico venatore. Hal. 1735. p. 17. hat hierüber eine Menge Aussprüche von Kirchenvätern zusammengestellt. Es ist dies überhaupt eine sehr merkwürdige Abhandlung, in der, daß die Jagd nach Religion und Moral erlaubt sei, daraus abgeleitet wird (p. 17 seq.), daß Gott den Menschen mit der Erde beliehen habe: „Postquam enim simul supremus conditor et dominus simul hujus universi directus, Adamo tanquam vasallo suo, totum terrarum orbem in feudum quasi, sub obedientiae fideique sigillo, concesserat, diplomati investituram feras quoque bestias et dominium in easdem nominatim insertas voluit, Gen. 1. vers. 28 et seq.“ Eine renovatio investiturae fand dann bei Noah, p. 13., statt. Ueber das Jagdverbot der Geistlichen findet sich in dieser Abhandlung, außer den bekannten Stellen des canonischen Rechts, nicht viel mitgetheilt, wol aber wird p. 31. demonstrirt, daß die Venatio clamosa, nicht aber die non clamosa den Geistlichen verboten sei. Uebrigens ist über dieses Jagdverbot oben Abth. 1. §. 9. zu vergleichen.

11) Carlomanni principis Capitul. I. a. 742. cap. 2. „Nec non et illas venationes et silvaticas vagationes cum canibus omnibus servis Dei interdiximus. Similiter ut accipitres et falcones non habeant.“

12) Pipini principis Capitulare Suessionense. a. 744. cap. 3. „Et omnes clerici fornicationem non faciant, nec habitum laicorum portent, nec habeant canes ut venationes faciant, nec accipitres portent.“

13) Capit. Carol. M. Capit. I. a. 769. cap. 3. „Omnibus servis Dei venationes et silvaticas vagationes cum canibus, et ut accipitres et falcones non habeant, interdicimus.“

14) Capitul. Carol. M. Capit. III. a. 789. cap. 15. „Ut Episcopi et Abbates et Abbatissae cupplas canum non habeant, nec falcones, nec accipitres, nec joculatores.“ — Capit. I. a. 802. cap. 19. „Ut Episcopi, Abbates, Presbyteri, Diaconi, nullusque ex omni clero canes ad venandum, aut acceptores, falcones, seu sparuarios habere praesumant, sed pleniter se unusquisque in ordine suo canonice vel regulariter custodiant.“

15) Capitul. Caroli Calvi. Tit. 48. Synodi Pontigonensis. cap. 9. „— Venationem quoque nullus tam sacri ordinis exercere praesumat.“ *Balux.* Capit. Reg. Franc. Tom. II. p. 241.

16) C. 8. D. LXXXV. „Qui Venatoribus donant, quare donant? dicant mihi quare donant Venatori? Hoc in illo amant, in quo nequissimus est: hoc in illo pascunt, hoc in illo vestiunt: ipsam nequitiam publicam spectaculis omnium.“ c. 9. D. ead. „Qui Venatoribus donant, non homini donant, sed arti nequissimae. Nam si homo tantum esset, et Venator non esset, non donares: honoras in eo vitium, non naturam.“ c. 11. D. ead. „Esau venator erat, quoniam peccator erat. Et penitus non invenimus in Scripturis sanctis Sanctum aliquem Venatorem; Piscatores invenimus Sanctos.“

17) C. 1. 2. X. De clerico venatore. V. 24. „Episcopum, Presbyterum aut Diaconum canes aut accipitres aut hujusmodi ad venandum habere non licet. Quod si quis talium personarum in hac voluptate saepius detentus fuerit, si Episcopus est, tribus mensibus a communione: si Presbyter, duobus: si Diaconus, ab omni officio suspendatur. c. 2. Omnibus servis Dei venationes et sylvaticas vagationes cum canibus, et accipitres aut falcones habere interdicimus.“

18) Schmids Geschichte der Teutschen. Th. 2. S. 83.

19) Sess. 24. c. 12. S. auch *J. H. Boehmer* Jus Eccl. Protest. Tom. V. Lib. V. tit. 24. §. 4—6. und *Ziegler* De jure majestatico. Lib. II. cap. 14. §. 88—42.

20) *Achil. Prim. Gassarus* Annal. Augsburg. bei *Menken* Script. Rer. Germ. et praec. Saxon. Tom. I. p. 1388.

21) Dipl. bei *Tolner* Cod. Dipl. palat. p. 34.

22) Dipl. bei *Falkenstein* Cod. Dipl. Nordgrav. p. 146.

23) S. §. 15. Note 32.

24) Anton Geschichte der teutschen Landwirthschaft. Th. 2. S. 357.

25) Eichhorn Rechtsgeschichte. §. 262.

26) Die sehr oft zur Begründung der Regalität der Jagd angezogene Stelle II. F. 56., die auch nicht ein Wort davon enthält, sowie die II. F. 27. §. 5., aus der ein Jagdverbot theils nur für die Bauern, theils aber auch im Allgemeinen abgeleitet wird, werden wir unten §. 27. u. 29. besprechen.

27) Daß das Gesetz, welches *Goldast* Constitutiones Imp. T. III. p. 312. von Konrad II. als ein allgemein gültiges und verbindliches Gesetz aufführt, dieses keineswegs ist, sondern blos aus einer von diesem Kaiser dem Bischof von Minden ausgestellten Urkunde entnommen worden, habe ich oben §. 15. und Note 16. daselbst schon angeführt. Demnach fal-

ken denn auch alle Consequenzen, die in früherer Zeit einige Vertheidiger der unbedingten Jagdregalität daraus gezogen, von selbst weg.

28) Sachsenspiegel B. 2. Art. 61. Schwabenspiegel c. 350. (Berger S. 276.) wie dieses oben §. 15. Note 27. und 28. mitgetheilt.

29) Sächs. Weichbild. Art. 119., 120. und 121. spricht blos von Tauben, Pfauen und anderm Federspiel, das nicht grimmend ist, sowie von Bienen und Hühnern, und in Art. 122. werden wilde Thiere nur wegen des Schadens, den sie dann, wenn sie Jemand hält, thun können, erwähnt, und dabei wird gesagt: „Wer wilde thiere halten will, ausser den Bannfürsten, der soll sie halten in seinen verschlossenen geweren." So daß also von der Jagd hierin eigentlich nichts erwähnt wird, von der ich auch im Kaiserrechte, im Rechtsbuche Ruprechts von Freisingen und im Baierischen Landrechte nichts gefunden habe.

30) Kurz sind die Bestimmungen des römischen Rechts über die Jagd erwähnt in *Stieglitz* Diss. de jure venationem exercendi in Germ. usque ad sec. XVI. obtinente, praef. Durch die nach diesem Rechte bei einer Jagdverletzung gestattete actio injuriarum könnte noch am ersten jene Uebereinstimmung des römischen und deutschen Rechts, wenn auch nur auf eine sehr gezwungene Weise, bewirkt werden.

31) Sächs. Weichbild. Budissin (Wolrabe) 1557. Fol. Glosse zu Art. 122. „Ir sollt auch hie wissen, wiwol das wilde thier gemein seind, jedoch so mag man sie eigen machen. Davon so mag ein jeglich man mit seinen umbsessen willkören, dass niemand auf des andern gut jag. Und ob man es gleich auch nicht willkörte, doch so mag man einem wol weren mit recht, das er nicht in eines andern mannes eigenthumb gehe und darin jage, ut insti. de re. divi. §. plane. C. de rei vendi. l. Si fundum. Wenn ein jeglich das sein heget, so heget er auch das, das in dem seinen ist, es sey wild oder zahm. Das wild ist sein, dieweil es in seinem gehege ist. Kompt es aus seim Geheg es ist des, der das erwischt. Insti. de re. divi. §. Quicquid autem.

32) *Klingen:* Das ganze Sechsisch Landrecht mit Text und Gloss in eine richtige Ordnung gebracht. Leipz. 1572. (1. Ausg. Fol.) Fol. 97. — „und ob gleich die wilden thier, wenn sie ihren freyen lauf haben, jedermann erlaubt, so mag doch ein jeder Grundherr, einem andern verbieten, das er sich seines grundts und bodens enthalte, darauff nicht jagen nog vogel fangen sol, Und da der Grundherr, der das jagen, fisch und vogel fangen, verbotten, gericht und obrigkeit an dem Orte hat, in erfahrung kompt, das er wissentlich und wider seinen willen daselbst wildtpret gefangen und geschossen, so mag er in — — wilkörlich straffen. Hette aber der Grundherr, der das jagen verbotten, nicht die gericht und obrigkeit des orths, so möchte er wider den Verbrecher actione injuriarum klagen."

33) Daß ich aber trotz dem seine Ansicht schon hier aufgeführt, geschieht wegen des Zusammenhanges derselben mit dem Sachsenspiegel und ganz besonders mit der Glosse des Weichbildes.

34) Spangenberg Beiträge zu den teutschen Rechten des Mittelalters. S. 210. „Von jaged: Wir wollen ouch von iglichem tyre, daz sie od' ire lute vahen: daz sie pflichtic sin unsem huse den rechten bus zu gebene: hiezu sin genommen bere un swin un re. Daz wir san von sehen mulen unn tyren gesazt haben daz witbere wir aleine zu den burgeren di von unsem huse alse vorgesprochen ist beerbet sin bekant."

35) Schwabenspiegel. cap. 353. 354. 355. 357. 361. 362. 363. 367. 368. (Berger S. 278—284.)

36) Lex Alam. tit. 82. c. 1—4. tit. 101. et Capitula addita ad Leg. Alaman. tit. 36. S. überhaupt oben §. 9.

§. 26. Die Jagdbefugniß als Pertinenz des Grundeigenthums.

War nun auch allerdings durch Entstehung und weitere Ausbildung der Bannforste der erste Schritt zu einer Beschränkung der Jagdbefugniß geschehen[1]), so bezog dieselbe sich doch nur auf die zu den Bannforsten gehörigen Grundstücke, und außerhalb dieser mußten nun auch die in den ältesten Zeiten geltenden Grundsätze (§. 8.), der Verbindung der Jagd mit dem Grundeigenthume, noch stattfinden, da nicht nur kein einziges, diesem entgegenstehendes Verbot anzutreffen, sondern auch jene alten Grundsätze selbst, mehr oder minder deutlich, in den Rechtsquellen erwähnt werden. Außer diesem negativen, aus dem Mangel eines Verbotes sich ergebenden Beweise ist nun aber auch noch ein positiver über diese Verbindung des Grundeigenthums mit dem Rechte der Jagdausübung zu führen, welchen uns denn viele Urkunden, die über verschiedene Rechtsgeschäfte abgefaßt sind und unter den Pertinenzen der Landgrundstücke die Jagd erwähnen, an die Hand geben, da wir auf die Autorität vieler, ja selbst der angesehensten Rechtslehrer[2]) und gründlicher Historiker[3]) hierbei um so weniger uns allein verlassen können, als es auch unter den ältern Juristen mehrere gab, die diese Ansicht nicht theilten. Wegen dieser Urkunden selbst ist noch die schon oben[4]) gemachte Bemerkung zu wiederholen, daß, wie denn überhaupt eine feste Terminologie in den Rechtsmonumenten des Mittelalters nicht zu finden, so auch der, ursprünglich nur auf die Bannforstgerechtigkeit sich beziehende Ausdruck Wildbann schon zeitig öfters, und in spätern Zeiten ziemlich allgemein überhaupt die Jagd bedeutet, nicht blos aber die, welche wirklich unter den Schutz des Königsbannes gestellt war[5]), und daß demnach, um zu beurtheilen, ob unter jenem Ausdrucke die Bannforstgerechtigkeit, oder die von ihr unabhängige Jagdbefugniß zu verstehen, die Zeit der Urkunde und alle andere Umstände genau beachtet werden müssen.

Nun findet sich zwar schon vor den sächsischen Kaisern die Jagd in einigen Urkunden erwähnt, wie in einer Bestätigung Karls des Großen über eine von einem Herzoge Athicus dem Kloster Ebersheim gemachte Schenkung[6]), in einer Schenkung des Herzogs Tassilo von Baiern an die Kirche zu Freisingen[7]) und Ludwig des Frommen an ein Kloster[8]), aber theils com-

men dergleichen Ausdrücke in diesen Urkunden sehr selten vor,
theils ist auch die Echtheit der letztgenannten Urkunde sehr zu
bezweifeln, und die Falschheit der ersten beinahe gewiß [9]), so
daß wir denn der Bemerkung von Struben [10]), nach welcher
diese Erwähnung der Jagd erst in der Zeit der sächsischen Kaiser
aufgekommen, vollkommen beitreten. Von dieser Zeit an aber
findet diese Erwähnung sich in unzähligen Urkunden; so in welchen von Otto dem Großen, der der Kirche zu Salzburg [11]),
von Otto II., der der Kirche zu Aschaffenburg [12]) Güter schenkte,
und noch häufiger in mehreren Schenkungsurkunden Otto's III. [13])
und Heinrichs II. [14]), der auch wegen einiger Güter mit
einem Abte von Fulda einen Tausch einging, wo die Jagd unter den Zubehörungen der Güter dieser Beiden mit vorkommt [15]).
In derselben Zeit gab auch ein baierischer Graf einige Hufen an
das Kloster zu Tegernsee, wofür ihm von dem Abte die Jagd
in einem Walde des Klosters gestattet wurde, welche dabei ausdrücklich als ein reditus nemoris aufgeführt wird [16]). So
wird auch in den Schenkungen Konrads II. an mehrere Kirchen [17]) und an den Grafen Ludwig, den Stammvater der
Landgrafen von Thüringen [18]), sowie während seiner Regierung
in der Stiftungsurkunde der Kirche zu Oehringen von den Grafen von Hohenlohe [19]) die Jagd nebst Wäldern, Aeckern, Wiesen, Wassern u. s. w. als Zubehör der Grundstücke genannt,
was ebenfalls in Urkunden, die Heinrich III. [20]) und Heinrich IV. [21]) über Schenkungen, die sie an Geistliche und Weltliche gethan, ausstellten, zu finden ist; eine, während des Letztern
Regierung über eine dem Stifte zu Bremen geschehene Tradition, wo bei den Zubehörungen des Gutes die Jagd mit genannt wird, ausgestellte Urkunde sagt hierbei noch, daß es Sitte
sei der freien Sachsen, auf diese Weise zu schenken [22]), und
derselbe Kaiser bestätigte auch noch eine Schenkung, die Graf
Wiprecht von Groitzsch einem seiner Ritter gethan, wo denn die
Jagd ebenfalls unter den Gutszubehörungen genannt ist [23]).
Aus leicht begreiflichen Gründen fängt mit dieser Zeit die Freigebigkeit der Kaiser an, nicht mehr so viele Denkmale in Schenkungsurkunden, wie früher, zu hinterlassen, und an die Stelle
derselben treten jetzt häufig Bestätigungsbriefe der Kaiser, in denen aber, wie in jenen Urkunden, die Jagd oft erwähnt wird,
wie dies von Lothar II. bei der Bestätigung aller Rechte der
Stadt Bernheim [24]), von Konrad III. bei einer Schenkung an
ein Kloster [25]), von Friedrich I. [26]) und Heinrich VI. [27]) in
den Bestätigungen der Rechte des Klosters Tegernsee geschieht,
und zu derselben Zeit schenkte auch Graf Heinrich von Walf-
rathusen dem Kloster Diessen mehrere Güter und einen Wald
mit der Jagd [28]). Ganz auf dieselbe Weise als Zubehör der

Güter finden wir die Jagd ebenfalls in mehreren Urkunden des 13. Jahrhunderts aus den verschiedenen Gegenden Deutschlands, wie bei einem vom K. Philipp bestätigten Kauf, den ein Bischof von Passau mit einem Herzoge von Merane über ein Schloß abgeschlossen [29]), bei der Bestätigung der Rechte eines Klosters von Friedrich II. [30]), bei Schenkungen und Käufen Heinrichs des Erlauchten, Markgrafen von Meißen [31]), und seines Sohnes, Dietrich von Landsberg [32]), in einem Vertrage des Herzogs Heinrich von Brabant mit einem Vasallen [33]), in einer Schenkung eines baierischen Ritters [34]) und in den Kaufurkunden eines Dynasten von Durne [35]) und eines Grafen von Gleichen [36]). Auch aus dem 14. Jahrhundert sind solche Urkunden uns aufbehalten, als von einem von Ylburg an das Kloster zu Dobrilugk über Käufe und Schenkungen [37]), an dasselbe Kloster von zwei Brüdern von Sonnenwalde [38]) und in den Verpfändungsurkunden derer von Ochsenstein in Baiern [39]), was sich ebenfalls in verschiedenen Kaiserurkunden dieser Zeit, als in einer Verpfändung Karls IV. [40]) und einem Lehnbriefe K. Wenzels [41]) findet. Im 15. Jahrhundert, was wenigstens zum größten Theile noch in diese Periode gehört, hat jener alte Gebrauch sich ebenfalls erhalten, wie denn unter Andern die Bestätigung der Rechte des Erzbischofs von Köln von K. Ruprecht von der Pfalz [42]), die Verpfändung eines Grafen von Delmenhorst an die Kirche zu Bremen [43]), das bekannte Privilegium Friedrichs des Streitbaren, des ersten Churfürsten aus dem meißnischen Hause, an die Mannschaft zu Sachsen [44]), wobei die Jagd unter den von Alters hergebrachten Rechten erwähnt wird, eine Schenkung der Herzoge Ernst und Wilhelm von Baiern an das Kloster Priefling [45]) und ein Lehnbrief Markgraf Albrechts von Brandenburg an die von Alvensleben darthut [46]).

So sicher nun auch eine solche Reihe von Urkunden aus sieben Jahrhunderten, welche die verschiedenen Gegenden Deutschlands betreffen, und mit Hülfe unserer vielen Urkundensammlungen noch bedeutend sich vermehren ließe, für das gemeingiltige Princip spricht, daß die Jagd in den ältesten und mittlern Zeiten als eine Zubehörung der Grundstücke betrachtet worden sei [47]), so hat es doch nicht an entgegenstehenden Meinungen gefehlt, die, von einer ursprünglichen Regalität der Jagd ausgehend, in jenen Erwähnungen derselben einen Beleg für ihren Satz auf diese Weise fanden, daß sie behaupteten, durch jene Schenkungen und Verleihungen der Kaiser, nicht aber proprio jure als Grundbesitzer, hätte der Adel und die Geistlichkeit die Jagd bekommen [48]). Bei dieser Behauptung ist aber freilich nicht bedacht worden, daß die Jagd in den Urkunden auf keine andere Art als Pertinenz der Grundstücke genannt wird, als

wie dies auch von Aeckern, Wiesen, Wäldern, Wegen, Hof=
hörigen u. s. w. geschieht, deren Regalität zu behaupten Niemand=
dem in Sinn gekommen [49]); daß nicht blos es die Kaiser sind,
von denen solche Schenkungen oder Verleihungen erfolgt, wie
denn überhaupt fast alle spätere Regalien ursprünglich mit dem
Eigenthumsrechte der größern Gutsbesitzer verbunden waren [50]),
sondern auch viele andere solche Urkunden ausgestellt [51]); daß
dieses schon zu einer Zeit geschehen, als das Lehnwesen in
Deutschland noch keineswegs allgemein verbreitet war [52]); daß
bei allen solchen Verschenkungen die Kaiser nicht als Kaiser, son=
dern als reiche und große Gutsbesitzer handelten, daher denn
auch nach Verschwendung der kaiserlichen Güter keine Schenkung
mehr vorkommen kann, der Gegenbeweis aber, wenn er etwas
gelten sollte, so geführt werden müßte, daß dem Kaiser als Kai=
ser, und sonst Niemand weiter in Deutschland das fragliche
Recht ursprünglich zugestanden habe [53]), und daß endlich ja
nicht Alles, was von dem Fürsten verliehen ist, auch ein Regal
sei [54]). Umstände, welche jene an und für sich nicht begrün=
dete Behauptung gänzlich umstoßen.

Daß aber jene Erwähnung der Jagd unter den zu den be=
treffenden Grundstücken gehörigen Rechten die Verbindung der=
selben mit dem Eigenthume beweist, ergiebt sich auch noch aus
andern historischen Monumenten. So wird z. B. in einer min=
denschen Chronik bei Beschreibung des Klosters Lucka aus dem
Besitze von eignen Wäldern auch das Jagdrecht nachgewiesen [55]),
und in einem Schöppenurthel, wahrscheinlich aus dem 16. Jahr=
hundert, die Befugniß zur Jagd mit dem Grundeigenthume in
Verbindung gesetzt, und dagegen nur eine, durch Verjährung
begründete Ausnahme gestattet [56]). Mehr aber noch sprechen
dafür jene Urkunden, in denen bei Veräußerungen von Grund=
stücken die Jagd ausdrücklich ausgenommen und reservirt wird,
wie dies in einer Schenkung des Erzbischofs Eberhard von Salz=
burg an das Kloster Admont [57]), bei der Belehnung mit einem
aufgetragenen Lehn von dem Herzog Heinrich II. von Lothrin=
gen an Walther Bartholt, Herrn von Mecheln [58]), und bei der
Verpfändung des Schlosses und der Stadt Orlamünde von den
Brüdern Friedrich, Wilhelm und Georg, Landgrafen von Thü=
ringen, an den Erzbischof von Würzburg [59]) geschah, indem
sonst, wenn die Jagd nicht mit dem Grundeigenthume verbun=
den gewesen, sondern nur dann auf den Erwerber der Grund=
stücke übergegangen wäre, wenn sie ausdrücklich in der Urkunde
benannt worden, es dieser Reservation, um sie für sich zu be=
halten, gar nicht bedurft hätte [60]).

Demnach ist denn auch anzunehmen, daß bei allen Erwer=
bungen von Grundeigenthum, wenn nicht das Gegentheil aus=

drücklich festgesetzt wurde, ohne Rücksicht darauf, ob die Jagd unter den Zubehörungen genannt worden, oder nicht, die Befugniß zu derselben auf den Erwerber überging, und sie unter der allgemeinen Formel: cum omnibus pertinentiis etc., begriffen war; was um so richtiger erscheint, da, wie schon bemerkt, vor den sächsischen Kaisern, wo noch ein weit einfacherer Curialstyl herrschte, jene Erwähnung nicht, oder doch nur selten stattfand, und selbst später sie sich bei weitem nicht immer findet (ob dies wol der gewöhnliche Fall), die ganze Fassung der Urkunden aber, und oft auch andere historische Monumente, dafür sprechen, daß jene Uebertragung auch ohne besondere Erwähnung mit dem Erwerbe des Eigenthums nothwendig geschehen [61]), und somit diese ganze Erwähnung selbst einzig und allein von der mehrern oder mindern Weitläufigkeit des Curialstyls abhing, worauf man erst weit später eine Wichtigkeit zu legen begann [62]). Betrachten wir demnach zur Bestätigung dieses einige solche, die Jagd nicht erwähnende Urkunden; Lothar I. schenkte dem Stifte Corbei die Insel Rügen mit Allem, was auf derselben befindlich [63]); Ludwig das Kind bestätigte eine von seiner Mutter der Kirche in Regensburg gemachte Schenkung, ohne irgend etwas dabei auszuschließen (nihil extra dimittentes) [64]), und Heinrich I. schenkte dem Kloster Winnthusen, das später nach Quedlinburg verlegt wurde, einige ihm zugehörige Besitzungen [65]). Daß nun aber mit den kaiserlichen Gütern die Jagd verbunden gewesen, ist noch nie bezweifelt worden; daher sie denn auch, wenn diese Güter mit allen Zubehörungen veräußert wurden, nothwendig mit übertragen werden mußte. Wie der weitläufigere, die Jagd mit erwähnende Urkundenstyl, der dann das ganze Mittelalter hindurch herrschte, nach und nach sich ausbildete, findet man nicht nur, wenn man Urkunden der sächsischen Kaiser mit frühern, sondern selbst dann, wenn man dergleichen von aufeinander folgenden Kaisern dieses Stammes vergleicht [66]). Selbst aber aus der Zeit, wo jene Erwähnung gebräuchlich war, finden sich Urkunden, die sie nicht enthalten, ohne daß es irgend einem Zweifel unterliege, daß sie mit übertragen sei. So stiftete ein Graf Werner 1123 ein Kloster, dem er alle seine zwischen dem Rhein, Main und der Werra gelegenen Güter gab, also zu einer Zeit, wo die Großen schon beinahe gewöhnlich selbst in dem Besitz von Forsten waren, ohne daß die Jagd in der Bestätigungsurkunde vom Erzbischof von Mainz mit genannt wurde [67]); ein Graf von Ortenburg verkaufte 1272 an den Herzog von Baiern seine sämmtlichen, zwischen dem böhmischen Walde und der Donau liegenden Güter mit allen Rechten und Zubehörungen, von denen einige, nicht aber die Jagd, namentlich angeführt werden [68]), was wir sogar ebenfalls in einer Ur-

kunde von 1282 über den Verkauf der Landgraffschaft Leuchten=
berg und des Schlosses Waldeck an den Herzog von Baiern
nicht finden [69]). Da nun auch von den eifrigsten Vertheidigern
der Regalität der Jagd zugestanden wird, daß die zum hohen
Adel gehörigen Personen diese stets gehabt, so unterliegt es um
so weniger nur irgend einem Zweifel, daß auch in vorstehenden
Urkunden die Jagd, ohne genannt zu sein, auf dem Erwerber
mit übergegangen sei.

Noch deutlicher aber erhellet dieses, wenn wir durch eine
Reihe von Urkunden von einem und demselben Eigenthümer frü=
here Schenkungen mit spätern Bestätigungen vergleichen können,
wodurch wir die feste Ueberzeugung gewinnen, daß die einzelnen
Aufführungen von Zubehörungen in Urkunden, blos der Form des
Urkundenstyls angehörend, ohne wesentlichen Einfluß auf die
Sache selbst gewesen sind. So schenkte z. B. Arnulph dem
Kloster Roten in Baiern einige Güter, unter deren Pertinenzen
die Jagd nicht genannt wird; eine besondere Verleihung der Jagd
ist in spätern Zeiten nicht erfolgt, und als K. Heinrich IV. diese
Schenkung, sowie die andern Besitzungen desselben Klosters be=
stätigte, so geschah in dieser Urkunde der Jagd unter den Zube=
hörungen Erwähnung [70]). Noch deutlicher beweist dieses das
Beispiel von dem Stifte zu Quedlinburg, indem hier Schenkung
und Bestätigung nicht so weit von einander liegen. Otto II.
gab nämlich demselben einige Güter, ohne die Jagd in der Ur=
kunde namhaft zu machen, was aber erfolgte, als Otto III.
dieselbe Schenkung, fast ganz mit den nämlichen Worten, wie
in jener Urkunde, bestätigte [71]). Von großer Wichtigkeit sind
hier auch die aus den Urkunden des Klosters Tegernsee zu neh=
menden Beispiele; in der Bestätigungs= und Erneuerungsur=
kunde dieses Klosters von Otto II. wird die Jagd nicht ge=
nannt [72]), und dennoch finden wir, daß kaum vierzig Jahre
hernach der Abt die Jagd in den zum Kloster gehörigen Wäl=
dern einem baierischen Grafen gestattete [73]); in einer Schenkung
an dasselbe Kloster von Heinrich II. wird ferner die Jagd unter
den Zubehörungen erwähnt, während Konrad II. in der Bestä=
tigung derselben sie nicht namentlich aufführt, was dagegen von
Friedrich I. und Heinrich VI. wieder geschieht [74]), ohne daß in
jener Urkunde irgend ein Grund der Auslassung zu finden.
Ebenso verkaufte ein Ritter Bodo von Ylburg einen Wald an
das Kloster zu Dobrilugk und führte dabei die Jagd als Zube=
hörung auf; doch findet dasselbe, ohne Angabe irgend eines
Grundes, und ohne daß aus den andern vielen Urkunden über
das Kloster irgend eine Folge davon zu entdecken, in der in
demselben Jahre erfolgten Bestätigung dieses Kaufes vom Her=
zog Rudolph von Sachsen nicht statt [75]). Auch noch aus dem

11*

15. Jahrhundert läßt sich etwas Aehnliches finden, indem nämlich, nach dem Aussterben der Grafen von Münzenberg, deren
Besitzungen an die verwandten Häuser Eppenstein, Sayn und
Isenburg gefallen waren, zwei Brüder von Eppenstein auf ihren
Antheil verzichteten, führten sie in der Urkunde unter den Zubehörungen die Jagd nicht auf, was aber, als ein Graf von Sayn
seinen Antheil an dieser Erbschaft verpfändete, geschah [76]). Schwerlich möchte nach allem diesen zu läugnen sein, daß die Bestätigungsurkunden in den Ausdrücken nicht stets mit den vorhergehenden Veräußerungsurkunden übereinstimmen, daß dies aber
auf die Sache selbst ohne Einfluß gewesen sei — eine schon öfters gemachte Bemerkung [77]) — und daß die Jagd, wenn sie
auch nicht in den Urkunden namhaft gemacht, doch mit dem Eigenthume von Grund und Boden immer verbunden gewesen.
Nur noch einen einzigen Beleg für diesen letzten, hinlänglich bewiesenen Satz, obschon aus späterer Zeit, will ich hier noch beifügen. Im Herzogthume Braunschweig-Lüneburg haben nämlich alle Rittergüter auf ihrem eignen Grund und Boden die
Jagd, und nach einem 1698 ausgestellten officiellen Zeugniß sind
dennoch bis dahin blos acht Lehnbriefe ausgestellt worden, in
denen der Jagd Erwähnung geschehen, während in den andern
blos die Formel: „Mit aller solcher Güther Freyheit, Gerechtigkeit, und Zubehörungen im Holze, Felde, Wasser, Wiesen und
Weyden, auch Fischereyen" u. s. w. vorkommt [78]).

Einige urkundliche Nachrichten, die dem hier entwickelten
und nachgewiesenen Grundsatz entgegen zu stehen scheinen und
für den Beweis des Gegentheils angeführt worden sind, oder
auch angeführt werden könnten, sind hier noch mit wenigen
Worten zu erwähnen. Zwei Urkunden von Karl dem Großen
sind nämlich vorhanden, in denen er dem Kloster Sithio oder
St. Bertin und dem Kloster St. Denys die Jagd ausdrücklich,
und zwar ersterem sogar auf den, demselben eigenthümlich angehörigen Wäldern schenkt [79]). Ist es nun aber gewiß, daß so
wenige, in der Folge der Zeit sich nicht wiederholende Urkunden
keinen Gegenbeweis von Dem, was durch eine lange Reihe von
Documenten nachgewiesen ist, führen können, so würde eine Annahme der Art, daß diese Klöster etwa in einem königlichen
Bannforst gelegen, oder ihre Waldungen wenigstens zu einem
solchen gehört, so daß dann es allerdings einer besondern Schenkung zur Erlangung des Jagdrechts bedurft habe, jedenfalls ge-
rechtfertigt, um jeden Widerspruch zu heben. Doch bedarf es
hierzu derselben gar nicht, da die Unächtheit jener Urkunden von
mehreren Gelehrten hinlänglich erwiesen [80]), und demnach kein
Widerspruch aus ihnen gegen jene oben angeführten Urkunden
zu entnehmen ist. In einer am Ende des 15. Jahrhunderts ge-

schriebenen verdenschen Chronik wird die weder durch Urkunden
noch sonst bestätigte Nachricht mitgetheilt, daß Otto III. der
Kirche zu Verden die Jagd in dem ganzen Gau Sturmi [81])
gegeben habe [82]); obgleich nun hierbei allerdings nichts davon gesagt ist, ob diese Schenkung auf die der Kirche gehörigen Grundstücke, oder auf andere, vielleicht kaiserliche Güter sich bezogen,
und es demnach nicht einmal mit Gewißheit zu erkennen ist, ob
in dieser Nachricht auch nur ein entfernter Widerspruch mit der
Verbindung des Jagdrechts und Grundeigenthums zu finden, so
ist doch hierbei vor Allem zu bemerken, daß Leibnitz, der jene
Chronik herausgegeben, über sie selbst sagt, daß sie sehr viel
Falsches, besonders in Beziehung auf die Zeit vor dem 13. Jahrhundert, enthalte [83]), und daß demnach jeder hieraus zu bil-
dende Widerspruch ganz unstatthaft erscheint.

1) Montag Geschichte der staatsbürgerlichen Freiheit
bei den Franken. Th. 1. Bd. 1. S. 311.

2) *J. H. Boehmer* Jus Eccl. Protest. Tom. V. Lib. V. tit. 24.
§. 2. Hahn Historisch-juridische Ausführung vom Jagdrecht.
§. 8. und 11. in *Pistor.* Amoen. hist. jur. Tom. VI. Jargow Einleitung in die Lehre von den Regalien. Lib. II. Cap. 5. §. 7.
(Bilderbeck) Deduction gegen die vermeintliche Regalität der
Jagd. S. 58 folg. Riccius Entwurf von der in Teutschland
üblichen Jagdgerechtigkeit. Cap. 1. §. 14. Cap. 111. §. 1—4. *Struben* Vindiciae venationis nobilitatis Germ. Cap. 1. §. 11.
Leyser Meditat. ad Pand. Spec. 441. med. 5. Heumann Geist der
Gesetze der Deutschen. Cap. XXV. §. 8. Runde Deutsches Privatrecht. §. 148. Eichhorn Rechtsgeschichte. §. 362. Mittermaier
Deutsches Privatrecht. §. 270. Weber Lehnrecht. Th. 2. S. 261.

3) Montag a. a. O. S. 310. Anton Geschichte der teutschen
Landwirthschaft. Th. 2. S. 347.

4) S. §. 12. besonders Note 20.

5) So setzt z. B. der Schwabenspiegel c. 350. ausdrücklich den
Bannforsten den Wildpan eines Mannes entgegen, so daß denn zur
Zeit seiner Abfassung dieser Ausdruck die gewöhnliche Bedeutung von Jagd
gehabt haben muß. Außer den oben angeführten Urkunden beweisen dieses
auch noch eine Urkunde über einen von Rupert von Duren und dem Erzbischof von Mainz 1294 abgeschlossenen Kauf, *Guden.* Cod. dipl. T. I.
p. 876. „castrum et oppidum Duren — — cum suis pertinenciis universis, videlicet jure patronatus ecclesiae in Durne — — silvis nemoribus venacionibus, que Wiltpant appellantur vulgariter;" ferner eine
Verpfändungsurkunde von Otto von Ochsenstein 1369, *Guden.* l. c. T. V.
p. 672. „— — die obengenannten Festen, dorffere, Zehenden, Guter
und Lute, die in den Gerichten gesessin sin, und was dazu gehort, es
sei Velde, Wasser, Weide, Wiltbant, Jagt, Bache — — " und eine
Urkunde Herzogs Albrecht von Baiern an das Kloster Pollingen von 1498.
Monum. Boica. T. X. p 205. (§. 28. Note 3.)

6) Dipl. a. 770. *Schoepflin* Alsat. diplom. T. I. p. 104. „Praecipimus — — ut in villas, quas praefatus dux in dotem ecclesiae

expenditui monasterii cum omnibus pertinentiis suis — — pascuis, silvis venationibus, aquis etc."

7) Dipl. a. 785. *Hund* Metrop. Salisburg. T. I. p. 83. *Item atque transfundo locum nuncupatum Intica — — totum atque integrum, campestria, seu montana, pascua, venationes — — ad eadem pertinentia.*"

8) Dipl. a. 831. *Conring.* Diplomatum Ludov. P. Censura. Cap. IV. §. 10. *"quidquid ad praedictas villas pertinet — — terris cultis et incultis — — silvis, venationibus — —"*

9) S. Conring und Schoepflin a. a. O. Die Urkunde Karls des Großen trägt eine unverkennbare Spur ihrer Unächtheit an sich, indem es am Schlusse heißt: „anno dominicae incarnationis 770. Regnante Carolo Magno (!!) anno octavo regni ejus."

10) *Struben* Vindiciae. Cap. I. §. 19.

11) Dipl. a. 969. *Hund* l. c. T. II. p. 168. „curtem nostram cum omnibus suis pertinentiis et adjacentiis — — agris — pascuis, silvis — piscationibus — — venationibus — — in integrum donavimus."

12) Dipl. a. 980. *Guden.* l. c. T. I. p. 11. „villam Aschaffa — — nostra imperiali auctoritate in proprium et perpetuum usum concessimus, firmiterque donavimus cum utriusque sexus mancipiis, edificiis, — — silvis, aquis — — venationibus." Eben dieses findet sich in einer Bestätigungsurkunde dieses Kaisers über die Rechte und Besitzungen des Erzbischofs von Mainz, Dipl. a. 988. *Guden.* l. c. T. I. p. 13., und in einer Schenkungsurkunde an das Kloster zu Gandersheim, Dipl. a. 979. *Leibnitz* Script. Rer. Brunsvic. T. III. p. 715.

13) Dipl. a. 993. *Hund* l. c. T. I. p. 93. „de nostra proprietate dedimus tres mansos regales — — cum omnibus utensiliis ad eos rite pertinentibus — — pascuis, silvis, venationibus — " So auch in einer Bestätigung der Rechte der Kirche zu Passau, Dipl. a. 998. *Hund* l. c. T. I. p. 362., in einer Schenkung an das Stift Quedlinburg, Dipl. a. 993. *Kettner* Antiq. Quedlingb. p. 30., an das Erzstift Magdeburg, Dipl. a. 997. *Schaten* Annal. Paderborn. T. I. p. 345., und an die Kirche zu Hildesheim, Dipl. a. 1001. *Schaten* l. c. T. I. p. 356.

14) In einer Schenkung an das Kloster Niederwald-Aich, Dipl. a. 1009. Monum. Boica. T. XI. p. 139. „cum omnibus utensilibus — — pratis, pascuis, silvis, venationibus, aquis, aquarum decursibus, — — seu cum omni utilitate, que ullo modo inde provenire poterit," an das Kloster Pollingen, Dipl. a. 1010. Monum. Boica. T. X. p. 37., an die Kirche zu Paderborn und ein Kloster, Dipl. a. 1017. 1019. *Schaten* l. c. T. I. p. 425., 426. und 435., und an das Kloster zu Tegernsee, Dipl. a. 1020. Monum. Boica. Tom. VI. p. 160.

15) Dipl. a. 1015. *Schannat* Trad. Fuldens. p. 246. „Nobis quoddam concambium cum Babbone Vultensi Abbate — — facere placuit, accipientes ab eo in proprium duas Cortes Ratolfersdorf et Ezelenkgrieha cum cunctis earum pertinentiis — — pratis, pascuis, silvis, venationibus — — e contra praedicto Abbati — — duas nostrae proprietatis cortes — — cum cunctis earum pertinentiis — — agris, campis, pratis, pascuis, silvis, venationibus — — sive cum omnibus que quolibet modo dici aut nominari possunt utilitatibus."

16) Cod. tradition. Monast. Tegernsee, circ. an. 1008 — 1015. Monum. Boica. T. VI. p. 10. „Iadem praefes (jedenfalls prae-

fatus, nämlich Comes Ditericus quidam) dedit Abbati in manus sui patroni Heimonis IV mansos et V dimidium — — pro nullo alio reditu nemoris, juxta vicum Otolvinga siti, nisi tantum pro venatione silvestrium ferarum, que est in illa parte, que constat in proprietate Tegarinsensi Abbatie. Nam si de usu arborum et feni, atque captura volucrum, nec non examinum apium et ceteris utilitatibus, excepta una quam praediximus in illa parte Abbatis nihil depactus est."

17) Als an die zu Paderborn, Dipl. a. 1031. *Schaten* l. c. T. I. p. 480. „cum omnibus ad id praedium jure et legaliter pertinentibus cum mancipiis utriusque sexus — — pascuis, silvis, venationibus — — seu cum omni utilitate, quae scribi aut nominari ullo modo potest", an die Kirche zu Corbei, Dipl. a. 1031. *Falke* Trad. Corbeiens. p. 527., an die zu Freisingen, Dipl. a. 1033. *Hund* l. c. T. I. p. 98., und an die zu Quedlinburg, Dipl. a. 1036. *Kettner* l. c. p. 162.

18) Dipl. a. 1039. Thuringia sacra. p. 42.

19) Dipl. a. 1037. Hanselmann Diplom. Beweis, daß dem Hause Hohenlohe die Landeshoheit schon vor dem großen Interregno zugestanden, nebst einer Abhandlung von dieses Hauses Ursprung und Herkunft. Nürnberg 1751. Fol. Urkunde Nr. 2. p. 364.

20) In einer Schenkung an das Kloster Niederwald-Aich, Dipl. a. 1040. Monument. Boica. T. XI. p. 147. „cum omnibus appendiciis ad eundem locum pertinentibus cum areis, edificiis, agris, terris, cultis et incultis, pratis, pascuis, campis, silvis, venationibus, piscationibus", in einer andern an die Kirche zu Freisingen, Dipl. a. 1041. *Hund* l. c. T. I. p. 100., an einen Reginold, Dipl. a. 1045. *Hund* l. c. T. I. p. 364., an das Kloster Oberwald-Aich, Dipl. a. 1054. Monum. Boica. T. XII. p. 95., und dergl. mehrere.

21) An das Kloster St. Andreas, Dipl. a. 1062. *Hund* l. c. T. I. p. 102. „— quasdam juris nostri proprietates ad fiscum nostrum pertinentes — — cum omnibus utilitatibus ad eas rite pertinentibus: hoc est mancipiis utriusque sexus — — campis, pascuis, silvis, venationibus — — ad Monasterium S. Andreae Apostoli — — donamus", und in mehreren andern Schenkungen, wie an den Erzbischof von Magdeburg, Dipl. a. 1062. *Lindenbrog* Script. rer. Germ. sept. p. 140., an die Kirche zu Passau, Dipl. a. 1063. *Hund* l. c. T. I. p. 244., an die zu Freisingen, Dipl. a. 1065. *Hund* l. c. T. I. p. 103., an das Kloster Niederwald-Aich, Dipl. a. 1067. Monum. Boica. T. XI. p. 158., an den Voigt zu Regensburg, Dipl. a. 1068. Monum. Boica. T. XII. p. 97.

22) Dipl. a. 1087. *Lindenbrog* l. c. p. 147. „sicut mos est liberis Saxonibus tradidit in Asanthorp curtim ipsam et mansos IV et dimidium cum areis, aedificiis, terris cultis et incultis — — piscationibus — silvis, forestis, venationibus."

23) Dipl. a. 1097. *Menken* Script. Rer. Germ. et praec. Saxonic. T. III. p. 1006. „Predium quoddam — — cum universis appendiciis — — piscationibus, silvis, venationibus, — — cum omni utilitate, quae in his est."

24) Dipl. a. 1128. Hanselmann a. a. O. Urkunde Nr. 4. p. 366.

25) Dipl. a. 1146. *Hund* l. c. T. II. p. 27. „montem qui dicitur S. Godehardi cum circumjacentibus agris — — pratis, pascuis, sylvis, venationibus — "

26) Dipl. a. 1168. *Hund* l. c. T. III. p. 281. „ — cuncta quoque ad praefatum coenobium pertinentia — — in pratis et alpinis, pascuis, sylvis, aquis, aquarum decursibus, venationibus, piscationibus — — imperiali auctoritate approbamus."

27) Dipl. a. 1193. *Hund* l. c. T. III. p. 274.

28) Dipl. a. 1158. Monum. Boica. T. VIII. p. 125. S. unten §. 28, Note 26.

29) Dipl. a. 1207. *Hund* l. c. T. I. p. 252. „ipse dux — — castrum Windeberde — — cum omnibus quoque possessionibus, terris videlicet cultis et incultis, pascuis, pratis, silvis, — — piscationibus, venationibus et demum cum universis pertinentiis suis.".

30) Dipl. a. 1226. *Hund* l. c. T. III. p. 186. „Haec omnia cum areis et aedificiis — — silvis, venationibus — — nostra auctoritate munivimus."

31) Wie in einer Schenkung an das Kloster Neuencelle, Dipl. a. 1263. *Horn* Henricus illustris. p. 329. „ — universa bona, quae sita sunt intra spatium unius milliaris ab eadem villa Starczedel — — cum villis intra idem spatium jacentibus — — terris, cultis et incultis, — piscationibus, sylvis, venationibus — —", und bei dem Kauf des Gutes Tiefenau, Dipl. a. 1284. *de Ludewig* Reliq. Mscr. Diplom. Tom. IX. Lib. V. §. 10.

32) Bei dem Verkauf mehrerer Güter an den Bischof von Merseburg 1271, *Horn* l. c. p. 335. „Merseburgensi Episcopo vendidimus — — castra Skeuditz — — et has villas Breitenfeld, Heyde, Quasniz, Hayn, Pelkwiz, Eimivvitz, Peiz, medietatem Wildrichsdorf et Neidungsdorf — — cum omnibus suis attinentiis — — sylvis, virgultis aquis — — piscationibus, venationibus et captura cervorum — "

33) Dipl. a. 1283. *Miraei* Opera diplomatica. T. I. p. 319. „Item recognoscimus piscariam in Themera suam esse de Werffoudre — — usque ad silvam quae dicitur Kelveron-Bosgelten — — Item recognoscimus venationem, piscationem et aucupium seu avium captionem, Teutonice Vogeln, ubique supra bona sua esse suas. Eo salvo, quod cum aliis nostris hominibus, aucupium de jure habentibus, inhibuerimus, ne cum retibus anates capiant, nostrum teneat mandatum in praemissis."

34) Heinrich von Pfüllingen schenkte 1285 der Kirche zu Adelspach mehrere Besitzungen, *Hund* l. c. T. II. p. 248. „de bonis paternis et propriis — — villam meam Droschlach cum molendino et piscationem — — atque sylvam cum omnibus suis attinentiis, pratis, pascuis atque venationibus — — "

35) Dipl. a. 1294. *Guden.* Cod. dipl. T. I. p. 876. S. oben Note 5.

36) Dipl. a. 1294. *Guden.* l. c. T. I. p. 887. „cum venationibus seu jure venandi, quod Wiltphant vulgariter appellatur."

37) Dipl. a. 1301. *de Ludewig* l. c. T. I. Nr. 160. „praedictam autem mericam — vendidi cum omni jure et utilitate, pratis, pascuis et nemoribus, venationibus etc." Dipl. a. 1323. l. c. Nr. 213.

38) Dipl. a. 1307. *de Ludewig* l. c. T. I. Nr. 170.

39) Dipl. a. 1369. *Guden.* l. c. T. V. p. 672. (f. Note 5.) Dipl. a. 1373., l. c. p. 688.

40) Dipl. a. 1349. *Guden.* l. c. T. V. p. 814. „setzen Ihme und seinen Erben davor zu Pfande in ihr Handt unser und des Reichs Dorf Solzbach — — mit Leuthen, Gerichten, Herrschafften, Guden, Gulden — — Weiden, Wildtbannen — —"

41) Lehnbrief an Otto, Stephan, Friedrich und Johann, Herzoge zu Baiern, von 1376. *Scheidt* Biblioth. histor. Goetting. p. 131.

42) Dipl. a. 1401. *Schilter* Comment. ad Jus feud. Alem. p. 223.

43) Dipl. a. 1414. *Menken* l. c. T. I. p. 599. „Wy Otto und Claus — Graven tho Dellmenhorst bekennen — — datt wy den — Hern Johanni Erzbischopp — — unse Herrschup tho Dellmenhorst — — mit Schlötern, Dörpern — Watere und Fischereyen, Holte, Jachte, Akere — — mit aller Gerechtigkeit und thatbehörige nicht utgesproken — — verpendet habben."

44) Dipl. a. 1428. *Horn* Friedrich der Streitbare. Urkunden Nr. 277. „ — — Wir wollen sie auch lassen by Iren Gelden, seten, gliten, Jagten, gerichten, grase holczern — — Als sie des von Altere by Iren Eldern gehabit."

45) Dipl. a. 1425. Monum. Boica. T. XIII. p. 282. „unser aigens Holz — — Stein, Waid, Wasser und allen Wilpan mit aller Ir Zugehörung oberhalb der Erde und darunder "

46) Dipl. a. 1472. *Gerken* Dipl. veter. March. Brandenb. T. II. p. 491. S. unten §. 28. Note 29.

47) *de Ludewig* Differ. jur. Rom. et Germ. in venatu. D. V. Nr. 8.

48) Namentlich gehört hierher *Reinhard* De jure forestali Germanorum. Cap. II. §. 5. und 7., der sich ganz besonders mit darauf stützt, daß die Ritter in Urkunden und Chroniken oft pauperes genannt würden, und demnach keine Grundstücke, die sie zur Jagd berechtigt, hätten haben können, sondern daß sie diese erst durch die Freigebigkeit der Kaiser und Fürsten erhalten. Wie dieser sonst so gründliche Gelehrte eine solche Meinung aufstellen konnte, ist kaum zu begreifen.

49) Siehe *Hahn* a. a. O. (Note) §. 9—11.

50) *Biener* De natura et indole dominii in territoriis German. p. 96 seq.

51) *Struben* Vindiciae. Cap. I. §. 13.

52) *Meibom.* Introductio ad historiam infer. Saxon. p. 22. *C. Thomasius* De praesumtione allodiali. p. 51.

53) *Pütter* Beiträge zum deutschen Staats- und Fürstenrechte. Bd. 1. S. 139 folg. 206 folg. Struben Rechtliche Bedenken. Th. 2. Bed. 73.

54) Non omne, quod principis beneficio tenemus, est regale. *Ockel* Diss. de praescr. immem. Cap. V. th. 22. *Born* De eo quod justum circa molendina. Cap. 22. §. 2. *Pütter* a. a. O. S. 205.

55) Lerbecci Chronic. Episcop. Mindens. §. 24. *Leibnitz* l. c. T. II. p. 176. Hier ist eine Beschreibung der Reichthümer des Cistercienserklosters in Lucka, das 1052 von einem Grafen von Hallermund gestiftet wurde, wo es dann heißt: — — „Et fuit magnifice institutum

in omnibus tam in aedificiis quam in bonis — worauf eine Menge einzelner Anführungen folgen, unter denen mit vorkommt — nam et abbas
habet propriam habitationem cum coquina propria et quem invitat
secum comedendo potest carnes comedere — endlich kommt dann am
Schluſſe dieſer Beſchreibung: — Carnes ultra modum; nam habent propria nemora et sylvas hinc inde." Dieſe Verbindung von Fleiſch und
Wäldern gründet ſich jedenfalls auf die in dieſen dem Kloſter zuſtehende
Jagd; und wenn auch in dieſer ganzen Stelle nichts enthalten, wodurch
ein juriſtiſcher Beweis zu führen, ſo bezeugt ſie doch gewiß die damals
herrſchende Idee der Verbindung von Waldeigenthum mit der Jagd.

56) In der Ausgabe des Sächſ. Weichbildes und Lehnrechtes
von 1557, Budiſſin bei Wolraben gedruckt, befinden ſich hinter dem Weich-
bilde „ettliche Urteil unnd Rechtſprüche, in den hochberümpten Schöppen
und Gerichtſtülen der orte, do man ſich Sechſiſchs rechtes und vbunge
gebraucht, verſprochen und in gute Ordnung gebracht", wo dann Fol. 117.
ein ſolches Urthel mit der Ueberſchrift: „Das man auf andern Gütern
nicht jagen, oder Weydwerk treiben ſolle" ſich befindet, indem die Jagdbefugniß als mit dem Grundeigenthume verbunden dargeſtellt und eine durch
Verjährung begründete Ausnahme geſtattet wird.

57) Dipl. a. 1209. Cod. dipl. Admontens. in *Bernh. Pez*
Thesaur. anecdot. T. III. p. 737. „donamus itaque praediis Ecclesiae praefatae liberum exitum et reditum de lignis et aedificiis accipien-
dis, de pascuis, de novalibus, cultis vel colendis, de piscationibus
utendis praeter venationes et pellicularum tributa."

58) Dipl. a. 1238. *Miraei* Opera dipl. T. I. p. 311. „Item
omne allodium quod possidet dominus Waltherus — — portavit in
manus Ducis et resignavit et ab ipso Duce recepit in feodum jam
dictum allodium salva eidem Walthero sua justitia alta et inferiori —
— — in nemore vero quod Wavera dicitur Dominus dux habet venationem, quando sibi placuerit. Et per haec nihilominus dictus Walte-
rus et Successores sui et homines sui, qui aliquas partes dicti nemoris
ab ipso tenent, et successores hominum suorum de dicto nemore, arboribus et fundo se feris dicti nemoris voluntates suas plenarie facere
possunt, absque aliqua contradictione vendere si velint et in usus suos
quoscunque convertere.

59) Dipl. a. 1393. *Horn* a. a. D. S. 693. „Wir bekenne — —
dass wir — — ingesaczt und ingeantwort habin — — zu eyme rechte
Pfande Orlamünde unser Sloz, sus und stat — — und verseczen daz
genante Sloz mit gerichten zcinsen — — und gemeiulich mit allen
Zcugehorungen usgeslossen unsre manschafft — — und unsir wiltbann — —"

60) *Struv.* Histor. jur. Cap. 8. §. 11., der daſelbſt ein gleiches
Beiſpiel von einem Grafen Ulrich von Helfenſtein, der 1302 an König
Albrecht das Schloß Herwartſtein verkaufte und ſich die Jagd dabei vor-
behielt, anführt, folgert hieraus ſehr richtig, daß die Jagd zu den Zube-
hörungen der Grundſtücke wirklich gehört. S. auch *Riccius* a. a. D.
Cap. I. §. 15.

61) *Struben* Vindiciae. Cap. I. §. 19.

62) *Hahn* a. a. D. §. 8 und 9.

63) Dipl. a. 844. *Schaten* l. c. T. I. p. 123. „Tradimus itaque
totam eidem Ecclesiae Rugacensem Insulam in jus proprietarium, ita vi-

delicet, quod et quid in ipsa sit in munitionibus, in villis, in vicis, in domibus, vel aedificiis, terris cultis et incultis, silvis, pratis, campis, pascuis, aquis, aquarumque decursibus, viis et inviis, exitibus et reditibus, tam in terris quam in aquis, et in pensionibus pertuum et navium inibi supervenientium, sive etiam pertranseuntium, homines utriusque sexus, majores et minores, senes ac juvenes, Incolas ejusdem insulae."

64) Dipl. a. 909. *Hund* l. c. T. I. p. 256. „Quod antea praeceptis datum non fuerat extra vel infra terminum ejusdem curtis totum cum etiam integritate per consilium et consensum venerabilium Episcoporum nec non fidelium comitum nostrorum et caeterorum omnium, sicut prioribus temporibus in singulis ministeriis patrum nostrorum ordinatum fuerit, nihil extra dimittentes in perpetuam possessionem tradimus cum regimine et ejusdem banno, mancipiis utriusque sexus, aedificiis, pontibus, cum censu, silva, omnique usu ejusdem silvae, aquis, piscina, vineis, viis et inviis, exitibus et redditibus, terris cultis et incultis, molendinis, pratis, pascuis, mobilibus et immobilibus, quaesitis et inquirendis."

65) Dipl. a. 929. *Gundling* Vita Henr. Auc. p. 313. „tradimus et donamus quicquid propriae hereditatis in praesenti videmur habere in locis infra nominatis. Haec enim sunt — — cum — — omnibus ad praedicta loca pertinentibus in jus proprium concessimus, litis, servis, mancipiis utriusque sexus, aedificiis, terris cultis et incultis, agris, pratis, campis, silvis, aquis, aquarumque decursibus, molendinis, viis et inviis, exitibus et reditibus, quaesitis et inquirendis."

66) So z. B. ergiebt sich dieses aus der Vergleichung einer Urkunde Otto's II. von 973 über mehrere, dem Stifte Quedlinburg geschenkte Güter, *Kettner* Antiquit. Quedlingb. p. 24., wo es heißt: „cum utriusque sexus mancipiis, aedificiis, agris cultis et incultis, pascuis, sylvis, aquis, aquarumque decursionibus, piscationibus, molendinis, mobilibus et immobilibus, viis et inviis, exitibus et reditibus, quaesitis et inquirendis, ac cum omnibus eorundem legalibus justisque appertinentiis," mit einer von Otto III. von 985, *Kettner* l. c. p. 25., an dasselbe Stift, ebenfalls über eine ihm gemachte Schenkung, in der die Zubehörungen noch weitläufiger aufgeführt sind, in denen auch die Jagd mit vorkommt: „praedictas curtes cum omnibus utensilibus illuc jure adspicientibus, villis, vicis, mancipiis utriusque sexus, arcis, Ecclesiis, aedificiis, terris cultis et incultis, agris, pratis, pascuis, campis, vineis, vinetis, sylvis, venationibus, aquis, aquarum decursibus, piscationibus, molendinis, viis et inviis, exitibus ac reditibus, quaesitis ac inquirendis, mobilibus et immobilibus, cunctisve aliis appendiciis quae adhuc dici aliquo modo aut nominari possunt per hanc nostrae donationis autoritatem et praeceptionem sibi tradimus."

67) Dipl. a. 1123. *Guden.* l. c. T. I. p. 60. „Notum facio — — qualiter — Comes Wernherus Cenobium in Bretenowe ex fundamento construxit et universo patrimonio suo, quod habuit inter tria ista flumina Werrum, Renum et Mogunum dotavit, videlicet Ministerialibus, castris, agris, agrorumque decimationibus, silvis, cultis et incultis, pratis, pascuis, viis et inviis, piscationibus, aquis, aquarumque decursibus et universis ipsorum usibus."

68) Dipl. a. 1272. *Scheidt* Bibl. hist. Goett. p. 194. „ — notum facimus — — quod — principi — Ludovico — — Duci Bavariae —

castrum nostrum Murach, forum Viehta et omnia alia bona nostra, villas possessiones quecunque nomina sortiantur, sita inter fluvium Danubium et nemus Bohemicum — — cum omnibus juribus, judiciis, honoribus, et pertinentiis suis, quesitis et inquirendis, silvis, agris, pratis, pascuis, aquis et aliis quibuscunque et hominibus cujuscunque status conditionis aut dignitatis fuerint — — dedimus et damus, vendidimus et vendimus."

69) Dipl. a. 1283. *Scheidt* l. c. p. 211. „dedimus, vendidimus et tradidimus — — Lantgraviam nostram, judicium et conductum, cum omnibus suis juribus, honoribus et dignitatibus, que nos ab ipso domino nostro Duce in feodum recognovimus habuisse; ad hec castrum Waldekge et alia bona nostra, possessiones, res et homines cum suis pertinentiis, viis, inviis, nemoribus, agris, pratis, pascuis, cultis et incultis, quesitis et inquirendis, sive ad nos jure feodi sive proprietatis titulo pertinerent."

70) Dipl. a. 899. Monum. Boica. T. I. p. 351. „quasdam res juris nostri — — in loco Herigoldeshusa nuncupato — — jure perenni in proprietatem donavimus cum curtilibus edificiis — — mancipiis utriusque sexus, agris, pratis, pascuis, silvis, terris cultis et incultis, viis et inviis, exitibus et reditibus, aquis aquarumque decursibus, molinis, piscationibus — — et cum omnibus ad easdem res juste et legitime pertinentibus." In dem Beſtätigungsbriefe über alle Rechte und Beſißungen dieſes Kloſters von Heinrich IV. von 1073, Monum. Boica. T. I. p. 354., werden dann auch unter Andern jene von Arnulph geſchenkten Güter mit genannt, nach deren Aufführung dann eine Menge Pertinenzen namhaft gemacht werden, wobei es heißt: „Hec omnia cum omni jure — — silvis venationibus — — "

71) Dipl. Otton. II. a. 974. *Kettner* l. c. p. 23. „quaedam nostrae proprietatis praedia Curtem videlicet Bareboi cum omnibus villis et appertinentiis suis in pago northuringia et in comitatu Huodonis Comitis Zizowi et Niumburg, cum omnibus que fridericus in beneficium vissus est habere — — — cum utriusque sexus mancipiis, aedificiis, terris, cultis et incultis, pascuis silvis et aquis, aquarum decursibus, piscationibus, molendinis, mobilibus et immobilibus, viis et inviis, exitibus et reditibus, quaesitis et inquirendis cum omnibus eorum legalibus justisque appertinentiis." In der Beſtätigungsurkunde von Otto III. von 987., *Kettner* l. c. p. 29., kommen ganz dieſelben Worte wie in jener früheren Urkunde vor; nur iſt unter den Zubehörungen noch silvis venationibus eingeſchaltet, und am Schluſſe heißt es dann weitläufiger, als in jener: „cunctisque aliis attinentiis ad praefata praedia juste et legaliter adspicientibus."

72) Dipl. a. 979. Monum. Boica. T. VI. p. 155. „omnes res ad praedictum monasterium jure modo aspicientes, vel quas Deus illuc in futuris amplificare voluerit, in pratis et alpinis, pascuis, silvis, aquis aquarumve decursibus, piscationibus, molendinis, viis et inviis, cum decimacione totius Abbacie et praesenti ac futura silvarum exstirpatione — — "

73) S. oben Note 16.

74) Dipl. Henrici II. a. 1020. Monum. Boica. T. VI. p. 160. „quinque regales mansos — — cum omnibus appendiciis, scilicet areis, aedificiis, agris cultis et incultis, exitibus et reditibus, pascuis, pratis, aquis aquarumve decursibus, molendinis, piscationibus, sivlis

venationibus, et cum omnibus utilitatibus, quae vel scribi vel nominari possunt." In der Urkunde von Konrad II. von 1025, ibid. p. 161., heißt es dagegen blos: „cum omnibus ejus appenditiis, areis, aedificiis, campis, pratis, pascuis, silvis, aquis aquarumve decursibus, cultis et incultis, quaesitis aut quaerendis, viis et inviis, exitibus et reditibus seu cum cunctis utensilibus, quae quomodo scribi vel nominari possunt, affirmamus." Die Urkunden von Friedrich I. von 1163 und von Heinrich VI. von 1193, in denen dann die Jagd wieder genannt wird, finden sich ebendaselbst S. 175 und 195.

75) Verkaufsurkunde Bobo's von Ylburg von 1301, *de Ludewig* Reliqu. Msct. T. I. Nr. 160. „— — praedictam autem mericam praedictis fratribus vendidi cum omni jure et utilitate, pratis, pascuis et nemoribus, venationibus, villis locandis, lignis secandis vel etiam exstirpandis —" wogegen es in der Bestätigungsurkunde aus demselben Jahre von Herzog Rudolph von Sachsen, ibid. Nr. 162., heißt: „sui Bodonis de Ylburg precibus annuimus et saepedictam villam Arnoldishain cum adjacenti silva — — damus et assignamus monasterio — cum proprietatis titulo perpetuo possidenda, cum judicio tam in ipsa villa et in campis ad eam pertinentibus, cum viis, inviis, exitibus, reditibus — — cum omni jure utilitate ac proprietate, cum aliis attinentiis et pertinentiis."

76) Gottfried und Eberhardt von Eppenstein verzichten 1419 auf die ihnen angefallenen 3 Theile der Herrschaft Münzenberg, *Guden.* T. V. p. 887. „als mit der Grafschafft und Herrschafft Falkenstein und Munzenberg mit allen yren Zugehörenden, Herrlichkeiten, Mannen, Burgmannen, Landen, Luden, Staden, Slossen, Dorffern, Gerichten, Wassern, Weyden, Welden, so wie dy Namen hant, mit allen Nutzen, Renten, Gefellen und Rechten nichts ussgenommen." Dagegen heißt es in der Urkunde, in der Graf Dietrich von Sayn seinen Antheil an obiger Herrschaft verpfändet, 1446, *Guden.* l. c. p. 945. „mit allen und iglichen Guten, Gefellen, und Zugehörungen, — — Wiesen, Welden, Wiltpannen, Waldbrüchen."

77) **Möser** Osnabrück. Geschichte. Th. 2. S. 8 und 25. **Weber** Lehnrecht. Th. 2. S. 274. *Struben* Vindiciae. Cap. I. §. 19.

78) **Bilderbeck** a. a. O. Cap. II. Sect. III. §. 6. S. 69. und Append. Nr. 21.

79) *Mabillon* De re diplom. Lib. VI. p. 199.

80) **Hahn** a. a. O. §. 9., wo alle über diese Urkunden aufgestellten Meinungen mitgetheilt sind und die ganze Angelegenheit genau untersucht ist.

81) Nach *v. Leutsch* Ein Blick auf die Geschichte des Königreichs Hannover mit einer Gaugeographie des alten Herzogthums Sachsen. S. XXXVIII. lag Werben allerdings in diesem Gaue.

82) Chronic. Epp. Verdens. XVII. *Leibnitz* Script. Rer. Bruns. T. II. p. 215. „Erpo hujus ecclesiae episcopus XVII. Huic venerabili viro ad interventum Dominae Theophaniae Augustae, Hillebaldi Wormacensis episcopi, nec non Bernardi Ducis Saxoniae, Otto Imperator III. donavit in loco Verde, ubi principalis sedes ejus esse dignoscitur, facere mercatum, monetam, thelonium et bannum, et edicto suo regio confirmavit. Insuper regali munificentia sua contulit eidem venationem cervorum cervarumque per totum pagum Sturmium nominatum."

83) *Leibnitz* l. c. T. II. Introductio. p. 22.

§. 27. Fortdauernde Verbindung der Jagd mit dem echten Eigenthume und den rechten Lehnen. Jagdgerechtigkeit auf Bauergütern.

Wie wir schon oben von den ältesten Zeiten gesehen, war die Jagdbefugniß nicht mit jedem Grundbesitz, sondern nur mit dem echten Eigenthume verbunden [1]); eine Ausdehnung aber dieses Rechtes auch auf andere Grundbesitzer ist dem Charakter der deutschen Geschichte in dieser Zeit nicht nur ganz fremd, sondern im Gegentheil gehört eine Beschränkung des echten Eigenthums auf immer wenigere Personen mit zu dem Wesen derselben. Eine Umänderung der öffentlichen Verhältnisse, die schon unter Karl d. Gr. vorbereitet, unter seinen schwachen Nachfolgern und bei den vielen Stürmen, die Deutschland traf, schnell und ziemlich allgemein erfolgte, ist es, die hierbei einen großen Einfluß ausübte.

Es war eine ganz in der Natur der Sache begründete uralte Gewohnheit der Deutschen, bei allgemeinen Nationalkriegen, besonders wenn es der Vertheidigung galt, alle waffenfähige, im vollen Genusse des Volksrechts stehende Männer aufzubieten; als aber, besonders bei den Franken, die Könige zeitig ein größeres Dienstgefolge, um so auch unabhängig vom Nationalwillen Kriege führen zu können [2]), sich verschafften, verlor sich jener alte Heerbann theilweise, bis er endlich von Karl Martell wieder in das Leben gerufen [3]), besonders von Karl d. Gr. weiter ausgebildet wurde, so daß alle Unterthanen, kleinere wie größere Eigenthümer und theilweise deren Untersassen, ihm unterworfen wurden [4]).

Trotz den strengen königlichen Gesetzen und der vielen Aufsicht, die über deren Beachtung angeordnet, gelang es doch schon unter Karl d. Gr. den Beamten und den Geistlichen, die Erlaubniß, einige ihrer Leute vom Felde zu Hause zu behalten, immer weiter auszudehnen [5]), was um so mehr unter seinen Nachfolgern stattfinden mußte. Um nun der drückenden Heerbannverbindlichkeit zu entgehen, trachteten viele freie kleinere Grundbesitzer darnach, in ein Unterthanenverhältniß zu einem geistlichen Institute oder einem weltlichen Großen zu treten, und so durch deren Einfluß und Hülfe von dem Heerbanne sich zu befreien, wozu noch Nachstellungen aller Art von den mächtigern Nachbarn gegen solche kamen, die Anstand nahmen, sich in Gutsunterthänigkeit zu begeben [6]). Daher denn jene vielen Traditionen, durch die vom 9. Jahrhundert an fast alle kleinere freie Grundbesitzer ihr Eigenthum solchen mächtigen Nachbarn übergaben und dasselbe, oft auch mit einigen Zulagen von Seiten des Bischofs, Abts oder Dynasten, oft auch ohne diese, als

Erbpachtgüter und Precareien zurückerhielten, und dabei in eine persönliche Anhängigkeit von ihren Herren zugleich kamen. Die Bedingungen, unter denen diese Traditionen erfolgten, waren sehr verschieden und begründeten nicht immer die nämlichen persönlichen und dinglichen Verhältnisse, so daß die Uebertragenden bald die Rechte der Freien behielten und von ihren Gütern nur zinspflichtig wurden, bald als unfreie Dienstmannen oder als Hörige einen hofrechtlichen Besitz erhielten; doch kam das echte Eigenthum wol stets an den Herrn, dem die Uebertragungen geschahen, obwol häufig einzelne, in denselben liegende Rechte den Besitzern überlassen blieben [7]). Mit diesen Traditionen zugleich erfolgte nach und nach die gänzliche Umgestaltung des Reichsheerdienstes, der seit dem 10. Jahrhundert immer mehr Reiterdienst geworden und von dem Adel allein mit seinen Dienstleuten und den wenigen, in ihrem Amtssprengel gebliebenen Freien, die noch echtes Eigen besaßen, geleistet wurde [8]), so daß dabei denn auch die Lehne nach und nach die große Verbreitung erhielten, nach der der Lehnsverband fast das einzige öffentliche Verhältniß in den mittlern Zeiten in Deutschland wurde [9]).

Alle diese Veränderungen blieben denn für unsern Gegenstand auch nicht ohne Einfluß, und wenn auch selbst nach den vorhergehenden §§. es gar keinem Zweifel unterliegt, daß die Jagd immer mit dem Grundbesitz verbunden geblieben, so sehen wir doch schon aus den dabei angeführten Urkunden, daß es blos Kaiser, geistliche und weltliche Fürsten, Dynasten, Klöster oder Personen des niedern Adels waren, bei deren Rechtsgeschäften in den darüber aufgenommenen Urkunden die Jagd eine Erwähnung fand. In den kleinern Territorien der Geistlichen und Dynasten waren diese auch die Einzigen, die ein echtes Eigenthum behielten und dasselbe, mittelst der Traditionen, über das ganze Territorium ausdehnen konnten. Keineswegs allgemein aber, sondern nur auf einzelne größere Güter sich beziehend, kann die von Möser bei einigen Traditionen im Stifte Osnabrück nachgewiesene fortwährende Verbindung der Jagd und anderer Rechte des echten Eigenthums mit den Precareigütern gewesen sein [10]), da er selbst auch das Gegentheil, was mit den allgemeinen Ergebnissen der Geschichte mehr übereinstimmt [11]), bei andern solchen Gütern ebenfalls nachweist [12]), wogegen mit den rechten Lehen die einzelnen, im echten Eigenthume befindlichen Rechte, und so auch die Jagd mit verliehen wurden [13]), wozu neben vielen andern Ursachen gewiß auch die in Deutschland so häufigen Oblationen die Veranlassung gaben. Nach diesen Sätzen und den vorher angeführten Urkunden unterliegt es nun keinem Zweifel, daß die Jagd nicht nur, wie schon in den ältesten Zeiten, mit den Gütern des hohen Adels, die entweder immer im echten Eigenthume verblieben, oder, wenn sie auch lehnbar wurden, doch alle aus jenem entspringende Rechte behielten, und denen der Geistlichkeit verbunden blieb, sondern daß auch allen Freien, denen es gelungen, ihr echtes Eigenthum in den Stürmen der Zeit zu erhalten, ebenso wie dem, in dieser Periode sich entwickelnden niedern Adel auf seinen Ritterlehnen die Jagd, als ein mit dem Grundbesitz verbundenes Recht, zustand [14]). Ob ein besonderes Feudum venationis, wo die Jagd unabhängig vom Grundbesitz als selbständiges Recht vergeben worden sei, wie solches von Einigen angeführt wird [15]), wirklich bestanden habe, oder doch gemeinrechtlich gewesen, oder wenigstens in dieser Periode schon vorgekommen, bezweifle ich sehr, da ich keine hierher gehörigen Urkunden, in denen die Jagd allein ohne Verbindung mit einem Lehngute verliehen worden sei, habe finden können [16]). Da übrigens mit allen Lehnen die Jagd in der Regel verbunden war, so war sie auch in den Lehnbriefen als Pertinenz unter den übrigen genannt — denn ausdrückliche Reservationen von Seiten des Lehnherrn sind sehr selten [17]) — und es läßt sich daraus nach dem, was im vorigen §. über diese Erwähnung überhaupt bemerkt wurde, um so weniger ein Schluß auf eine Regalität derselben machen, als sie ja nur entweder auf den ursprünglich dem Lehnherrn eigenthümlichen Grundstücken, bei den gegebenen, oder auf den früher als Allode von Vasallen besessenen Boden, bei den offerirten Lehnen ausgeübt wurden, und diese Erwähnung in den Lehnbriefen also nur ihre fortdauernde Verbindung mit Grund und Boden anzeigt [18]); sowie die ganze rechtliche Natur der Jagd auch durch die Belehnung nicht geändert werden konnte [19]).

Was endlich die Jagd auf den Grundstücken der Bauergüter anlangt, so läßt sich schon aus dem öfters angeführten Grundsatz des deutschen Rechts, der Verbindung derselben mit dem echten Eigenthume, erkennen, daß sie zu diesen Grundstücken nicht gehört. Denn ganz abgesehen von den verschiedenen Entstehungsarten der Bauern [20]), deren nähere Entwicklung hierher nicht gehört, genügt hierzu vollkommen die Bemerkung, daß die Bauern ihre Güter entweder ohne alles Eigenthum, theils nach erblicher, theils nach nicht erblicher Leihe — unter verschiedenen Modificationen derselben und unter höchst verschiedener Gestaltung ihrer persönlichen Verhältnisse zu den Herren [21]) — oder wenn auch mit Eigenthum, doch ebenfalls mit vielfachen Beschränkungen und ohne die Rechte des echten Eigenthums [22]) von Zeit der Ausbildung des Feudalsystems an besessen haben. In welchen Fällen denn auf solchen Grundstücken dem Gutsherrn entweder als eigentlichen Grundherrn, oder als Besitzer der Voigtei, da er nur allein echtes Eigenthum selbst hatte, oder doch die in demselben liegenden Rechte ihm allein vollständig zustanden, die Jagd gehörte, die unter die gutsherrlichen Rechte mit zu zählen ist [23]). Daher denn auf den Grundstücken ihrer Pfleghaften und Hintersassen die Inhaber der noch im echten Eigenthume befindlichen, oder mit allen Rechten desselben als rechte Lehne verliehenen Güter, also der jetzt sogenannten Rittergüter, die Jagd keineswegs im Widerstreit mit dem alten Grundsatz des deutschen Rechts, sondern diesem völlig gemäß ausübten. Ob aber diese Ausübung der echten Eigenthumsrechte einer einzelnen oder einer moralischen Person, wie Kirche, Kloster und dergl., oder dem bei entstehender Landeshoheit zum Landesherrn werdenden Fürsten zustand, was überhaupt von wenig Einfluß auf die Rechte der Bauern war [24]), kommt hierbei nicht besonders in Betracht.

Blos also aus den dinglichen Verhältnissen der Bauern, und weniger aus dem oft persönlich unfreien Zustande derselben [25]), der übrigens mit jenen in vielfachem Zusammenhange befindlich — denn selbst in Ländern, wo eine Unfreiheit der Bauern entweder nicht vorhanden war, oder doch sehr zeitig schon erlosche, wie z. B. in Meißen und dem Osterlande [26]), findet sich dasselbe — läßt sich jener Zustand der Jagdbefugnisse auf den bäuerlichen Grundstücken ableiten. Denn wenn durch den Eintritt in einen persönlich unfreien Zustand auch der Verlust der im echten Eigenthume liegenden Rechte herbeigeführt wurde, so läßt sich doch der Wegfall des Jagdrechts bei den Bauern, wie von mehreren Seiten angenommen [27]), nicht aus jenen allgemeinen Verboten der Führung von Waffen für die Unfreien von Karl d. Gr. [28]) ableiten. Denn eines Theils erwähnt der Kaiser hier nur servi, die in dem größten Grade der Unfreiheit befindlichen Personen, während er an vielen andern Orten die übrigen, einer vollen persönlichen Freiheit nicht Theilhaftigen mit den die verschiedene Art der Hörigkeit bezeichnenden Ausdrücken: liti, coloni und ministerales benennt [29]), und wenn auch der Bauernstand theilweise mit aus jenen, wie auch aus diesen und vielen zur Zeit Karls noch Freien hervorgegangen ist, so verwandelte sich zum größten Theile im Laufe der Zeit jener äußerste Grad der Unfreiheit in eine Hörigkeit, so daß die auf jene sich beziehenden gesetzlichen Vorschriften nicht auf diese [30]), und noch weniger auf die aus freien Eigenthümern entstandenen Bauern anzuwenden; andern Theils aber konnte dieses Verbot nur zur Zeit Karls und seiner ersten Nachfolger gelten, denn da später die Capitularien in Deutschland fast gänzlich in Vergessenheit kamen, so läßt sich auch kein Grund auffinden, warum gerade

12

diese Verordnung, die eigentlich nur ein polizeiliches Verbot enthält, in Wirksamkeit geblieben wäre. Auch bedürfen wir ein derartiges Verbot zur Erklärung der Jagdbefugniß auf den Bauergütern gar nicht, eben so wenig als hierzu eine ebenfalls oft stattgefundene Berufung auf eine Constitution Friedrichs I. nöthig ist [31]). Dieser untersagte nämlich in einem Gesetz über den Landfrieden die Führung der Waffen den Bauern, und erlaubt dieses nur den Kaufleuten auf der Reise, sowie er Netze und zugleich Schlingen oder andere Instrumente zum Fangen der Jagdthiere, ausgenommen gegen Bäre, Schweine und Wölfe, zu legen verbietet [32]). Dieses Gesetz über den Landfrieden ist nun in Italien von Friedrich I. gleich nach seiner Krönung erlassen [33]), weshalb es demnach wol zweifelhaft sein möchte, ob die behauptete Geltung desselben für Deutschland [34]) auf diesen Landfrieden, oder nicht vielmehr auf einen andern, von demselben Kaiser erlassenen zu beziehen sei [35]). Doch selbst die Geltung dieses Gesetzes, als einen allgemeinen Landfrieden festsetzend, angenommen, so bezieht dieses Verbot des Waffentragens sich doch nur auf rittermäßige Waffen und nicht rittermäßige Personen, als Bauern und nicht ritterbürtige Städter, die in den Rechtsbüchern unter dem Namen Kaufleute vorkommen [36]); eine, auch in den rein deutschen Rechtsquellen sich findende Anordnung [37]); wodurch demnach an und für sich die Jagd den nicht rittermäßigen Personen auf eine indirecte Weise nicht verboten war, da selbige auch durch andere Waffen, als das rittermäßige Schwerdt und Lanze, ausgeübt werden konnte und wurde. Was endlich aber das, in dem letzten Satze dieses Gesetzes ausgesprochene Jagdverbot betrifft, so kann dieses in seiner Allgemeinheit, wie es dort befindlich, nicht angenommen werden, weil dadurch, ohne alle Rücksicht auf wohlerworbene Rechte, die so ohne Weiteres Friedrich aufzuheben in Italien wie in Deutschland nicht die Macht hatte, die Jagd einem Jeden untersagt worden wäre, eine Folgerung, welcher die ganzen Ergebnisse der Geschichte, wie sie im Vorhergehenden mitgetheilt, widersprechen: sondern jenes Verbot muß sich nur auf die gleich im Vorhergehenden genannten, nicht rittermäßigen Personen beziehen, bei denen aber dasselbe wegen des Mangels an echtem Eigenthume oder Ritterlehnen, als wodurch die Jagd überhaupt bedingt war, nur aus polizeilicher Rücksicht gegeben sein konnte, um so jede Veranlassung zu Streitigkeiten und Unruhen, die von Seiten der Jagdberechtigten bei den Anmaßungen der Jagd von Andern leicht entstehen konnten, zu beseitigen. Will man also auch die Anwendung jener Constitution in Deutschland annehmen, und dabei auch nicht etwa, wie es wol am passendsten scheinen möchte, dieses eingeschaltete Verbot sammt allen andern daselbst befindlichen, auf das Lehnwesen und die Erhaltung des Landfriedens unmittelbar sich nicht beziehenden Stellen als nicht in Deutschland aufgenommen und geltend betrachten, wie man dieses mit vollem Rechte von allen andern ähnlichen Stellen der longobardischen Lehnrechtsbücher annimmt[38]), so liegt doch in diesem Gesetz durchaus kein allgemeines Jagdverbot gegen die Bauern[39]), deren ganze dingliche Verhältnisse ein solches auch vollkommen unnöthig machten. Für eine solche Annahme, daß dieses Verbot sich nur auf Italien bezogen, spricht auch noch der Umstand, daß hier die wilde Schweinsjagd allgemein freigegeben wird, was aber in Deutschland nie gegolten, denn hier sind die wilden Schweine stets als jagdbar betrachtet worden, und nur in Italien konnte man sie als reißende Thiere ansehen.

Eine Jagdbefugniß ist aber nach allem Obigen in der Regel mit den Bauergütern nicht verbunden, obwol nicht zu läugnen ist, daß, wenn Bauern ihre Güter im vollen Eigenthume, ohne unter einem Herrn zu stehen, haben — in welchem Falle sie freilich zu den freien kleinern Grundeigenthümern, deren Deutschland vor Ausbildung des Lehnsystems so viele hatte, und nicht zu den Bauern im strengen Sinne gehören — auch ihrem Jagdrechte auf eignem Grund und Boden nach gemeinem Recht kein Hinderniß im Wege steht[40]). Eine Ausnahme von der Regel bilden aber diese Fälle stets, an denen es jedoch auch nicht fehlt. Denn so stand z. B. in der Grafschaft Hoya[41]) und in einigen Gegenden in Braunschweig[42]), sowie in den Bezirken der freien Pürsch[43]), den Bauern ein Jagdrecht zu. Auch in Sachsen findet sich ausnahmsweise eine besondere Art von Bauerlehnen, die Schulzenlehne (Erb=Lehngerichte)[44]), mit denen öfters die Jagdbefugniß verknüpft ist, welche zwar nach ausdrücklicher, gesetzlicher Bestimmung[45]) nur auf eignen, zum Gute gehörenden Fluren und Gehölzen ausgeübt werden soll, aber in der Wirklichkeit — was um so mehr zu beachten ist, da bei diesen Gütern es weniger auf allgemeine Gesetze, als auf das Herkommen ankommt[46]) — bei mehreren dieser Güter auf die ganze Dorfflur, seit unvordenklichen Zeiten und ohne allen Widerspruch, erstreckt ist[47]). Ob nun gleich diese Schulzenlehne schon den Rechtsbüchern des Mittelalters als Bauermeisterlehne nicht unbekannt sind[48]), so habe ich doch über die Begründung dieser Jagdgerechtigkeit, und darüber, ob sie schon in ältern Zeiten vorhanden, oder erst in neuern entstanden, und somit hierher eigentlich nicht gehöre, nichts finden können.

1) S. oben Abth. 1. §. 8.

2) Ganz besonders deutlich läßt sich der Unterschied zwischen den Nationalkriegen, wozu die Einwilligung des Volkes erforderlich war, und den

Fehden der Könige, bei denen deren Befehl ausreichte, sich aus *Gregor.*
Turon. Hist. Franc. Lib. III. 7. und Lib. VI. 30. erkennen.

3) Eichhorn Rechtsgeschichte. §. 138. und D. F. B. pragma-
tische Geschichte der Lehne an mehreren Orten.

4) Eine ganz ausgezeichnete Schilderung dieser Kriegsverfassung bei
den Franken findet sich bei Hüllmann Geschichte der Stände. 2. Aufl.
S. 201 — 211.

5) Hüllmann a. a. O. §. 212. Sehr zeitig schon erhielten die Bischöfe Befreiungen vom Heerbann für sich und ihre Hinterfassen. S. Möser Osnabr. Gesch. Th. 2. S. 149.

6) Hüllmann a. a. O. S. 215.

7) Eichhorn Rechtsgeschichte. §. 193. Möser Osnabrück.
Geschichte. Th. 2. Abschn. 2. §. 21 — 25.

8) Eichhorn a. a. O. §. 194. 223.

9) Eichhorn a. a. O. §. 286.

10) Möser a. a. O. Th. 2. Abschn. 2. §. 24.

11) Eichhorn a. a. O. §. 190. Einleitung. §. 158.

12) Möser a. a. O. Th. 2. Abschn. 2. §. 21.

13) Eichhorn Einleitung. §. 159. II. und über den Begriff von
echtem Lehn ebendas. §. 7. und 193.

14) Rechtsgelehrte aus allen Zeiten bestätigen ebenfalls das Jagdrecht
des niedern Adels, selbst solche, welche ein unbedingtes Jagdregal annahmen, obwol sie dafür oft ganz eigne Gründe erfanden, besonders auf die
lehnsherrliche Bestätigung sich stützten, oder dieses Recht als nothwendig
mit dem Begriffe des Adels verbunden betrachteten, wie *Tiraquellus*
Tractat. de nobilitate. cap. 36. — was später auch wirklich in einigen Territorien nur dem adeligen Lehnsinhaber zustand, s. *Riccius* Entwurf der in Deutschland geltenden Jagdgerechtigkeit. Cap. I.
§. 32. — oder auch gar, wie *Zoanetti* Tract. de venatione.
Nr. 10 — 18. behaupteten, daß dieses Jagdrecht aus Achtung des Volkes
gegen den Adel entstanden und dann durch Immemorialverjährung bestätigt
worden sei. S. ferner noch *J. G. de Goebel* De jure venandi diatriba. I. §. 9. Respons. Ictor. Helmstad. bei *Struben* Vindic.
jur. ven. nobil. Germ. Append. Nr. 24. p. 115. und ebendas. Cap. I.
§. 11. *Hunnius* Diss. de jure venandi. Thes. 4. et 6. *Waizeneg-*
ger Diss. de jure venandi. Thes. 20. „venantur eo jure, quo pecora pascunt." *de Ludewig* Differ. jur. Rom. et Germ. in venatu.
Diff. V. Nr. 18. *Rivinus* Diss. de jure venandi in alter. fundo.
§. 21. *Riccius* a. a. O. Cap. III. §. 1.

15) *L. G. Boehmer* Princ. jur. feud. §. 68. Anton Gesch. d.
deutschen Landwirthschaft. Th. 3. S. 493.

16) Anton a. a. O. S. 493. führt hierzu zwei Urkunden an, eine
von Otto IV. von 1197, *Falke* Tradit. Corbeiens. p. 225., in der
er dem Abte und dem Stifte zu Corbei einen Forst, soligo, zu Lehn giebt,
und eine von Landgraf Albrecht von Thüringen von 1275, *Leukfeld*
Historische Beschreibung des Klosters Kelbra. p. 84., in welcher
ein Graf von Beichlingen mit dem Wildbanne beliehen wird, die beide
schon oben bei den Bannforsten erwähnt sind. Da also diese beiden Urkunden auf Forste und nicht auf die Jagd außerhalb derselben sich beziehen, so

können sie auch keinen Beweis des feudum venationis abgeben. Eine einzige andere Spur, die auf ein solches Lehn zu weisen scheint, habe ich in dem Verzeichniß der von Churfürst August von Sachsen erkauften Jagden gefunden; hier heißt es unter Andern, Weiße Neues Museum der sächs. Geschichte. Bd. 2. Heft 1. S. 94. „VI. M. fl. Guntern von Bunaw vor die Tetzschner Jagt, so Königisch Lehn ist." Doch kann aus diesen Worten keinesfalls auf ein besonderes, vom König von Böhmen, denn dieser allein kann hierbei gemeint sein, herrührendes feudum venationis geschlossen werden, sondern hier ist jedenfalls entweder von der böhmischen, an der sächsischen Grenze liegenden Herrschaft Tetzschen die Rede, von der ich freilich nicht weiß, ob sie einst in dem Besitz von der sächs. Familie von Bünau gewesen, oder von einem zu dieser gehörenden, in Sachsen liegenden Pertinenzstück derselben, oder endlich von einem, vielleicht in Sachsen liegenden Tetzschen, das leicht zu den vielen, der Krone Böhmen zustehenden Außenlehnen gehören konnte. Wenn sich übrigens auch der Fall irgendwo finden sollte, daß bei einem allodialen Rittergute die Jagd auf den Fluren von dazu gehörigen Dörfern lehnbar sei, ein Fall, der bei der großen Ausbreitung des Lehnnexus und dessen mannigfachen Verwickelungen allerdings möglich ist, so begründet dieses allein noch keinen Schluß auf ein feudum venationis, indem dann wol überhaupt die sämmtlichen gutsherrlichen Rechte lehnbar sein könnten.

17) Ein Beispiel davon oben §. 26. Note 58.

18) *de Goebel* l. c. §. 9. Bilderbeck Deduction gegen die vermeintliche Regalität der Jagd. S. 44. Anton a. a. O. Th. 2. S. 347. *Beyer* Delin. jur. Germ. Lib. II. cap. II. §. 7. Stisser Forst= und Jagdhistorie. Cap. VI. §. 13 folg.

19) Hierher gehört das von *Okel* Diss. de praescript. immemor. Cap. V. Thes. 22. und *Born* Diss. de eo, quod justum circa molendina. Cap. 22. §. 2. näher ausgeführte Rechtsprincip: „non omne, quod principis beneficio tenemus, est regale." Es findet wegen der Jagd auf den Lehnen ganz dasselbe Verhältniß wie bei andern, mit denselben verbundenen Rechten statt; vor Entstehung des Lehnverbandes wurden alle solche Rechte als Ausflüsse des Eigenthums kraft eignen Rechts, und hernach als integrirende Theile des den Vasallen zustehenden dinglichen Rechts an dem Lehne ausgeübt, ohne daß der zwischen Vasallen und Lehnherrn stattfindende Nexus und die Befugnisse des leztern die Natur der verliehenen Sache mit allen ihren Nutzungen, und so auch der Jagd, hätten verändern können.

20) Hüllmann a. a. O. S. 460 und 466 folg. Eichhorn Rechtsgeschichte. §. 337. Einleitung. §. 255.

21) Eichhorn Rechtsgeschichte. §. 343. Einleitung. §. 258 bis 261.

22) Eichhorn Rechtsgeschichte. §. 368. Einleitung. §. 158. 159. 257.

23) Eichhorn Rechtsgeschichte. §. 368. Note i. Riccius a. a. O. Cap. I. §. 21. Möser Patriot. Phantas. Th. 4. Nr. 43. Mittermaier Deutsches Privatrecht. §. 270.

24) Eichhorn Einleitung. § 245.

25) *Leyser* Med. ad Pand. spec. 441. med. 1 und 2.

26) In diesen Ländern verschwand schon im 12. und 13. Jahrhundert

bei Gelegenheit der flamländischen Einwanderungen die Leibeigenschaft. Weiße Geschichte der Churfächsischen Staaten. Th. 1. S. 300.

27) Dieser falschen Ansicht bin ich früher selbst in meiner Diss. de jure venationem exercendi in Germ. usque ad sec. XVI. in German. §. 13. gefolgt.

28) Capit. Reg. Franc. Lib. V. cap. 247. et Lib. VI. cap. 271. S. oben §. 8. Nr. 13.

29) Eichhorn Rechtsgeschichte. §. 49.

30) Dieses Verbot des Waffentragens konnte unfreie Dienstleute um so weniger betreffen, als diese Karl selbst dem Heerbanne mit unterwarf, von dem nur Hörige und Leibeigene ausgenommen waren. Eichhorn a. a. O. §. 194.

31) Hahn Historisch-juridische Ausführung vom Jagd- recht. §. 13. in *Pistor.* Amoen. hist. jur. Tom. VI. *de Ludwig* l. c. Diff. V. No. 4. *Riccius* a. a. O. Cap. I. §. 24. *Georg.* Inst. jur. forest. §. 20.; aber auch diese Meinung halte ich für irrig, ob ich ihr gleich in meiner angef. Diss. §. 13. gefolgt bin.

32) II. F. 29. §. 5. „Si quis rusticus arma vel lanceam portaverit, vel gladium: judex, in cujus potestate repertus fuerit, vel arma tollat, vel viginti solidos pro ipsis recipiat a rustico. Mercator negotiandi causa per provinciam pertransiens, gladium suum sellae alliget, vel super vehiculum suum ponat: non ut quem laedat innocentem sed ut a prae- done se defendat. Nemoretia sua aut laqueos, aut alia quaelibet in- strumenta ad capiendas venationes tendat nisi ad ursos, apros, vel lu- pos capiendos."

33) II. F. 27. pr. „Quoniam divina praeordinante clementia solium regiae majestatis conscendimus, dignum est etc." L. F. Dieck Litte- rärgeschichte des Longobardischen Lehnrechts. Halle 1828. S. 114. E. A. *Laspeyres* Ueber Entstehung und älteste Bear- beitung der libri feudorum. Berlin 1830. S. 206.

34) Eichhorn Rechtsgeschichte. §. 347. Nr. b.

35) So erließ Friedrich I. 1187 (Chronic. Urspergens. a. h. a.) einen Landfrieden für Deutschland. S. *Emminghaus* Corp. jur. pub. Germ. T. I. No. 2.

36) Sächs. Lehnrecht. Cap. 2.

37) Sachsenspiegel. B. 2. Art. 71.

38) Däs Lehnrecht. §. 17.

39) Hierfür spricht auch der Umstand, daß in der Stelle des Sach- senspiegels (B. 2. Art. 71.), wo jenes Verbot des Waffenführens enthalten, nichts von einem solchen Jagdverbote erwähnt wird. Doch wurde das Jagdverbot gegen die Bauern wol eine Zeitlang auf diese Stelle gegründet. U. Tengler Layenspiegel. Fol. 31. (S. §. 40. Note 22.)

40) Schnaubert Erläut. des Lehnrechts. S. 128.

41) *Struben* Comment. de jure villicor. Cap. III. §. 3. 5. et 12. *Riccius* a. a. O. Cap. 1. §. 36.

42) *de Goebel* l. c. §. 11. N. d.

43) S. oben §. 23.

44) Zachariä Sächs. Lehnrecht. 2. Ausg. von Weiße und von Langenn Anhang §. 8. S. 341 folg.

45) Rescript vom 9. Juni 1716. Cod. Aug. Tom. II. p. 609.

46) Zachariä a. a. O. S. 342.

47) So kenne ich in der Chemnitzer Gegend mehrere solche Lehngerichte, die auf den ganzen Fluren des Dorfs, in denen sie gelegen, die Jagd ausüben.

48) S. v. Braun Vom Bauermeister-Lehne in Zeperniks Sammlung auserlesener Abhandlungen zum Lehnrechte. Th. 3. Abh. 10.

§. 28. Beschränkungen an der auf eignem Grund und Boden zustehenden Jagdgerechtigkeit.

Wie durch die Bannforste die Jagdgerechtigkeit Einzelner oft beschränkt werden konnte, haben wir oben gesehen, und im Vorhergehenden erst von den Grundstücken, mit denen dieses Recht nicht verbunden, gesprochen, so daß hier nur noch von den Beschränkungen die Rede sein kann, die theils durch Erwerbung der Jagdgerechtigkeit auf den Grundstücken eines Dritten, ebenfalls Berechtigten, theils durch Festsetzung einer geschlossenen Jagdzeit, der Jagdfolge, der Bestimmungen über reißende Thiere, Eintheilungen der Jagd und Entrichtung von besondern Abgaben entstanden sind.

Bei dem Zusammenhange der Jagd mit dem echten Eigenthume und Besitz der Ritterlehne konnte auf dem Grund und Boden eines Andern, durch diese Bedingungen ebenfalls Berechtigten, die Jagdgerechtigkeit nur durch Verträge und ähnliche Erwerbungsarten, wie sie das gemeinbürgerliche Recht nach seinen verschiedenartigen Modificationen in den einzelnen Jahrhunderten der mittlern Zeiten mit sich brachte, erworben werden [1]). Solche Erwerbungen aber setzen in der Regel einen weit künstlichern und zusammengesetztern gesellschaftlichen Zustand voraus, als er doch im Ganzen in Deutschland zur Zeit des Mittelalters bestand; daher sich denn auch solche gänzliche Ueberlassungen des Jagdrechts an einen Dritten wol nicht häufig nachweisen lassen, und mir nur drei dieses enthaltende Urkunden von dem Kloster Tegernsee und dem Kloster Pollingen und Benedictbaiern in Baiern vorgekommen sind. Ersteres nämlich gab im 11. Jahrhundert einem Grafen die Jagd in den ihm eigenthümlichen Wäldern gegen Abtretung einiger Besitzungen [2]), und dem zweiten gestattete der Herzog Albrecht von Baiern am Ende des 15. Jahrhunderts die Jagd in einem genau beschriebenen, diesem Kloster aber weder eigenthümlich gehörigen, noch auch ihm sonst unterworfenen Districte [3]), während derselbe von dem dritten das Jagdrecht gegen ein jährliches Deputat in einem be-

stimmten Bezirk auf zehn Jahre erwarb⁴). Häufiger aber finden sich theilweise Ueberlassungen der Jagdgerechtigkeit entweder
ohne Gegenleistung und auf Widerruf, oder so, daß dadurch
dem Dritten nur neben dem wirklichen Eigenthümer dieselbe gestattet wird, wofür man in dem neuern Sprachgebrauche für
jene den Namen Gnadenjagd (venatio precaria), und für
diese den der Mitjagd (convenatio) angenommen hat. Beispiele
von solchen Gestaltungen der Jagd sind schon oben (§. 15.) bei
den Jagdverhältnissen in den Bannforsten erwähnt worden, und
so sehr auch in historischer und rechtlicher Beziehung die Jagdgerechtigkeit in den Forsten von der außerhalb derselben verschieden ist, so kommt es doch bei vorliegendem Falle auf Dasselbe
hinaus, indem hier von einer Gestattung der Jagd in dem eignen Bezirk an einen Dritten und der dadurch erfolgten Beschränkung des eignen Rechts die Rede ist; daher, unter Beziehung auf die eben angeführten Beispiele, nur einige, noch besonders hierher gehörige Fälle zu erwähnen sind. In einem Vertrage zweier rheinischen Grafen, eines von Are und Nurberg
und eines von Hostade, über die Burg Are wird der Forstbann
als Beiden gemeinschaftlich anerkannt und zugleich den Burgmannen (Castellanis) die Jagd zugesprochen⁵), und in dem
schon öfters erwähnten Lehnbriefe des Herzogs Heinrich II. von
Lothringen stipulirt dieser bei einem aufgetragenen Lehen sich die
Mitjagd, ohne dadurch die Rechte des Vasallen weiter zu be-
schränken⁶). Karl IV. gestattete dem Bischof von Eichstädt für
die Zeit seines Lebens und für seine eigne Person die Jagd in
dem Walde zu Weißenburg, jedoch so, daß er keine Andern an
dieser Erlaubniß Theil nehmen ließe⁷). Vom Erzbisthume Mainz
erhielten der deutsche Ordensmeister in den mainzischen Wäldern
und Gewässern auf dem Spessart⁸), und der Herzog Otto von
Baiern auf andern Gütern desselben Erzstifts⁹) auf ihr aus-
drückliches Bitten die Erlaubniß zur Jagd und Fischerei, jedoch
nur letzterer auf Widerruf.

Die Festsetzung einer bestimmten Zeit im Jahre, in
der allein gejagt werden kann, und das damit verbundene, jeden
Eigenthümer derselben treffende Verbot, in dieser Zeit in seinem
ihm zugehörigen Jagddistricte dieselbe auszuüben, setzt eine Ausbildung der Staatsgewalt in Oberaufsicht und Gesetzgebung
voraus, wie wir sie in Deutschland vor vollständiger Entwickelung der Landeshoheit nicht finden. Dagegen ist eine solche sogenannte geschlossene Zeit wieder so natürlich, und wegen
der Erhaltung der Jagd so nothwendig, und zugleich, in Beziehung auf die Satzzeit, der Menschlichkeit — welche von den eifrigsten und rohesten Jägern immer um so mehr gegen das Wild
gefühlt und ausgeübt wird, je weniger dies gegen die Men-

thier geschieht — so angemessen, daß es wohl anzunehmen, jeder Jagdeigenthümer habe wegen der Erhaltung der Jagd, und somit also wegen seines eignen Vortheils, jedes Jahr einige Monate verfließen lassen, in denen er die Jagd in der Regel unterlassen, ohne daß dieses durch ein allgemein gültiges Gesetz vorgeschrieben gewesen. Seiner Natur nach ist dieser Umstand aber auch von der Art, daß zu seiner Erwähnung in Urkunden nur selten und nur in solchen Fällen, wo der Eigenthümer mit einem Dritten eine Uebereinkunft über Jagdverhältnisse abschloß, sich Gelegenheit fand. Dieses konnte nun eben so gut da stattfinden, wo über die Jagd in Bannforsten, als da, wo über diese außerhalb derselben etwas festgesetzt wurde; von jenem Falle ist schon gesprochen [10]), von diesem kann ich aber nur wenige Nachrichten auffinden. So kommt in einem Vergleiche der Grafen von Sayn und von Heinsberg eine Zeit der Hirschjagd (tempore venatus cervorum) vor [11]), und die Herren von Borken gestatteten den Bürgern der Stadt Wulfsberg in Pommern mit Windhunden Füchse und Hasen, jedoch nur im Sommer und außer dem Schnee, zu jagen [12]). Weitere urkundliche Bestimmungen über die sogenannte geschlossene Zeit der Jagd, deren förmliche Einführung erst der folgenden Periode angehört, sind mir, mit Ausnahme der oben bei den Forsten (§. 15.) und der Jagd in den Marken (§. 22.) angeführten Bestimmungen, nicht vorgekommen, und von diesen beiden liegt allerdings nur in der ersten, nicht aber in der letzten eine schonende Rücksicht auf das Wild. Eine anderweit hierher gehörende Beschränkung, die sich wol aber nicht auf die Felder, die der Jagdinhaber selbst bebaute, sondern auf die seiner Hintersassen, wo ihm die Jagd zustand, bezog, ist im Sachsenspiegel dadurch ausgesprochen, daß er festsetzt: von der Zeit an, wo das Korn geschossen und Glieder gewonnen hat, soll Niemand wegen der Jagd die Saat betreten [13]).

Eine anderweitige Beschränkung der Jagdgerechtigkeit auf eignem Grund und Boden liegt in der Jagdfolge, als dem Rechte eines benachbarten Jagdberechtigten, das in seinem District verwundete Wild in den benachbarten zu verfolgen und an sich zu nehmen; ein Recht, was eben sowol aus dem Eigenthume an der Jagd, als aus der begonnenen Occupation der Jagdthiere entspringt, und ebenso schon in den ältesten Zeiten [14]), als auch in den Bannforsten vorhanden [15]) und mannigfach näher bestimmt war. Daß nun aber die Jagdfolge auch in den nicht eingeforsteten Districten vorhanden und nach den deutschen Rechtsbegriffen allgemein begründet war, unterliegt um so weniger einem Zweifel, als sie ja selbst in dem Bannforste dem Nachbar zukam. Urkundliche Belege jedoch für die fortdauernde

Ausübung dieses Rechtes, die auch nur bei etwaigen Verträgen
darüber, oder bei Beschränkungen dieser Befugung in den Lehenbriefen über Forste oder Jagddistricte — Fälle, die an und für
sich wol nicht oft eintraten — vorkommen können, da es sonst
in den gewöhnlichen, die Jagd betreffenden Urkunden, als sich
von selbst verstehend, nicht erwähnt wurde, habe ich nur sehr
wenige gefunden, und diese wieder beziehen sich auf die eigentlichen Bannforste oder die Jagd in den Marken, weshalb sie
denn auch schon daselbst mit angeführt sind [16]). Nur eine einzige Urkunde eines Grafen von Sayn, in der allerdings auch
der Wildbann genannt wird, der mir aber daselbst blos die
Jagd zu bedeuten scheint [17]), möchte daher hierher gehören, in
der er einer benachbarten Gräfin die unbedingte Jagdfolge zu-
gesteht und sich dieselbe ebenfalls vorbehält [18]). Ueber die Folge
im Allgemeinen enthält der Sachsenspiegel nichts, und bestimmt
nur die Folge aus nicht eingeforsteten Districten in die Bannforste; Bestimmungen, die wir oben an ihrem Ort (§. 15.) schon
angeführt, und aus denen blos ihr Daseyn nach Gewohnheitsrecht, auch außer den Forsten, unbestreitbar wird. Der Schwabenspiegel, der diese Bestimmungen ebenfalls aufgenommen,
spricht sich aber deutlich über sie dahin aus, daß Jeder ein in
seinem Jagddistricte verwundetes Wild in den eines Andern verfolgen kann, und es, wenn er es nicht mehr lebend findet, ihm,
wenn es aber noch lebend ist, dem Jagdnachbar gehört [19]).
Alle diese Bestimmungen über die Jagdfolge erscheinen um so
natürlicher, als sie eine Gegenseitigkeit voraussetzen, und so die
Beschränkung, die der Eine dadurch erleidet, durch das gleiche
Recht, was ihm auch wieder gegen den Andern zusteht, ausge-
glichen wird; eine merkwürdige Bestimmung über die Jagdfolge
hingegen, die diesem Principe ganz widerspricht, findet sich in
dem Lehnbriefe Karls IV. über das Oberreichsjägermeisteramt und
die Pfalzgrafschaft Lauchstädt an die Markgrafen von Meißen,
worin dieselbe diesen auf allen Wäldern der Pfalzgrafschaft und
deren Umgebungen gestattet, allen Benachbarten aber untersagt
wird [20]). Eine Bestimmung, die wol auf die spätere Gestaltung der Jagdfolge in Sachsen nicht ohne Einfluß geblieben.
Irgend eine nähere Angabe über die Ausübung der Jagdfolge
und Beschränkung derselben auf eine bestimmte Zeit oder Entfernung ist in allen den Nachrichten über dieselbe, außer den
eben schon mitgetheilten nähern Modificationen bei der Folge in
Bannforste, nicht vorhanden und gehört erst der folgenden Zeit an.

Eine Ausnahme von der Jagdgerechtigkeit auf eignem Grund
und Boden, die so allgemein war, daß sie selbst die Bannforste
mit umschloß, bildete das Erlegen der reißenden Thiere,
der Wölfe und Bären [21]), und in Italien, nicht aber auch in

Deutschland, wenigstens daselbst nicht gemeinrechtlich, der wilden Schweine [22]), indem diese Thiere in den Rechtsbüchern ausdrücklich als solche erwähnt werden, auf die sich das im Königsbanne liegende Jagdverbot nicht erstreckt; daher denn ihre Erlegung noch weit eher in den dem Königsbanne nicht unterworfenen Jagddistricten gestattet sein mußte [23]). In Beziehung auf diese Thiere wurde demnach die auf eignem Grund und Boden Jedem zustehende Jagdgerechtigkeit der billigen Rücksicht auf Abwendung von allgemeinem Schaden untergeordnet.

Die Eintheilung der Jagd nach der Art und Weise ihrer Objecte, in hohe und niedere, wie wir sie heut zu Tage kennen, könnte nur in so fern zu den Beschränkungen des Jagdeigenthums zu rechnen sein, als diese Eintheilung nicht nur in der Zeit gegenwärtiger Periode bekannt, sondern mit ihr auch die Folgen verknüpft gewesen, die es heute häufig sind, wonach dem Einen die niedere, dem Andern die hohe Jagd auf denselben Grundstücken zukommt. Wir haben schon oben (§. 15.) bei Betrachtung der Jagdverhältnisse in den Forsten die Frage berührt, ob sichere Nachrichten von einer solchen Eintheilung, und namentlich davon, ob nur die hohe Jagd zu den Forsten gehöre — was öfters behauptet worden [24]) — vorhanden seien, und daselbst gefunden, daß, wenn man auch schon in frühern Zeiten Wild, das man seit dem 16. Jahrhundert zur hohen Jagd rechnet, in den die Forste betreffenden Urkunden oft allein genannt antrifft, doch wegen der Bestimmungen anderer Urkunden und überhaupt wegen anderer überwiegender Gründe beide Fragen zu verneinen sind. Dies ist auch für die Verhältnisse der Jagd außerhalb der Bannforste von Wichtigkeit, da, wenn in diesen obige Eintheilung mit den angegebenen Folgen vorhanden gewesen, es zugleich sehr leicht hätte geschehen können, daß bei weiterer Ausbreitung derselben ihre Inhaber auch die heutige hohe Jagd außerhalb jener sich schon in dieser Periode zuzuschreiben vermocht hätten. Hier ist demnach blos noch zu untersuchen, ob außerhalb der Bannforste in gegenwärtiger Periode eine Eintheilung der Jagd in hohe und niedere bekannt gewesen, und ob dann mit selbiger besondere Folgen in Verbindung gestanden. Daß man in der Sprache des gemeinen Lebens, und dann auch in der einfachen Sprache jener ältesten Gesetze, das größere Wild auch großes (majores ferae) genannt — eine eigentlich sehr natürliche Sache — ergiebt sich denn allerdings schon aus dem baierischen Gesetz [25]); von da an aber bis in das 12. Jahrhundert sind mir außer jenen die Forste betreffenden Urkunden (§. 15. Note 84 folg.) keine Spuren, weder in den Gesetzen der karolingischen Zeit, noch in Urkunden davon vorgekommen; aus dem 12. Jahrhundert aber kommt in dem Codex traditionum des Klosters Dießen bei der Schenkung einiger Güter von einem Grafen von Wolfrathusen die Jagd mit Benennung von einzelnen Thieren, Hirschen, Bibern und Fischottern [26]), und bei einem Tausche mehrerer Güter zwischen dem Bischof Otto von Freisingen und dem Kloster Weihenstephan die volle Jagd vor [27]). In den Rechtsbüchern und den Urkunden des 13. Jahrhunderts habe ich wieder nichts dergleichen gefunden; wol aber ist die wichtigste Urkunde dieser Art das Ritterrecht der Grafschaft Berg, wahrscheinlich aus dem 14. Jahrhundert [28]), in welcher der Ritterschaft blos Rehe, Hasen, wilde Schweine und Feldhühner, nicht aber ohne besondere Erlaubniß Hirsche und Haselhühner zu jagen gestattet wird [29]), was ein Anhang von 1478 unter ausdrücklicher Verwahrung der Bannforste des Herrn [30]) bestätigt, sowie auch ein Herzog von Oppeln 25 Hufen mit der Jagd von Hasen, Rehen, Bibern und Füchsen [31]) verkauft, und bei der schon angeführten Gestattung der Jagd an die Bürger der Stadt Wulfsberg (Note 12.) wird ihnen nur die Hasen= und Fuchs= jagd ertheilt. Am Ende des 15. Jahrhunderts hingegen kommen dann allerdings nicht blos solche Benennungen einzelner Jagdthiere, sondern wirklich die Ausdrücke: hohe und niedere Jagd vor, wie in einem Lehnbriefe Markgraf Albrechts von Brandenburg [32]), der Aebtissin von Quedlinburg an Churfürst Ernst und Herzog Albrecht von Sachsen [33]) und in der schon angeführten Urkunde des Herzogs Albrecht von Baiern an das Kloster Pollingen [34]). — Nach diesen urkundlichen Nachrichten läßt es sich nun nicht ganz läugnen [35]), daß schon vor dem 15. und 16. Jahrhundert ein Unterschied bei der Jagd nach Art und Weise der zu jagenden Thiere gemacht wurde, wogegen aber auch, wenn man diese wenigen Urkunden, die ihn erwähnen, mit den unendlich vielen, die ihn nicht namhaft machen, vergleicht, nicht verkennen kann, daß dieser Unterschied theils bei weitem nicht allgemein und nirgends fest bestimmt war, theils mit ihm alle die rechtlichen Folgen, welche diese, am Ende des 15. Jahrhunderts ausgebildete Eintheilung in den folgenden Zeiten erlangt, nicht vorhanden waren [36]). Denn mit Ausnahme der Bestimmungen des berg= schen Ritterrechts (— vielleicht mit daher zu erklären, daß die Grafschaft Berg zum großen Theile aus alten Stammbesitzun= gen ihrer Dynasten bestand [37]), in denen diese vielleicht das echte Eigenthum allein hatten, oder doch eine Bannforstgerech= tigkeit in dem ganzen Lande sich zueignen konnten, wo dann die den Lehnsleuten zugestandene Jagd nur eine Gnadenjagd gewe= sen —) und der die Bürger von Wulfsberg betreffenden Ur= kunde, die allerdings auf ein solches Verhältniß hinweist, läßt sich kein Fall aufweisen, wo Einem diese, dem Andern jene Art der Jagdthiere auf demselben Grund und Boden zu jagen ver=

ſtattet geweſen, und in den angeführten ſpätern Urkunden, wo ſich große und kleine, hohe und niedere Jagd findet, iſt keine Spur einer Trennung in der Ausübung vorhanden. Bildete alſo dieſe Eintheilung ſich auch am Ende dieſer Periode ſchon aus, ſo gewann ſie doch nur erſt theilweiſe in derſelben eine praktiſche Wirkſamkeit und ihr gewöhnliches Vorkommen in dieſer, ſowie die noch frühere Aufzählung einzelner Arten von Wild, iſt wol weiter nichts als eine anfänglich erfolgloſe und nur theilweiſe anzutreffende Eigenthümlichkeit des Kanzleiſtyls, die ſich nur auf das Wildpret ſelbſt, und nicht auf die Jagdgerechtigkeit bezog [38]), und der in der folgenden Zeit erſt ein Erfolg beigelegt wurde.

Keine eigentliche Beſchränkung der Jagdgerechtigkeit, ſondern nur eine Schmälerung des aus derſelben ſich herſchreibenden Einkommens iſt in der Abgabe des Zehnten von der Jagd enthalten, wie ſolchen z. B. die Gräfin Bertha von Groitzſch der Marienkirche zu Zwickau einräumte [39]). Es wurde dies jedoch kein allgemeiner Gebrauch, und nur ſehr ſelten finden ſich einige Spuren davon.

1) Riccius Entwurf von der Jagdgerechtigkeit in Deutſchland. Cap. III. §. 1. und 2.

2) Cod. tradit. Monast. Tegernsee. d. a. 1008. Monum. Boica. Tom. VI. p. 10. S. oben §. 26. Note 16.

3) Dipl. a. 1498. Monum. Boica. Tom. X. p. 205. — „wir — — bekennen — — das wir von Gnaden — — demſelben Bropſt und Convent und allen iren Nachkommen an den nachbenenten Ennden en Jagd ausgezeigt und alſa unwiderufflich zu ewigen Zeiten ze jagen vergonet haben — (folgt eine Beſchreibung dieſes Diſtricts mit Benennung vieler Orte) alſo das ſy und all ir Nachkommen zu ewigen Zeiten an den bеverten Ennden innerhalb der Marher hiervor angezaigt, allen Wildpann kleiner und groſſen beſuchen und gebrauchen, auch auf Waſſer und Holtzen wol richten, und wann und wie ſy geluſt, nach irm Gеvallen, Nutz und Nothdurfft jagen laſſen mugen.“ Das Kloſter Pollingen betreffen in dieſer Urkundenſammlung 134 Urkunden, und ein Rotulus chartarius (Codex traditionum) von 27 Seiten; in allen daſelbſt enthaltenen Nachrichten iſt aber nichts zu finden, daß die hier genannten Orte zu dieſem Kloſter gehört, und dieſes alſo die Jagd auf eignem Grund und Boden erhalten habe.

4) Dipl. a. 1499. Monum. Boica. Tom. VII. p. 217. „Nachdem wir furgenommen haben unsern Wiltpann am Plomberg, Zwisler und Gossenhoven zu hayen, und aber solch Hayung des Ihaid halben des würdigen — — Abbts und Convents unsers Closters zu Benedictenpewrn inenhalb des Stainpachs an genanten Plonberg, und gemelte Gemerk stossent wo ſy das durch ihr Jäger besuchen liessen, fruchtperlich nit beschehen mag, so haben wir uns mit gedachten Abbte und Convent nach volgender Maynung vertragen, nemblich dass ſy und ir Jäger noch Yemant von iren wegen an obgenanten Ennden ihenhalb der Stainpachs in zehen ganzen Jahren, nach Dato ditz Briefs nechst erscheinend nit jagen sollen, doch mögen ſy wol bey einer Aekerleng

Wegs ihenhalb des Stainbachs ir Nez statt haben und da richten auch
an andern Kunden irs Ihaids ihenhalb des Steinpachs die obgenante
Gemerk nit berüren, gebrauchen und jagen, wie von Alter. Dagegen
und zu Vergleichung sollichs irs Ihaids haben wir Inen ain Auszaigung
gethann, dass sy durch ir Jäger die genannten zehn Jahr aus, alle
Jahr jehrlich vier Stuck Hirsch oder Wild an Rottmiller Au, und an
dem Haslach vahen und bayen mügen und nit mer, und so die zehen
Jahr aus sind, alsdann soll dieser unser Wechsl und Auszaigung kainen
Tail gen den andern pynden, sondern hin und ab seyn.

5) Dipl. a. 1202. *Günther* Cod. Rhenan. Tom. II. p. 74. S.
§. 19. Note 18.

6) Dipl. a. 1238. *Miraei* Opera Diplom. et histor. Tom. I.
p. 311. S. §. 26. Note 58.

7) Dipl. a. 1354. Stisser Forst- und Jagdhistorie. Beilagen
A. A. S. 64. „favemus — ut ipse (Berchtoldus Kichat. Ecc. Episc.) in
nemore Weissenburgensi venari possit et valeat temporibus vitae suae,
mandantes tamen ei Episcopo et omnia volentes, ut Episcopus alios
quoscunque in eodem nemore contra jura Imperii et gratiam sibi factam
venationes exercere aliquatenus non permittat."

8) Dipl. a. 1381. *Guden.* Cod. diplom. Tom. III. p. 595. „Wir
— Syfrid von Veningen, Meister Dutsch Ordens in Dutschen Landen,
Bekennen offentlich in disem Brieff, daz der Erwirdig — — Her
Conrad von Winsperg Erzbischoff zu Meintz unser Betde erhort und
erleibt hat von sunderlichen sinen gnaden: Wanne daz wir zu Brotde
felden sin, daz die Unsern danne zwo ganze Myle weges uff und in
unsers Gn. Herrn von Meintz, Welden und Wassern uff den Spechart
hart mugen jagen un fischen, wie uns allerbequemlichst sy."

9) Dipl. a. 1428. *Guden.* l. c. T. IV. p. 172. „Wir — — bekennen das uns der erwirdige — — Her Conrad. Erzbischoff zu Mentze
— — gegonnet u erlaubt hat umb unser Bede willen, in den Mucken-
sturme und Schulpeneck zu jagen, bis off sin oder siner nachkommen
widderruffen."

10) S. oben bei der Abhandlung von den Bannforsten §. 15.

11) Dipl. a. 1267. Kremer Beiträge zur Geschichte von
Jülich. Bd. 1. Urk. Nr. 4. „protestamur etiam quod praedictus noster
consanguineus de Hainsberg et sui heredes annuatim tempore venatus
cervorum venari poterit et piscari in Wildbanno de Vrozberg pure et
simpliciter pro se et suis heredibus renunciavit." Ob Wildbann hier
einen Forst oder bloßen Jagddistrict bedeute, habe ich übrigens aus dieser
Urkunde nicht erkennen können.

12) Dipl. a. 1348. Schöttgen Altes und neues Pommern.
S. 47. „Item praedicti cives infra terminos saepe dictae civitatis, si
placet, cum veltribus eorum, vulgo dictis Wynde, vulpes et lepores
fugare et capere, tempore tantum aestivali et extra nivem pacifice
poterunt."

13) Sachsenspiegel. B. 2. Art. 61.

14) S. oben 1. Abschnitt. §. 8. Note 24 und folg.

15) Oben §. 15. am Ende.

16) Oben §. 15. Note 42. und 44. und §. 22.

17) *Haltaus* Glossar. p. 2112., bev diese Urkunde mittheilt, nimmt Wildbann in derselben auch nur für Jagb an.

18) Dipl. a. 1264. *Avemann* Hist. Burggrav. de Kirchberg in Append. p. 150., oben §. 12. Note 19. ist diese Urkunde schon angeführt.

19) Schwabenspiegel. cap. 350. (bei Berger S. 277.) „und ist das ain man ain tyer wundet in seiner wiltpann das flevvhet von im das es chümbt aus seinen augen und es chümbt in ain annder wiltpan und vellet da nider wes das wildt cze recht sey. das sull wir sagen und stirbt es darinn E das es darvber chumbt der es gejagt hat des ist es cze recht und vindt er es lemptig er sol es lassen sten wann es cze recht des ist. des da der wiltvanck ist ain yeglich wildt ist ains manns mit recht die weil es in seiner gevvalt ist chumpt es aber auss seiner wiltpann so ist es nicht sein. Ist das ain man ain wild jagt und chumbt es von im unverseret und ist aber so müd das es nider vellt und nicht fürpas mag und chumbt es aus seinen augen das er sein nicht mer siecht und wer es darnach vindt des ist es mit recht und doch also ob er sich sein hat abgethan aber dieweil er es sucht so ist es sein. Wer es unter der weyl vindet der sol es im widergeben es sey totes oder lemptigs wann ain yeglich wildt aus deiner gewalt chumbt so ist es nicht dein und aus deim wiltvang so ist es dein nicht als ein yeglich wildt in sein freyhait aus deinen augen chümbt so ist es dein nicht.“

20) Dipl. a. 1350. Stisser Forst: und Jagbhistorie. Beilage QQ. S. 89. „Wir — — liehen du Pfallantz Graffschafft czu Lauchstet mit alten Herschafften und Ampten, damit dieselbe Pfallantz Graffschaft gewirdet, geendt und uzgesatzt ist von Alter by Namen mit Manschafft, Lehen, Geistlichen und wertlichen, mit dem Banne, das man nennet Obrist Gerichte, mit allen Bannstülen, die von Alter der egenannten Pfallantz Graffschafft geschafft und uzgegeben sin — — — mit allen Wildpanen, als des Römischen Reichs Obirster Jägermeister, und di Folge der Jagt uf allen Welden in derselben Pfallantz Graffschafft und andern sinen Ummesessen die Volge czu weren uff sinen Hölzern, förstern, Heiden und Welden, und sonderlich die — Welde, Holz, Förste, Heiden und Strücken, mit Wild, Zydilweyde, mit Fischerie — — und gemeynlich mit allen Ehren, Wirden, Nutzen, Freiheiten und ihren zcugehornden, als dieselbe Pfallanz Graffschafft der Achpare Furste fridrich seliger je Vater und ander je Vorfahren, den Got gnade, von den heiligen Röm. Reich behalten und erworben haben.“

21) Sachsenspiegel. B. 2. Art. 61. Schwabenspiegel. Ed. *Berger.* cap. 350. p. 276.

22) II. F. 27. §. 5. S. den vorhergehenden §.; von Deutschland habe ich eine ähnliche Bestimmung nur gefunden in der §. 29. Note 23. angeführten Urkunde und in dem Culmischen Rechtsbuche. Cap. Von Jaged. bei Spangenberg Beiträge zu den teutschen Rechten des Mittelalters. S. 210. S. §. 25. Note 84.

23) Stisser Forst: und Jagbhistorie. Cap. VII. §. 32. Riccius Entwurf der in Deutschland üblichen Jagbgerechtigkeit. Cap. I. §. 37. *Georg.* Inst. jur. forest. §. 183.

24) *J. G. de Goebel* De jure venandi diatriba. P. I. §. 3. N. a. Anton Geschichte der teutschen Landwirthschaft. Th. 2. S. 353. Th. 3. S. 494.

25) Lex Bajuariorum. tit. 19. q. 7. „De canibus qui ursos vel babulos id est majoros feras, quod sunarzwuild dicimus, persequutur, si de his occiderit, cum simili et sex solidis componat." Wol aber ist hierbei zu bemerken, daß dieses Gesetz gar nicht von den verschiedenen Gattungen des Wildes, als solchen, sondern von den verschiedenen Arten der Hunde spricht, welche dann freilich nach den verschiedenen Gattungen des Wildes, zu dessen Jagd sie theils von der Natur bestimmt, theils abgerichtet waren, unterschieden werden.

26) Cod. tradit. Monast. Diezzens., Monum. Boica. Tom. VIII. p. 125. „Ao. 1158 die Kal. Maji tradidit possessiones supscriptas per manum nobilis hominis Oudelscalci de Uffildorf; quidquid possedit in eodem loco Diezzensi — — et sylvam magnam, cujus fines transeunt a loco eodem Diezzensi usque ad montem qui dicitur Bisinberch et venationes bestiarum, cervorum, castorum et lutorum in flumine Ambre et Rote." Statt lutorum muß man hier jedenfalls lutrarum, Fischottern, lesen.

27) Dipl. a. 1143. Monum. Boica. Tom. IX. p. 498. „Tribuens ejusdem monasterii fratribus quidquid in Vottingen ad Episcopales reditus pertinuerit, cum nemoribus et pratis ad eandem villam pertinentibus, cum omnibus cultis et incultis, quesitis et inquerendis, cum plena Hofmarchie et venationis jurisdictione." Was Anderes als Jagd kann dieses Letztere nicht heißen, und die jurisdictio ist wol auch nur wegen der Zusammenstellung mit Hofmarchia hier mit auf venatio erstreckt; da aber plena jedenfalls nur auf jurisdictio geht, jurisdictio venationis aber ein sonst nie vorkommender Ausdruck wäre, so mag es wol auch zweifelhaft sein, ob hier von einer plena venatio, im Gegensaß einer minus plena die Rede ist, oder ob es nicht vielmehr hier heißen müßte: cum plena Hofmarchie jurisdictione et venatione.

28) Th. J. Lacomblet Archiv für die Geschichte des Niederrheins. Düsseld. 1831. 1. Heft. S. 31.

29) Bergisch Ritterrecht. §. 34. „Die Ridderscafft mach jagen Rehe, Haisen, wilde Schwyn ind Feldthoener; sie mogen nith jagen Hertz noch Hinden noch Haselhoener; der here gefft yn dan in den dryen punten oirloff. Lacomblet a. a. O. S. 93.

30) Ebend. §. 64. „De Ritterschaft en soll den heren nyt tasten in syne hoejacht. Ouch ist gewonlich dat de Ritterschaft haven gevangen Rehe Haesen ind Velthoinre buyssen des heren zorn, doch also dat dat in des heren hoejacht nyt geschien en sal." Lacomblet a. a O. S. 103. Hohe Jagd und Zorn wird also hier für Bannforst und Bann gebraucht.

31) Dipl. a. 1309. Böhme Diplomat. Beiträge. II. S. 67.

32) Lehnbrief an Werner und Goverd von Alvensleben über Schloß und Voigtei Gardelegen a. 1472. Gerken Dipl. vet. March. Brandenb. Tom. II. p. 491. „Wy Albrecht — — geruhten to lihen mit Namen die Borg to Gardelege unde die Vogedie mit aller gerechtigkeit, freyheit und gnaden mit aller tobehoringe an aeker, holten, wischen, watern, vischerien — — die wild jaget grot und kleine."

33) Dipl. a. 1479. Kettner Antiquit. Quedlingburg. p. 571. „darzu Mannschafft, Dörfern, Hoelzern, Büschen, Wonnen, Weiden, Wildbahnen, Hoch und nieder Jagt, Wasser, Wasserleuffte etc. — — "

34) S. oben Note 3.

35) Wie dies unter Andern *Stryk* Praef. ad Ah. *Fritsch* Comp. jur. ven. thut.

36) *Jargow* Lehre von den Regalien. Lib. II. Cap. V. §. 9. Struben Nebenstunden. Th. 1. S. 211. Schnaubert Erläuterungen des Lehnrechts. S. 130. Weber Lehnrecht. Th. 2. S. 278.

37) *Lacomblet* a. a. O. S. 41.

38) *Mittermaier* Grundsätze des deutschen Privatrechts. §. 233.

39) Dipl. a. 1118. *Menken* Script. rer. Germ. et praec. Saxonic. Tom. III. p. 1010. „quoque decimationem piscationis atque venationis.“

§. 29. Jagdregal.

Nach dem Vorhergehenden unterliegt es durchaus keinem Zweifel, daß die Jagd in dieser Zeit noch keineswegs ein Regal gewesen und als solches betrachtet worden sei, und nur wegen der Beziehungen auf diese Zeit, die in den Streitschriften über die Regalität der Jagd mit vorkommen, ist dieser Punkt hier noch besonders zu erwähnen.

Welcher Begriff von Regalien in jener Zeit geherrscht, und wie nach demselben die Bannforstgerechtigkeit zu diesem zu rechnen, haben wir schon oben (§. 13.) gesehen, woraus sich zugleich ergiebt, daß alle jene Umstände, welche die Regalität begründeten, bei der Jagd außerhalb der Bannforste nicht vorhanden waren, obwol letztere gewissermaßen mit eine Veranlassung zu dem nach mehreren Jahrhunderten in einigen Gegenden entstandenen Jagdregal gaben 1). Doch begründet weder die Art und Weise, wie die Jagdgerechtigkeit in dieser Periode erworben und ausgeübt wurde, noch auch die Erwähnung derselben in den Rechtsbüchern und andern geschichtlichen Monumenten, wie wir §. 25. folg. schon gesehen, die Annahme eines Jagdregals, und alle die Urkunden, welche von den Regalisten zur Bestätigung der entgegengesetzten Ansicht angeführt worden, sprachen nicht von der Jagd im Allgemeinen, sondern blos von den Bannforsten 2).

Wenn es aber auch scheint, als ob in einer Urkunde Wilhelms von Holland — die übrigens mehr eine italienische, und so auf rein-deutsche Verhältnisse nicht anwendbar ist — die Jagd als Regal aufgeführt würde 3), so rechtfertigt dieses doch durchaus keinen Schluß auf die Regalität selbst; denn wie schon oben §. 13. entwickelt, bedeuten regalia in dieser Zeit oft überhaupt so viel wie temporalia, welcher Sinn seit den Investiturstreitigkeiten aufgekommen, und unter dem alle und jede weltliche Rechte, Regierungsrechte und Gerichtsbarkeit so gut als wie Hutung, Weide und alle andere, aus dem Eigenthume sich er-

13

gebende Befugnisse, und auch letzteres selbst, welche die Könige
den Geistlichen, im Gegensatz der eigentlichen geistlichen Rechte,
verliehen, begriffen wurden [4]), ohne daß man diese Rechte alle
wirklich für Regalien halten könnte. Uebrigens ist bei dieser Urkunde noch ganz besonders zu bemerken, daß sie sich auf Italien
bezieht, und daß daselbst über die Regalien Grundsätze galten,
die von den deutschen abweichen [5]) und auf Deutschland selbst
keine Anwendung finden können; daher denn selbst in dem Fall,
wenn auch jene Urkunde und andere italienische Rechtsquellen
die Regalität der Jagd aussprächen, doch diese dadurch für
Deutschland noch nicht erwiesen wäre.

Diese Bemerkung führt uns nothwendig auf die im longobardischen Lehnrechte enthaltenen, oder in dasselbe hineingelegten
Bestimmungen über die Jagd. Das in II. F. 27. §. 5. [6]) enthaltene Jagdverbot ist schon §. 27. betrachtet und dessen wahre
Bedeutung daselbst entwickelt worden. Wenn aber auch selbst
Männer, wie Cujacius [7]), in dieser Stelle ein allgemeines, also
die Regalität begründendes Jagdverbot finden, so ist doch diese
Autorität schon von vielen Rechtsgelehrten der vorigen Zeiten,
selbst von solchen, die sonst das Jagdregal statuiren, nicht anerkannt worden [8]), und kann demnach um so weniger noch jetzt
gegen die geschichtlichen Gegengründe etwas vermögen. Uebrigens ist in Beziehung auf die an und für sich eigentlich nur auf
Italien sich beziehende Anwendung dieses Gesetzes zu bemerken,
daß diese schon die ältern Commentatoren ganz in Zweifel ziehen [9]). Mit noch weit weniger Schein der Richtigkeit haben
sich viele ältere Rechtslehrer zur Begründung des Jagdregals
auf die bekannte Constitution Friedrichs I. über die Regalien,
II. F. 56., bezogen [10]). Diese Constitution nämlich enthält weder, sowie sie in das longobardische Lehnrecht aufgenommen [11])
noch wie sie von den Schriftstellern jener Zeiten mitgetheilt
wird [12]), von der Jagd auch nur ein Wort, sondern rechnet
unter Andern piscationum reditus zu den Regalien. Ohne
nun weiter zu untersuchen, ob dieses die Fischerei an und für
sich, oder nur eine Abgabe von derselben, etwa für die ausschließliche Benutzung dieses, sonst eigentlich Allen zuständigen
Befugnisses [13]) bedeute, ging man, um das Jagdregal mit unter diese Bestimmung zu bringen, sogar so weit, zu sagen, weil
die Fischerei hier unter den Regalien namhaft gemacht sei, so
sei auch die Jagd um so mehr unter selbige zu zählen, da diese
noch wichtiger als jene sei [14]); ein Schluß, dessen Unstatthaftig-
keit von vielen Seiten anerkannt [15]) ist und der einer nähern Widerlegung um so weniger bedarf, als jene Constitution Friedrichs I.
blos ein italienisches und kein deutsches Reichsgesetz war, und trotz
seiner Aufnahme in das longobardische Lehnrechtsbuch doch mit

diesem in Deutschland, wie alle staats = oder civilrechtlichen oder
andern Bestimmungen desselben, die sich nicht auf das Lehnrecht
unmittelbar beziehen, nicht aufgenommen worden ist [16]). Statt
aber, daß diese Constitution durch Künsteleien aller Art für
die Regalität der Jagd sprechen könnte, giebt sie im Gegen=
theil, wie schon Hahn bemerkt [17]), ein sehr wichtiges Zeugniß
gegen jene ab. Denn bekanntermaßen ist diese Constitution das
Resultat der Untersuchung der der Krone gehörigen und von den
Städten usurpirten Rechte in der Lombardei, welche Unter=
suchung auf dem roncalischen Reichstage von den berühmten vier
bolognesischen Rechtsgelehrten Bulgarus, Martinus Gosia, Ja=
cobus und Hugo in Verbindung mit acht und zwanzig Abgeord=
neten der Städte geführt wurde [18]). Wenn demnach zu dieser
Zeit eine Idee der Regalität der Jagd schon vorhanden gewesen
wäre, so würde sie sicher auch in dieser Constitution ausgespro=
chen worden sein. Eine Bestätigung dieser Ansicht, daß damals
die Idee der Regalität noch nicht geherrscht, könnte auch, wenn
sie sonst noch nöthig wäre, in den von Radovich [19]) mitgetheil=
ten Leges castrenses Friedrichs I. gefunden werden, in denen
die Jagd als Jedem freistehend erwähnt wird; denn wenn diese
Gesetze sich gleich nur auf das Heer, das 1158 nach Italien
geführt wurde [20]), beziehen könnten, so würden sie, wenn da=
mals schon eine solche Idee wirklich vorhanden gewesen, doch
gewiß nicht die Jagdfreiheit so allgemein statuiren [21]).

Eine einzige deutsche Urkunde aus dem 14. Jahrhundert ist
mir noch bekannt geworden, die dem ersten Anblick nach für eine
vollkommen ausgebildete Regalität in den einzelnen Territorien
zu sprechen scheint [22]). Es ist dies ein den Grafen von Oet=
tingen von deren Landgericht ertheiltes Rechtsgutachten über die
Frage: ob sie mit Recht Jedermann in ihrer Grafschaft und
Wildbann Wild zu fangen, verbieten könnten, was dahin beant=
wortet wurde, daß sie dieses Recht, mit Einschluß von Fasanen,
Rebhühnern und Wachteln, jedoch mit Ausnahme der Wölfe,
Schweine, Igel und Eichhörnchen, hätten, wenn sie das Verbot
nur auf drei Landtagen (Landgerichten) nach einander wiederhol=
ten, und daß sie jede Uebertretung desselben mit Verlust des
Daumens, oder Einlösung desselben um so viel, „als lieber Ihm
wäre", nur mit Ausnahme aller Derer, „die mit geschrieben
worten an diesen Brieff aufgenohmen sindt", von denen denn
eine Anzahl namhaft gemachter Ritter und „ander erber Leute"
genannt wird, bestrafen könnten [23]). Aller Schein der so be=
gründeten Regalität der Jagd fällt aber weg, wenn man die
Verhältnisse der Landgerichte in jener Zeit näher in das Auge
faßt. Es war in denselben ein Landrichter, der im Namen des
Herrn und an dessen Statt die Gerichtsbarkeit (Grafschaft) verwal=

13 *

waltete ²⁴), der ebenfalls hier vorkommt, so daß hier jedenfalls von einem wirklichen Landgerichte der Grafen von Oettingen, wo unter Königsbann gerichtet wurde ²⁵), die Rede ist. In solchen Landgerichten waren, nachdem die Exemtionen der Hintersassen entstanden und die ritterbürtigen Personen von dem Stande der blosen Freien sich getrennt, blos diese ritterbürtigen schöffenbar ²⁶), und auch in den regelmäßigen Landgerichten zu erscheinen verbunden ²⁷). Wenn es nun aber eine, durch tausende von Urkunden zu belegende Sitte war, daß alle bei Abschließung eines fraglichen Geschäfts Anwesende, besonders als Zeugen, erwähnt werden, und diese denn hier theils namhaft gemacht, theils unter dem Namen: „ander erber Leute" begriffen sind, so dürfte auch wol mit Recht anzunehmen sein, daß alle rittermäßige Personen im Territorio der Grafen bei diesem Landgerichte gewesen, und indem diese nun von jenem Jagdverbote ausgenommen wurden, so liegt in demselben gar keine Spur von Regalität, sondern nur ein Ausspruch des alten Rechtssatzes, daß nur mit dem echten Eigenthume und den rechten Lehnen die Jagdgerechtigkeit verbunden war. Uebrigens ist hierbei auch noch zu bemerken, daß die Grafen von Oettingen zu den Inhabern von jenen kleinen Territorien gehörten, in denen der Landesherr leicht das ganze echte Eigenthum erwerben und wegen des ihm zustehenden Königsbannes auch seine Wälder in Forste verwandeln konnte; daher denn wol auch das hier ausgesprochene Jagdverbot auf diese Forste bezogen werden könnte, ob dies gleich aus dem dabei vorkommenden Worte Wildbann nicht allein erhellet.

1) Anton Geschichte der teutschen Landwirthschaft. Th. 2. S. 346. Wenn der mit M. unterzeichnete Recensent von K. Th. Pütters Lehre vom Eigenthume u. s. w. Berlin 1831. in der Jen. Allg. Literat. Zeitung. 1831. April Nr. 62. p. 10 seq. erwähnt, daß bei den fränkischen und schwäbischen Stämmen das Jagdregal sehr zeitig ausgebildet gewesen, so kann da wol nur von den Bannforsten und deren indirectem Einfluß auf die Ausbildung des Jagdregals die Rede sein.

2) Diese Bemerkung macht schon *J. H. Boehmer* J. Eccl. Prot. Tom. V. Lib. V. tit. 24. §. 2., der bei Gelegenheit des tit. 10. De clerico venatore sehr gründlich vom Forst- und Jagdrechte handelt, und der sich, wie von einem so ausgezeichneten Juristen und Geschichtskenner zu erwarten, gegen alle solche unhistorischen Annahmen ausspricht.

3) Dipl. a. 1252. an den Grafen von Savoyen wegen der Uebergebung der Stadt Turin. Lünig Reichsarchiv. Vol. XVI. S. 726. „totum dominium — — cum — — sylvis, venationibus, piscationibus, rationibus Regalibus omnibus."

4) Montag Geschichte der staatsbürgerlichen Freiheit. Th. 1. S. 285. Hüllmann Gesch. d. Regalien. S. 4.

5) Weber Lehnrecht. Th. 3. S. 200.

6) Oben §. 27. Note 32.

7) *Cujacius* Lib. V. feud or. p. 302. Schon Zahn Historisch-juridische Ausführung vom Jagd- und Forstrecht bei *Pistor*. Amoenit. histor. jurid. Tom. VI. p. 1511. hat diese Meinung sehr gründlich widerlegt.

8) Wie Bocerus, Sixtinus, Einsiedel und Weizenegger und noch eine ganze Reihe Anderer, die Bilderbeck Deduction gegen die vermeintliche Regalität der Jagden S. 40. anführt.

9) Wie *Andreas de Isernia* a. h. t. „Notae, quod iste titulus totus parum valeat, meliores sunt praedicti de pace publica et Imperiali ab eodem Friderico I. facti, tamen legendum et exponendum erit hoc, et quae in eo sunt, propter argumenta, quae trahuntur frequenter de legibus inutilibus et ut nihil antiquitatis ignoretur." *Jo. Paul. Baltzaranus* Comment. feud. ad. h. t. „totus iste titulus parum valet, continet jus iniquum et non est in observantia." *Schenk lib. bar. de Trautenberch* Interpr. Compend. in usum feudor. Colon. 1555. p. 198. sagt, daß dieser Titel nicht vom Lehnrechte handle, und daher keiner großen Behandlung verdiene; daher er auch blos die vom Lehnrechte sprechenden Stellen aushebt und erläutert. Die Meinung dieses Verf. ist hier um so wichtiger, als er schon als Reichskammerrichter ein Mann von großem Ansehen war und die in jener Zeit praktischen Ansichten stets bei ihm zu finden sind.

10) Z. B. Heigius, Cocer, Finkeltaus, Einsiedel u. A. s. Bilderbeck a. a. O. S. 32.

11) II. F. 56. „Quae sint Regaliae. Regaliae, armandiae, viae publicae, flumina navigabilia et ex quibus fiunt navigabilia, portas, ripatica, vectigalia, quae vulgo dicuntur telonia, moneta, mulctarum poenarumque compendia, bona vocantia, et quae, ut ab indignis, Legibus auferuntur, nisi quae specialiter quibus conceduntur: bona contrahentium incestas nuptias, condemnatorum et proscriptorum, secundum quod in novis constitutionibus cavetur, angariarum, parangariarum, et plaustrorum, et navium praestationes, et extraordinaria collatio ad felicissimam regalis Numinis expeditionem, potestas constituendorum Magistratuum ad judiciam expediendam: argentaria et palatia in civitatibus consuetis: piscationum reditus et salinarum et bona committentium crimen Majestatis, et dimidium thesauri in loco Caesaris inventi, non data opera, vel loco religioso: si data opera, totum ad eum pertineat."

12) *Radevici* Res gestae Frider. I. Lib. II. c. 5. bei *Muratori* Script. rer. Ital. Tom. V. p. 787. und *Günther* Ligurinus s. de reb. gest. Frider. I. Lib. VIII. vers. 567 — 575 bei *Reuber* Script. rer. Germ. Ed. II. p. 669.

13) Eichhorn Rechtsgeschichte. §. 362. Note f.

14) So z. B. *Prückmann* De venatione. Cap. I. in *Fritsch* Corp. jur. ven. P. I. No. 3.

15) Bilderbeck a. a. O. S. 32.

16) Ludwig Erläuterung der goldnen Bulle. Th. 1. S. 809. Pütter Beiträge zum deutschen Staats- und Fürstenrecht. Th. 1. S. 207. *Biener* De natura et indole dominii in territor. Germ. p. 91. Posse Staatseigenthum. S. 61. und ganz besonders Ph. E. Bertram Von der ursprünglichen Gültigkeit der berufenen Constitution Kaiser Friedrichs I. von den Rega-

lien. II. F. 56. in Zepernick's Sammlung auserlesener Abhandlungen aus dem Lehnrechte. Th. 1. Nr. 9. S. 129 folg. Daß übrigens diese Constitution auch für Italien kein Jagdregal begründet, ergiebt
sich aus den Worten derselben ganz deutlich. Selbst aber, wenn jene
merkwürdige Ausdehnung des Ausdrucks: piscationum reditus, statthaft
wäre, so würde doch auch dadurch kein Jagdregal in Italien begründet
sein, weil ebenso wie für Deutschland sich auch für Italien der diplomati-
sche Beweis der Verbindung der Jagd mit dem Grundeigenthume führen
läßt, und weil im Costnitzer Frieden von 1183, bei *Muratori* Antiq.
Ital. Tom. III. p. 307., durch den die über die Strenge jener Constitution
entstandenen Streitigkeiten beigelegt wurden, Friedrich I. alle zu den Regalien gezählten Rechte Denen wieder überließ, die früher in deren Genuß
gewesen: so wäre dadurch auch selbst jene supponirte Regalitätserklärung
wieder in Wegfall gekommen.

17) a. a. O. S. 1499.

18) *v. Savigny* Geschichte des röm. Rechts im Mittelalter. Th. 4. S. 151 folg., wo auch diese vier Doctoren gegen viele, ihnen
wegen dieser Constitution gemachten Vorwürfe vertheidigt werden, und
wo auch der oft aufgestellten Behauptung, daß diese Constitution hauptsächlich aus dem römischen Rechte abgeleitet worden, widersprochen wird.
S. aber dagegen Eichhorn a. a. O. §. 362. N. f. Jedenfalls ist hierbei
zu bemerken, daß in dem römischen Rechte nach seinem wahren Sinne
allerdings nur sehr wenige dieser Regalien begründet sind, daß diese dagegen in demselben in dem Sinne wol können begründet worden sein, in
dem so viele der Commentatoren und Summaristen des longobardischen
Lehnrechts — freilich also geraume Zeit nach jenen Doctoren — das römische Recht nahmen, aus dem man ja, wie aus der Bibel, im Mittelalter Alles deduciren konnte.

19) **Friderici I. Leges castrenses.** c. 22. „Si quis venatus fuerit cum canibus venaticis, feram quam invenerit et canibus agi-
taverit, sine alicujus impedimento habebit." c. 23. „Si quis per canes
leporiariores feram fugaverit non erit necessario suo, sed erit occupantis." c. 24. „Si quis lancea vel gladio feram percusserit et antequam
manu levaverit, alter occupaverit, non occupantis erit, sed qui occi-
serit eam sine contradictione obtinebit." c. 25. „Si quis birsando feram
balista vel arctu occiderit, ejus erit." *Radevic.* l. c. III. c. 26. und
Goldast Constit. imper. Tom. I. p. 268. Tom. IV. p. 64.

20) *Heineccius* Antiq. Germ. Tom. I. p. 401.

21) Diese Leges castrenses sind, wenn sie sonst echt, als ein Ar-
meebefehl zu betrachten, der, um alle wegen Ausübung der Jagd möglichen Streitigkeiten zu vermeiden, erlassen wurde, und bei dem damals
wol eben so wenig als in neuerer Zeit nach den Rechten und dem Eigenthume Dritter gefragt wurde.

22) Blos bei Anton a. a. O. S. 490. habe ich sie angeführt gefunden, wo sie dann auch als die Regalität begründend angesehen wird.

23) *Senkenberg* Corp. jur. Germ. Tom. II. praef. Adjunct. B.
p. XXIX. Urkunde v. 1381. „Ich Degenhart von Gundelfingen sass zu
Gericht an meiner Herrn Stadt der Edlen Grafe Ludwig und Grafe
fridrichs von Oettingen an der Landschran zu den Learn bey Teynia-
gen, und thun kundt dass mein Herr Grafe fridrich, für die, mit fürsprechen gieng, und bat einen brief zu verhören der stund von Wort
zu Wort also: „„„Ich Cunradt von Hurnheim genannt von Hohenhauss,

sasse zu Gericht in meiner Herren statt der Edlen Grafe Ludwigs und
Grafe Fridrichs von Oettingen der Jungen und thun kund, das mein
Herr Grafe Fridrich fürgieng mit Fürsprechen und bat Ime erfahren,
an einer gemeinen Urteil, wann er und sein Bruder Grafe Ludwig
Landgrafen weren, ob si mit recht verbieten möchten und solten,
das Wild zu fahen allermenniglichen in ihrer Grafschafft, und in ihren
Wiltpan, da ertheilten die Ritter, dass sie es wol verpieten möchten
und solten, alles Wildt zu fahen in ihrer Grafschafft und in ihrem
Wildtpan, on Wolf, Schwein, Igel und Aichhorn, In ward auch ertheilt, das si wohl verbieten möchten und solten in ihrer Grafschafft,
das niemandts fahen solt, den Faszandt, das Rephun und auch die
Wachteln, da ihn die Urteil gefiell, — — —, da baten Sie ihne da
erfahren oder jemand were der es breche, was ihrs rechten darumb
were, da ertheilten die Ritter, wenn das Jemandt kainer schlaecht,
wilde oder Vegel fing, on ihr wort, und ohn ihr wort, an die
die mit geschrieben worten an diesen brieff aufgenohmen sindt, und auf den man es beweren macht, das er ainen seinen verlohren solt han, oder solt Ine umb sie lessen als lieber Ime
were, da sie die Urtheil umb das wildt und umb die Vögel behuben,
— — — da baten sie ihnen erfahren wen und wie dickh sie es den
Leuthen kunden und verbieten solten, da wardt Ine ertheilt, dass sie
es auf ihrem Landgericht drey Landtag nacheinander solten hayssen
beschrayen und verpiethen, und das es darum genug wäre, dass haundt
sie gethan, — — — da ditz vorgeschrieben saeh, umb das wild umb
die Vögel und umb das Weinschencken mit rechter Urtheil zu Kirchheim auf ihrem Landgericht behalet haben, und es haben hayssen be-
schreyen und verbetten, alss vor an den brief geschrieben statt, und
Ia ertheilt ward zu Kirchen auf ihrem Landgericht, das seindt gezeu-
gen — (folgen 15 adelige Namen und dann) — und viel ander erbar
leuth die dabey waren des gib ich diesen brief versiegelt mit des gerichts Ingesigell zu einer offen Urkundt, der geben ist, zu Kirchheim,
da man zahlt — (1383) — " " da der brief also gelezen und verhert
wart von Wort zu Wort als er da geschrieben stat, da bat er Im erfahren an einer gemeiner Urtheil, ob man ihme und seinem bruder
grave Ludwigen, de brief icht billig erneuert und bestettigte, da ertheilten die Ritter, mit gemeiner Urteil das man inen den billichen erneuerte, — — (folgen die Zeugen, elf Ritter und viel ander Erber
leut) — " Im folgenden Jahre wurde dieser Brief von dem kais. Hof-
richter im Namen des Königs Wenzel bestätigt. S. Senkenberg l. c.
Adj. C. p. XXXI.

24) Eichhorn a. a. O. §. 302.

25) Sachsenspiegel. B. 2. Art. 12. Auch daß die Grafen von Oettingen hier als Landgrafen aufgeführt werden, beweist, daß sie den Königsbann und die ehemaligen Herzogsrechte erlangt. Eichhorn a. a. O
§. 234 a.

26) Eichhorn a. a. O. §. 348.

27) Sachsenspiegel. B. 1. Art. 2. B. 2. Art. 6 und 7. Mehrere
Urkunden über diese Verbindlichkeit sind auch in der anonymen Schrift:
Kurzer Abriß der bisherigen ständischen Verhältnisse im
Königr. Sachsen. Leipz. 1831. S. 4. in dem ersten Abschnitt über den
Ursprung der Landstände enthalten.

Dritte Abtheilung.

Von den nach Entwickelung der Landeshoheit stattgefundenen Veränderungen.

§. 30. Einleitung.

Bei der Betrachtung der Folgen, welche die Ausbildung der Landeshoheit der deutschen Fürsten auf so viele Theile des Privat- und das ganze öffentliche Recht hervorgebracht, ist es nöthig, die ältere, im 12. und 13. Jahrhundert ausgebildete und anerkannte Landeshoheit von der spätern, wie sie im 15. Jahrhundert sich entwickelt, zu trennen [1]). Verschiedene, in inniger Wechselwirkung stehende und in einander eingreifende Ursachen hatten jene ältere Landeshoheit in das Leben gerufen: großer und ausgedehnter Grundbesitz der Beamten und nachmaligen Fürsten, mit dem die Verwaltung der Aemter und Provinzen verbunden war [2]); die daraus sich entwickelnde Erblichkeit der Aemter [3]), wodurch denn der frühere Begriff einer Grafschaft als Amt sich in den eines Landbezirkes verwandelte und das Herzogthum die Gestalt einer Lehnsherrlichkeit annahm [4]); Auflösung der alten Gauverfassung mit dem immer mehr verbreiteten Lehnwesen, und der Umstand, daß in der Person der Landesherren mit allen jenen aus der ihnen übertragenen Gewalt entsprungenen Rechten auch die Voigtei und andere gutsherrlichen Rechte über einen großen Theil, ja in den kleinern Territorien [5]) fast über alle ihre Untergebenen verbunden war [6]). Dies Alles, noch in Verbindung mit der Vernichtung der alten Herzogthümer und der durch innere Unruhen und auswärtige Kriege hervorgebrachten Schwäche der kaiserlichen Regierung, gab die nähere oder entferntere Ursache zu der Ausbildung der ältern Landeshoheit. Diese selbst bestand nun in einem Inbe-

griff mehrerer verschiedenartiger Rechte [7]), als: eigentliche kaiser=
liche übertragene Rechte, Regalien, von denen Gerichtsbarkeit
und Heerbann als wesentliche, Münze, Zoll und andere Nutzun=
gen hingegen als zufällige sich betrachten lassen, dann lehns=
herrliche, in der Befugniß, rittermäßige Personen zu Vasallen
und Dienstleuten zu haben, bestehende Rechte [8]), und endlich
Schutzherrlichkeit über die auf den Gütern der Landesherren und
in ihrem District gesessenen, nicht rittermäßigen Personen, die sie
in dem Reichsdienste vertraten [9]). Eine Art öffentlicher Gewalt
war demnach diese Landeshoheit allerdings, aber nur eine dem
Könige untergeordnete, in der blos ein selbständiges Recht zu
einzelnen Befugnissen der königlichen Gewalt, verbunden mit ver=
schiedenen eignen Rechten, lag [10]). Im 12. Jahrhundert hatte
sie sich schon ausgebildet, und die bekannte Urkunde Friedrichs II.
über diese Rechte [11]) war weniger eine Verleihung derselben,
als eine Bestätigung der schon zuvor durch einzelne Zugeständ=
nisse oder auch Anmaßungen erworbenen Befugnisse [12]).

Das mit der Entwickelung der Landeshoheit im ältern
Sinne in inniger Verbindung stehende Feudalsystem bewirkte nun
auch selbst die Entstehung der Landeshoheit im neuern Sinne.
Durch das Feudalsystem nämlich war eine Unterordnung von
Herrschenden, von denen Jeder seinen Antheil an der Regierung
und seine Gewalt von einem Höhern lehnsweise, aber zu eignem
Rechte, besaß, entstanden, wodurch die Nation in eine Menge
von einzelnen kleinern oder größern Gesellschaften zersplittert
wurde [13]). Die Lehnsverbindlichkeiten waren in diesem Zustande
die höchsten Pflichten, die über den Unterthanenpflichten stan=
den [14]), und der kaum geahnete Begriff des Staates, der sich
wol in den Gesetzen Karls d. Gr., aber später nicht findet,
konnte von den Königen um so weniger realisirt werden, als sie
auf alle Dienstleute und Unterthanen der Landesherren, ihre Um=
stände und die sie betreffenden Bedrückungen gar keine Rücksicht
nahmen und, weil ihnen die Landesherren selbst zu nothwendig
waren, nehmen konnten [15]). So nahm denn dadurch die Macht
der Landesherren sowol gegen den König, als gegen ihre Un=
terthanen immer mehr zu, und bewirkte endlich, daß jedes
Band zwischen letzteren und dem Reiche fast gänzlich aufhörte.
Hierdurch aber waren auch die Unterthanen, die landsässig ge=
wordenen Dynasten und Prälaten und die rittermäßigen Perso=
nen, denen sich bald die Städte anschlossen, genöthigt, einen an=
dern Schutz zur Erhaltung ihrer Rechte zu suchen, einen Schutz,
den sie — von dem Corporationsgeiste jener Zeiten und von
der dadurch entstandenen, aus ihrer gemeinsamen Unterwerfung
unter einen Landesherrn hervorgegangenen Idee einer Landes=
gemeinde geleitet — in ihrer Vereinigung fanden, welche von

dem Landesherrn nicht nur unverwehrt blieb, sondern wegen der
Erreichung verschiedener Zwecke, namentlich wegen Geldbeiträgen,
selbst befördert wurde.   Durch diese nähere Vereinigung des
Landesherrn mit der Landschaft — welcher hierbei gegen Ueber=
nahme verschiedener Verbindlichkeiten die althergebrachten Rechte
bestätigt wurden — konnte Jener in seinem Lande weit mehr,
als der Kaiser mit den Reichsständen im Reiche, ausführen; eine
Gesetzgebung, die in der ältern Landeshoheit nicht gelegen, wurde
durch Uebereinkunft der Stände mit dem Fürsten begründet, wie
sie das Bedürfniß verschiedener Anordnungen für das gemeine
Beste in jener Zeit erheischte [16]), und dieser gemeinschaftlichen
Autonomie war keine Grenze gesetzt, als die Verpflichtung gegen
Kaiser und Reich, welche bei innern Angelegenheiten nicht von
großem Einfluß sein konnte [17]).   So geschah es denn, daß
die Landeshoheit in dem 15. Jahrhundert einen ganz andern
Charakter annahm und nach und nach eine v o l l s t ä n d i g e öf=
sentliche Gewalt wurde [18]), durch die von nun an, freilich
Anfangs in beschränktem Umfange und selten nach richtigen
Principien, die Staatszwecke zu erreichen gestrebt wurde, in=
dem jetzt die einzelnen deutschen Länder als besondere Staaten
und das Reich als eine Vereinigung derselben sich auszubilden
begann [19]).
    Diese Landeshoheit wurde demnach eine förmliche Staats=
gewalt, zu der unter den übrigen Attributen auch die Oberauf=
sicht des Staates gehörte [20]).   Daß nun eine solche neu be=
gründete Gewalt zugleich den größten Einfluß auf die innern
Angelegenheiten der einzelnen Territorien, die Rechtsverhältnisse
der Unterthanen, und ganz besonders auf die schon früher be=
gründeten Rechte der Landesherren haben mußte, liegt am Tage.
Viele innere Landesangelegenheiten und Rechtsverhältnisse erhiel=
ten durch die so entwickelte Gesetzgebung eine eigne particular=
rechtliche Ausbildung; daß aber trotz dem diese Ausbildung in
verschiedenen Territorien, wenigstens in Beziehung auf mehrere
Gegenstände, immer noch auf eine ziemlich gleichmäßige Art er=
folgte, hat wol seinen Grund theils in der frühern, durch Ge=
wohnheit in ganz Deutschland ziemlich gleichförmig geschehenen
Begründung einzelner Institute, theils in den auf gleiche Weise
fast durch alle einzelne Territorien verbreiteten Ansichten der
Rechtsgelehrten des 15. und 16. Jahrhunderts, die einen höchst
bedeutenden Einfluß auf Gesetzgebung und die ganzen Staats=
angelegenheiten ausübten.   Die blos römische Bildung dieser
Rechtsgelehrten bewirkte aber, daß durch ihr Ansehen und die
von ihnen ausgegangenen romanisirten Ansichten viele rein deutsch=
rechtliche Institute, in ihrer ganzen Existenz bedroht, auf eine
solche Weise fortgebildet wurden, daß wegen der Einmischung

und Verbindung fremder Ideen nur mit Mühe oft der alte Grund sich erkennen läßt.

Diese Umstände waren es denn auch, die den Eigenthums= verhältnissen an Wald und Jagd eine eigenthümliche Entwicke= lung verschafften, welche zwar auf nicht ganz gleiche Weise, und somit denn auch in den verschiedenen Territorien mit verschiede= nem Erfolge vor sich gingen, aber doch darin übereinstimmen, daß sie in den eigenthümlichen — und, wie ohne Arroganz es wol zu sagen erlaubt, häufig irrigen — Ansichten der Rechts= gelehrten des 16. und 17., und zum Theil selbst noch des 18. Jahrhunderts ihren Ursprung haben. Eigenthümliche Ansich= ten über Landeshoheit, mit der die ältern Juristen, ehe sie den Landesherrn für den princeps des römischen Rechts anerkann= ten, nicht recht wußten, was sie anfangen sollten, und die sie für ein merum und mixtum imperium, was sie mit römischen Amtsideen (praefectus praetorio) in Verbindung brachten ²¹), ansahen, aus der sie aber doch endlich ein allgemeines Landes= eigenthum, über dessen Wesen nie klare Begriffe bestanden, durch die Verbindung von großem Privateigenthume, lehnsherrlicher Gewalt und Regierungsrechten in der Hand des Fürsten hervor= gerufen, bildeten ²²); Einmischungen der Lehren des römischen Rechts, namentlich Anwendung und Ausdehnung der den Vortheil des Fiscus betreffenden Vorschriften ²³); Demonstrationen aus dem Staatszwecke, und namentlich übermäßige Anwendung der Lehre vom öffentlichen Wohl: dies waren die Momente, die, theils mit fast gänzlicher Unkenntniß der innern deutschen Geschichte und der deutschen Rechtsinstitute, theils aber auch wieder auf ein= zelne derselben, die dem Leben näher lagen, gegründet, die Aus= bildung der Regalitätslehre überhaupt hervorbrachten. Neben diesen allgemeinen Ursachen waren bei unserm Gegenstande aber auch noch einige besondere wirksam, namentlich die alte Bann= forstgerechtigkeit, die schon am Ende der vorigen Periode ihre eigenthümliche Natur fast überall verloren, nun auf das ganze Land als ein allgemeiner Forstbann von den Juristen ausgedehnt wurde ²⁴). Auf solche Weise bildeten denn die Juristen zwei uns hier allein angehende, den ältern Verhältnissen ganz fremde Rechtsinstitute aus, die ihr Ansehen und ihre Urthelssprüche in das Leben einführten: die Forsthoheit, als die dem Staate über alle in ihm gelegenen Waldungen gebührende Polizeige= walt, und das Jagdregal, was neben der landesherrlichen Polizeigewalt in Jagdsachen auch eine ausschließende Befugniß zur Jagdausübung enthalten sollte. So wenig nun auch diese Institute historisch begründet, so ist doch gegen sie, als bloße Aus= flüsse der obersten Staatsgewalt gedacht, nichts einzuwenden, da die Idee des Staates und des Staatszweckes die Begründung der=

selben erfordert. Wol aber konnte sich die große, auf dem Zuvielregieren beruhende und die individuelle Freiheit zu sehr beschränkende Ausdehnung dieser Gewalten, die so häufig stattfand,
eben so wenig als die ausschließliche Jagdberechtigung des Fürsten — der übrigens stets der Besitzstand, wenigstens des Adels,
entgegenstand, welchen Widerspruch man aber durch Annahme
von Privilegien zu entkräften suchte — rechtfertigen lassen; und
wenn auch diese Lehren lange gelehrt und nachgebetet waren, so
mußte man doch endlich auf ihren Ungrund aufmerksam werden.
Dies geschah im vergangenen Jahrhundert, als die Forschungen
von mehreren ältern Rechtsgelehrten und Historikern, wenn auch
erst lange nach ihnen, insofern Früchte trug, daß man unhisto-
rische Grillen aufgab, die Bibel und das römische Recht nicht
mehr als Quellen des deutschen Staatsrechts betrachtete [²⁵]) und
die Rechtsinstitute der Vorzeit einer nähern Forschung würdigte.
Größeres Bekanntwerden und besseres Benutzen der deutschen
Quellen verscheuchte jene ältere übermäßige Begünstigung der
Vortheile des Fiscus von Seiten der Rechtsgelehrten, und die
über das Jagdregal geführte Controverse des vorigen Jahrhunderts ist längst entschwunden und hat neuere Vertheidiger nicht
wieder erhalten können.

So wenig denn aber auch jene regalistischen Ansichten wirklich begründet sind, so haben sie doch in manchen Ländern zu
der Begründung eines Jagdregals selbst beigetragen; und bei
der historischen Untersuchung über die nach Ausbildung der Landeshoheit erfolgten Veränderungen am Wald- und Jagdeigenthume ist ersteres von letzteren in sofern zu trennen, daß wir in
zwei Abschnitten:

    1) von der Forsthoheit und
    2) von dem Jagdregal

sprechen.

1) Gebräuchlich wurde der Name Landeshoheit erst von der Zeit des
westphälischen Friedens, und da er in dieser Zeit eine ganz andere Bedeutung hat, als im 12. und dann auch im 15. Jahrhundert, so kann sich
die Anwendung dieses Namens auf jene ältern Verhältnisse nicht anders,
als dadurch, daß man für diese keinen andern passenden Namen hat, rechtfertigen lassen, Eichhorn Rechtsgeschichte. §. 299. Note a., weshalb
denn auch jener hier angegebene Unterschied festzuhalten. Schon C. L. Hanselmann Diplomatischer Beweis, daß dem Hause Hohenlohe
die Landeshoheit schon vor dem großen Interregno zugekom-
men. Nürnb. 1751. Fol. gründet alle seine Behauptungen auf eine solche Annahme, ohne sie jedoch deutlich auszusprechen, und ein großer Theil seiner
Streitigkeiten mit Struben, s. dess. Nebenstunden. Th. 4. Nr. 22., ent-
sprang wol mit daraus, daß Letzterer besonders auf die spätere Landeshoheit
Rücksicht nahm. Die Landeshoheit im spätern Sinne nahm von dem Zeit-
punkte an, wo sie nach langem Bestehen endlich förmlich anerkannt wurde, nämlich vom westphälischen Frieden bis zur Auflösung des Reichs, noch einen an-

dern Charakter an, als sie am Anfange hatte, und kam so der Souveränetät so nah, daß diese nach Wegfall des Kaisers von selbst vorhanden
war, ohne dadurch dem Regenten, in Beziehung auf das Innere, ein anderes neues Recht zu constituiren, J. L. Klüber Oeffentl. Recht des
deutschen Bundes. 2. Ausg. Frankf. 1822. §. 49., als mit dem Aufhören der über ihm stehenden Reichshoheit nothwendig verbünden war. Doch
schon im 17. Jahrhundert finden wir den Begriff der Souveränetät dann
und wann auf deutsche Fürsten angewendet, Struve Corp. jur. publ.
Imper. p. 1064. Eichhorn §. 526. N. b. Wie aber diese Veränderung
in dem Charakter der Landeshoheit stattfand, und worin sie besonders sich
zeigte, gehört nicht hierher, da unsere Untersuchungen sich nur bis zur
Entwickelung der Landeshoheit erstrecken.

2) *C. G. Biener* De natura et indole dominii in territoriis Germaniae. p. 7. 40. 96 seq. Derselbe Ueber die Machtvollkommenheit des deutschen Kaisers. S. 140. J. S. Pütter
Beiträge zum deutschen Staats = und Fürstenrecht. Th. 1.
S. 111. K. D. Hüllmann Geschichte des Ursprungs der Stände
in Deutschland. S. 352.

3) Pütter a. a. O. S. 115. Biener Machtvollkommenheit.
S. 159. Struben a. a. O. Th. 4. N. 22. Eichhorn Rechtsgeschichte.
§. 222.

4) Eichhorn a. a. O. §. 234 a.

5) Solche kleinere Territorien bestanden aus dem Stammschloß und
der umliegenden, einer Familie gehörigen Gegend, in der bloße Hintersassen und Schutzpflichtige derselben befindlich, ohne daß daselbst von Ritterschaft und ehemaligen königl. Städten, und somit auch von spätern
Landständen die Rede sein konnte. Pütter a. a. O. S. 130. Daher in
diesen Territorien das echte Eigenthum selbst ebenfalls in den Händen des
Landesherrn befindlich, und Ludolfs, Symphor. consult. forens.
Tom. I. cons. 10. p. 326., Ausspruch: „esse autem provincias imperii,
quae herili modo gubernantur,“ ist ganz richtig, wenn man ihn auf diese
Territorien bezieht.

6) Eichhorn a. a. O. §. 300. Mittermaier Grundsätze des
deutschen Privatrechts. §. 46.

7) Ueber den Inbegriff aller der in der Landeshoheit im ältern Sinne
liegenden Rechte ist wol die gelungenste Darstellung bei Eichhorn a. a. O.
§. 299. zu finden.

8) Nicht blos Die, welche in den Rechtsbüchern des Mittelalters Fürsten genannt werden, denn Fürstenamt wird daselbst für Fahnenlehne genommen, was nur Die hatten, denen die herzoglichen Rechte verliehen waren, von denen es in Sachsen nur sieben gab, Sachsensp. B. 2. Art. 62.,
sondern überhaupt fast alle Dynasten, die schon zeitig die Grafenrechte erworben, erlangten die Landeshoheit, wenn auch jenen nur eine vollständige
zukam, wenn diese nicht durch besondere Verhältnisse benachbarten Fürsten
unterworfen wurden. Alle diese zur Landeshoheit fähigen Personen standen nun in dem dritten und vierten Heerschild, und ihre Mannen, die
Mittelfreien (Schöffenbarfreien), in dem fünften, Sachsenspiegel. B. 1.
Art. 3., so daß sie denn allein fähig waren, eine Heerfolge von rittermäßigen Personen zu haben. *J. Weiske* Diss. de septem clypeis
militaribus. Lips. 1829. §. 7. 8. 9.

9) Eichhorn a. a. O. §. 294.

10) Eichhorn a. a. O. §. 290. Diese in der ältern Landeshoheit liegende Gewalt war eine öffentliche, aber doch eine solche, die eigentlich eine königliche war und von dem Könige nur weder durch Beamte, noch selbst, sondern durch die Landesherren, die sie von ihm lehnsweise besaßen, ausgeübt wurde, die aber so wesentlich zu der Reichsverfassung gehörte, daß wenigstens die Fahnenlehne der König nicht über Jahr und Tag unverlehnt lassen durfte. Sachsenspiegel. B. 3. Art. 60. Sehr charakteristisch für diese eigenthümliche Natur dieser öffentlichen Gewalt ist endlich ihre völlige Suspension, sobald der König in die Provinz kam, wo alle in ihr liegende Rechte auf ihn übergingen. Sachsenspiegel B. 3. Art. 60.

11) Zuerst bestätigte Friedrich II. 1220 die Rechte der geistlichen und dann 1232 die der weltlichen Fürsten. *Schmauss* Corpus jur. publ. Acad. Lips. 1794. p. 4 et 6. In diesen zwei äußerst wichtigen Urkunden wird übrigens der Name der Landeshoheit noch nicht gefunden, s. Note 1., sondern die einzelnen Rechte sind auf andere Art bezeichnet.

12) Pütter a. a. O. S. 115. Hüllmann a. a. O. S. 859. Das wichtigste Beispiel von frühern Zugeständungen der in der Landeshoheit liegenden Rechte bildet die bedeutende Concession Friedrichs I. an Oesterreich in der berühmten Urkunde von 1156. Senkenberg Von dem lebhaften Gebrauche des uralten deutschen und bürgerlichen Staatsrechts. S. 123. und im Auszuge bei Eichhorn a. a. O. §. 238. Note a.

13) Eine treffliche Schilderung des Feudalsystems hat Eichhorn a. a. O. §. 286., s. auch J. Weiske Abhandlungen aus dem Gebiete des teutschen Rechts. Leipz. 1830. Nr. 7. S. 112.

14) Pütter a. a. O. S. 112. Merkwürdige Beispiele davon sind bei Eichhorn a. a. O. §. 223. Note 9. und bei Hüllmann a. a. O. S. 362.

15) Pütter a. a. O. S. 111. Es ergab sich dieses besonders aus der ganzen damaligen Einrichtung der Reichskriegsverfassung. Eichhorn a. a. O. §. 223.

16) Solche Bestimmungen über das gemeine Wohl, in denen man die heterogensten Dinge zusammenwarf, wurden anfänglich Landesordnungen genannt, von denen die beiden ältesten von sächsischen Fürsten ausgingen, nämlich die von 1446 für Thüringen und die von 1482 für sämmtliche Besitzungen des sächsischen Hauses; später nahm man dafür den Namen Polizeiordnung an. Sehr richtig ist es, wenn Vogel in seinen Untersuchungen über die Bestandtheile des Pandektenrechts. Leipz. 1831. S. 61 folg. in dieser Landeshoheit (Territorial-Landeshoheit von ihm genannt) ein hauptsächliches Hinderniß der kaiserlichen Gesetzgebung findet; doch kann sich dieses nur auf den Zustand der Landeshoheit, wie sie vom 15. Jahrhundert sich entwickelt findet, gelten, weil in deren frühern Verhältnissen weder ein Beruf, noch eine Macht zu einer Gesetzgebung lag. Wenn jedoch Derselbe sehr richtig die Landeshoheit vom 10., 11. und 12. Jahrhundert ableitet, ohne, wie oben geschehen, eine frühere und spätere bei ihr zu unterscheiden, und ihr im Allgemeinen jenen Erfolg zuzuschreiben scheint, so können wir hierin nicht einstimmen.

17) Die ganze Entwickelung dieser Verhältnisse in Deutschland im Allgemeinen ist wol am besten geschildert von Eichhorn a. a. O. §. 423 bis 427.

18) Hier war also diese, die spätere Landeshoheit, eine förmliche öffentliche Gewalt, die sich bald schon als ein bestimmtes Recht, aus dem

die einzelnen Begriffe abzuleiten, darstellte, während die ältere nur im Inbegriff mehrerer einzelner Rechte war (Note 10.), und wenn auch der Kaiser im Anfange noch mehrere Rechte in den einzelnen Territorien ausübte, so hörte doch auch dieses bald auf, und von der frühern Suspendirung der Landeshoheitsrechte durch seine Gegenwart findet sich keine Spur mehr. Eichhorn a. a. O. §. 418. in Verbindung mit §. 299. Von dieser Zeit an konnte auch jene alte berühmte publicistische Rechtsregel: quid imperator in imperio, id princeps in territorio (s. §. 18. Nr. 34.), erst entstehen.

19) S. Eichhorn a. a. O. §. 400. 408. 409. und besonders §. 525.

20) Eine Definition der Landeshoheit, wie sie von der Mitte des 16. Jahrhunderts an praktisch gewesen sein mochte, hat Biener Machtvollkommenheit. §. 97. S. 189.: „Landeshoheit ist die Staatsoberherrschaft über einzelne Districte des Reichsterritoriums, welche unter der Aufsicht der Majestät, nach der Bestimmung der allgemeinen teutschen Reichsgesetze und der innern Landesverfassung über die Güter und Unterthanen der Territorien zur Beförderung der äußerlichen Ruhe und Glückseligkeit einzelner Stämme und Völkerschaften der teutschen Nation ausgeübt wird," in welcher Definition die staatsrechtlichen Ideen des vorigen Jahrhunderts sich ebenfalls finden lassen. Aehnlich ist die Definition bei *Struve* Corp. jur. publ. Imper. Cap. XXIX. §. 18. p. 1067. und die vielen andern, die *Pfeffinger* Vitrar. illustr. Tom. III. p. 1119. zusammenstellt.

21) Diese Ideen von merum und mixtum Imperium waren schon im 12. Jahrhundert vorhanden, und eine Frage von Heinrich VI. an Azo und Lothar über dieses Imperium, nicht aber, wie gewöhnlich angenommen, eine Frage von Friedrich I. an Bulgarus und Martinus über das dominium mundi, liegt der bekannten Anekdote vom geschenkten Pferde zum Grunde. v. Savigny Geschichte des röm. Rechts im Mittelalter. Th. 4. S. 161. Am ausführlichsten findet man die wirklich komischen publicistischen Ansichten der Juristen des Mittelalters, die selbst oft in Urkunden Eingang fanden, zusammengestellt bei *Pütter* Specim. juris publ. med. aevi. Cap. 9. p. 211—248., welche Ansichten beinahe wieder eine Annäherung an die frühern, längst vergessenen fränkischen Amtsideen, nur aber in römischer Form, hervorbrachten. A. F. H. Posse Ueber die Sonderung reichsständischer Staats- und Privatverlassenschaften. Götting. 1790.

22) Das Privateigenthum der landesherrlichen Familie und die Landeshoheit flossen aus verschiedenen Quellen. Rave Ueber den Unterschied der Oberherrschaft und des Eigenthums. S. 50. Posse Ueber Staatseigenthum. S. 36 folg. weisen das Irrthümliche dieser Ansichten nach, von denen wir weiter unten §. 40. wieder sprechen werden.

23) Schon am Anfange des 16. Jahrhunderts wurde über diese Ausdehnung der fiscalischen Rechte geklagt. S. Ulrich Tengler Der neu Layenspiegel. Augsb. 1511. Fol. 56. „Wann ain sollicher fiscus mengerlay Freyheiten. Doch werden die oft mißbraucht, und vil sachen für fiscalisch, on ordnung der recht anzuziehen unberstanden, die in guten gewissen möchten beschwörlich sein." Sehr merkwürdig sind die Wendungen, die man, um aus dem römischen Rechte, was das Jagdregal gar nicht kannte, dieses abzuleiten, vornahm; sogar die lex regia mußte dazu sich hergeben, wie wir unten sehen werden.

24) Eichhorn Einleitung in das teutsche Privatrecht. §. 290.

25) Ueber die ganze Behandlung des deutschen Staatsrechts und der ihm verwandten Lehren von den ältesten bis auf die neuesten Zeiten handelt Pütter Litteratur des Staatsrechts. Götting. 1776. 3. Th., woselbst Th. 1. S. 1—202. die eigenthümlichen, größtentheils biblischen und römischen Ansichten der ältern Zeit entwickelt sind.

Erster Abschnitt.
Von der Forsthoheit.

§. 31. Verschiedene Meinungen über die Entstehung der Forsthoheit.

Die Forsthoheit — forstliche Obrigkeit, forstliche Herrlichkeit — als ein Ausfluß der Staatsgewalt gedacht, welche ein aus dem Zweck und Wesen des Staates entstehendes und mit diesem übereinstimmendes Recht des Staates ist, das eine Oberaufsicht auf alle in seinem Gebiete gelegenen Waldungen, obere Leitung ihrer ökonomischen Behandlung und Gesetzgebung über alle dahin einschlagenden Gegenstände in sich begreift [1]) — konnte ihrer ganzen Natur nach vor der Ausbildung der Landeshoheit nicht entstehen, und diese allein kann als ihr wahrer Grund angesehen werden [2]). Häufig wurde jedoch dieser Grund von den Rechtsgelehrten verkannt, was um so mehr zu verwundern, da man doch sonst aus der Landeshoheit so vielfache Rechte abzuleiten und sie weit auszudehnen sich bemühte, und dagegen aus verschiedenen andern Umständen entnommen und aus weit frühern Zeiten, als jene ausgebildet war, hergeleitet. Wahrhaft abentheuerliche Meinungen sind oft hierüber aufgestellt worden; so giebt Rodig an, daß im Anfange alle Sachen herrenlos gewesen, die sich, bei Entstehung der Staaten, dann die Herrschenden zugeschrieben und unter die Privatleute vertheilt hätten, jedoch so, daß deren Eigenthum von jenem frühern immer abhängig geblieben sei [3]). Andere, deren Meinung sich sogar auf die Ansichten von Hugo Grotius [4]) stützen — denn daß v. Beust [5]) und Stisser [6]) solche entwickelt, ist nicht zu verwundern — finden den Grund der Forsthoheit in den dem Lehnherrn an dem Lehne reservirten Rechten, wobei denn auch eine Verwechselung von staats= und lehnsherrlicher Gewalt nicht fehlt [7]). Bei solchen Ansichten konnte es dann auch nicht ausbleiben, daß man die Forsthoheit von weit frühern Zeiten, als sie wirklich begründet war, ableitete, und ihren Ursprung theils

überhaupt von der Begründung der gesellschaftlichen Verhältnisse [8]), oder von der Verbreitung des Lehnwesens und der Zeit
irgend eines der frühern Kaiser [9]) herschrieb.

Ganz charakteristisch für die staatsrechtliche Lehrart des 16.
und 17. Jahrhunderts, in der eine kaum zu begreifende historische Unkenntniß vorherrschte, ist die Ableitung der Forsthoheit aus
einer Stelle des alten Testaments [10]); und Noe Meurer, ein
berühmter Jurist jener Zeit, widersprach ihrer erst kürzlich erfolgten Begründung ausdrücklich, und bewies aus einer Stelle
eines alten Buchs, daß solche schon zur Zeit Karls d. Gr.
vorhanden gewesen [11]). Entschuldigt man nun auch den Umstand, daß er in diesem alten Buche den Sachsenspiegel (B. 2.
Art. 61.) nicht erkannte, mit der ganzen Richtung jener Zeit, so
weiß man doch gewiß nicht, was man dazu sagen soll, wenn
noch im vorigen Jahrhundert Rechtsgelehrte, denen doch der
Sachsenspiegel bekannt war, jene komische Ansicht immer noch
wiederholten [12]).

Eine andere, wenn auch nicht ganz richtige, doch keineswegs unbedingt zu verwerfende Ansicht von der Entstehung der
Forsthoheit ist ihre Ableitung aus den alten Bannforsten [13]).
Denn wenn gleich weder in dem Wesen der Bannforste, wie
dieses sich aus den ältesten und auch spätern Verordnungen über
dieselben ergiebt, noch auch in der ganzen Gestaltung, die dieses
Institut in den mittlern Zeiten erfahren, irgend eine nähere Beziehung zu der Forsthoheit sich findet, und alle jene, in den ältern Zeiten, wiewol selten anzutreffenden Beschränkungen der
Eigenthumsrechte an den Privatwaldungen durch keine höhern
staatswirthschaftlichen und polizeilichen Rücksichten geboten waren,
sondern theils in dem Umstande, daß die Bannforstgerechtigkeit
öfters auch über Grundstücke Dritter sich erstreckte und über Gemeindewaldungen mit ausgeübt wurde, theils in den bäuerlichen
Verhältnissen und andern singulären Ursachen ihren Grund hatten [14]); so ist dennoch nicht zu verkennen, daß hierdurch das
erste Beispiel einer solchen von einem Höhern ausgehenden Beschränkung gegeben war. Ein Beispiel, was um so wichtiger
werden mußte, als schon am Ende der vorigen Periode das eigentliche Wesen der Bannforste, wie es ursprünglich gewesen,
mit den übrigen nicht eingeforsteten Waldungen sich zu ver-
mischen und für diese den Begriff des mehr ausgebildeten Waldeigenthums zu begründen begann [15]); was wir besonders aus
der Ausdehnung des Namens Forst auf andere Wälder [16]) und
aus dem Umstande erkennen, daß vom 14. Jahrhundert an —
wenn auch die Forste noch immer in den Urkunden vorkamen,
und, wie neben ihnen der Wildbann, eine stehende Formel in
denselben wurden — sich fast keine Spuren mehr von allen jenen

14

wesentlichen Bestimmungen bei den Bannforsten treffen, wie sie in den ältern Zeiten vorkommen, indem von da an eine willkür- liche Strafe, oft barbarisch genug [17]), an die Stelle der alten Strafe des Königsbannes getreten [18]) und die Verhältnisse es allen Fürsten und andern Landesherren gestatteten, den besondern Schutz, welchen sie früher nur für ihre Bannforste gehabt, auch auf andere Wälder und Jagden auszudehnen [19]), welche Aus- dehnung an einigen Orten mit dadurch stattfand, daß die Lan- desherren die Bestrafung der Forstfrevel an sich zogen, und so bei Aneignung dieser Gerichtsbarkeit die alten Holzgrafen in ihre Beamten verwandelten [20]). Hierzu kam denn nun noch, daß nach und nach von der Zeit an, wo diese Vermischung des al- ten Begriffs von Bannforsten stattfand, die Rechtsgelehrten, alle durch das fremde Recht und mit gänzlicher Vernachlässigung va- terländischer Gewohnheit und Geschichte gebildet, einen immer größern Einfluß gewannen, und wenn sie, wie vom 16. Jahr- hundert an häufig geschah, in Tractaten und Behandlungen von Rechtsfragen auf unsern Gegenstand kamen, dann das damals schon zum Theil ausgebildete Verhältniß der Forsthoheit mit den ihnen etwa zufällig durch alte Schriften oder durch bei Processen inducirte alte Urkunden bekannt gewordenen Bannfor- sten in Verbindung setzten [21]), jene aus diesen ableiteten, und so eine allgemeine, auf das ganze Territorium sich beziehende Forstgerechtigkeit und Forstregal bildeten [22]).

1) Ueber das Wesen der Forsthoheit. §. 33.

2) *J. H. C. de Selchow* Elementa jur. Germ. Ed. VIIIva. Goett. 1795. §. 415.

3) *Dan. Ehrenf. Rodig* Diss. de jure privatorum circa Sylvas admodum restricto. Erfurt. 1732. 4. §. 5.

4) *Hugo Grotius* De jure belli et pacis. Lib. II. cap. 3. §. 19. Von der Forsthoheit wird hier zwar nicht unmittelbar selbst gesprochen, aber doch von dem Erwerbe von Gütern, an denen Höheren solche Rechte vorbehalten bleiben, daß daraus leicht jene abgeleitet werden kann, wobei denn in den daselbst entwickelten Principien ebenfalls die von Rodig auf- gestellte Ansicht begründet ist.

5) *Joach. Ernst v. Beust*, Tractatus de jure venandi et banno ferino, von der Jagd- und Wildbanns-Gerechtig- keit. Jena, 1744. 4. Cap. 17. §. 1. S. 543.

6) *Stisser* Forst- und Jagdhistorie. Cap. VI. §. 10—12. In diesem und dem vorher angeführten Werke kann man mit Bestimmtheit darauf rechnen, fast alle längst als unhaltbar anerkannte Ansichten ausge- sprochen zu finden.

7) Namentlich findet sich dieses bei *Stisser* a. a. O. §. 12., wo er sagt: „Und wie sothane Oblationes fast in ganz Teutschland Mode wur- den; so erlangten auch die Territorial-Herren, vermittelst dieser und ihrer Hoheit, ein Recht, den Vasallen Gesetze zu geben, wie sie sich der Gerech-

tigkeiten ihrer gebrauchen solten, welches zugleich auch auf die Verfügungen im Forst- und Jagd-Wesen gezogen worden, mithin die Forst-Gerichtsbarkeit entstanden." Ganz dieselbe Ansicht hat auch v. Beust angenommen.

8) Dieß muß man nothwendig bei der Annahme der von Robig aufgestellten Ansicht statuiren.

9) Stisser und nach ihm v. Beust nehmen die Zeit K. Rudolphs I. als den Punkt an, wo die forstliche Hoheit begründet und ausgebildet war. Ersterer erwähnt zur Bestätigung seiner Ansicht auch mehrere Urkunden, in denen deutsche Fürsten Käufe und andere Rechtsgeschäfte von Klöstern bestätigen und dabei der Jagd und Waldungen gedenken, welche Urkunden jedoch, wie kaum nöthig zu bemerken, auf dem Grund der Schutzherrlichkeit über jene Klöster oder eines andern Rechtsverhältnisses ausgestellt, von dem, was durch sie bewiesen werden soll, nicht das Geringste enthalten. Selbst die Worte: forstliche Gewalt, findet Stisser in einer, in den Beilagen Lit. A. S. 3. mitgetheilten Urkunde von 1405, die die Landgrafen Friedrich und Wilhelm von Thüringen ausgestellt, statt welcher Worte aber, wie schon Franke in der 2. Ausgabe von Stisser S. 153. Note a. bemerkt, fürstliche Gewalt zu lesen sind.

10) Joh. Jod. Beck, Tractatus de jurisdictione forestali, Von der forstlichen Obrigkeit, Forstgerechtigkeit und Wildbann. Nürnberg 1757. 4. Cap. I. §. 2. führt als ältesten Beleg für die Forsthoheit das Buch Nehemiä Kap. 2. v. 8. an, wo ein Holzfürst Assaph des Königs Arthasastha vorkommt, der Holz anweisen soll. Sogar Chr. G. Jargow Einleitung zu der Lehre von den Regalien, Rostock 1757. S. 519. beruft sich noch auf diese Stelle.

11) Noe Meurer Jagd- und Forstrecht. Frankf. 1582. Fol. sagt Fol. 87: „Damit nicht darfür (wie etlich bestreiten wöllen) gehalten werde, daß dieses Forstrecht gar ein neu Recht, und als das erst bei etlich kurzen jaren, und zu unsern zeiten angefangen, Finde ich auß einem alten Buch, deß Tittel Keyserliche und Königliche Land und Lehenrecht, nach gemeinen Sitten und gebrauch der Rechten. Der Beschluß, Gedrukt in der Keyserlichen freien Statt Straßburg, durch Matthis Hupffuff, auff Sanct Bartholomeus Tag, im Jar, als man zahlt 1507. daß es von Carolo Magno Römischen Keysern höchstseelige Gedächtniß, mit den Försten und Wildbänen, wie folgt, gehalten worden: Da Gott geschuff den Menschen etc.", wo dann der ganze 61. Art. des 2. Buchs vom Sachsenspiegel folgt.

12) Beck a. a. O. C. I. §. 2. Es ist wol überhaupt kaum möglich, mit weniger Kritik einen Gegenstand zu behandeln, als wie wir dies in den vielen Schriften von Beck finden; noch mit mehr Unwissenheit aber spricht J. v. Klett in der Vorrede §. 13. der von ihm deutsch herausgegebenen Abhandlungen von den Jagdrechten von J. A. Freih. von Ickstatt. Nürnberg 1749 darüber, indem er jene Stelle von Meurer anführt, in einer Note dazu sagt, daß dieses Buch, wie auch schon Andere bemerkt, der Sachsenspiegel sei, und Beck, weil er dies nicht bemerkt, deshalb tadelt, nichtsdestoweniger aber jenen Schluß von Meurer beibehält, daß daraus sich ergebe, schon zur Zeit Karls d. Gr. ein solches Regal bestanden habe.

13) Anton Geschichte der teutschen Landwirthschaft. Th. ... S. 446 folg.

14) S. oben §. 14. 15. und 24.

14 *

15) S. §. 24.

16) S. §. 12.

17) Schon §. 14. war eine solche barbarische, in dem Abhauen der Hand bestehende Strafe erwähnt, und auch §. 29. fanden wir eine ähnliche, den Verlust des Daumens aussprechende Bestimmung, welche aber durch die zugleich dabei gestattete Einlösung desselben ebenso an Grausamkeit verlor, wie die §. R. Note 29. aufgeführte Bestimmung des alten burgundischen Gesetzes durch seine alternative Fassung. Fürchterliche Grausamkeiten aller Art wurden aber noch viele Jahrhunderte hindurch unter dem Namen der Bestrafung von Jagdfreveln begangen; so ließ z. B. der Herzog Galeatius Sforza von Mailand einen Bauer, der einen Hasen gefangen hatte, so lange prügeln, bis er denselben mit Haut und Haar verzehrte; ein Erzbischof Michael von Straßburg ließ einen Mann, der einen Hirsch, welcher ihm auf seinen Feldern Schaden gethan, erlegt hatte, in die Haut des Hirsches stecken und von den Hunden zerreißen, und 1666 will man in der Wetterau einen Hirsch gesehen haben, auf dem ein Mann mit Ketten angeschmiedet war. Selbst die Todesstrafe wurde oft wegen solcher Vergehen verhangen. *Pfeffinger* Vitrar. illustr. Tom. III. p. 1488.

18) S. §. 14. und auch die §. 25. Note 32. angeführte Ansicht Klingers, der ganz in den am Anfange dieser Periode herrschenden Meinungen schrieb.

19) S. §. 18 und 19.

20) Eichhorn Rechtsgeschichte. §. 548. und Note a.

21) Wie dies namentlich von *Meurer* (Note 11.) geschah. Darum finden sich auch in den Relationen reichscammergerichtlicher Processe, wenn über die Forsthoheit ein Streit obwaltete, Urkunden, welche von alten Bannforsten handeln, inducirt und aus ihnen die Forsthoheit selbst abgeleitet und anerkannt. *Meichsner* Decision. Cameral. Tom. III. dec. 33.

22) Eichhorn Einleitung. §. 280.

§. 32. Entstehung der Forsthoheit.

Indem der einzige Grund der Forsthoheit in der Landeshoheit und dem Rechte des Staates zu einer obersten Aufsicht auf die Waldungen in seinem Gebiete, aus Rücksichten auf das gemeine Wohl, zu suchen ist, so kann sie demnach auch nicht vor dem 16. Jahrhundert, in dem die Landeshoheit im neuern Sinne als eigentliche Staatsgewalt sich entwickelt hatte (§. 30.), vorkommen. Finden sich also auch schon vor dieser Zeit dann und wann Beschränkungen des Privateigenthums an den Wäldern, so sind doch, wie so eben gezeigt, diese keineswegs als Ausflüsse einer solchen Staatsgewalt, als Beschränkungen der Privatwillkür durch polizeiliche und staatswirthschaftliche Maßregeln, wie sie mit den Ideen und Bedürfnissen jeder Zeit in Uebereinstimmung standen, zu betrachten [1]. Ebenso konnten denn allerdings schon sehr zeitig sogenannte Forstordnungen vorkommen, nicht aber als allgemeine Landesgesetze, welchen Charakter sie von dieser Periode an gewöhnlich annahmen, sondern als Bestimmungen über die Bewirthschaftung und den Schutz der eigenen Waldungen, so daß sie dann, je nachdem die Verhältnisse der Forste waren, entweder als Ausflüsse des Eigenthumsrechts, oder als Ergebnisse vertragsmäßiger Uebereinkunft zwischen dem Forstinhaber und den übrigen Berechtigten, oder auch nur als eine Aufzeichnung alter Gewohnheitsrechte sich darstellen. In diesen Eigenschaften erscheinen denn auch die Vorschriften über die Behandlungen der königlichen Forste unter den Karolingern und die Forstordnungen und Weißthümer der darauf folgenden Zeiten, von denen wir oben einzelne Bestimmungen kennen gelernt ²), welche jedoch, mit Ausschluß jener königlichen Gesetze, keineswegs aus einer gesetzgebenden Gewalt selbst entspringen.

Nach Ausbildung der gesetzgebenden Gewalt der Landesherren — wo man besonders von dem 16. Jahrhundert an eine Menge höchst heterogener Gegenstände, die die innern Landesangelegenheiten betrafen, in den sogenannten Landesordnungen und dann, nach Vorgang der Reichsgesetzgebung, in den Polizeiordnungen abhandelte, und an die Stelle der frühern gänzlichen Sorglosigkeit wegen dergleichen Angelegenheiten nun ein oft in das Kleinliche und Lächerliche eingehendes Zuvielregieren setzte ³) — erfolgte nun auch in fast allen deutschen Ländern, oft unter dem Beirath und auf Veranlassung der Landstände ⁴), eine Gesetzgebung über die Waldverhältnisse, Forstordnungen genannt ⁵). In diesen Forstordnungen sind nun theils einzelne, oft mehr oder minder genaue Vorschriften über die Bewirthschaftung und Pflege der eignen landesherrlichen Waldungen, theils einzelne Anordnungen über die Schonung der Privatwälder, oft unter förmlicher Anwendung aller Bestimmungen über jene Wälder auf diese, enthalten, wobei denn als Grund dieser Vorschriften das allgemeine Beste, Abwendung von Holzmangel und dergl. staatswirthschaftliche Rücksichten angegeben werden. Als Ursache dieser Gesetzgebung läßt sich demnach die von den ganzen Verhältnissen und dem Geiste jener Zeit bedingte Auffassung staatswirthschaftlicher Ideen annehmen, sowie als deren Grund allein die Landeshoheit als öffentliche, die Gesetzgebung in sich begreifende Staatsgewalt erscheint, indem vor ihrer Ausbildung keine dergleichen Anordnungen zu treffen sind. Nicht verkennen kann man aber hierbei, daß bei der Entstehung und Ausbildung dieser Forsthoheit ein bedeutender Einfluß der Rechtsgelehrten obgewaltet, der sich besonders in der Idee eines allgemeinen, auf das ganze Territorium sich beziehenden Forstregals (§. 31.) und in der Annahme eines allgemeinen Eigenthums an dem Lande, durch das dann jene Ausdehnung der Vorschriften über die landesherrlichen Waldungen auf die der Privaten sich rechtfertigen ließ, so wie in dem großen Einfluß zeigt, den sie der unbestimmten Idee des öffentlichen Wohls gestatteten; welche Idee allen den, seit dem 16. Jahrhundert erlassenen Gesetzen zum Grunde lag⁴), da sie es allein waren, die diese vorschlugen und abfaßten. Alle jene Annahmen der Begründung der Forsthoheit durch lehnsherrliche Gewalt, stillschweigende Uebertragung, Reservationen und dergl. finden dagegen in der Geschichte gar keine Bestätigung.

1) Ueber solche einzelne ältere Erscheinungen ist oben §. 16. von den Bannforsten und §. 24. von den Wäldern außerhalb derselben gesprochen worden.

2) S. im Allgemeinen hierüber oben §. 16. Zu solchen Forstordnungen überhaupt, in einem allgemeinen und ältern Sinne, gehören denn sämmtliche, oben im 1. Abschnitte der 2. Abtheilung angeführte Stellen der Capitularien, besonders dann die Anordnung über Verhältnisse der Waldungen des Klosters Mauermünster, *Schoepflin* Alsatia diplom. T. II. p. 225. (§. 16. Note 29.), das Weißthum über den Drei-Eichenwald, die Bestätigung des Försterbuchs über den büdinger Wald und die ganzen Anordnungen über den Forst bei Nürnberg, von denen allen die vorzüglichsten Stellen oben mitgetheilt sind.

3) **Eichhorn** Rechtsgeschichte. §. 427. **J. W. Emmermann** Die Staatspolizei in Beziehung auf den Zweck des Staats und seiner Behörden. Wiesbaden 1819. S. 14 folg. **C. v. Salza** und **Lichtenau** Handbuch des Polizeirechts. Leipzig 1825. S. 25. In dem Jahresbericht der deutschen Gesellschaft zu Leipzig von 1829. S. 48 folg. befindet sich ein kurzer Auszug aus einem von mir in dieser Gesellschaft gehaltenen Vortrag über die Polizeigesetzgebung im Mittelalter, wo Mehreres über diese Gesetze, nebst einzelner Angabe der vorzüglicheren derselben, zu finden.

4) So wurde z. B. in Sachsen schon auf einem unter Churfürst Moritz 1547 gehaltenen Landtage unter den Landesgebrechen, über welche damals von der Ritterschaft und den Städten besondere Schriften eingereicht wurden, auf Bestimmungen über Wildschäden, Jagdgerechtigkeit, Holzpreise und Maaße angetragen und von dem Churfürsten die Erlassung einer Ordnung zugesagt. (Diese Nachrichten sind aus alten handschriftlichen Auszügen aus den sächsischen Landtagsacten von 1495 bis 1588, in deren Besitz ich bin, genommen.) Ebenso versprach Herzog Ulrich von Würtemberg, wegen der von den Ständen auf einem Landtage von 1514 erhobenen Beschwerden eine Forstordnung, **J. G. Schmidlin** Handbuch der Würtembergischen Forstgesetzgebung. Stuttgart 1822. Th. 1. S. 31. und in der Erläuterung der Landesfreiheiten von Pfalz-Neuburg von 1607, **Moser** (s. folg. Note) S. 90. wird eine solche Ordnung ebenfalls zugesagt, sowie überhaupt an dem angeführten Orte mehrere hierher zu rechnende Landtagsverhandlungen erwähnt sind.

5) Als älteste Forderung in diesem Sinne finde ich die badische Ordnung für die Waldförster auf der Hardt von 1483 und später noch einige Male erneuert in St. Behlen und **C. P. Laurop** Handbuch der Forst- und Jagdgesetzgebung des Großherzogthums Baden. Mannheim 1827. S. 40., jedoch mit der Bemerkung erwähnt, daß sie größtentheils die privatrechtlichen Verhältnisse dieser Waldung nur betreffe, wogegen ebendaselbst S. 41. als erste badische allgemeine Forstordnung die

von den 27. April 1576 angegeben wird. Die früheste hierher gehörige Bestimmung aus den Staaten der österreichischen Monarchie finde ich in einer tyrolischen Landeseinigung von 1511 bei J. J. Moser Von der Landeshoheit in Ansehung Erde und Wassers. (Landeshoheit im Weltlichen Th. 9.) Kap. 4. §. 5. S. 28., woselbst andere Momente der Forstgesetzgebung erst aus dem 18. Jahrhundert erwähnt sind; über Baiern hat Moser a. a. O. S. 29. aus der Landesfreiheit von 1516 einige einzelne, hier einschlagende Anordnungen; eine andere sehr weitläufige alte Forstordnung, als allgemeines Landesgesetz erlassen, findet sich bei *Akerr. Fritsch* Corp. jur. venatorio-forestalis. Jen. 1675. Fol. (Ed. Ima.) p. 73., aber ohne Angabe eines Jahres ihrer Erlassung. Schmidlin a. a. O. S. 82. giebt an, daß man die älteste würtembergische Forstordnung zwischen 1514 bis 1519 erlassen vermuthe, der alsbann noch viele andere folgten, an welche, dem Alter nach, unter den mir bekanntgewordenen sich folgende anschließen: eine Bestimmung in dem braunschweig = zellischen Landtagsabschiede von 1527, *Moser* a. a. O. S. 35.; die brandenburgisch = onolzbach'sche Forstordnung von 1581, *Fritsch* l. c. (Ed. IIda.) p. 537.; die sächsische Forstordnung vom 8. Sept. 1560, Cod. Aug. T. II. p. 487.; eine anhaltinische Landesordnung von 1572 mit einem Titel von Wildbahnen, Jagden und Holzmarken, *Fritsch* l. c. p. 199.; eine sächsische Forstordnung für die Grafschaft Mannsfeld von 1585, *Stisser* Forst = und Jagdhistorie. Beilage 110.; eine braunschweigische Forstordnung von 1591, *Fritsch* l. c. p. 129.; eine, in Gemäßheit der Beschwerden auf dem Landtage von 1595 abgefaßte Landesordnung von Pommern mit Bestimmungen über unsern Gegenstand, *Mevius* Pommersche Landesverfassung. Kap. 27.; eine sehr umfassende hohenlohische Landesordnung von 1579, *Fritsch* l. c. p. 229. Mehrere solche Forstordnungen, die alle sehr in das Einzelne gehende genaue Vorschriften enthalten, wozu die nothwendige besondere Berücksichtigung des Berg = und Salzwesens wol die Veranlassung gaben, finden sich im Erzbisthume Salzburg von 1524, 1550, 1555, 1563, 1592, 1659, 1713 und 1755. Fr. D. F. Müllenkamps Sammlung der Forstordnungen verschiedener Länder, fortgesetzt von K. E. Freih. von Moll. 2r Theil. Salzburg 1796. 4. S. 3 — 144. (Weder von Bibliotheken, noch im Buchhandel habe ich den ersten, von Müllenkamp 1791 in Mainz herausgegebenen Theil dieser Sammlung erhalten können.) Andere derartige, mit auf die Jagd Bezug habende Gesetze aus verschiedenen Ländern sind §. 36. Note 19 und folg., wo von der Jagdhoheit die Rede, und im folgenden §. angeführt.

6) Eichhorn Rechtsgeschichte. §. 548.

§. 33. Wesen der Forsthoheit. Bestimmungen der ältern Forstordnungen.

Unter Umgehung der ältern Benennungen und Eintheilungen [1]) bezeichnen wir unter dem Namen Forsthoheit die der Staatsgewalt als solcher, in Beziehung auf alle im Staatsgebiete gelegenen Waldungen, zustehende Befugnisse [2]). Diese Forsthoheit ist demnach ein Theil der allgemeinen Polizeigewalt des Staates und erstreckt sich auf alle und jede Waldungen, ohne Unterschied, ob sie im Privateigenthume einzelner Personen oder Corporationen sind, ob sie der landesherrlichen Familie oder dem Staate zustehen, und ist daher von den Eigenthumsrechten selbst ganz verschieden ³). Nach dem Wesen der Staatspolizei= gewalt müssen sich die in der Forsthoheit liegenden Befugnisse darauf beziehen, daß die im Staate befindlichen Wälder auf keine der gesammten Staatsgewalt nachtheilige Art und Weise behandelt, und demnach nicht verwüstet, sondern nachhaltig und zweckmäßig bewirthschaftet werden ⁴). Es kann demnach der Staat, kraft der Forsthoheit, in besondern Gesetzen allge= meine Normen über die Behandlung der Waldungen festsetzen und eine Oberaufsicht über dieselben führen, doch so, daß da= durch nur dahin gestrebt wird, jede forstwidrige, nicht nachthei= lige Behandlung derselben zu hintertreiben. Die hieraus ent= springende Beschränkung der Eigenthumsrechte der Waldbe= sitzer darf jedoch nie weiter gehen, als das allgemeine Wohl des Staates nach einer richtigen Auffassung verlangt und der Cha= rakter einer wohlthätigen Polizeigewalt mit sich bringt; sowie namentlich willkürliche Verletzungen des Eigenthumsrechtes nie unter dem Vorgeben der Ausübung der Forsthoheit vorkommen sollten ⁵). Weil man mit dem Ausdruck: Forstregal, oft den Begriff verbunden, als ob der Landesfürst alleiniger Eigenthü= mer der Waldungen sei, und Privatpersonen nur vermöge be= sonderer Verleihungen dergleichen besitzen könnten, was aus der Landeshoheit als Grund der Forsthoheit keineswegs abzulei= ten ⁶): so scheint auch, um jede Vermengung zwischen Eigen= thums= und Hoheitsrechten vorzubeugen, die Benennung: Forst= regal im weitern Sinne für Forsthoheit, wie sie öfters gebraucht ⁷), nicht gut anwendbar, obwol, wie schon erwähnt, die ältern Juristen nicht selten ein solches allgemeines Forstregal annahmen.

Verschieden von diesem Theile der Staatsgewalt, von der Forsthoheit, ist die Forstgerechtigkeit (niedere Forstgerechtig= keit, Forstregal im eigentlichen Sinne ebenfalls genannt), welche als ein verleihbares Regal erscheint und die in dem Forstbanne ursprünglich enthaltenen Rechte in sich begreift ⁸), aber blos da vorhanden ist, wo die besondere Landesverfassung es mit sich bringt ⁹). Leitung der eigentlichen Forstökonomie, Anstellung der Beamten, Forstgerichtsbarkeit und Beziehung der Forststrafen werden unter diesem Rechte begriffen, was dem Landesfürsten, in Beziehung auf seine eignen und die Staatswaldungen, in der Regel zukommt, sonst aber auch in eignen und fremden Wal= dungen, vermöge besonderer Verleihungen, andern Personen zu= stehen kann, und jetzt den Standesherren namentlich allgemein zugesprochen ist ¹⁰) Der Forsthoheit ist die Ausübung dieses Rechtes stets unterworfen, da auch eine noch so weit ausge=

dehnte Befreiung und Begnadigung von der Oberaufsicht der Staatsgewalt keine Ausnahme begründet [11]).

Die mit der Forstgerechtigkeit verbundene Forstgerichtsbarkeit [12]) ist, wo nicht die alten besondern Holzgerichte sich erhalten oder andere Personen dieselbe durch solche Verletzungen der Forstgerechtigkeit erhalten haben, in der Regel ein Theil der ordentlichen Gerichtsbarkeit, so daß sie denn bei Patrimonialgerichten gewöhnlich auch dem Gerichtsherrn zusteht, und wenn dieser nur die niedere Gerichtsbarkeit hat, dann blos eine Art der Polizeigerichtsbarkeit ist, die die Bestrafung der Waldfrevel und der gesetzwidrigen Ausübung von Eigenthums = und Nutzungsrechten und den Empfang der Strafgelder in sich faßt, während dann, wenn der Gerichtsherr auch die Obergerichte hat, selbst criminelle Fälle zu ihr gehören [13]).

In einigen süddeutschen Staaten, wie unter andern z. B. in Würtemberg [14]) und bisher in Baden [15]), scheint eine solche Forstgerechtigkeit dem Staate gegen alle nicht besonders ausgenommenen Privatwaldungen zuzustehen, weil da die landesfürstlichen Forstbedienten die Bewirthschaftung derselben zu leiten haben und die Privateigenthümer so vielfachen Beschränkungen unterworfen sind. Im nördlichen Deutschland dagegen ist ein derartiges Verhältniß wol nicht begründet; denn so findet in Preußen [16]), Sachsen [17]) und Mecklenburg [18]) blos die aus der Forsthoheit entspringende Bestimmung statt, daß nur, um forstwidriges (unpfleghaftes) Behandeln der Waldungen abzustellen, eine forstpolizeiliche Einmischung erfolgen kann.

Wenn wir hier die Forsthoheit und Forstgerechtigkeit betrachtet haben, wie sie nach ihrem Wesen und ihrer jetzigen Begründung sich darstellen, so können wir dabei nicht übersehen, daß, als nach Ausbildung der Landeshoheit, die Forsthoheit durch verschiedene ältere einzelne Gesetze, namentlich durch die Forstordnungen, zuerst in dem Leben sich zeigte, dies keineswegs auf eine, dem jetzigen Standpunkte angemessene und gleiche Weise geschah. Denn nicht nur umfassen jene ältern Forstordnungen eine große Menge oft heterogener Dinge, und bestimmen eben sowol die Verwaltung der landesherrlichen Waldungen, mehr oder minder in das Einzelne eingehend, wie sie auch Vorschriften, die aus der Forsthoheit sich ergeben, enthalten, sondern es läßt sich auch nach dem ganzen Standpunkte der Gesetzgebung im 16. und 17. Jahrhundert keineswegs ein Ergreifen und Festhalten von staats = und forstwirthschaftlichen Principien, die wir nach dem jetzigen Standpunkte die richtigen nennen, erwarten und verlangen. Sicher gehörte ein so hervorleuchtendes Administrationstalent wie das des Churfürsten August von Sachsen dazu, um schon im 16. Jahrhundert über die Bewirthschaftung der Forsten das Princip: „daß Uns eine währende Nutzung, den Unterthanen aber eine beharrliche Hülfe bleibe" [19]), nicht nur auszusprechen, sondern auch festzuhalten [20]).

Die verschiedenen Forstordnungen aus dem 16. und der ersten Hälfte des 17. Jahrhunderts selbst anlangend, so kündigen sie sich theils als allgemeine Landesgesetze [21]), theils als bloße Vorschriften für landesfürstliche Waldungen [22]) an, sind aber im Allgemeinen doch einander ziemlich ähnlich, obwol in mehr oder minderer Ausführlichkeit unterschieden.

Auf die Landesforsten selbst beziehen sich in ihnen die mehrsten Bestimmungen, welche auf Festsetzung, Beaufsichtigung und Erhaltung der Grenzen [23]), auf Anstellung verschiedener Beamten und Instruction über deren Amtsführung, mit besonderer Berücksichtigung des landesherrlichen Interesse [24]), auf Ordnung bei den Holzschlägen — öfters sogar schon mit Berücksichtigung eines nachhaltigen Waldertrages [25]), fast immer aber mit Abstellung bestehender Mißbräuche, Festsetzung von ordentlichen Schlägen, gehöriger Benutzung des Nutzholzes, Aufarbeitung der Windbrüche u. s. w. verbunden [26]) — und überhaupt auf Handhabung des Forstschutzes und Erhaltung der Wälder [27]) sich erstrecken. Auch Vorschriften über Holzcultur, theils durch Anpflanzungen, theils durch Ueberhalten von Saamenbäumen und Laßreisern, sind nicht selten [28]); sowie vielfache, oft sehr verschiedene Bestimmungen über Holzersparniß zur Abwendung eines Holzmangels [29]) sich finden.

Wegen des Verkaufs des Holzes an die Unterthanen enthalten die mehrsten Forstordnungen entweder keine Bestimmungen, oder doch nur solche, welche auf Sicherstellung der Kammer bei dem Verkaufe selbst sich beziehen [30]), oder, um keine zu großen Holzabgaben zu veranlassen, festsetzen, daß mit dem so erhaltenen Holze kein weiterer Handel getrieben werde [31]), und daß Die, welche eigne Wälder besitzen, keines erhalten sollen [32]). In einigen wenigen derartigen Gesetzen aber finden sich Anordnungen, die auf die frühern Verhältnisse einzelner Forste und auf die erst zur Zeit dieser Gesetze, und theils durch sie selbst, erfolgte gänzliche Ausbildung des Eigenthumsrechtes daran hinzudeuten scheinen [33]). So wird in der ältesten salzburgischen Forstordnung — neben der ausdrücklichen Anführung, daß alle „Bann und Schwarzwald" zu den vom Kaiser verliehenen Regalien gehören und von den Landständen auch als solche anerkannt wären — festgesetzt, daß den unmittelbaren, zu den bischöflichen Gütern gehörigen Unterthanen so viel Holz, als ihre Nothdurft zu Brenn- und Bauholz erfordert, von dem Waldmeister für künftige Zeiten ausgezeichnet und vermarkt werde, damit das übrige Holz in den bischöflichen Vortheil allein verwendet werden könne [*]); sowie auch aus einer spätern Ordnung in demselben Lande sich zu ergeben scheint, daß den derartigen Unterthanen das Holz unentgeldlich gegeben worden sei [35]). Eine mark-gräflich-brandenburgische Forstordnung sagt ferner geradezu, daß den unmittelbaren Unterthanen allein und den Bürgern in den Städten nur theilweise das Bau- und Brennholz gegeben werden soll [36]). Bedenkt man nun die sonst in diesen Zeiten sich so unverhohlen aussprechende übergroße Berücksichtigung des fis-calischen Interesse, so scheinen wol derartige Bestimmungen auf ein sich erst damals vollständig ausbildendes Eigenthum an den Forsten hinzudeuten, oder doch wenigstens aus Rücksicht auf die in den ältesten Zeiten stattgefundene Gemeinschaft an diesen Wäl-dern und den daraus sich erhaltenen Nutzungsbefugnissen der vom Waldeigenthume durch die Einforstung ausgeschlossenen Per-sonen [37]) gegeben zu sein. Ein Ueberbleibsel solcher alter Rechte und Nutzungsbefugnisse ist jedenfalls das spätere, als Servitut betrachtete Beholzungsrecht, jus lignandi. Wie sehr übrigens das Andenken an jene frühern Verhältnisse sich erhalten, bewei-sen unter Andern die Beschwerden der Bauern beim Ausbruche des Bauernkriegs [37 a]).

Eine ähnliche Beachtung uralt hergebrachter Befugnisse liegt auch den mehrsten Vorschriften über die Waldhut in landesherr-lichen Forsten wahrscheinlich zum Grunde, da sie, ebenfalls wol in frühern Eigenthums- und Gemeinderechten begründet, erst in spätern Zeiten als Servitut betrachtet wurde. Die meisten Forst-ordnungen nämlich scheinen die Waldhut als lange giltig und außer allen Zweifel stehend anzusehen, und enthalten blos forst-polizeiliche, auf Schonung der Wälder, und namentlich der jun-gen Schläge, sich beziehende Beschränkungen [38]) — daher auch besonders auf die Hutung mit Ziegen sich viele Vorschriften be-ziehen [39]) — während nur wenige andere einen urkundlichen Beweis oder Nachweis der Verjährung zu diesem Rechte verlan-gen [40]), und in der sächsischen Forstordnung befindet sich hierbei eine besondere Begünstigung der alten Erbunterthanen ausge-sprochen [41]).

Sehr verschieden ist die Art und Weise, wie die Befugnisse des Staates gegen Privatwaldungen in den Gesetzen dieser Zeit ausgesprochen werden, und die öfters gemachte Bemerkung, daß man sich bei dem Beginnen der Territorialgesetzgebung nur zu oft im Zuvielregieren gefallen, scheint sich hierdurch zu bestätigen. Bei diesen Bestimmungen läßt sich im Allgemeinen eine zweifache Richtung angeben. Eines Theils stellte man nämlich die Privat-wälder ganz unter Vormundschaft und ordnete ihre Bewirthschaf-tung, wie die der herrschaftlichen, nach den technischen Vorschriften der Forstordnungen unter specieller Leitung der Beamten an. Derartige, zu weit gehende und das Privateigenthum zu sehr beschränkende Vorschriften finden sich unter andern in Baiern [42]), wo die Forstordnungen überhaupt auch für alle Privatwälder gelten, die Wälder der Prälaten und Landsassen unter specielle Aufsicht der landesherrlichen Beamten, und wieder die der Kirchen und Gemeinden unter die der Obrigkeit gestellt werden sollen; sowie den Bauern sogar bei schlechter Waldwirthschaft mit Einziehung ihres Erbrechts oder der Leibgedingsgerechtigkeit gedroht wird. Auch in Jülich, Cleve und Berg war eine sehr weit ausgedehnte Aufsicht und Leitung der Bewirthschaftung der Privatwälder angeordnet [43]), was auch in Baden-Durlach [44]), wo die Forstordnung auch auf alle Privatwaldungen volle Anwendbarkeit hatte, und diese unter Leitung der landesherrlichen Beamten gestellt waren, ohne deren Genehmigung und Anweisung auch in ihnen kein Holz geschlagen werden durfte; ferner in Baden-Baden [45]) und in Braunschweig, wo bei 50 Fl. Strafe kein Unterthan ohne Erlaubniß Holz schlagen durfte [46]), sowie in den fränkischen Besitzungen des Hauses Brandenburg [47]), in Hohenlohe [48]) und in Schwarzburg-Rudolstadt [49]) in mehr oder minder ausführlichen oder ausgedehnten Bestimmungen anzutreffen ist. Andern Theils sah man dagegen blos auf Verhinderung der Verwüstung der Wälder, und ließ demnach blos auf den Fall, daß die pflegliche und nachhaltige Benutzung derselben überschritten werde, ein Eingreifen der Staatsgewalt bei steter, auf diesen Fall gerichteter Aufsicht eintreten. In den ältern salzburger Waldordnungen findet sich dieses besonders mit aus Rücksicht auf Erhaltung der landesherrlichen Waldungen ausgesprochen [50]); in einer spätern Waldordnung dagegen wird — unter ausdrücklicher Erwähnung des Vorbehalts der landesfürstlichen Obrigkeit in allen verlehnten Hölzern — den Beamten eine genaue Aufsicht und Leitung der Bewirthschaftung der Privatwaldungen, wie der landesfürstlichen, vorgeschrieben, und dabei sogar der Grundsatz aufgestellt, der Bischof sei berechtigt, gegen Entrichtung des gewöhnlichen Stockgeldes die Bäume aus den Privatwaldungen zum Besten seiner Kammergüter zu nehmen [51]). Vorschriften, die eine Verwüstung der Privatwälder zu verhindern und eine nachhaltige Bewirthschaftung derselben zu erhalten bezwecken, sind ferner in den ältern vorderösterreichischen [52]) und pfälzischen [53]) Ordnungen und in den Herzogthümern Mecklenburg [54]), Sachsen-Coburg [55]) und Eisenach [56]) anzutreffen. In andern Ländern, wo sie ebenfalls zu finden, scheinen derartige Bestimmungen weniger aus staatswirthschaftlichen Grundsätzen, als aus Rücksicht auf die Erhaltung der landesfürstlichen Jagden entstanden zu sein; denn so wird dieser

Grund bei den Verboten der Holzverwüstung in Churbranden-
burg [57]), den reußisch-plauischen [58]) und stollbergischen [59]) Besitzungen und in Sachsen-Weimar [60]) und Gotha [61]) angegeben, und nach den ältern chursächsischen Gesetzen, wo übrigens
besonders ausgesprochen ist, daß in dem pfleglichen Gebrauche
seines Hölzes Niemand gehindert werden solle [62]), scheinen die
Verbote der Holzverwüstung gewissermaßen in dem Wildbanne
gegründet zu sein, und nur auf die Wälder, in denen der Churfürst die Jagd hatte, sich ursprünglich erstreckt zu haben [63]),
was aber wol nicht lange darauf auf alle Privathölzer überhaupt
ausgedehnt wurde. Einen andern Grund, aus dem der Verwüstung der Wälder Schranken zu setzen war und der aus
der bekannten lehnsherrlichen Bestimmung über die Verschlechterung der Lehngüter entnommen ist, sich daher aber auch nur
auf die Waldungen solcher Güter bezieht, finde ich blos in Anhalt [64]) und Henneberg [65]) angegeben.

1) Jene ältern Bezeichnungen und Eintheilungen sind oben §. 31. und
unten §. 36., wo von der Jagdhoheit die Rede ist, angeführt, wo auch
die Meinungen der ältern Juristen hierüber angegeben sind.

2) Klüber Teutsches Staatsrecht. 2. Aufl. §. 365. 3. Aufl.
§. 451. Eichhorn Einleitung. §. 280. Mittermaier Deutsches
Privatrecht. §. 263. und besonders *Fr. Ben. Weber* s. pr. *Chr. G.
Biener* De suprema principis in silvas inspectione. Lips.
1796. 4. Hagemann Landwirthschaftsrecht. §. 142.

3) Hagemann, Mittermaier, Klüber a. a. O. Pietsch Forstrecht. S. 19 folg.

4) Eichhorn a. a. O. §. 280. Hagemann a. a. O. §. 142. Moser Von der Landeshoheit in Ansehung Erbe und Wassers.
S. 67 folg. *Georg.* Institut. jur. forest. §. 45. seq. Die Erörterung
der in neuerer Zeit von Politikern und forstwissenschaftlichen Schriftstellern
oft aufgeworfenen Frage, ob überhaupt eine Aufsicht und Einwirkung des
Staates auf die Privatwälder bestehen solle, oder ob letztere aus national-
ökonomischen Gründen ganz und gar frei gegeben und der Willkür ihrer
Besitzer gänzlich überlassen werden sollen, gehört nicht hierher.

5) *Georg.* l. c. §. 163. Hagemann a. a. O. §. 142.

6) v. Kampz Meklenburg. Civilrecht. Th. 2. §. 55. S. 118.

7) S. Eichhorn a. a. O. §. 280. Mittermaier a. a. O. §. 263.

8) Klüber a. a. O. §. 366. 3. Aufl. §. 452. Eichhorn a. a. O.
Mittermaier a. a. O. §. 264.

9) Nämlich dann, wenn es dem Staate oder dritten Personen, in
Beziehung auf Privatwälder, zustehen soll, denn in den landesherrlichen
Forsten ist es wol stets zu finden.

10) Die Bundes-Acte Art. 14. führt unter den Rechten der Standesherren zwar nur die Forstgerichtsbarkeit auf, doch sollen sie jedenfalls
auch das sogenannte niedere Forstregal haben, da derartige Befugnisse die
baierische Verordnung von 1807, die zur Erklärung dieses Artikels der
Bundesacte dienen soll, ihnen zuspricht, wie Eichhorn a. a. O. §. 280. Note k.

bemerkt. Der Forsthoheit des Souverains aber sind sie, in Beziehung auf die Rechte, stets unterworfen. Klüber a. a. O. §. 233. und 366. 3. Aufl. §. 505. und 452. Schmidlin Würtemberg. Forstgesetzgebung. §. 14. Behlen und Laurop Forst- und Jagdgesetze des Groß- herzogthums Baden. §. 255.

11) Klüber a. a. O. §. 366. 3. Aufl. §. 452. Mittermaier a. a. O. §. 265.

12) Aeltere Rechtsgelehrte betrachten sie als einen Theil der Forsthoheit, was wol ganz richtig wäre, wenn nicht in Deutschland die Verleihungen der Gerichtsbarkeit so allgemein geworden wären. Auch Mitter- maier a. a. O. §. 268. scheint sie zur Forsthoheit zu rechnen, und in Mecklenburg ist sie wirklich stets ein Theil derselben gewesen. v. Kampz a. a. O. §. 60.

13) Ueber Forstgerichtsbarkeit s. Struben Rechtliche Bedenken. Th. 2. Bed. 102. v. Bülow und Hagemann Praktische Erörterun- gen Th. 1. Nr. 13. Hagemann a. a. O. §. 197. Klüber a. a. O. Eichhorn a. a. O. §. 280.

14) Schmidlin a. a. O. §. 13. 14. 18. 73. 74.

15) Behlen und Laurop a. a. O. §. 116. 262. 291. und 711. Doch waren die Bestimmungen selbst in den verschiedenen Landestheilen, aus be- nen das Großherzogthum gebildet, verschieden. In neuster Zeit sind hier andere und gewiß richtigere Grundsätze aufgestellt worden; es führt näm- lich der Allgem. Anzeiger der Deutschen v. 9. Febr. 1832. Nr. 39. S. 508. unter den Erfolgen des badischen Landtages von 1831 auch ein Gesetz über die Beförsterung der Privatwaldungen an, wo es heißt: „Jedem Privatwaldbesitzer steht künftig die freie Bewirthschaftung „seiner Waldungen ohne Einmischung der Forstbehörde, jedoch unter Beob- „achtung der Forstpolizeigesetze, zu. Die forstpolizeiliche Behörde soll, ver- „möge ihres Aufsichtsrechts gegen Privatwaldbesitzer, nur in dem Fall ein- „schreiten, wenn die Bewirthschaftung die Zerstörung oder gänzliche Aus- „rottung eines Waldes, der funfzig Morgen und darüber enthält, zur „Folge und der Eigenthümer nicht zuvor die Erlaubniß zur Anbauverän- „derung von der Staatsbehörde erhalten hat."

16) Ph. Zeller Die Forst-, Jagd- und Fischerei-Polizei in den Preußischen Staaten. Th. 2. Quedlinburg und Leipzig 1831. S. 188 folg.

17) Haubold Sächsisches Privatrecht. 2. Aufl. von Günther. §. 235 folg.

18) v. Kampz a. a. O. §. 55 folg.

19) Generalbestallung vor die Forstbedienten von Churfürst Augusto zu Sachsen den 20. Mai 1575. Cod. Aug. T. II. p. 521.

20) Die Forstordnung vom 8 Sept. 1560. Cod. Aug. T. II. p. 487. und die übrigen Anordnungen dieses Regenten gehören zu den besten, nicht blos des 16. Jahrhunderts. Eine sehr menschenfreundliche Vorschrift obigen Gesetzes, die ich mich nicht erinnere in andern Ordnungen gefunden zu haben, ist das Verbot an die Forstbedienten, die Leute zu schlagen.

21) Salzburger Waldordnung von 1524. Müllenkamps Samm- lung der Forstordnungen, fortgesetzt vom Freih. v. Moll. Th. 2. S. 4 folg., obschon diese Ordnung besonders wegen der Bergwerke gege- ben ist. Badische Forstordnung für die Landgrafschaft Sausenberg und

Herrschaft Röteln von 1574, Behlen und Laurop a. a. O. S. 114. Hohenlohische F. O. v. 1579, die weitläufigste und schleppendste, die mir vorgekommen, *Fritsch* Corp. jur. venat. forest. P. III. (Ed. II.) p. 254. Baden-badensche F. und J. O. v. 1586, Behlen und Laurop a. a. O. §. 9. Braunschweigische F. O. v. 1591, *Fritsch* l. c. p. 125. Würtembergische F. O. v. 1614, *Fritsch* l. c. p. 159. Sachsen-magdeburgische (ohne Angabe des Jahres), *Fritsch* l. c. p. 62., und baierische F. O. (ebenfalls ohne Jahresangabe), *Fritsch* l. c. p. 84.

22) Markgr. brandenburgische F. O. im Fürstenthume unterhalb Gebirgs v. 1531, *Fritsch* l. c. p. 337. Chursächsische F. O. v. 1560, C. A. T. II. p. 487. (von ihr sollten die Amtsverwalter Niemandem eine Abschrift geben) Chursächs. F. O. für die Grafschaft Mannsfeld v. 1585, *Stisser* Forst- und Jagdhistorie. Anhang S. 109. Reuß-plauische F. O. v. 1638, *Fritsch* l. c. p. 262. Stollbergische F. O. v. 1642, *Fritsch* l. c. p. 199. und Sachsen-Eisenachische F. O. v. 1645 (die Forsten werden daselbst zu den Kammergütern gezählt und der Landesschatz genannt), *Fritsch* l. c. p. 273.

23) Sächs. F. O. v. 1560, C. A. T. II p. 499. Badische F. O. v. 1586, Behlen und Laurop a. a. O. S. 47. Churpfälzische F. O. v. 1595, ebendas. S. 343. Hennebergische F. O. v. 1615, *Fritsch* l. c. p. 54. Churbrandenburgische v. 1622, ibid. p. 497. Weimarische v. 1646, ibid. p. 19., und baierische, ibid. p. 85.

24) Badische Ordnung für die Hardt v. 1483, F. O. v. 1586, Behlen und Laurop a. a. O. S. 46. 50. Salzburgische W. O. v. 1524, *Müllenkamp* a. a. O. S. 4 folg. Markgr. brandenburgische F. O. v. 1531, *Fritsch* l. c. p. 342. F. O. für die vorderösterreichischen Lande v. 1557, Behlen und Laurop a. a. O. S. 458. Sächs. F. O. v. 1560, C. A. T. II. p. 494., und Generalbestallung v. 1575, ibid. p. 520. Hohenlohische F. O. v. 1579, *Fritsch* l. c. p. 238. Mannsfeldische F. O. v. 1585, *Stisser* a. a. O. Anh. S. 110 folg. Pfälzische F. O. v. 1595, Behlen und Laurop a. a. O. S. 293. Baden-durlachische F. O. v. 1614, ebendas. S. 100 folg. Würtembergische F. O. v. 1614, *Fritsch* l. c. p. 137. 143. Churbrandenburgische v. 1622, ibid. p. 497., und dann in den baierischen, braunschweig-lüneburgischen für den Harz und schwarzburg-rudolstädtischen Forstordnungen, ohne Angabe des Jahres, bei *Fritsch* l. c. p. 84 folg. 109. 189 folg.

25) Sächs. F. O. v. 1560, C. A. II. p. 490. 492. Mannsfeldische F. O. v. 1585, *Stisser* a. a. O. Anh. S. 111. Badische F. O. v. 1587, Behlen und Laurop a. a. O. S. 52. Würtembergische F. O. v. 1614, *Fritsch* l. c. p. 145., und hennebergische v. 1615, ibid. p. 54.

26) Bischöfl. speierische Verordnung für den Lußhardtwald v. 1439 u. 1482, Behlen und Laurop a. a. O. S. 399. Markgr. brandenburgische F. O. v. 1531, *Fritsch* l. c. p. 338. Sächs. F. O. v. 1560, C. A. II. p. 488 folg., und Patent des Administrators Herz. Friedrich Wilhelm, wie es bei den Frühlings- und Herbstförstereien ꝛc. zu halten, d. 12. Febr. 1598, C. A. II. p. 521. Salzburgische W. O. v. 1563, *Müllenkamp* a. a. O. S. 32 folg. F. O. für die Landgr. Sausenberg v. 1574, Behlen und Laurop a. a. O. S. 108. Badische F. O. v. 1586 und 1587, ebendas. S. 47. 51. 56. 60. Churpfälzische F. O. v. 1595, ebendas. S. 309. Mannsfeldische v. 1585, *Stisser* a. a. O. Anh. S. 109 folg. Hohenlohische F. O. v. 1579, *Fritsch* l. c. p. 238. Braunschweigische F. O. v. 1591, ibid. p. 125. Würtembergische v. 1614, ibid. p. 144 seq. Hennebergische v. 1645, ibid. p. 55 seq. Churbrandenburgische v. 1622.

ibid. p. 560. Reuß-plauische v. 1688, ibid. p. 263. 266. Stollbergische v. 1642, ibid. p. 200. Eisenachische v. 1645, ibid. p. 273. Weimarische v. 1646, ibid. p. 21., und eine ältere baierische, ibid. p. 88.

27) F. O. für die vorderösterreichischen Lande v. 1557, Behlen und Laurop p. 480 folg. Sächs. F. O. v. 1560, C. A. II. p. 504. Salzburgische W. O. v. 1563 und 1592, Müllenkamp a. a. O. S. 33. 35 folg. und 63. Hohenlohische F. O. v. 1579, Fritsch l. c. p. 249. Mannsfeldische v. 1585, Stisser a. a. O. Anh. S. 112. Badische F. O. v. 1567 und baden-durlachische von 1614, Behlen und Laurop a. a. O. S. 58. 74 und 117. Braunschweigische v. 1591, Fritsch l. c. p. 124. Reuß-plauische v. 1688, ibid. p. 268. Weimarische v. 1646, ibid. p. 27. Baierische und schwarzburg-rudolstädtische, ohne Angabe eines Jahres, ibid. p. 91 folg. und 190.

28) Salzburger W. O. v. 1524 und 1592, Müllenkamp a. a. O. S. 16 und 77. Markgr. brandenburgische F. O. v. 1531, Fritsch l. c. p. 341. Speierische W. O. v. 1528, Behlen und Laurop a. a. O. S. 404. Sächs. F. O. v. 1560, C. A. II. p. 492. Hohenlohische v. 1579, Fritsch l. c. p. 254. Badische v. 1587 und 1614, Behlen und Laurop a. a. O. S. 56. 110. 132. Pfälzische v. 1595, ebendas. S. 309. 314. Braunschweigische v. 1591, Fritsch l. c. p. 126. Würtembergische v. 1614, ibid. p. 156 seq. Hennebergische v. 1615, ibid. p. 57. Stollbergische v. 1642, ibid. p. 200. 202., und Eisenachische v. 1645, ibid. p. 279.

29) Solche, wegen Holzersparniß getroffene Bestimmungen betreffen theils die Art der Baue, das Verbot der Erweiterung der Wohnungen und Aufnahme von Miethsleuten, besonders in Salzburg, theils mehrere Einschränkungen bei Harzscharren, Kohlenbrennen, Anlegung von Zäunen u. s. w., und finden sich besonders in folgenden Forstordnungen, in der für die vorderösterreichischen Lande v. 1557, Behlen und Laurop a. a. O. S. 476.; in der sächsischen v. 1560, C. A. II. p. 495 und 502.; in der salzburgischen v. 1563 und 1592, Müllenkamp a. a. O. S. 38 und 52.; in der mecklenburgischen Landesordnung v. 1562 Tit. 26, Fritsch l. c. p. 187.; in der hohenlohischen F. O. v. 1579, ibid. p. 255.; in der badischen v. 1574 und 1587, Behlen und Laurop a. a. O. S. 66 folg. 120.; in der churpfälzischen v. 1595, ebend. S. 332.; in der würtembergischen v. 1614, Fritsch l. c. p. 148. 153. 157 folg., und in der hennebergischen v. 1615, ibid. p. 57 seq. Es scheint, als ob die Furcht vor Holzmangel, wie die Klage über schlechte Zeiten, stets anzutreffen; denn so wird schon in einer herzogl. sächs. F. O. aus dem 17. Jahrhundert gesagt, daß ein „treflicher Holzmangel" sich spüren lasse.

30) Hohenlohische F. O. v. 1579, Fritsch l. c. p 250. Mannsfeldische v. 1585, Stisser a. a. O. Anh. S. 110. Badische v. 1586 und 1587, Behlen und Laurop a. a. O. S. 51 und 60. Würtembergische v. 1614, Fritsch l. c. p. 145. 155. Hennebergische v. 1615, ibid. p. 56. Churbrandenburgische v. 1622, ibid. p. 496. Stollbergische v. 1642, ibid. p. 199. Eisenachische v. 1645, ibid. p. 277., und weimarische v. 1646, ibid. p. 23.

31) Sächs. F. O. v. 1560, C. A. II. p. 494. Würtembergische F. O. v. 1614, in Beziehung auf Kohlen, Fritsch l. c. p. 153. Unter gewissen Bedingungen ist der Holzhandel gestattet in der badischen F. O. v. 1587, Behlen und Laurop a. a. O. S. 61. Wegen des Floßwesens und des damit verbundenen Holzhandels, theils der landesherrlichen Kammer, theils der Unterthanen, enthalten die öfters angeführten badischen, pfälzi-

schen, baierischen und würtembergischen Forstordnungen mehrfache Bestimmungen.

32) Churfürst August zu Sachsen Ausschreiben v. 1555, C. A. T. I. p. 59. Salzburger W. O. v. 1592, Müllenkamp a. a. O. S. 45. Baierische F. O., *Fritsch* l. c. p. 107.

33) S. oben §. 32.

34) Salzburger W. O. v. 1524, Müllenkamp a. a. O. S. 4. „Wo oder an welchen Orten aber, die Hoffachen davon nit getailt, vnd die notdurft vnnfer Vrbar oder annder Günter, derselben ennde eruordert daß Inen Ir Hoffach davon zu tailen not tu, So soll vnnfer Waldmaifter etlich verftändig zu Ime eruordern, vnd nach feinem vnd derfelben Räte, dieselben Hoffachen, davon Sy fich künftigklichen Prenn Zymer vnd Zaunholz zu der güter Notdurft behelfen mügen auszaigen, vnd vermärchung thuen, damit Sy fich nicht vnderfteen noch vrfach haben nach Irem gefallen in den Wälden weiter zu schlahen sonnder daß übrig Holz derselben Wald zu abgeschriebner vnd annder fürfallender notdurft gehant vnd das mit Bleiß verhünnt vnd verschonet werde." Später, S. 5, wird von diefen Hölzern wieder gesagt: „oder vorhin darzue (zu den Hoffachen) verlischen vnd ausgezaigt", so daß wol nicht zu bezweifeln, daß hier wirklich davon die Rede ist, zu den angegebenen Gütern Wälder zu geben.

35) W. O. v. 1592, Müllenkamp a. a. O. S. 44.

36) F. O. v. 1531, *Fritsch* l. c. p. 338.

37) S. oben §. 24 und 32. Andere Vorschriften vieler Forstordnungen, nach denen das Holz ausschließlich, oder doch vorzugsweise, an Inländer gegeben werden soll, find nicht hierher zu zählen, sondern enthalten nur eine billige Berückfichtigung der eignen Unterthanen. In der würtembergischen F. O. v. 1614, *Fritsch* l. c. p. 141., findet fich auch ein unentgeltliches Holzungsrecht der Unterthanen erwähnt, was aber erft nachgewiefen werden foll.

37 b) Sartorius Gefchichte des deutschen Bauernkriegs. Frankenthal 1795. S. 381. Die zwölf Artikel der Bauerschaft: „Art. 5. „Zum fünften sein wir auch beschwert der Beholzung halben, dann unfere „Herrschaft haben ihnen die Hölzer alle alleyn geeygnet und wann der arm „mann was beborf, muß ers umb zweygeld laufen, ift unfer meynung, „was für Hölzer feyn. Es habens geiftlich odder weltlich innen, die es „nicht erkauft haben, follen eyner ganzen gemein widder anheim ftellen, „und einer gemein zimlicher wegs frey feyn, ein jeglicher fein Nottürfft „ins Haus zu brennen, umbfonft laffen nehmen. Auch wann von notten „feyn wurde zu Zimmern auch umbfonft laffen nemen, Doch mit wiffen „der, fo von der Gemein darzu erwelet werden. So aber kains fürhan-„den war, denn das fo reblich erkauft ift worden, Soll man fich mit „derselben bruderlich vnd chriftlich vergleichen. Wen aber das gut am an-„fang aus ihnen felbft geeygnet wer worden, und nachmals verkauft wor-„den, Sol man fich vergleichen nach geftalt der Sachen und erkenntnis „bruderlicher lieb vnd heiliger geschrift."

38) Salzburger W. O. v. 1524 und 1592, Müllenkamp a. a. O. S. 15 und 55. Speierische F. O. v. 1528, Behlen und Laurop a. a. O. S. 423. Pfälzische F. O. v. 1595, ebendaf. S. 341. Weimarifche F. O. v. 1646, *Fritsch* l. c. p. 26., und schwarzburg = rudolftädtische, ibid. p. 191.

39) Theils wird die Hutung mit Ziegen in den Wäldern ganz unterfagt, wie in der salzburger W. O. v. 1524, Müllenkamp a. a. O.

15

S. 16.; in der mecklenburgischen Landesordnung v. 1562, *Fritsch* l. c. p. 187.; in der braunschweigischen F. O. v. 1591, ibid. p. 125., und der schwarzburg-rudolstädtischen, ibid. p. 191.; theils wird sie nur unter gewissen Bedingungen gestattet; so in der salzburger W. O. v. 1550 und 1592, wenn dadurch kein Schade geschieht, *Müllenkamp* a. a. O. S. 22. 62.; in der hohenlohischen F. O. v. 1579 nur den Armen, die keine Kuh halten können, *Fritsch* l. c. p. 246.; in der pfälzischen F. O. v. 1595 blos in felsigen Gegenden, und ebenfalls nur armen Leuten, *Behlen* und *Laurop* a. a. O. S. 542.; nur Armen, die keine Kuh zu halten im Stande, werden Ziegen noch gestattet in der badischen F. O. v. 1614, ebendas. S. 129.; in der stollbergischen F. O. v. 1642, *Fritsch* l. c. p. 205.; in der eisenachischen v. 1645, aber nur, bis die Zeiten besser werden, ibid. p. 281., und in der weimarischen v. 1646: „dieweil aber der Arme, so keine Kuh zu halten vermögen, die Kinderlein durch solche Ziegen ernehren kan", so wird ihnen bis zu bessern Zeiten welche zu halten gestattet, ibid. p. 26. Das Eintreiben der Schaafe in die Wälder ist ganz untersagt in Braunschweig, F. O. v. 1591, ibid. p. 125., und in der Pfalz darf dieses nur von Denen, die vor Alters welche gehabt und in beschränkter Maße bei erwiesenem Rechte geschehen; auch sollen neue Schäfereien abgeschafft werden, F. O. v. 1595, *Behlen* und *Laurop* a. a. O. S. 341.

40) Baden-badensche F. O. v. 1587, *Behlen* und *Laurop* a. a. O. S. 72. Pfälzische F. O. v. 1595, ebendas. a. a. O. S. 340. Baden-durlachische F. O. v. 1614, ebendas. S. 128. Baierische F. O. (ohne Angabe des Jahres), *Fritsch* l. c. p. 93 seq. In der hohenlohischen F. O. v. 1579 wird das Hutungsbefugniß, als auf Verträgen bestehend, angeführt, zugleich aber auch bestimmt, daß die Unterthanen in ihren eignen Hölzern, wenn sie an herrschaftliche grenzen, ohne Erlaubniß nicht hüten sollen, ibid. p. 233.

41) Diesen nämlich, und nicht auch Andern, wird die Hutung mit Rindvieh gestattet, dabei aber auch zweckmäßige Schonung der jungen Gehaue angeordnet, und jede Hutung mit Ziegen bei deren Verluste untersagt. F. O. v. 1560, C. A. II. p. 497.

42) Baierische F. O. bei *Fritsch* l. c. p. 104. Weit frühere, schon bedeutende Beschränkungen dieser Art finden sich in: Dy new Erclerung der Landsfreiheit des löblichen Haus und Fürstenthum Bairn. Ao. 1516. Landshut 1516. Fol. und in dem: Buch der gemeinen Landpol, Landsordnung, Satzung und Gebrauch des Fürstenthombs in Obern und Nidern Bairn im 1516 Jar aufgericht. München 1520. Fol. 25 und 43 b.

43) Polizei samt anderen Ordnungen unnd Edicten des durchlauchtigen — — Herrn Wilhelms Herzogen zu Gülich, Cleve und Berge — Im Jar 1558 außgegangen. Cölln 1558. Fol. S. 69. „Von abhawen „der Erb und Eichenhölzer auf Lehen und Schatzgütern. Nachdem wir „auch vernemen, das ettliche Schatzgüter verwüst und verderben mit ab„hawen der Erb und Eichenhölzer, So ist unser Bevelch, das unsere „Ambtleut vnd Bevelchhaber offentlich verbieten vnn darauff sehen laßen, „das die Erb vnd Eichenhölzer off den schatzgütern nit abgehawen werden, „dann zu baw vnnd besserung derselbigen gueter. Wa aber sach, das ett„liche Hölzer dürr würden, vnd also vnschedlich weren abzuhawen, So soll „solichs doch nit geschehen, dann mit fürgehender Besichtigung durch zween „erbarn nachbar und mit bemelter unser Ambtleut vnnd Bevelchhaber er„laubniß, die auch kriner andern gestalt geschehen, noch nichtwaß dafür

„vonn den Vnnderthanen empfangen werden soll, doch mit solichen be=
„scheid, das gegen yeder abgehawen Holz, zween junger Postheister gesetzt
„oder ufferzogen werden sollen."

44) F. O. v. 1574, Behlen und Laurop a. a. O. S. 105. 108. 114.

45) F. O. v. 1586 und 1587, Behlen und Laurop a. a. O. S. 49. 74.

46) F. O. v. 1591, *Fritsch* l. c. p. 125.

47) F. O. des Fürstenthums unterhalb Gebürgs v. 1531, *Fritsch*
l. c. p. 339.

48) F. O. v. 1579, *Fritsch* l. c. p. 228. 237. 244., wobei der
Grundsatz, daß dadurch jeder Schade für die herrschaftlichen Wälder ver=
mieden werden soll, besonders ausgesprochen ist.

49) F. O. bei *Fritsch* l. c. p. 129. (ohne Jahresangabe).

50) W. O. v. 1524 und 1550, Müllenkamp a. a. O. S. 14.
22 folg.

51) W. O. v. 1598, Müllenkamp a. a. O. S. 53.

52) F. O. v. 1557, Behlen und Laurop a. a. O. S. 473.

53) F. O. v. 1595, Behlen und Laurop a. a. O. S. 300. Spä=
ter wurden hier andere Bestimmungen erlassen. Ebendas. S. 303.

54) v. Kamptz a. a. O. §. 58. —

55) Mandat wegen unpfleglichen Abhauens und Verwüstung derer ei=
genthümlichen Gehölze v. 1604, *Fritsch* l. c. p. 475.

56) F. O. v. 1645, *Fritsch* l. c. p. 280.

57) F. O. v. 1622, *Fritsch* l. c. p. 497.

58) F. O. v. 1638, *Fritsch* l. c. p. 269.

59) F. O. v. 1642, *Fritsch* l. c. p. 200.

60) F. O. v. 1646, *Fritsch* l. c. p. 24.

61) F. O. v. 1664, *Fritsch* l. c. p. 35 seq.

62) F. O. v. 1560, C. A. II. p. 501.

63) So wird in der angeführten F. O., C. A. II. p. 500., vorge=
schrieben, daß die Unterthanen die Hölzer nicht verwüsten und sie nur
zu ihrer Nothdurft benutzen sollen, wo aber hinzugefügt ist: „so viel derer
in Unserer Wild-Bahne gesessen und derer Güter darinnen gelegen, darauf
uns die Wildfuhr zuständig". Die Generalbestallung ꝛc. v. 1575, C. A.
II. p. 520., giebt den Forstbedienten auf, darauf zu sehen, daß die vom
Adel, „so uns ihre Jagten abgetreten", ihre Hölzer pfleglich benutzen,
was in dem angeführten Patente vom Herzog Friedrich Wilhelm v. 1598,
C. A. II. p. 531., wiederholt wird. Eine Aufsicht auf Pfarr= und Ge=
meindehölzer wird aber in diesen Gesetzen auch ohne Rücksicht auf die
Jagdbefugniß ausgesprochen.

64) Landesordnung von 1572. Tit. 26., *Fritsch* l. c. p. 188.

65) F. O. v. 1615, *Fritsch* l. c. p. 56. Vielleicht, daß auch in
Mecklenburg dieser Grund obgewaltet. S. v. Kamptz a. a. O. §. 58.

Zweiter Abschnitt.

Von der Entstehung und Ausbildung des Jagdregals.

§. 34.　Begriff der Regalien.

Um einen richtigen Begriff von der Entstehung der Regalien sich zu machen, muß man nothwendig die historische Bedeutung derselben von der juristischen, wie sie theils in einzelnen
Territorien ausgebildet, theils in den Lehrbüchern des Staatsrechts entwickelt wurde, unterscheiden. Für jene Bedeutung fehlt
es an einem allgemeinen Begriffe, dem diese verschiedenartigen
Rechte, für alle Zeiten der Ausbildung der deutschen Verfassung
geltend, untergeordnet werden könnten, und nach Hüllmanns
unübertroffener Forschung ist in verschiedenen Zeiten hierüber ein
dreifacher Begriff geltend gewesen. Anfänglich waren Regalien
mit fiscalischen Nutzungen der Könige, die diese entweder selbst
behalten, oder durch Belehnung oder Schenkung an Andere gegeben hatten, durchaus gleichbedeutend, und kommen häufig auch
untern letzterm Namen (fiscalia) vor [1]. Das Ergebniß der
Investiturstreitigkeiten war, daß die Geistlichen von dem Kaiser
nicht in das Amt eingesetzt, sondern nur mit allen ihren zustehenden weltlichen Rechten beliehen wurden — wodurch die Lehn-
barkeit der Landeshoheit ebenfalls entstand — welche Rechte
dann, selbst wenn sie Ausfluß eines ursprünglich freien Eigenthums waren, wegen der zu demselben Zwecke stets wiederholten
kaiserlichen Investitur, als vom König ausgehend, mit dem Namen königlicher Rechte (regalia) belegt wurden, so daß denn
der zweite Begriff von den Regalien, alle vom König verliehene
Rechte, ohne diese selbst näher zu unterscheiden, bezeichnend, ebenfalls als Ergebniß jener Streitigkeiten zu betrachten ist [2]. Aus
der durch die Theilnahme der Landstände endlich entwickelten
Territorialverfassung, wo viele Regierungsrechte gleichsam durch
Vertrag entstanden, bildete dann erst später sich der dritte und
neuere Begriff der Regalien aus, der sich gewöhnlich nur auf
fiscalische Nutzungen bezieht [3].

Aus jener zweiten Bedeutung ist der juristische Begriff im
weitern Sinne entstanden; daher denn auch ältere Juristen unter
Regalien alle Rechte verstehen, die einem König oder sonstigen
Landesherrn zukommen, selbst dann, wenn sie von ihm an Andere vergeben sind [4]. Genauer stellen die neuern Rechtsgelehr-

ten den Begriff auf, indem sie alle, der Staatsgewalt als sol=
cher zustehende Rechte hierher zählen, diese aber denn auch weit
richtiger Hoheitsrechte nennen und den Namen Regalien nur,
als einmal hergebracht und in Verfassung und Gesetzen begrün=
det, beibehalten [5]). Bei dem großen Umfange und der prakti=
schen Verschiedenheit der Hoheitsrechte müssen die wesentlichen
derselben von den außerwesentlichen oder zufälligen getrennt wer=
den; eine, aus dem allgemeinen (sogenannten natürlichen) Staats=
rechte entnommene und demnach auch ganz richtige Eintheilung [6]).
Wesentliche Hoheitsrechte, regalia essentialia, auch Majestäts=
rechte genannt, die allein dem allgemeinen Staatsrechte gemäß
sind [7]), sind nun solche, welche zur Erreichung des Staats=
zweckes erforderlich, aus seiner Natur selbst sich ergeben, woge=
gen außerwesentliche oder zufällige Hoheitsrechte, regalia acci=
dentalia, in bloßen nutzbaren, vermöge positiver Bestimmungen
dem Staate zukommenden Rechten bestehen [8]). Dieser letztern
Art von Hoheitsrechten hat man in neuerer Zeit oft den Namen
Regalien allein beigelegt [9]), und sie sind es auch allein, mit
denen wir uns hier besonders zu beschäftigen haben. Giebt es
auch einige solche Regalien, die in allen deutschen Staaten die=
sen Charakter haben, so ist dies doch nur bei wenigen der Fall,
und in der Regel kommt es bei Beurtheilung der Frage, welche
Rechte hierher zu zählen, allein auf das particuläre Recht der
einzelnen Staaten an, was denn auch hierüber sehr verschiedene
Bestimmungen enthält [10]). Die Entstehung dieser Regalien hat
aber dennoch, trotz diesen Verschiedenheiten, in mehreren, in ganz
Deutschland ziemlich gleich vorkommenden Umständen und Ver=
hältnissen ihren Grund, die aber freilich in allen Territorien
nicht immer dasselbe bewirkten.

1) K. D. Hüllmann Geschichte des Ursprungs der Rega=
lien in Deutschland. Frankf. a. d. O. 1806. S. 6 folg.

2) Eichhorn Rechtsgeschichte. §. 300. Hüllmann a. a. O.
S. 9 — 19. Montag Geschichte der staatsbürgerlichen Frei=
heit bei den Franken. Th. 1. Bd. 1. S. 285 folg. Wie überhaupt in
der mittlern Zeit der Begriff der Regale aufgefaßt wurde, und wie er erst
mit temporalia synonym bei den Geistlichen entstand, ist schon oben §. 13.
und 29. erwähnt, wie dieser Begriff dann von den Geistlichen auch auf
die Weltlichen übergetragen und durch fortlaufende Erwähnung in den
Lehnbriefen auf Rechte und Sachen, die ursprünglich allodial waren, ausge=
dehnt, und wie denn so nutzbare und auch Regierungsrechte unter diesen
Namen mit begriffen wurden, hat Eichhorn a. a. O. auf das Bestimm=
teste nachgewiesen. Aeltere haben hierüber freilich andere Ansichten, z. B.
Hert De superioritate territoriali. §. 8.

3) Hüllmann a. a. O. S. 19 folg. L. Himmelstoß Versuch ei=
ner Entwickelung des Begriffes und der rechtlichen Ver=
hältnisse der Regalität in Deutschland. Landshut 1804. S. 77.

nimmt diesen für den technischen in der jetzigen Zeit an. *Chr. G. Jargow* Einleitung zu der Lehre von den Regalien. Rostock 1757. 4. S. 27 folg. nimmt diesen Begriff hingegen, unter Beziehung auf die Constitution von Friedrich I., in der aber Regalien in der mittlern Bedeutung vorkommen, als den primitiven an.

4) *Tengler* Layenspiegel. Augsburg 1511. Fol. 30 b. *R. Sixtini* Tractatus de regalibus. Cassel. 1609. 4. Lib. I. Cap. I. No. 14. *C. Ziegler* De juribus Majestatis. Viteb. 1710. p. 74 seq. *Jargow* a. a. O. Lib. I. Cap. I. §. 7. Auch *J. Fr. Döhler* Abhandlung von den Rechten der obersten Gewalt oder Majestätsrechten und Regalien, Nürnberg. 2. Aufl. 1785. 4., der mehr den Ansichten als der Zeit nach zu den Aeltern gehört, nimmt diese Rechte als gleichbedeutend mit der obersten Gewalt selbst.

5) *J. C. Leist* Lehrbuch des teutschen Staatsrechts. Göttingen 1803. 8. §. 82. *G. M. Weber* Handbuch des in Deutschland üblichen Lehnrechts. Leipzig 1808. Th. 2. §. 62. S. 173. *J. L. Klüber* Einleitung zu einem Lehrbegriff des teutschen Staatsrechts. Erlangen 1803. §. 82. Derselbe Oeffentliches Recht des teutschen Bundes und der Bundesstaaten. 2. Aufl. Frankf. a. M. 1822. §. 97 folg. §. 273 folg.

6) *Leist* a. a. O. §. 82. *Himmelstoß* a. a. O. S. 63.

7) *Weber* a. a. O. S. 173.

8) *Klüber* a. a. O. §. 98., wo Note b. auch noch andere, jedoch weniger passende Eintheilungen aufgeführt sind. *J. F. Runde* Grundsätze des gemeinen deutschen Privatrechts. §. 101 c. *Eichhorn* Einleitung in das deutsche Privatrecht. §. 266. *Mittermaier* Grundsätze des gemeinen deutschen Privatrechts. §. 259.

9) *Himmelstoß* a. a. O. S. 77. *Mittermaier* a. a. O. §. 259. So wäre denn hiernach die dritte, von *Hüllmann* angegebene historische Bedeutung der Regalien auch jetzt in juristischer Beziehung als die gewöhnliche anzunehmen.

10) *Weber* a. a. O. S. 179. *A. F. H. Posse* Ueber das Staatseigenthum in den deutschen Reichslanden und das Staatsrepräsentationsrecht der deutschen Landstände. Leipzig und Rostock 1794. 8. S. 62 folg. und auch *Schoepflin* Alsatia illustrata. T. II. praef. p. 18. zählen mehrere solche wirkliche, in der Mehrzahl der einzelnen Territorien begründete Regalien auf; in Beziehung auf die ältere Zeit s. *Montag* a. a. O. S. 201. Was für Grundsätze bei den Untersuchungen über die Regalität in Deutschland zu beobachten, stellt *Pütter* Beiträge zum teutschen Staats- und Fürstenrecht. Göttingen 1777. Th. 1. S. 202. auf; hiernach muß man vor Allem darauf sehen, ob ein Recht schon vor der Entstehung der Landeshoheit in Deutschland Regel war oder nicht; nur wenn jenes der Fall, kann dessen Regalität auch für ganz Deutschland in der Regel behauptet werden, sonst aber kann dies nur vermittelst particulärer Rechtsbestimmungen geschehen; gründet sich die Regalität auf kaiserliche Verleihungen, so bedarf es dann der Untersuchung, ob diese Verleihung vom Kaiser als solchen oder nur als Privateigenthümer vorgenommen wurde, und in jenem Falle allein ist ein wirkliches Regal vorhanden, wie wir denn schon oben §. 29. in Beziehung auf die Jagd gesehen haben, daß diese wegen der kaiserlichen Belehnungen nicht für ein Regal angesehen werden könne.

§. 35. Von der Entstehung der Regalien überhaupt *).

Bei der Entstehungsgeschichte der Regalien oder der sogenannten zufälligen Hoheitsrechte [1] lassen sich, so verschiedene
Ursachen auch an den einzelnen Orten bei den verschiedenen,
hierher gehörigen Rechten vorkommen können, im Ganzen drei
hauptsächliche Entstehungsursachen, Eigenthum, kaiserliche Verleihungen und Regalitätserklärungen von Seiten der Landesherren, nach Ausbildung der Landeshoheit, nachweisen [2], welche
aber immer mehr oder weniger unter einander in Verbindung
standen.

Das in so vielen Domainen bestehende große Privateigenthum der deutschen Könige und die großen zusammenhängenden
Besitzungen des hohen Adels gaben die Veranlassung zu der Entstehung mehrerer Regalien [3]; nur darf man allerdings dabei
nicht so weit gehen, dieses Eigenthum als alleinigen Grund aller
Hoheitsrechte und der Landeshoheit selbst anzusehen und daraus
sogar ein Landeseigenthum, als Grund der nachmaligen Staatsgewalt, zu construiren [4]. Auf diesen eigenthümlichen Besitzungen standen dem Inhaber alle im alten echten Eigenthume befindlichen Rechte zu, welche ihnen auch dann nicht nur verblieben, als durch die immer weitere Verbreitung des Lehnwesens
das echte Eigenthum immer mehr verschwand, sondern selbst
durch die Traditionen vermehrt wurden [5]. Erhielten Prälaten
und Grafen von den Königen Reichsdomainen, so waren dann
damit ebenfalls jene, aus dem echten Eigenthume fließenden
Rechte verbunden, welche diese auch wol häufig in den ihnen
nicht eigenthümlich, blos in Beziehung auf das Amt unterworfenen Reichsdistricten durch die Traditionen erwarben. Auf diese
Art geschah es dann, daß mehrere, ursprünglich zu jenem Eigenthume gehörige Rechte in der Folge der Zeit nur mit den
noch in den Händen des Königs und des hohen Adels befindlichen Herrschaften verbunden waren, was diesen Rechten um so
mehr den Anschein eines besondern Charakters geben mußte, als
sie auch außerhalb dieser Herrschaften auf die angegebene Art
und Weise ausgedehnt waren. Gab nun das Eigenthum so den
Grund zur Ausübung solcher bestimmten Rechte, so erhielten
diese doch ihre Eigenschaft als Regalien erst durch den höhern
Schutz und Frieden, bei einigen dieser Rechte wirkliches Bedürfniß, den der König, im Anfange allein wegen seiner doppelten Person als Grundherr und Staatsoberhaupt, den ihm so
eigenthümlich zustehenden Rechten durch die Auflegung seines
Bannes verleihen konnte [6]. Bei den auf mannigfache Art und
Weise verursachten und erfolgten Vergebungen von königlichen
Grundstücken an geistliche und weltliche Große war nun theils

schon vor dieser Vergebung die Auflegung des größern Friedens durch die Festsetzung einer höhern Strafe bei Verletzungen erfolgt, theils nahm sie der König erst bei oder auch nach der Vergebung, nicht selten auch unter Ausdehnung auf die übrigen Besitzungen des Empfängers, vor [7]). Auf seinen eigenthümlichen Besitzungen solche Regalien zu errichten, hatte nun aber der Adel dieselbe Gelegenheit, wie der König, indem auch er den Bann, theils eigenthümlich, theils lehnsweise, besaß, und sodann auch durch dessen Auflegung eine höhere Befriegung vornehmen konnte, und wenn auch dieser Bann nur bei einigen Personen dieses Standes, und dies auch erst später der Königsbann war, so stand ihnen doch Allen, mit Immunität und Gerichtsbarkeit innig verbunden, der sogenannte niedere oder Grafenbann zu, und ein Mißbrauch desselben, der übrigens auch das Beispiel der Könige für sich hatte, mußte in den Zeiten der immer zunehmenden rohen aristokratischen Gewalt von Oben unbemerkt bleiben [8]). Das deutlichste Beispiel von den auf diese Weise begründeten Regalien giebt die oben (§. 13. 14. 17. 18. 19.) geschilderte Entstehung und Ausbildung der Bannforste, außer denen auch das Regal der Benutzung der größeren Gewässer, das Mühlenrecht, Zoll- und Marktrecht und die Judengefälle hierher zu zählen sind [9]). Indem aber bei diesen Regalien neben der Hauptentstehungsursache, dem Grundeigenthume, auch noch dann und wann Verleihungen der Kaiser und eigenmächtige Erklärungen vorkamen, die nicht nothwendig in allen Territorien gleich waren, so läßt auch selbst ein häufiges Vorkommen solcher Rechte als Regalien einen Schluß auf deren Allgemeinheit in ganz Deutschland doch deshalb noch nicht in allen Beziehungen zu [10]). Am häufigsten und in der größten Ausdehnung müssen diese Regalien in den kleinen, blos aus einer Herrschaft und nicht auch aus Reichsdistricten entstandenen Territorien vorkommen.

Eine andere Entstehungsursache der Regalien sind die Verleihungen der Kaiser. Durch die schon zeitig aufgefaßte und später festgehaltene Idee der Fortsetzung des Reichs der römischen Imperatoren, worauf die Verbindung der Würde des deutschen Königs mit der des römischen Kaisers nur zu leicht, besonders auch mit durch die Verbindung von Deutschland und Italien führen konnte, durch diese Idee geschah es auch, daß man die Rechte, die nach der römischen Verfassung den Imperatoren zustanden, nach und nach den Kaisern zuschrieb, welche Rechte sie dann, nach dem Geiste der Zeit, dem jede eigne Administration fremd war, an Geistliche und Weltliche vergaben [11]). Außer mehreren wesentlichen Hoheitsrechten gehört hierher besonders das Regal der Salinen, des Bergbaues, sowie das Münzregal [12]).

Diese Rechte waren anfänglich durchaus mit dem Grundeigen=
thume in Deutschland verbunden, und erst im 12. Jahrhundert
dehnte man jene römischen Bestimmungen unter den Kaisern auf
sie aus, nach denen sie letztern allein gehörten. Das so ent=
wickelte Regal — wol auch dadurch vorbereitet, daß auf kaiser=
lichen Domänen sehr zeitig reiche Bergwerke entdeckt wurden. —
wurde in Deutschland vollkommen anerkannt, führte aber zu wei=
ter nichts, als zu kaiserlichen Verleihungen an Die, welche das=
selbe früher, kraft Eigenthumsrecht, ausgeübt hatten [13]). So
wie denn überhaupt bei weitem nicht Alles, was in Lehnbriefen
und andern kaiserlichen Urkunden verliehen wurde, als auf dieser
kaiserlichen Verleihung beruhend, zu betrachten ist, indem die
Erwähnung aller zuständigen Rechte, ohne Rücksicht auf ihren
Ursprung, in solche Urkunden aufzunehmen, und so einen neuen
Titel für ältere Rechte zu erhalten, allgemein gebräuchlich
wurde [14]).

Nach Entstehung der Landeshoheit wurden in den mehrsten
deutschen Territorien endlich verschiedene nutzbare Rechte von dem
Landesherrn als ihm allein zustehende, als Regalien, erklärt [15]),
welche nur dann als rechtmäßig im Besitz Anderer anerkannt
wurden, wenn eine Verleihung derselben nachzuweisen war. Bei
solchen Erklärungen der Regalität war der Einfluß der Juristen
von großer Wirksamkeit [16]), indem sie nicht nur alle Begünsti=
gungen und Vorrechte, welche das römische Recht dem Fiscus
beilegte, auf die Landesherren ausdehnten, sondern ganz analog
mit dem Mährchen des dominii mundi des Kaisers, bald zu
einem domino territorii des Landesherrn gelangten [17]), aus
dem sich dann ebenso wie aus der Lehre des römischen Rechts,
daß bona vacantia dem Fiscus gehörten, welche man auf alle
herrenlose Gegenstände ausdehnte [18]), sehr leicht eine Reihe von
Regalien entwickeln ließen. Die Idee des Staates und Beför=
derung des öffentlichen Wohls wurde hierzu eben sowol gemiß=
braucht [19]), wie man auch jene bekannte, in Deutschland gar nicht
anwendbare Constitution Friedrichs I. (II. F. 56.) [20]) als ein
allgemeines Gesetz fälschlich betrachtete und der ganzen Behand=
lung dieser Lehre zum Grunde legte [21]). Das Verbreiten dieser
Regalitätserklärungen wurde durch die Landstände selbst nicht
viel gehindert, indem auch sie den herrschenden Ideen ihrer Zeit
unterlagen, und wenn, wie dies überall erfolgte, nur ihr Be=
sitzstand in den Landtagsreversen und andern Urkunden anerkannt
wurde, sie eine solche Verminderung der Rechte der übrigen Un=
terthanen nicht hinderten [22]), so daß es denn auch nicht an be=
sondern Conventionen über diese Regalien fehlte [23]). In den
kleinern Territorien, die, nur aus einer Herrschaft hervorgegan=
gen, keine Ritterschaft, und somit auch keine Landstände hat=

ten ²⁴), konnte die Verbreitung der Regalität noch viel unge-
hinderter und in größerem Umfange erfolgen ²⁵). „Außer vielen
andern gehört in diese Classe von Regalien auch das Jagdregal ²⁶), wie es sich im Gegensatz zu den alten Bannforsten
in einigen Ländern vom 16. Jahrhundert an ausbildete, dessen
Entwickelung hier nun näher zu verfolgen ist.

*) Die beste Schrift über diesen Gegenstand ist die schon angeführte
von Hüllmann, sowie auch in andern größern und bekannten Werken
Mehreres hierüber anzutreffen ist; daher ich denn im Folgenden bei diesem
§. auch nur auf solche Schriften verweise, woselbst alsdann sich Urkunden
über diesen Gegenstand finden, wie in den Schriften von Biener, Eichhorn, Hüllmann, Posse u. A., so daß, weil auch dieser §. eigentlich
nur zur Einleitung in die folgenden dient, ein eignes Anführen von Urkunden mir hier zu vermeiden erlaubt schien.

1) Die wesentlichen Hoheitsrechte sind, in sofern sie schon vor vollständiger Entwickelung der Landeshoheit im neuern Sinne vorhanden waren,
ebenfalls aus früher eigenthümlich und dann auch lehnbaren Ueberlassungen von den Kaisern an die Landesherren entstanden. Eichhorn Rechtsgeschichte. §. 362. Die hingegen, die sich erst später entwickelten, gingen
aus der Natur der Staatsverbindung und häufig auch aus Verträgen mit
den Landständen hervor.

2) Hüllmann a. a. O. S. 22. *Biener* De natura et indole
dominii in territoriis Germ. p. 93 seq. Weber Lehnrecht.
Th. 2. S. 180. Mittermaier a. a. O. §. 259. Eichhorn a. a. O. §. 562.

3) Schon oben an mehreren Orten, besonders §. 18., ist einiges Nähere von diesem Eigenthume mitgetheilt worden.

4) Wie dieses namentlich *Biener* l. c. thut, welche Ansichten Posse
Ueber das Staatseigenthum in den deutschen Reichslanden
u. s. w. bestreitet.

5) Hüllmann Geschichte des Ursprungs der Stände in
Deutschland. 2. Aufl. Berlin 1830. S. 211 folg.; auch oben §. 27. sind
diese Verhältnisse schon erwähnt.

6) J. Möser Patriotische Phantasien. Th. 3. S. 362 folg.
Eichhorn a. a. O. §. 362. II.

7) Hüllmann Geschichte der Regalien. S. 32 folg.

8) Montag Geschichte der staatsbürgerlichen Freiheit.
Th. 1. Bd. 1. S. 92. 304 folg. Bd. 2. S. 28 folg.

9) Hüllmann a. a. O. S. 22. Viel weiter geht hier *Biener* l. c.
p. 105 seq.

10) Mittermaier a. a. O. §. 257.

11) Selbst die Rechte, welche schon in der fränkischen Zeit die Könige
in den eroberten Provinzen, in denen sie ganz an die Stelle der römischen
Kaiser traten, Eichhorn a. a. O. §. 24., ausübten, wurden noch theilweise später beibehalten, und gaben so die Veranlassung zu einem spätern
Regal, wie z. B. das Münzregal auf diese Weise entstanden ist. Hüllmann a. a. O. S. 58 folg.

12) Hüllmann a. a. O. S. 58 folg. und 70 folg. Eichhorn a. a. O.
§. 362. III.

13) S. oben §. 18. Note 4.

14) Eichhorn a. a. O. §. 300. *Biener* l. c. p. 101. 119 seq. Auch sogar die goldne Bulle c. 9., wo von den den Churfürsten in ihrem Lande zustehenden Rechten gehandelt wird, enthält keine solche allgemeine Verleihungen, wie sich schon aus den Schlußworten: prout possunt seu consueverunt talia possideri, ergiebt. Pütter Beiträge. Th. 1. S. 208. Weber Lehnrecht. Th. 2. S. 177. Wegen einiger, besonders höherer Regalien gab auch die Anordnung, daß Niemand sie ausüben dürfe, der ihren Erwerb nicht nachweisen konnte, Eichhorn a. a. O. §. 296., zu solchen Aufnahmen in die Urkunden die nähere Veranlassung.

15) Mißbräuchlich Regalien genannt, sagt Hüllmann a. a. O. S. 76. von ihnen, was auch, wenn man den ältern Sinn dieses Wortes bedenkt, allerdings richtig ist, sowie dergleichen Erklärungen auch wol schwerlich für einen rechtmäßigen Gebrauch der neuentstandenen Staatsgewalt zu achten.

16) Eichhorn a. a. O. §. 548.

17) *Pütter* Specimen juris publici et gentium medii aevi. Goett. 1784. p. 107 seq. 136 seq. 164 seq. 212 et 252. Auch die verschiedentliche Auslegung und Anwendung der Regel: quid imperator in imperio etc., gehört mit hierher. S. §. 30.

18) Pütter Beiträge. Th. 1. S. 208. und Posse a. a. O. S. 67. widersprechen diesem angeblichen Rechte.

19) Mittermaier a. a. O. §. 258.

20) S. oben §. 29.

21) Anton Geschichte der deutschen Landwirthschaft. Th. 2. S. 3. 80 folg., wo überhaupt mehreres Gute über die Regalität in den mittlern Zeiten zu finden; nur wird jenem Reichstage auf den roncalischen Feldern ein wol für Deutschland zu großer Einfluß eingeräumt. Sehr merkwürdig und ganz den herrschenden Ideen seiner Zeit gemäß, ist die Aufzählung der Regalien und deren Darstellung bei U. Tengler Layenspiegel. Augsb. 1511. Fol. 30b. „Item als hiervor der güter halben, „so nit frei aigen, sonder lehen, auch beim kürtzsten meldung beschehen, „das menigerlay lehnsart oder natur. Auch ettliche allain von Kaisern „unn Kunigen verlihen werden. Als gerichtlich oberkaiten, Jurisdiction, „merum und mixtum imperium etc. Dieweil aber etwa menig sachen „sein, die man nach gemeiner red nennen mag Regalien, und nit Impe-„rialien, vom Kaiserlichen namen" (ad marginem ff. de fund. instruc. l. Cum de lanionis §. asinam) „was nichts als l. 18. §. 2. D. XXXIII. 7. sein kann) „wann ein jeder Ober, auch die niedern magistrat, und ampt-„leut, mögen von irer ampt wegen ettlich vererungen, als etwa nur ain „par handschuh, die haben all an meer ennden den namen Regalien, So „würdet ain Kaiser nichts minder auch ain Künig genannt, und sein die „Regalien nit allain auff den Römischen Kaiser" (ad marg. VII. q. 1. c. de apibus) „sondern auch auff ain jeden König, der allain regierender „Fürst und herr, im Künigreich oder Monarcha genannt ist, zu erstrecken; „zu werden in den Lehnrechten meniglai Regalien bestimmt" (ad marg. In us. feud. ti. que sunt regalie. et ti. de pa. constan. in pn. Et. ff. de capti. l. postlimin. 2. Ne quid in lo. pub. l. 11. §. viam.) „als „die Zöll gemainer Straßen, scheffreiche wasserfluß, scheffland, wasserzöll, „muntzen, straffgelt und penn. Auch müßige güter, und was denßenen, „so derselben nit wirdig sein entzogen, mitzunemen, sy werden in dann „insonderheit vergündt, Auch die guter von unraynen und verbotten Ee „oder heyraten, auch von dem verurteilten, oder den das Land verbotten

„ist, herrured, alls die neuren recht setzen ungelt von säbern und scheffar=
„ten. Auch die ausserordentlich verleyhungen zu aufrichtung des Königkli=
„chen Ampts, gewalt, oder um regirer zu setzen, die gerechtigkeit üben
„sollen, Silbergruben unnd palast an gewöhnlichen enden der Stett,
„vischentzgülb, salzpfannen, und die güter so umb die schuld lese ma=
„jestatis verwürkt, Auch den halben tail von gefunden schätzen im Reich
„an geweihten und andern stetten, mit eingraben, fürsatz oder schwarzer
„kunst erobert, einzunemen."

22) Eichhorn a. a. D. §. 548. Mittermaier a. a. D. §. 258.

23) Mittermaier a. a. D. §. 257. Note 9 und 10. führt solche Con=
ventionen und Weisthümer von 1260 aus *Bondam* Charterboek der
Hertogen van Gelderland. p. 543. und von 1302 aus J. v. Ar
Geschichte der Landgraffschaft Buchsgau. S. 93. an; zwei Werke,
die ich nicht habe einsehen können.

24) Pütter a. a. D. Th. 1. S. 129 folg.

25) Mittermaier a. a. D. §. 257., welcher daselbst auch mit K. A.
v. Kampz Handbuch des Mecklenburgischen Civilrechts. S. 96.
die oft geschehene Behauptung leugnet, daß diese Regalien in den wendi=
schen Ländern eher und in größerm Umfange ausgebildet gewesen wären,
als in den eigentlich deutschen Ländern, weil auch in jenen, wie in diesen,
die Landesherren durch Landstände beschränkt gewesen wären. Es dürfte
aber wol jene Behauptung nicht auf die durch Erklärungen der Landes=
herren entstandenen Regalien, sondern nur auf die, welche durch kaiserliche
Verleihungen entstanden, zu beziehen sein, und dann ist sie wol allerdings
gegründet; denn, wie namentlich das Beispiel von Sachsen darthut, waren
die Fürsten dieser Länder weit unabhängiger von dem Kaiser, als andere,
und konnten so auch die letztere Art von Regalien weit leichter sich an=
maßen. Hüllmann a. a. D. S. 74 folg.

26) Diese Regalien können in sehr verschiedenen Rechten bestehen, und
außer der Jagd auch noch Fischerei, Flößrecht, Salzhandel (verschieden von
der Regalität der Salzquellen), Perlenfischerei, Salpetersiederei u. s. w. in
sich begreifen, und sind in den verschiedenen Ländern keineswegs gleich.

§. 36. Entstehung und Wesen der Jagdhoheit.

Das Jagdregal, im Gegensatz der alten, längst außer Ge=
brauch gekommenen Bannforste, gehört zu den, erst nach Ent=
stehung der Landeshoheit ausgebildeten Regalien. Die Ursachen
seiner Ausbildung selbst sind nun zwar mannigfach, lassen sich
aber doch im Ganzen, ebenso wie das alte Regal der Bann=
forste, auf eine Verbindung von wirklichen Hoheits= und Eigen=
thumsrechten zurückführen. Die wirklichen, hierbei in Betracht
kommenden Hoheitsrechte nennt man Jagdhoheit, von denen
hier theils wegen ihrer Folgen, in Beziehung auf die Regalität
der Jagd, theils auch, weil sie überhaupt zu den, nach Ent=
stehung der Landeshoheit stattgefundenen Veränderungen gehört,
besonders zu handeln ist.

Wie die Forsthoheit ein Ausfluß der allgemeinen Staats=
gewalt und in deren Anwendung auf die Jagdsachen bestehend,

konnte auch die Jagdhoheit nicht früher vorhanden sein, als bis nach der vollständigen Ausbildung der Landeshoheit eine solche wirkliche Staatsgewalt in den einzelnen deutschen Ländern entstanden war [1]). Der Einfluß der Juristen jener Zeit auf ihre Begründung und Fortbildung durch die Particulargesetzgebung läßt sich nicht verkennen, und die eigenthümlichen Ansichten derselben hierüber dauerten hoch bis in das vorige Jahrhundert fort. Schon der oft verschiedene Name, den man diesem Ausfluß der Staatsgewalt beilegte, und der, aus den frühern Verhältnissen der Bannforste entnommen, diese beiden wesentlich verschiedenen und einander gar nicht ähnlichen Institute gewissermaßen in Verbindung brachte [2]), läßt auf ein richtiges Erkennen dieser Verhältnisse keinen Schluß zu. Jagdhoheit und Forsthoheit, von der wir §. 31 folg. gehandelt, begriff man nämlich beide mit dem Namen der forstlichen Obrigkeit, und nannte die erstere, die Jagdhoheit, gewöhnlich Wildbann, von der man in den, in ältern Urkunden vorkommenden Ausdrücken: bannus super venatione, bannus altus et bassus, bannus usualis, eine Spur zu finden vermeinte, während die Forsthoheit oder auch die ganze forstliche Obrigkeit oft Forstbann genannt und aus dem alten bannus regius, bannus dominicus abgeleitet wurde [3]). Nahm man bei Festhaltung jener alten Namen nun theils auf deren historischen Sinn, theils auf die praktische Ankündigung aller von den Landesherren im Jagdwesen ausgeübten und mit jenen Namen fälschlich bezeichneten Rechte Rücksicht — wobei der Hauptfehler wol darin bestand, daß man die Rechte, welche Ausflüsse der Landeshoheit waren, nicht von denen trennte, die aus dem Eigenthume des Fürsten an den Kämmer- und Staatswaldungen und Gütern hervorgingen [4]) — so ist es nicht zu verwundern, daß hier eine Menge nicht zusammengehöriger Rechte unter einander geworfen und als Ausflüsse der Landeshoheit betrachtet wurden [5]), die man entweder als Theile des Wildbannes in diesem modernen Sinne, oder doch des Forstbannes ansah. Auf diese Weise geschah es denn, daß mehrere Rechtsgelehrte — andere, der neuern Zeit mehr angehörige, wie namentlich der berühmte Buri [6]), machen hier eine anerkennungswerthe Ausnahme — alle und jede Rechte, die irgend ein deutscher Fürst entweder als Inhaber der Staatsgewalt aus allgemeinen staatspolizeilichen, oder auch besondern forst- und jagdpolizeilichen Rücksichten, oder als Eigenthumsherr seiner Forsten und Jagden wirklich ausübte oder ausüben konnte, unter dem Namen des Forst- und Wildbannes oder der forstlichen Obrigkeit aufzählten; ein Unternehmen, in dem Stisser, Beck und v. Beust alle Andere übertrafen [7]). Bei dieser Verbindung verschiedenartiger Rechte, unter dem Namen des

Wildbannes⁸), der so Eigenthums= und Hoheitsrechte zu=
sammen umfaßte, bedurfte man für diesen auch eines umfassen=
den Begriffes, der über den eigentlichen der Jagdhoheit und den
des alten Wildbannes sich noch ausdehnte, und der dann ziem=
lich allgemein in dem Rechte jedes Territorialherrn, in seinem
Territorio über das Jagdwesen Gesetze zu erlassen (Gebot und
Verbot in Jagdsachen), die Uebertreter derselben zu bestrafen,
und dann die Jagd, unter Ausschluß aller Andern, auszuüben,
gefunden wurde⁹), wobei Andere, auf die verschiedenen alten
Bedeutungen von Bann (§. 12.) sich stützend, auch noch das
Edict, durch welches die Jagd Andern untersagt wurde, und
den Ort, auf den es sich bezog, unter dem Namen Wild=
bann verstanden¹⁰), während wieder Andere einen solchen Ort,
oder wenigstens den, an dem ein bedeutender Wildstand sich be=
findet, Wildbahn und Wildfuhr nannten¹¹). Die blose
Jagd, ohne Verbindung mit irgend einem Hoheitsrechte, ward
also von dem Wildbanne, der diese am Ende der vorigen Pe=
riode oft allein bedeutete¹²), getrennt, und bildete einen Theil
desselben¹³), obgleich sogar Moser¹⁴) noch „Jagensgerechtig=
keit‟ mit jenem Begriff von Wildbann gleichbedeutend annimmt.

Bei dieser unbestimmten und vieldeutigen Terminologie sei
es erlaubt, diese zu verlassen und an deren Stelle hier das
Wort Jagdhoheit¹⁵) zu gebrauchen. Diese Jagdhoheit ist
ein Ausfluß der Staatsgewalt, und besteht in dem Rechte, Vor=
schriften über die Ausübung der Jagd, in so weit sie aus allge=
meinen staatspolizeilichen Rücksichten entstehen — unter die je=
doch eine, das Privateigenthum verletzende Regalitätserklärung,
wie man früher allgemein behauptete¹⁶), nicht gehört¹⁷) —
zu erlassen und über deren Beachtung zu wachen¹⁸). Alle aus
der Jagdhoheit entspringenden Anordnungen in den ältern Gesetzen
beziehen sich nun auf Erhaltung oder auch zweckmäßige Vermin=
derung des Wildes¹⁹) — wohin denn Festsetzung einer bestimm=
ten Zeit zur Ausübung der Jagd, Verbot von unwaidmännischen
Arten zu jagen, Polizeivorschriften gegen Wilddiebe, wie das
verbotene Gewehrführen der zur Jagd nicht berechtigten Perso=
nen, Sicherung des Wildes auf seinen Standorten gegen un=
zweckmäßiges Verjagen, und besonders gegen Störungen in der
Satzzeit; daher das Verbot: Hunde, die nicht durch angehan=
gene Knüttel am Jagen verhindert, in die Jagddistricte zu lassen
und daselbst zur Satzzeit ohne Noth Geschäfte vorzunehmen,
und selbst das Recht, Erhaltung der Wälder aus Rücksichten
auf die Jagd zu verlangen, gerechnet wurden — dann aber auch
wieder auf die Art und Weise, wie die zur Jagd Nichtberech=
tigten ihre Fluren vor Wildschäden bewahren können, wobei je=
doch immer Mittel, die dem Wilde selbst schädlich, ausgeschlos=

sen wurden ²⁰), und endlich auf Vorschriften über Verminderung des zu großen Wildstandes und dergl. ²¹). Alle übrigen
Vorschriften, die ältere und neuere Jagdgesetze enthalten und die
sich nicht unter die Kategorie polizeilicher Rücksichten in ihrer
Anwendung auf das Jagdwesen subsumiren lassen, gehören denn
auch nicht zu der Jagdhoheit, sondern theils zu dem bürgerlichen ²²) oder auch peinlichen Rechte ²³), oder auch zu den
Verwaltungsvorschriften, in Beziehung auf die dem Landesherrn
zustehenden Jagden ²⁴). Daß wir übrigens solche Bestimmungen verschiedener Art in den Forst- und Jagdgesetzen, Ordnungen und dergl. so häufig bunt durch einander geworfen finden,
mag seinen Grund theils in der wenigen oder beinahe ganz feh-
lenden Trennung der Staatsgewalten zur Zeit der beginnenden
Territorialgesetzgebung haben — daher die Gesetze dieser Zeit
überhaupt in einem Conglomerat ähnlichen Zusammenwerfen von
Verordnungen bestehen — theils in den Ideen von Landeseigenthum, großer Ausdehnung der Lehre vom öffentlichen Wohl und
andern Ansichten der ältern Rechtsgelehrten finden. Auf der
andern Seite aber läßt es sich auch nicht verkennen, daß die am
Anfange des vorigen Jahrhunderts in verschiedenen Schriften
erfolgte zu große Ausdehnung des Begriffs der Jagdhoheit und
der in ihr liegenden Befugnisse, neben der Fortpflanzung vieler
älterer Ansichten ²⁵), besonders mit aus dem Umstande hervorgegangen ist, daß so vielfach verschiedene, aus den hier allein
die Norm abgebenden Grundsätzen nicht herzuleitende Vorschriften in den ältern, hier einschlagenden Gesetzen anzutreffen sind ²⁶).
Wie aber diese Vermengung von Verwaltungsvorschriften mit
polizeilichen Anordnungen und einzelnen Momenten der bürgerlichen und peinlichen Gesetzgebung, und wieder die der Zeit vom
16. Jahrhundert an überhaupt eigenthümliche übergroße Ausdehnung der polizeilichen Gerechtsame auf die ganze Gestaltung des
Jagdrechts in den einzelnen Territorien gewirkt, und wie dadurch
die Jagdbefugniß ihrer historischen Entstehung ganz zuwider ver-
ändert wurde, werden wir im Folgenden sehen.

Nach Entstehung und weiterer Ausbildung der Landeshoheit
wurden nun, besonders im 16. und Anfange des 17. Jahrhunderts, in fast allen deutschen Ländern entweder besondere Forst-
und Jagdordnungen erlassen ²⁷), oder die hier in Betracht kommenden Gegenstände theils durch einzelne Mandate ²⁸), theils
aber auch in einzelnen Titeln von sogenannten Landesordnungen ²⁹) erledigt. Der Charakter dieser Gesetze ist schon angedeutet, und sie enthalten schon vielerlei polizeiliche und auch
eigentlich rechtliche Bestimmungen und Verordnungen verschie-
ner Art, die nur auf herrschaftliche Besitzungen sich erstrecken
konnten, bald mit mehr oder minderer Ausführlichkeit; doch ist,

mit wenigen Ausnahmen, das fiscalische Interesse hier zu hoch gegen das Recht und selbst oft die Menschlichkeit gestellt; sowie denn überhaupt Alles, was in jenen ältern Gesetzen als Ergebniß der Jagdhoheit erscheint, dahin nach dem wirklichen Wesen der letztern nicht zu rechnen ist.

1) Für die ältere Zeit ließ sich allerdings eine Forst- und Jagdhoheit des Kaisers über das ganze Reich denken, die aber thatsächlich, indem früher hierzu die Idee und später die wirkliche Macht des Kaisers fehlte, nicht vorhanden war, und von der sich nur eine, wol aber in den besondern, dabei obwaltenden Umständen erklärliche Spur bei dem Herzogthume Würtemberg 1765, Moser (s. Note 14) S. 56., findet. Die Reichsoberforstmeisterrechte von Nürnberg und die Jagderzämter lassen sich aber hieher gar nicht zählen, wie Karl Friedrich Schenk Handbuch über Forstrecht und Forstpolizei §. 17. S. 33. thut, wo er überhaupt von ehemaliger Reichs- und Kreisforsthoheit spricht und diese als vorhanden gewesen demnach annimmt.

2) Lag auch den Bannforsten, wie wir oben in dem 1. Abschn. der 2. Abth. gesehen, eine Verbindung von Eigenthums- und Hoheitsrechten, oder vielmehr ein Mißbrauch des letztern, des Bannes, zum größern Schutz der erstern zum Grunde, und wurde auch die Jagdhoheit zur Beförderung des fiscalischen Interesses gemißbraucht, so waren doch staatswirthschaftliche und polizeiliche Rücksichten, die, wenn auch oft nicht genau aufgefaßt, diese begründeten, jener ganz fremd.

3) Fr. U. Stisser Forst- und Jagdhistorie der Teutschen. Cap. I. §. 14. J. C. v. Beust Tractatus de jure venandi et banno ferino, Von der Jagd- und Wildbanns-Gerechtigkeit. Jena 1744. Cap. III. §. 4. S. 44. Christian Gottlob Riccius Zuverlässiger Entwurf von der in Teutschland üblichen Jagd-Gerechtigkeit. Cap. III. §. 4. p. 100.

4) Diese gewiß irrthümliche Ansicht war so verbreitet, daß selbst die, welche die andern im §. angeführten Ansichten nicht, oder doch nicht genau bekannten, dennoch von dieser nicht ganz abgingen, wie *Gothofr. Christ. Leiser* Jus Georgicum. Lips. 1713. Fol. Lib. III. cap. XII. No. 16 seq.

5) Alle diese Rechte wurden durchaus von der Landeshoheit abgeleitet, *Hert* Diss. de superioritate territoriali. §. 48 seq. *Meichsner* Decis. Cameral. T. III. dec. 33. p. 628. *Leiser* l. c. Cap. XI. No. 40. Friedr. Carl Buri Abhandlung von der Regalität der Jagden in Teutschland. S. 57., an dessen behaupteten Vorrechten der alten königl. Bannforsten. Frankf. 1744. Fol., was auch ganz richtig ist, wenn man blos von den wirklichen Hoheits-, und nicht auch von den Eigenthumsrechten spricht. Wenn hingegen Riccius a. a. O. Cap. III. §. 4. die Landeshoheit als Basis deshalb nicht annehmen will, weil die forstl. Obrigkeit auch in einem fremden Lande einem andern Fürsten zustehen kann, so übersieht er hier das ganze Wesen der Staatsrechtsservituten.

6) Buri angef. Abhandlung S. 57 und 147 folg.

7) Als Ergebniß der forstlichen Obrigkeit und Theile derselben werden hier eine Menge Rechte aufgezählt; so führt Stisser a. a. O. Cap. VI. §. 22 — 98. folgende einzelne Rechte als Bestandtheile der forstlichen Obrigkeit an: das Recht 1) Forst- und Jagdordnungen zu erlassen; 2) Forst-

und Jagdbediente zu bestellen; 3) Forsthäuser zu errichten; 4) Forst= und Jagdgrenzen zu bestimmen; 5) Forst= und Jagdgerichte zu halten und die Verbrecher zu bestrafen; 6) eine geschlossene Zeit für die Jagd zu bestimmen; 7) das Holzanweisungsrecht; 8) die Huth und Trift zu gestatten; 9) Kohlenbrennen im Walde anzuordnen oder zu verbieten; 10) Grasschneiden zu erlauben oder zu verbieten; 11) die Benutzung der Mast zu untersagen, die Anzahl der Schweine zu bestimmen und das Eichel= und wilde Obstlesen einzuschränken; 12) das Halten von Bienen im Walde zu erlauben; 13) Vogelheerde anzurichten, zu verbieten oder zu erlauben; 14) das Aschebrennen im Walde zu verbieten; 15) Glashütten zu erlauben und zu verbieten; 16) den Gebrauch untüchtiger Schützen zu untersagen; 17) die Einlieferung gefundener Hirschstangen zu gebieten; 18) das Baumschälen zu verbieten; 19) die Unterthanen zu Jagddiensten aufzubieten; 20) Neubrüche zu gestatten oder zu verbieten; 21) Robzehnten und Forstgarben einzufordern; 22) die mit Holz angewachsenen Wiesen, Aecker und Holz überhaupt zu hegen; 23) Forstaccidenzien zu verordnen; 24) Beknüttlung der Hunde anzubefehlen; 25) für Jäger, Pferde und Hunde Unterhalt zu fordern; 26) eine gewisse Zeit zur Holzung zu benennen; 27) den Forst= und Hundshafer einzufordern; 28) die Jagdfolge zu verbieten oder zu erlauben; 29) Pfändung der Forstverbrecher anzuordnen; 30) Salzlecken anzulegen und zu verbieten; 31) „zu verbieten, damit niemand auf unzulässige Weise mit Schnee, Lauf= und Steckgarn, Lauschen, Fallen und Trittschlingen, auch durch Ausnehmung der Eyer und Fahung der Brut=Vögel die Wild=Bahne nicht ruinirt werden möge"; 32) die Heegung des Federspiels zu gebieten; 33) zu verbieten, daß Niemand mit Gewehr in den Wald gehe; 34) das Lerchenstreichen einzuschränken; 35) die Schonung der Auere und Elende zu gebieten; 36) die Vogelschneide, Fallen und Schlingen zu erlauben und zu verbieten; 37) den Nachtigallenfang zu verbieten; 38) die Länge und Höhe des Scheit= und Klafterholzes, auch dessen Preis anzuordnen; 39) den Unterthanen den Verkauf des Holzes zuzusprechen; 40) spitzige Zäune zu verbieten; 41) das Holz mit einem Zaune zu umgeben; 42) den Unterthanen zum Holzlesen gewisse Tage vorzuschreiben; 43) Wolfsgärten und Gruben einzurichten; 44) „bei anzustellenden Jagden Holz zu Stallungen oder auch Stall=Stätten aus=, ab= und durchzuhauen, so man das Zweig=Recht nennt"; 45) das Feueranmachen im Walde zu verbieten und zu bestrafen; 46) die Feuerfolge zu gebieten; 47) die zeitige Räumung des Haues oder Schlags zu verlangen; 48) das Pechscharren und Harzen zu untersagen; 49) „das Recht, den Pferde= und Viehschnitt zu verleihen oder die Nonnenmacherei"; 50) die Feldmeisterei oder Cavillerei zu verleihen; 51) über Fischereien Anordnungen zu treffen; 52) die Heegung der Ottern und Biber zu gebieten; 53) Plaggenhauen zu erstatten und zu verbieten; 54) Aushebung junger Obstbäume zu verbieten; 55) Holzflößen anzuordnen; 56) die Fütterung, Körnung und Wildschuppen zu untersagen; 57) Anlegung von Sohlungen und Sudeln zu untersagen; 58) Holzpreise zu bestimmen; 59) den Anbau des Holzes anzubefehlen; 60) das Ringeln der Schweine anzuordnen; 61) das Köpfen der Bäume, 62) das Zimmern im Walde und 63) die Anlegung der Sägemühlen zu verbieten oder zu erlauben; 64) „das Fruchthüten zu verstatten und deshalb Ordnung zu machen"; 65) zu gebieten, daß die Prone (äußerste Grenze des Waldes) verschont werde; 66) Wald= und Holzhauer zu bestellen und eine Ordnung ihnen vorzuschreiben; 67) Holz= oder Waldhöfe anzulegen; 68) Holzmärkte anzuordnen; 69) den Fuhrleuten neue Wege im Walde zu untersagen; 70) das Recht der Windfälle, Wind= und Schneebrüche; 71) das Bauen

16

mit Holz zu verbieten; 72) daß ausgerodete Hölzer wieder angebaut werden, zu gebieten; 73) „das Recht, der Unterthanen Land = Bau =
Wesen zu besichtigen"; 74) die grüne Jägertracht den geringen Leuten zu untersagen; 75) den Forstbedienten zu gebieten, daß sie keine
Stände und Dickungen, wo sich das Wild aufhält, aushauen dürfen;
76) die Tragung der Couteaux de chasse zu verbieten, und endlich
77) „das Moosrechen, Laubstreifen, Meyenhauen, Spieß = Ruthen und Be-
sen = Reißschneiden, Schindelmachen und andere Schädlichkeiten zu verbieten
und abzuwenden, worunter auch die Tilgung der Raupen zu zählen".—
Daß diese angeblichen Rechte, oft aus einzelnen Verwaltungsvorschriften
gebildet, keineswegs als Bestandtheile dieses Hoheitsrechts wirklich zu betrachten, liegt am Tage. Auf gleiche Weise zählt Beck a. a. O. Cap. XII
—XVII. Das, was er Alles hierher rechnet, unter 20 verschiedenen Rechten auf, dem dann v. Beust a. a. O. Cap. XIV. beinahe wörtlich gefolgt
ist. Auch *Hert* l. c. §. 48. hat dieselben Ansichten, ohne aber so in das
Einzelne einzugehen.

8) Sehr richtig heißt es hierüber bei *Meichsner* l. c. T. III. Dec. 33.
p. 627.: „Vox foresta bannalis, Wildbann, nostro tempore late sumatur,
et latius forte a Principibus quam par sit extendatur, ita ut omnia fere
jura, quae competere possunt, puta Gebott, Verbott, hoc est juris-
dictionem, pignorationes, aucupationes, venationes, jus glandis legendae,
pecoris pascendi, aquam ducendi, appositiones custodum, poenas mulctas
omniaque alia jura, quae excogitari possint, sub se comprehendat."
Weiter unten heißt es dann: „Wildbann proprie nil aliud significat,
quam locum circumseptum, in quo ferae inhabitant vel includuntur",
und dann: „cum Foresta et Wildbann et inclusione ferarum nomen et
originem suum traxerint, quod propterea ulterius, quam ad jus venandi,
scilicet die wilden Thiere zu bannen und zu fangen, nec active nec pas-
sive extendi debeat." In derselben Decision, die sich auf einen 1575
entschiedenen Proceß bei dem Reichskammergerichte bezieht, wird aber hernach das jus foresti aus der Landeshoheit abgeleitet, mit der Jurisdiction
verbunden, und daraus und aus dem Landeseigenthum die Regalität der
Jagd demonstrirt.

9) Stisser a. a. O. Cap. I. §. 11 seq. Beck a. a. O. Cap. I.
§. 3. 5. *Wolfart* Diss. de eo quod justum est circa bannum
ferinum, Cap. II. §. 8—11. v. Beust a. a. O. Cap. III. §. 2. Joh.
Ad. Freiherr von Ickstatt Gründliche Abhandlungen von den
Jagdrechten, wie sich solche aus den allgemeinen, natürlichen und besondern Staatsrechten erweisen lassen. (Heraus-
gegeb. von Joh. Friedr. Klett.) Nürnberg 1794. 4. Th. 2. Cap. II.
§. 18. Ueber die Ausbildung dieser Idee s. Eichhorn Rechtsgeschichte.
§. 548. Zuerst trennt die Jagdbefugniß von der forstlichen Obrigkeit Leiser l. c. Lib. III. cap. XI. No. 41., und noch genauer Riccius a. a. O.
Cap. I. §. 30.

10) Ickstatt a. a. O. Th. 2. Cap. II. §. 18—20. Beck a. a. O.
Cap. I. §. 5. Buri a. a. O. S. 147.; nur aber bei Letzterm findet der
Begriff eine förmliche historische Ableitung.

11) Stisser a. a. O. Cap. I. §. 22. v. Beust a. a. O. Cap. XIV.
§. 11.

12) S. oben §. 26.

13) Stisser a. a. O. Cap. I. §. 16. Beck a. a. O. Cap. I. §. 5.
Leiser l. c. Lib. III. c. XI. No. 40. et c. 12. No. 16 seq.

14) J. J. Moser Von der Landeshoheit in Ansehung Erde und Wassers. (Neunter Th. d. Landeshoheit im Weltlichen.) Frankf. und Leipzig 1773. 4. S. 78. „Die Jagdgerechtigkeit, davon ich hier rede, ist eine landesherrliche Befugniß, sich der wilden jagdbaren Thiere, und deren davon abhangenden Rechte, sowohl zum Nutzen als zum Vergnügen, zu bedienen, nebst dem Gesetzgebungsrecht in Jagdsachen. Man nennt es sonst auch den Wildbann, die Wildfuhr ꝛc." Unter den Neuern nimmt selbst noch J. E. Runde Grundsätze des gemeinen deutschen Privatrechts. §. 156. Wildbann noch mit forstlicher Herrlichkeit gleichbedeutend, und sogar Schenk a. a. O. S. 440. auf diese Autorität gestützt, nennt Wildbann das Recht, zu allen Zeiten zu jagen und deshalb selbst die Hegezeit zu bestimmen; dies wäre demnach wieder eine Verbindung von Hoheits- und Eigenthumsrechten, wie bei der ältern Schule, die bei diesem, sonst so guten Schriftsteller sehr auffällt.

15) Jagdhoheit wird in diesem, schon dem Wortverstande nach gewiß richtigen Sinn bereits von Mehreren gebraucht, u. A. von Mittermaier Grundsätze des gemeinen deutschen Privatrechts. §. 272. J. J. Klüber Oeffentliches Recht des teutschen Bundes und der Bundesstaaten. 2. Aufl. Frankf. 1822. §. 367. 3. Aufl. Frankf. 1831. §. 453. Schenk a. a. O. S. 131. führt diese Benennung nur beiläufig an; wenn dagegen E. M. Schilling Lehrbuch des gemeinen, in Deutschland giltigen Forst- und Jagd-Rechts. Dresden 1822. 8. S. 58. die Jagdhoheit „dasjenige Hoheitsrecht, sich aller in keinem Privateigenthum befindlichen Jagden anzumaßen und selbige sowohl, als die Jagdgerechtigkeit der Privateigenthümer zu leiten" nennt, so kann man hierbei nur eine, als gemeines Recht unstatthafte Ausdehnung des fiscalischen Interesses und falsche Ansicht von einem gemeingültigen Jagdregale erkennen. Der Name Wildbann ist in diesem Sinne gar nicht zu gebrauchen, s. vorhergehende Note; denn wegen der vielfachen und oft falschen Bedeutungen, die man ihm beilegt, und des verschiedenen Sinnes, den er schon in der ältern Zeit hatte, läßt ein bestimmter, fester Begriff damit sich nicht gut verbinden; daher ihn z. B. Mittermaier a. a. O., auch nur in dem alten Sinne aufführt.

16) S. deshalb bei Eichhorn a. a. O. §. 548. v. Ickstatt a. a. O. Th. 2. Cap. I. §. 8 — 10. und die übrigen, schon genannten ältern Juristen.

17) Eine solche Regalitätserklärung läßt sich nur bei wenigen Gegenständen rechtfertigen, und ist nach den Grundsätzen des Nothrechts, dominium eminens, zu betrachten; daher sie auch nur im Falle einer wirklichen Nothwendigkeit, nicht aber wegen blosen staatswirthschaftlichen Vortheils, Bequemlichkeit, Privatinteresse des Fürsten u. s. w. eintreten kann, Klüber a. a. O. 2. Aufl. §. 456 und 457. 3. Aufl. §. 551 und 552., daß nach diesen, dem allgemeinen Staatsrechte und einer gesunden Politik angemessenen Grundsätzen die Jagd auf keinen Fall unter die so zu regalisirenden Gegenstände gehört, leuchtet ein; ältere Rechtsgelehrte hatten hierüber freilich oft ganz abweichende Ansichten, und am mehrsten ausgedehnt findet sich dieses Recht bei J. E. Philipp Diss. de jure eminentis dominii, quod majestati competit. Hal. 1727. 4., wo es definirt wird, als: illa potestas, quae Majestati competit circa promovendam felicitatem et comparandam securitatem, worin der Verf. den Staatszweck findet und so alle nur möglicher Weise den Fürsten zukommende Rechte mit hierzu rechnet; weil nun es möglich ist, daß durch die Jagd irgend ein Nachtheil mittelbar dem Staatsverbande erwächst, so wird auch sie §. 23. jenem Rechte subsumirt und zu den Regalien gerechnet. Der er-

16 *

bärmliche Geist dieser Schrift ergiebt sich am besten aus dem §. 25., wo es heißt: „Si principi domus aliqua, hortus, pratum, ager placeret, Majestas non solum vi dominii eminentis gaudet jure protimiseos, id est, ut potior sit emtor, si idem offerat pretium, sed et aequissimum est, Principis desiderio simpliciter locum dare, et si pretium justum, aut aliquod aequivalens offeratur, illud accipere.“

18) *Reinhard* De jure forestali Germ. Sect. II. §. 4 seq. Leist Teutsches Staatsrecht. S. 602. Klüber a. a. O. 2. Aufl. § 567. 3. Aufl. §. 453. Jargow a. a. O. Lib. II. Cap. V. §. 18. S. 520. Eichhorn Einleitung. §. 285. Mittermaier a. a. O. §. 272. Westphal Teutsches Privatrecht. 2. Thl. Nr. 56. S. 227. Hagemann Landwirthschaftsrecht. S. 369. §. 205. Pietsch Forst- und Jagdrecht. §. 103. S. 136.

19) Vorschriften dieser Art, welche eine Erhaltung des Wildes bezwecken, finden sich in sehr vielen Landes-, oder auch Forstordnungen und einzelnen Mandaten des 16. und der ersten Hälfte des 17. Jahrhunderts. Eine geschlossene Zeit wird festgesetzt in Mecklenburg 1562, *Fritsch* Corp. jur. ven. for. P. III. p. 196.; in Anhalt 1572, *Fritsch* l. c. p. 198.; in Sachsen durch Mandate von 1573, die dann öfters, namentlich 1575, 1603 und 1604, wiederholt wurden, wobei eine Strafe von 100 Scheffel Hafer auf den Uebertretungsfall gesetzt war, Cod. Aug. P. II. p. 515 seq.; in der hohenlohischen erneuerten Forstordnung von 1579, tit. 4., *Fritsch* l. c. p. 235.; in Oestreich, in Beziehung auf die niedere Jagd, 1581, ibid. p. 71.; in Schwarzburg-Sondershausen 1583, was in der Forstordnung von 1673 unter der Bestimmung erneuert wurde, daß bei einer Uebertretung der Jagdberechtigte auf 5 Jahre in seinem Rechte suspendirt werden sollte, *Fritsch* l. c. p. 207.; in einer oberlausitzer Landesordnung von 1597, ibid. p. 15.; in der churpfälzischen Landesordnung von 1598, tit 18., besonders und, wie es scheint, officiell gedruckt zu Amberg 1599. Fol., unter dem Titel: Churfürstlicher Pfalz Fürstenthums im Obern Bayern Landesordnung. S. 245 folg.; in Henneberg 1615, *Fritsch* l. c. p. 57.; in Schwarzburg-Rudolstadt 1626, ibid. p. 203.; in Braunschweig und den reußischen Besitzungen 1638, ibid. p. 140 et 281.; in Sachsen-Gotha 1642 und 1644, ibid. p. 33. 34.; in Sachsen-Weimar von 1646 und in Sachsen-Halle (Administrator August von Magdeburg) von 1649, ibid. p. 20 und 65. — Eine ebenfalls oft vorkommende Verordnung ist die, daß bei mehr oder weniger Strafe keine Hunde in den Wäldern und Jagddistricten ohne angehangene Knüttel, die sie am Jagen verhindern, herumlaufen sollen, und in der Setzzeit nichts in den Wäldern, was das Wild verscheuchen und stören könne, vorgenommen werde, welche Bestimmungen für Baiern schon in der Landesordnung von 1516, das Buch der gemeinen Landpot, Landsordnung u. s. w. München 1520. Fol. p. 41 seq.; für den Breisgau 1557, Behlen und Laurop Forst- und Jagdgesetzgebung des Großherzogthums Baden. S. 494.; dann für Sachsen in der Forstordnung von 1560, Cod. Aug. P. II. p. 496., wiederholt 1575 und 1588, so wie später noch öfters, ibid. p. 520 und 532., gegeben sind; eben so finden sie sich in Braunschweig durch Gesetze von 1564, 1567, Möser a. a. O. S. 96., 1591 und 1638, *Fritsch* l. c. p. 140.; in vielen badischen Gesetzen und Ordnungen von 1566 bis 1592, Behlen und Laurop a. a. O. S. 87 und 864.; in Anhalt 1572, *Fritsch* l. c. p. 198.; in der hohenlohischen Wildbahn-, Forst- und Holzordnung von 1579, tit. 12., ibid. p. 241.; in Altenburg 1587 und 1619, ibid. p. 16.; in der Pfalz von 1598, Behlen und Laurop a. a. O. S. 246.; in Henneberg 1615, *Fritsch* l. c. p. 57.;

in Hessen 1624, ibid. p. 190.; in Schwarzburg=Rudolstadt, ibid. p. 203.; im Reußischen 1638, ibid. p. 281.; in der stollbergischen Forstordnung von 1642, ibid. p. 213., und sodann in Sachsen=Gotha 1644, ibid. p. 36., und in Sachsen=Weimar 1646, ibid. p. 33., ausgesprochen. — Anordnungen gegen Wilddiebe, in Verbindung mit mehrfachen Polizeivorschriften, wie z. B. das Verbot vom Gewehrtragen für alle Die, welche keine Jagdberechtigungen haben, was in der Rheinpfalz 1595 sogar auf den Besitz gezogener oder ungezogener Gewehre erstreckt wurde, Behlen und Laurop a. a. O. S. 365., s. auch angef. Landesordnung von 1598. S. 246. finden sich in allen den genannten Ordnungen und Gesetzen, zu denen noch eine Reihe würtembergischer Landtagsabschiede, Mandate und Ordnungen von 1517 an, wo Herzog Ulrich sogar den Verlust beider Augen auf das unbefugte Tragen von Gewehren setzte, Schmidlin Würtembergische Forst=Gesetzgebung. Th. 1. S. 233—243.; dann die Policey=Ordnung der Stend im Elsaß von 1552, gedruckt zu Straßburg 1552. Fol., und die Polizey=Ordnung für Jülich, Cleve und Berg von 1558, Cöln. Fol. p. 52., sowie auch mehrere sächsische Gesetze von 1579 und den folgenden Jahren, Cod. Aug. P. II. p. 524 seq., denen es auch nicht an Strenge fehlt und von denen einige Bestimmungen schon in dem Ausschreiben Churfürst Augusts von 1555, Cod. Aug. T. I. p 57 und 60., sich finden, hinzuzurechnen sind. Niederschießen der Wilddiebe wurde in der hohenlohischen und stollbergischen angeführten Forstordnung, in ersterer jedoch nicht ohne Noth, aus landesväterlicher Milde beliebt. — Unwaidmännische Jagdarten, durch die der Wildstand zu sehr vermindert wurde, wie Selbstschüsse, Schlingen, Fallen und dergl., wurden an vielen Orten untersagt, wie in der Reißgejägdordnung in Oestreich ob der Ens von 1581, *Fritsch* l. c. p. 71., und dann in Sachsen=Altenburg 1587 und 1619, was 1653 wiederholt wurde, *Fritsch* l. c. p. 16.; in Schwarzburg=Rudolstadt 1626, ibid. p. 203.; in Sachsen=Weimar 1646, ibid. p. 33.; im Gothaischen wurde 1642 diesen Anordnungen aus derselben Ursache noch hinzugefügt, daß ohne besondere Concession keine Verpachtungen der Jagd vorgenommen werden sollen, ibid. p. 54., und eine baierische, ibid. p. 73 seq., ohne Angabe des Jahres abgedruckte ältere Jagd= und Forstordnung schreibt dem Adel noch besonders vor, sich ordentliche Jäger zu halten. In Hessen war auch den Unterthanen, um nicht so das Wild auf ihre Jagden zu ziehen, das Anlegen von Salzlecken in einer Jagd= und Forstordnung von 1626, ibid. p. 191 seq., untersagt. — Ueber die Vorschriften zur Erhaltung der Wälder aus Rücksicht auf die Jagd s. §. 33. a. E. Note 57—68. — Schonung der fürstlichen Jagden und Unterlassung von Allem, was diesen Nachtheil bringen kann, sowie deren Sicherung gegen jeden Eingriff findet sich ferner in allen solchen Gesetzen ausgesprochen, und ist wol auch, wenn man die Jagdliebe der deutschen Fürsten jener Zeit bedenkt, ein hauptsächlicher Grund dieser ganzen Gesetzgebung gewesen.

20) Schon in der tyroler Landeseinigung von 1511, Moser a. a. O. S. 79. wurden nur kleine Hunde zum Verscheuchen des Wildes von den Aeckern gestattet, was auch würtembergische Landtagsordnungen und Gesetze von 1551, 1583 und 1614, Moser a. a. O. S. 119., Schmidlin a. a. O. Th. 1. S. 226., und eine sächsische Resolution der Landesgebrechen von 1612, Moser a. a. O. S. 84., enthält, wogegen aber die hessische Forstordnung von 1624, *Fritsch* l. c. p. 191., den Gebrauch von Hunden, Rauch oder des Hornblasens bei Verscheuchung des Wildes untersagt und der hannoversche Landtagsabschied von 1639 dieses nur „mit guter Bescheidenheit" verstattet, Moser a. a. O. S. 92. Bei dem Gebrauche

der Zäune, um das Wild von den Feldern abzuhalten, war es ferner eine sehr gewöhnliche Vorschrift, daß diese nicht spitzige Pfähle haben sollten, damit das Wild bei dem Ueberfallen sich nicht beschädige, wie dies unter andern die hohenlohische Forstordnung von 1579, *Fritsch* l. c. p. 241., eine braunschweigische von 1591, ibid. p. 185., badische Gesetze von 1583 und 1574, Behlen und Laurop a. a. O. S. 79 und 185., eine rheinpfälzische Forstordnung von 1595, ebendas. S. 356., mehrere würtembergische Anordnungen von 1583 und folg., Schmidlin a. a. O. S. 226., die hessische Forstordnung von 1624, *Fritsch* l. c. p. 191., u. a. m. enthalten.

21) Versprechungen von Seiten der Fürsten, nicht zu viel Wild zu hegen, sondern immer so viel, daß der Schade nicht zu drückend werde, schießen zu lassen, finden sich mehr in Landtagsschriften, als in Forst= und Jagdgesetzen, namentlich in den, in der vorhergehenden Note genannten tyroler, sächsischen und hannöverschen Urkunden, sowie dergleichen auch auf würtembergischen Landtagen 1514, 1551 und 1565, Schmidlin a. a. O. Th. 1. S. 221., vorkommen. In jener sächsischen Resolution der Landesgebrechen wird ebenfalls Entschädigung für erlittene Wildschäden, welche die sächsische Landesordnung von 1555 ebenfalls enthält, Cod. Aug. T. I. p. 62., zugesichert, wovon das älteste Beispiel aber wol das Testament von Churfürst Moritz ist, der Denen, die durch den Wildstand gelitten, 2000 Thlr. legirte. Beust a. a. O. S. 365. Einzelne Forstordnungen enthalten aber ebenfalls, wiewol nicht häufig, solche Anordnungen zur Begründung eines nicht zu großen Wildstandes, wie namentlich die von *Fritsch* l. c. p. 73. angeführte baierische, und ganz besonders die hessische der Landgräfin Hedwig Sophia von 1665, ibid. p. 193., welche überhaupt sehr milde und menschliche Bestimmungen hat.

22) Bestimmungen über Jagdfolge, sogar oft in Beziehung auf Privatberechtigte unter einander, wie in der Sachsen=magdeburgischen Jagdgesetzgebung von 1649 bei *Fritsch* l. c. p. 65., über Leistung von Jagdfrohnen von den Unterthanen, über Schonung der eignen Jagden und Ausschließung der Unterthanen, oft auch über die Jagdverhältnisse der Unterthanen auf eignem Grund und Boden, und namentlich die sich oft findende Anordnung, daß lezterer nicht überschritten werde und dergl. mehr, was zu dem Gebiete des bürgerlichen Rechts gehört, findet sich in fast allen den genannten Jagdordnungen.

23) Die Bestrafung der Wilddiebe gehört besonders zu den hierbei vorkommenden Gegenständen des peinlichen Rechts, die theils in jenen Jagdordnungen mit abgehandelt sind, theils auch zu einer Reihe besonderer Mandate Veranlassung gaben, wie z. B. in Sachsen von 1579, 1582, 1584, wornach „die Wildprethsbeschädiger mit dem Galgen, und da sie auch dabei freveln und rauben, als Straßen=Räuber bestraffet werden sollen", obwol früher die sonderliche Constitution von Churfürst August nur auf den Tod den Fall gesetzt hatte, wenn ein Wilddieb sich widersetzt und einen Beamten so getödtet hatte, 1587, 1599, 1605, 1605, Cod. Aug. T. II. p. 519 seq.; dann in Würtemberg von 1530 an, s. Schmidlin a. a. O. Th. 1. S. 257 und oben Note 19., und so auch in Braunschweig von 1598 und den folgenden Jahren bei *Fritsch* l. c. p. 137. Die Todesstrafe wurde in dieser Periode nicht selten wegen Wilddiebereien verhangen, sowie dies überhaupt der Punkt war, der zu so vielen Grausamkeiten Veranlassung gab. Ein altes leipziger Schöppenurtheil, in dem auf Todesstrafe wegen Wilddieberei erkannt wurde, befindet sich am Ende der Zobelschen Ausgabe des Sachsenspiegels von 1582 angehängten Schöppenurtheil. Fol. 528.

24) Vorschriften für die Verwaltung der eignen Forste und Jagden, deren Schutz und sorgsame Benutzung, waren, wie man auf den ersten Blick auf jene verschiedenen Ordnungen einsieht, der hauptsächlichste Grund dieser ganzen Gesetzgebung, bei der dann nach und nach auch jene andere Gegenstände mit beachtet wurden. Betrachtet man diese Gesetze in ihrer chronologischen Ordnung etwas genauer, so findet man auch sogleich, daß die ältesten Forst = und Jagdordnungen fast ausschließende Verwaltungsvorschriften für die herrschaftlichen Besitzungen enthalten, und daß erst die spätern bei der, mit dem Fortgange der Zeit auch weiter erfolgten Entwickelung der Territorialgesetzgebung auch erst nach und nach den Charakter von Landesgesetzen annahmen.

25) So findet sich die alte strengere Ansicht vom Landeseigenthume noch bei Ickstatt, der a. a. O. Th. 2. Cap. II. §. 20. das, was er Wildbannsgerechtigkeit nennt, in seinem ganzen weiten Umfange, aus dem Landeseigenthume ableitet, welche Ansicht jedoch in dieser Ausdehnung schon von *Biener* De domin. in territor. Germ. nicht mehr angenommen wird, ob dieser gleich aus jenem Eigenthume selbst Vielerlei ableitet.

26) So ist alles Das, was Stisser (f. Note 7.) als Theile der forstlichen Obrigkeit anführt, in allen seinen Einzelheiten auch in irgend einem Forst = und Jagdgesetze erwähnt, obwol dies gewiß keineswegs deßhalb eine so große Ausdehnung des Begriffs dieser Gerechtsame rechtfertigen kann; man denke z. B. nur an die Note 7. sub 49, 50 und 73 aufgeführten Rechte.

27) In dem Bisthume Speier finden sich mehrere Ordnungen für einzelne Forste von 1439, 1442, 1447, 1482, 1493 und 1528, die Behlen und Laurop a. a. O. S. 372., ohne etwas Näheres darüber zu sagen, anführen; wahrscheinlich dürften dies aber weniger allgemeine Gesetze als Forstordnungen im ältern Sinne sein. Auch nur für einen besondern Forst, die Hardt (f. §. 32. Note 5.), wurde eine baden = badische Forstordnung 1483 gegeben, der 1576, 1577, 1579, 1586 andere allgemeine Forst = und Jagdordnungen, und 1587 wieder eine blos für die obere Markgrafschaft folgten. Behlen und Laurop a. a. O. S. 40 folg. Auf Veranlassung der Landstände erschien in Würtemberg zwischen 1514 und 1519 die erste Forstordnung, die 1540, 1552, 1567 und 1614 eine Wiederholung und Umarbeitung fand. Schmidlin a. a. O. S. 32 folg. Markgraf Friedrich von Brandenburg = Onolzbach gab 1531 für das Fürstenthum unterhalb Gebirgs und dann Markgraf Georg Friedrich für das auf dem Gebirge eine Forstordnung. *Fritsch* l. c. (Ed. II.) p. 35. Für die vorderöstreichischen Lande, den Breisgau, wurde 1557 eine Forstordnung und dann in demselben Jahre auch eine Jagdordnung gegeben, und 1656 eine allgemeine Waldordnung erlassen. Behlen und Laurop a. a. O. S. 456 folg. Churfürst August von Sachsen promulgirte 1560 eine Forstordnung, ursprünglich nur für die Aemter Schwarzenberg und Crottendorf, C. A. T. II. p. 487., welche, wie die in demselben Jahre erlassene Forstordnung für das Amt Lauterstein, C. W. Hering Geschichte des Sächsischen Hochlandes. Leipzig 1828. Th. 3. S. 44., und für die von 1585 für die Grafschaft Mannsfeld, Stisser a. a. O. Anhang S. 109., nur particulärer Natur ist; die ersten beiden enthalten über die Jagd mannigfache Bestimmungen. In Baden = Durlach wurden derartige Gesetze nur für die einzelnen Landestheile, so 1574 für die Landgrafschaft Sausenberg, 1614 für die Markgrafschaft Hochberg und in demselben Jahre auch für die obere Markgrafschaft Baden, Behlen und Laurop a. a. O. S. 94., gegeben. Für Hohenlohe erschien 1579 eine Wildbahn =, Forst = und Holzordnung, *Fritsch* l. c. P. III. p. 229.; für Oestreich ob der Ens 1581

eine Reißgejagd = (niedere Jagd=) Ordnung, ibid. p. 70.; für Braunschweig 1591 eine Forst= und Holzordnung, ibid. p. 129., und für die Churpfalz 1595 eine Forst= und Jagdordnung, Behlen und Laurop a. a. O. S. 286., an welche Ordnungen des 16. Jahrhunderts sich wol auch eine baierische, die *Fritsch* l. c. p. 73. ohne Angabe des Jahres ihrer Promulgation mittheilt, anschließt. Außer den hier schon beiläufig genannten Gesetzen dieser Art des 17. Jahrhunderts sind mir aus der ersten Hälfte desselben noch folgende bekannt geworden: Henneberger Holz=, Wald= und Forstordnung v. 1615, *Fritsch* l. c. p. 56. Churbrandenburgische v. 1622, *Fritsch* l. c. (Ed. II.) p. 496. Hessische F. und J. O. v. 1624, ibid. p. 191. Schwarzburg = rudolstädtische F. und J. O. v. 1626, ibid. p. 199. Reuß = plauische W. O. v. 1638, ibid. p. 274. Stollbergische F. O. v. 1642, ibid. p. 211. Sachsen = gothaische F. O. v. 1644, ibid. p. 35. Sachsen = eisenachische, ibid. (Ed. II.) p. 273. (welche in der hier sonst allegirten ersten Ausgabe fehlt.) Sachsen = weimarische F. W. und J. O. von 1646, ibid. (Ed. I.) p. 19., und eine Sachsen = altenburgische Jagd = und Waidwerksordnung v. 1655, ibid. p. 16.

28) Einzelne Gesetze, besonders wegen Wildbieberei, wurden in Würtemberg 1517, 1535, 1543, 1551, 1554, 1565, 1585 und 1588, oft auf Veranlassung der Landstände, erlassen, Schmidlin a. a. O. S. 234 folg.; in der Churpfalz erschienen 1557, 1593, 1600 und 1605 mehrere, auf die Forstwirthschaft sich beziehende Gesetze, Behlen und Laurop a. a. O. S. 285 folg.; sehr reich ist hier die braunschweigische Gesetzgebung, indem wir in dieser über die Jagd überhaupt und deren Schutz, besonders gegen das Hetzen der Hunde und Wildbieberei, und über Ablieferung von gefundenem Wilde eine Menge Bestimmungen aus den Jahren 1559, 1564 und folg., 1581, 1598, 1638, 1640, 1643 und 1645, Moser a. a. O. S. 96 und folg. und *Fritsch* l. c. P. III. p. 136 seq., finden. In Baden = Baden und Baden = Durlach wurden ebenfalls 1566 solche Gesetze promulgirt, Behlen und Laurop a. a. O. S. 41 und 94. In Sachsen wurden von Churfürst August an eine große Anzahl von einzelnen Gesetzen (32) über verschiedene Gegenstände der Verwaltung sowol, als auch aus dem Gebiete der Polizei und des bürgerlichen und peinlichen Rechts, in Beziehung auf das Forst = und Jagdwesen, von 1573 — 1650 erlassen. Cod. Aug. T. II. p. 515 — 615. Eben so finden sich von den Herzogen der Ernestinischen Linien solche Gesetze, wie von Gotha 1642, 1653, *Fritsch* l. c. p. 51 seq., Weimar 1646, ibid. p. 33., und von der Albertinischen Nebenlinie zu Halle (später Weißenfels) v. 1649 und 1659, ibid. p. 67 seq.

29) Diese Landesordnungen sind fast immer unter Beirath, oder wenigstens auf Veranlassung der Landstände erlassen worden, und es finden sich denn überhaupt in vielen Landtagsabschieden und andern landständischen Schriften häufig Stellen, die auf unsern Gegenstand sich mit beziehen. In Sachsen enthalten so die Landesordnung von 1482 und mehrere Ausschreiben und Erörterungen der Landesgebrechen von 1543, 1555, 1603, 1609, 1612 und 1661, Cod. Aug. T. I. p. 12. 25. 43 und 167. (s. auch Moser a. a. O. S. 82 folg.), alsdann in Würtemberg die Landesordnungen und Landtagsabschiede von 1495, 1514, 1535, 1551 und folg., 1556, 1565 und 1567, Schmidlin a. a. O. S. 31 folg. und 236 folg., mehrfache, hierher gehörige Bestimmungen, die sich auch in den Beschwerden der baierischen Stände v. 1499, *Scheid* Bibl. hist. Goett. p. 287., und der baierischen Landesfreiheit von 1516, Moser a. a. O. S. 80., in der tyrolischen Landeseinigung von 1511, Moser a. a. O. S. 79., sowie in der elsaßer Polizeiordnung von 1552 und der jülich=, cleve= und bergi=

schen von 1558, beßte besonders in jenen Jahren gedruckt, und auch in mehreren steyermärkischen Landtagsverhandlungen von 1567 und folg., Landhandveste des Herzogthums Steyer. Fol. 1583, finden. Auch in Landtagsschriften mehrerer brandenburgischen Landestheile von 1527, 1602 und 1653, und einem cleve- und märkischen Landtagsabschiede und halberstädtischen Homagialreceß von 1650, Moser a. a. O. S. 86 und folg.; alsdann in der oberlausitzer Landesordnung von 1551 und 1597, Cod. Aug. III. p. 81 und 119.; in der anhaltischen Landesordnung von 1572, *Fritsch* l. c. p. 198.; in Mecklenburg in den Polizeiordnungen von 1562 und 1572 und den Landtagsreversalen von 1621, *v. Kamptz Handbuch des Mecklenburgischen Civilrechts.* S. 145., *Fritsch* l. c. p. 197., Moser a. a. O. S. 107.; in einer herz. sächs. Polizei- und Landesordnung von 1589, Moser a. a. O. S. 118.; in der churpfälzischen Landesordnung von 1597, Tit. 17 und 18., und in den ostfriesländischen Concordaten von 1599, Moser a. a. O. S. 115., sind hier in Betracht kommende Bestimmungen befindlich. Die churbraunschweigischen Landtagsabschiede von 1601 und 1639, sowie die daselbst 1672 erlassene Amtsordnung, Moser a. a. O. S. 91 folg.; die pfalz-neuburgischen Landesfreiheiten von 1607, ebendaselbst S. 89.; die hessischen Landesordnungen von 1613 und 1665, *Fritsch* l. c. p. 193 und 196., und die sächsisch-hallische Landesordnung von 1649, ibid. p. 64., sind ebenfalls noch hierher zu rechnen.

§. 37. Entstehung des Jagdregals. 1. Uebersicht.

Wenn auch jetzt in den mehrsten deutschen Staaten die Jagd als ein niederes Regal angesehen wird und gesetzlich als solches anerkannt ist [1]), so ist diese Regalität doch keineswegs in dem ältern Zustande der gesellschaftlichen Verhältnisse in Deutschland, die wir in den vorigen Abtheilungen betrachtet [2]), begründet. Eben so wenig aber, als aus der ältern und mittlern Geschichte, läßt sich für diese Erscheinung ein genügender Grund auf philosophischem Wege ermitteln; denn Alles, was zur Vertheidigung eines allgemeinen Jagdregals aus Rücksichten auf das öffentliche Wohl und den Staatszweck und aus dem allgemeinen Staatsrechte dann und wann entlehnt wurde, wovon wir weiter unten sprechen werden, kann höchstens zur Vertheidigung eines schon bestehenden, nicht aber zur Begründung eines solchen Regals, für das es durchaus keinen rationellen Grund giebt [3]), dienen, indem alle die Zwecke, die man auf diese Weise zu erreichen vorgiebt, durch blose polizeiliche Maßregeln viel sicherer zu erlangen sind [4]).

Aus dem Mangel eines ältern geschichtlichen Grundes für dieses Regal, der dessen Entstehung nothwendig hätte nach sich ziehen müssen, ergiebt sich zugleich, daß diese Entstehung selbst nicht eher erfolgen konnte, als bis durch die Ausbildung der Landeshoheit jener veränderte öffentliche Zustand Deutschlands herbeigeführt war, der am Ende des 15. Jahrhunderts begann und durch die großen Ereignisse des 16. vollendet wurde, und durch den' eine große Anzahl einzelner, in Beziehung auf die innern Angelegenheiten wenigstens ziemlich unabhängiger Territorien entstanden [5]). Somit konnte denn auch keine gemeinsame, für ganz Deutschland gleiche Entstehung und Ausbildung dieses Regals vorhanden sein, sondern dieses mußte in den einzelnen Territorien gesondert stattfinden. Trotz dieser particularrechtlichen Natur findet sich aber dennoch in den mehrsten Ländern bei dieser Ausbildung ein ziemlich gleicher Entwickelungsgang, was seinen Grund theils in der nicht zu verkennenden Vorbereitung derselben durch die ältern Verhältnisse, theils in der Gleichförmigkeit der herrschenden Ideen zur Zeit der vollendeten Ausbildung der Landeshoheit hat.

Zu den ältern, hier als vorbereitend erscheinenden Verhältnissen gehören besonders die Bannforste, die sich mit vielleicht nur äußerst geringen Ausnahmen in allen deutschen Ländern vorfanden und deren Ausdehnung über die alten Grenzen um so leichter die Regalität begründen konnte, als sie selbst schon in den frühern Zeiten nicht mit Unrecht zu den Regalien im ältern Sinne zu zählen waren [6]). Herrschende Ideen jener Zeiten, die hier besonders in Betracht kommen und fördernd einwirkten, gab es mehrere, von denen die des Landeigenthums, des öffentlichen Wohls mit der großen Ausdehnung, die man diesem anfänglich gab, der Anwendung der Lehre von herrenlosen Sachen auf die Jagd, unter besonderm Einfluß der fremden Rechte, und endlich die Annahme des Satzes, der erst bewiesen werden sollte, nämlich des Jagdregals selbst, als schon bewiesen, die vorzüglichsten sind. Aus ältern Verhältnissen mit herrschenden Ideen in Verbindung, und so in der Mitte zwischen beiden stehend, ist die Landeshoheit mit ihren nächsten Folgen auf die Ausbildung der innern Landesverhältnisse ebenfalls eine Ursache der Entstehung des Jagdregals, welche besonders in dem Einfluß, den die Forsthoheit und der ziemlich unbestimmte Begriff von Wildbann hierauf geäußert, bemerkbar ist. Bei allen diesen verschiedenen Ursachen läßt ein gemeinschaftlicher Grund derselben sich in dem Ansehen der Rechtsgelehrten jener Zeit und ihrem großen Einfluß auf die Gesetzgebung finden [7]), indem sie nicht nur, mit den ältern Verhältnissen damals so ziemlich unbekannt, die Bannforste als allgemeines Forst= und Jagdregal auf das ganze Land erstreckten [8]), sondern auch die Landeshoheit mit Erfolg weiter auszudehnen und vielfache Consequenzen aus ihm zu ziehen sich bemühten, und da alle jene, an und für sich keineswegs richtigen Ideen von ihnen allein ausgingen und durch die Gesetzgebung, Rechtssprüche und stetes Wiederholen in Schriften und Verträgen in das Leben eingeführt wurden. Ohne diese, der ältern Zeit unbekannten Lehren, ohne die dem 16. Jahrhundert eigenthümliche Verbindung deutscher Institute mit fremden Ideen, wobei man erstere nach letztern modelte, und so oftmals ganz und gar in Vergessenheit brachte, und ohne die Weisheit, die der Deutsche von Bologna holte — obwol nicht das römische Recht an und für sich, sondern nur in seiner oft verkehrten An= wendung auf die deutschen öffentlichen Verhältnisse und die ganze Richtung, die mit dem Studium desselben damals verbunden war, hier von Einfluß ist — ohne dieses hätte die Veränderung, welche das Jagdwesen in so vielen deutschen Ländern seit Aus= bildung der Landeshoheit erfahren, nicht stattfinden können, so daß also die Rechtsgelehrten als die eigentlichen Urheber dersel= ben anzusehen sind.

1) **Klüber** a. a. O. 2. Aufl. §. 367. 3. Aufl. §. 453. sagt darüber sehr treffend: „Die Regalität der Jagdgerechtigkeit, der Befugniß, jagdbar wilde Thiere aufzusuchen und sich anzueignen — obgleich nicht gegründet in dem allgemeinen Staatsrecht, nicht in der Natur der Jagd und des Grundeigenthums, nicht in dem ältesten, größtentheils auch nicht in dem mittlern teutschen Staatsrecht, wie in dem römischen — ist jetzt fast in allen teutschen Bundesstaaten ein geltender Grundsatz des positiven Staats= rechts.“

2) S. oben §. 10. 13 und 29.

3) **Weber** Lehnrecht. Th. L. S. 268.: „Die Jagd ist ihrer Natur nach noch kein Regal. Es läßt sich kein vernünftiger Grund angeben, warum man dem Regenten, der wichtigere Geschäfte hat, für den einzigen Jäger im ganzen Lande halten sollte.“ Aeltere Juristen, z. B. **Ziegler De jure majestatico.** L. II. c. XIV. 13. 20., wollen aber wegen der in der Jagd liegenden Vorbereitung und Abhärtung zum Kriege sie als Regal betrachten, und somit, wie Weber sagt, den Regenten als ein= zigen Jäger im Lande anerkannt wissen, ohne zu bedenken, daß dieser an und für sich sehr problematische Zweck auf den Domainen des Fürsten schon hinlänglich zu erlangen gewesen wäre.

4) Damit Bürger und Bauern, denen nach der historischen Entwicke= lung dieses ganzen Instituts schon vor Entstehung des Jagdregals noch überdies nur sehr selten die Jagd zustand, wegen der Jagd nicht ihr Ge= schäft vernachlässigten, keine Verwilderung derselben so stattfände, keine Gefahr durch Unvorsichtigkeit und dergl. dem Einzelnen drohe, die Jagd= thiere durch zu viele Berechtigte nicht ausgerottet würden, aus diesen und andern diesen ähnlichen und eben so unhaltbaren Gründen wurde die Rega= lität der Jagd, unter dem Scheine des öffentlichen Wohls, behauptet, obwol diese Gründe gegen die eigentlich Berechtigten, gegen welche eine solche Regalität ihre Wirkung besonders äußern konnten, nicht einmal den Schein der Anwendbarkeit haben konnten, da es ja ganz besonders der Adel war, der in der Ausübung dieses Rechtes sich befand, und man diesen bei der Aufstellung jener Gründe besonders ausnahm.

5) S. §. 30. und die daselbst angeführten Schriften.

6) S. §. 13.

7) Weber a. a. O. S. 278.

8) **Eichhorn** Einleitung. §. 284.

§. 38.   2. Einfluß der alten Bannforste auf die Entstehung des Jagdregals.

Der erste Schritt zur Beschränkung der Jagdfreiheit, in Beziehung auf gemeinschaftliche und selbst oft auch im Privateigenthume befindliche Grundstücke, wie solche in der ältesten Zeit vorhanden war, geschah durch die Begründung der Bannforste und deren nach und nach erfolgte Vermehrung, indem hierdurch die Könige, und später alle Große des Reichs, die Bannforstgerechtigkeit auf allen größern, nicht im Privateigenthume befindlichen Waldungen und durch Hülfe der Traditionen auch zum Theil auf den letztern erlangten; aus jenen Gerechtsamen bildete sich dann später ein vollkommenes Privateigenthum aus [1]). Hier war nun, indem die Bannforste unter die Regalien gehörten [2]), das erste Beispiel einer, wenn auch nur noch bedingten und eingeschränkten Regalität der Jagd gegeben, welches, sammt der fortdauernden Errichtung von Bannforsten das ganze Mittelalter hindurch, eine umfassendere Regalität allerdings vorbereiten mußte [3]), obschon irgend ein Schluß von den Bannforsten auf ein allgemeineres Jagdverbot, schon wegen der vielen, in Beziehung auf diese erlassenen speciellen Verbote, die ja sonst vollkommen unnöthig gewesen wären, durchaus unzulässig ist [4]).

Vorbereitend wirken die Bannforste auf ein späteres allgemeines Jagdregal auf doppelte Weise. Einmal dadurch, daß das an ihnen sich darstellende Beispiel die Idee eines schon begründeten allgemeinen Jagdregals mit hervorrufen half, welche Idee bei den Juristen des 16. Jahrhunderts zum Theil sich schon fand, und um so natürlicher war, als diese den damals sich nach und nach verlierenden Charakter der alten Bannforste zum größten Theil nicht kannten [5]). Die andere Weise der Vorbereitung des Jagdregals durch die Bannforste, bei der vielleicht die erstere schon von Einfluß war, besteht in einer immer weitern, die alten Grenzen überschreitenden materiellen Ausdehnung dieser Bannforste selbst, indem die, den Fürsten in diesen zustehenden Gerechtsame auch auf andere angrenzende Districte, dann und wann wol auch auf das ganze Land ausgedehnt wurden [6]). Versuchen wir, eine solche Ausdehnung in einigen Ländern nachzuweisen. Ueber Baiern sind mir in dieser Hinsicht mehrere Nachrichten vorgekommen. Unter Herzog Georg dem Reichen von Landshut beschwerte sich die Ritterschaft 1499 über den zu großen Wildstand, bei dem es den Bauern nicht einmal gestattet war, sich gegen das Wild zu schützen, sowie darüber, was besonders hierher gehört, daß die Forstbeamten den Adel von der hohen Jagd gegen alles Recht und alle Gewohnheit auszuschließen, und dagegen die niedere Jagd, ebenfalls zum großen Nachtheil des Adels, Verschlechterung der Jagd und Schaden des Landes, den Bauern zu gestatten sich anmaßten [7]). Daß diese Ausschließung von der hohen Jagd und die vermehrte Berechtigung zur niedern von den Beamten unternommen werden könnte, läßt schon einen Schluß auf die Ausdehnung jenes ursprünglich nur in den Bannforsten zustehenden Verbietungsrechtes auf andere Grundstücke zu; denn jenes kann sich schon um deswillen nicht auf Bannforste beziehen, weil in diesen der Regel nach kein Dritter irgend ein Jagdrecht auszuüben hatte, auch keine der vielen baierischen Urkunden, wie auch diese Beschwerden selbst, auf irgend eine Spur von einer dem Adel zustehenden Jagdbefugniß in den landesherrlichen Forsten hinweist; dieses aber, die ausgedehnte Berechtigung zur niedern Jagd, ist höchst wahrscheinlich außerhalb der Bannforste zu verstehen, und setzt gewiß schon eine, gegen das alte Recht, wo sich nirgends etwas findet, daß irgend ein Fürst Jemandem ein ihm nicht zustehendes Jagdbefugniß zum Nachtheil dritter Personen gestatten könnte, sehr ausgebreitete landesherrliche Befugniß voraus, weil ja auch sonst der Adel nicht sagen könnte, daß dieses zu seinem Nachtheile geschehen. Auf jene Beschwerden der Ritterschaft wurde in den spätern Erlassen Rücksicht genommen; denn in der Erklärung der Landesfreiheiten von 1516 wurde den Prälaten, Stiftern, Edelleuten und Bürgern von den Geschlechtern in den Städten, wo es von Alters hergebracht, wieder gestattet, Rehe, Schweine, Bären und das zur niedern Jagd gehörige Wild zu jagen und zu schießen, nur nicht in den Bannforsten, den Vorhölzern, den Auen der Wildfuhr (d. i. wol an den Orten, wo besonders ein bedeutender Wildstand gehegt wurde) und in der Nähe der Hofhaltung in den vier Hauptstädten, wogegen es scheint, als ob auch der Vogelfang in den Bannforsten gestattet worden wäre [8]). Ein besonderes Recht konnte durch diese und ähnliche Urkunden nicht ertheilt werden, sondern wie in so vielen sogenannten Privilegien dieser Zeiten, ist in ihnen wol nur eine Bestätigung früher schon erworbener Rechte vorhanden [9]), auf die sich hierselbst auch bezogen wird. Daher ist denn auch nicht anzunehmen, daß hier allen den genannten Personen ein neues Recht, etwa eine freie Pürsch, im ganzen Lande unter den angegebenen Ausnahmen zugesprochen worden wäre, sondern nur ihr altes Jagdrecht, also auf eigenthümlichem und gemeinschaftlichem Grund und Boden, ist ihnen so bestätigt worden. Doch zugleich bei dieser Bestätigung fand die Erwähnung einer, den frühern Zeiten unbekannte Ausbreitung der landesherrlichen Jagdgerechtsame statt; denn da alle Arten von jagdbaren Thieren hier einzeln genannt, darunter aber die

Hirsche nicht mit aufgeführt werden, so hatte deren Jagd der Herzog sich wol schon angemaßt, so daß die hohe Jagd vielleicht schon als Regal betrachtet und von den Landständen anerkannt wurde. Eben so war das allgemeine Jagdverbot, früher nur auf die Bannforste sich beziehend, auch auf deren Vorhölzern u. s. w., also auf Grundstücke, die recht gut im Privateigenthume von solchen als Jagdberechtigte anerkannten Personen sein konnten, mit erstreckt, was natürlich eine Schmälerung der frühern Rechte war, und an und für sich nichts weiter als eine Ausdehnung des alten Begriffs der Bannforste auf andere Grundstücke enthält. In der obern Pfalz war der Ritterschaft 1567 ihr Gesuch um niedere Jagd abgeschlagen worden [10]), die aber 1579, besonders denen von ihnen, die keine Jagden hatten, auf den landgerichtlichen Gründen unter ähnlichen Beschränkungen, wie in den Landesfreiheiten von 1516, gestattet wurde [11]). Diese Beschränkungen enthalten nun eben sowol eine solche Ausdehnung der bannforstlichen Rechte, wie auch die Erwähnung Derer von der Ritterschaft, die keine Jagden hatten, da doch nach der ganzen Gestaltung der Jagd in dem frühern Mittelalter solche die Jagd stets besaßen, auf eine schon erfolgte derartige Ausdehnung schließen lassen.

Im Brandenburgischen beschwerten sich auf dem chur-märkischen Landtage 1527 die Stände über Beeinträchtigung ihres Jagdrechts, indem die churfürstlichen Amtleute auf ihrem Grund und Boden jagten, was der Churfürst abzustellen und auch später noch in den Landtagsreversen und Abschieden von 1602 und 1653 die Stände bei ihren Gerechtsamen zu lassen und die seinigen nicht weiter auszudehnen versprach [12]), welches letztere Versprechen wol vermuthen läßt, daß mannigfache Ausdehnungen früher versucht worden.

Ganz deutlich erhellet diese Ausdehnung der Bannforste auch aus der Beschwerde der steyermärkischen Landschaft 1567, daß „ohn mehr orthen in der Landleut eigenthümblichen Gründen, Gehaiden, Auen, Gehölzern, auch sonst nahent im ganzen Land an mehr orten und in mehr weg" in neuester Zeit neue Gehege angelegt worden [12 b]).

In Verhandlungen auf den sächsischen Landtagen des 16. Jahrhunderts kommen ebenfalls einige hier einschlagende Beschwerden vor. Schon auf dem Landtage von 1547, unter Churfürst Moritz, wurde von der Ritterschaft, die hierbei auch über das Wildschießen „des gemeinen Mannes" sich beschwerte — was wol auf Wilddieberei zu beziehen, da von einer so ausgedehnten Jagderlaubniß in Sachsen keine einzige Spur vorhanden — und von den Städten über zu großen Wildstand, Verhinderung bei Verscheuchen des Wildes von den Feldern, und daraus hervorgehenden Schaden geklagt; eine Klage, die später noch öfters, wie auf den Landtagen von 1553, 1555, 1565, 1576, 1582 und 1588 vorgebracht und auf die gewöhnlich mit der wiederholten Zusicherung von Abstellung und Entschädigung geantwortet wurde. Weit näher mit unserm Gegenstand stehen aber die auf den Landtagen von 1547, 1553, 1576 und 1588 geschehenen Anträge der Stände, die gesetzten Gehegesäulen abzuschaffen [13]), in Verbindung; denn indem in den Aemtern und den unverkauften geistlichen Gütern, nach mehreren Verordnungen [14]), und wie auch auf den Landtagen von 1565 und 1588 unter den Beschwerden ausgeführt worden, dem benachbarten Adel, so weit keine Gehegesäulen gesetzt, die Jagd zugestanden, so wurden durch die Ausdehnung solcher Gehegesäulen, die jedenfalls eine Begrenzung ursprünglicher Bannforste bezeichnen sollten, diese selbst auch zum Nachtheil jenes Jagdrechts ausgedehnt und die den Aemtern unterworfenen Ländereien mit zu den Gehegen gezogen. Auf dem Landtage von 1565 wurde außerdem auch noch die Beschwerde erhoben, daß die churfürstlichen Jäger auf des Adels Jagddistricten sich der Jagd anmaßten. Jene Beschwerden, auf die theils Abstellung, theils nähere Untersuchung und Erörterung resolvirt wurden, haben den beabsichtigten Erfolg wol nicht immer gehabt; denn obwol solche Gehegesäulen nur noch selten zu treffen, und selbst noch später den Rittergütern auf den Fluren benachbarter Amtsdörfer eine Koppeljagd zugestanden wurde [14 b]), so steht diese doch häufig dem Fiscus auch mit zu, und eine große Ausdehnung der landesherrlichen Jagdbefugnisse und die Festsetzung der Regalität der Jagd ließ sich so nicht hindern.

Genau und sicher läßt eine derartige Erweiterung der landesherrlichen, auf die alten Bannforste sich beziehenden Befugnisse in den braunschweigischen Verordnungen sich zwar nicht nachweisen; doch scheint mir die 1581 erlassene Anordnung: daß denen von der Ritterschaft und andern Landständen außerhalb ihrer eignen Gerichte „auf ihrem Lehns-Erblichen oder Pfandsgrunde und Boden" keine hohe oder niedere Jagd zugestanden werden könne, wenn dergleichen Grundstücke unter herzoglicher Jurisdiction gelegen [15]), dennoch auf eine solche Ausdehnung zu fußen; denn nicht mehr der freie, oder nach rechtem Lehn verliehene Grundbesitz, wie dies nach dem ältern Rechte außerhalb der Bannforste der Fall war, sondern die Verleihung mit der Gerichtsbarkeit scheint hier als Grund der Jagdbefugniß angesehen worden zu sein. Fand dieser Grundsatz auch dann und wann seine Vertheidiger [16]), so kann dies doch nichts für seine historische Begründung oder allgemeine praktische Wirksamkeit beweisen, und seine Entstehung ist wol nur aus den Verhältnissen der Bannforste zu erklären, mit denen eine Gerichtsbarkeit in der Regel in Verbindung stand, und so mag er denn auch im vorliegenden Falle durch eine Anwendung der ältern Grundsätze über die Bannforste auf die Jagd im Allgemeinen entstanden sein. Auch die durch ein Edict von 1643 auf jede Verletzung einer landesherrlichen Jagd gesetzte Strafe von 100 Goldgülden [17]) ließ sich wol als eine Erweiterung der früher nur auf die Bannforste sich beziehenden Befugniß einer Strafbestimmung gegen deren Verletzung erklären, wenn dergleichen Strafpräcepte nicht überhaupt in allen Territorien vorkämen, und auf die neu entstandene gesetzgebende Gewalt mehr, als auf die Erinnerung an die Bannforste sich gründeten, obwol nicht zu verkennen ist, daß durch eine eigenmächtige Ausübung jener Gewalt, wie sie doch in vielen Ländern sich fand, ein dem alten Institute der Bannforste ähnliches Verhältniß, in Beziehung auf alle landesherrlichen Jagden und Waldungen, eingeführt werden konnte [18]).

Unter diesen, in Deutschland so allgemeinen Erweiterungen der bannforstlichen Rechte mußte auch die Reichsritterschaft leiden, und in den Jahren 1561 und 1578 klagte sie in Beschwerdeschriften bei dem kaiserlichen Hof über die Erweiterung der Forste, wodurch ihr und ihren Hinterfassen großer Schade erwachse, und daß ihr, gegen die alten Rechte, in neuerer Zeit die Jagd auf eigenthümlichem Grund und Boden verwehrt werde [19]), auf welche Klagen dann unter andern 1601 die kaiserliche Entscheidung erfolgte, daß die Ritterschaft in diesen ihren Rechten nicht gekränkt und namentlich keine neuen Forste angelegt werden sollten [20]).

Konnten diese, aus einigen deutschen Ländern nur nachgewiesene, doch wol in den mehrsten sich findende Ausdehnungen der Forste auch nicht allein für sich ein allgemeines Jagdregal einführen, so bereiteten sie dieses doch vor und gaben, in Verbindung mit den andern Ursachen, den Grund desselben ab.

---

1) Ausführlich ist dieses im 1. Abschn. der 2. Abth. entwickelt, wo besonders §. 14. 16. und dann auch zum Theil §. 24. des 2. Abschn. zu vergleichen ist.

2) S. oben §. 15. Nur darf man hierbei nicht an die Bedeutung denken, die wir jetzt den Regalien beilegen. S. auch §. 34.

3) Anton Geschichte der deutschen Landwirthschaft. Th. 2. S. 81 und 346.

4) Weber Lehnrecht. Th. 2. S. 269.

5) So war, wie wir weiter unten sehen werden, bei Tengler und Meurer diese Idee schon da, und wie wenig Letzterer das Wesen der Bannforste kannte, ergiebt sich aus der §. 31. Note 11. angeführten Stelle. Nothwendig mußte die gänzliche Veränderung des öffentlichen Zustandes in Deutschland auch eine Veränderung der Natur der Bannforste mit her-

vorbringen, und bei der sich ausbildenden Idee des Landesfürsten diese, die früher immer mehr als ein Theil und Gegenstand des Eigenthums aufgeführt wurden, mit unter die Attribute der landesfürstlichen Gewalt gezählt werden, da alle Die, welche früher in den eigenthümlichen Besitz von Forsten gekommen waren, in der Regel die landesherrliche Gewalt selbst erlangt hatten. So werden denn auch „vörsten und wildpennen" in einer Urkunde von 1510, in der Maximilian I. Wilhelm, Herrn zu Rappoltstein, zum Landvogt im Elsaß und den übrigen vorderösterreichischen Landen ernennt und ihm alle „obrigkeiten, herrlichkeiten, gerechtigkeiten und gewaltsam" übergiebt, mit zu den „obrigkaiten und gerechtigkaiten, so unns als herren und landesfürsten von recht oder gewonhaiten — zugehören", gerechnet. *Schoepflin* Alsatia diplom. T. II. p. 447.

6) **Eichhorn** Rechtsgeschichte. §. 548. Einleitung. §. 284.

7) *Scheidt* Biblioth. histor. Goetting. T. I. p. 287. „De venatoribus et venatione Principum, qua pregravant inopes colonos. Quanta calamitate inopes coloni premuntur ob venationem. Non enim audent feras capere, franguntur quoque eis sepes et eis villatici canes vi aufferuntur, nec segetes suas possunt aut permittuntur tueri. Ut sese nutriri possint et ali, rustici segetes suas munire vetantur. Ita ne suarum quidem rerum, quas maximo labore sudore querunt, licet eis tutamen querere; ex qua re etiam solitudo et squalor arvorum et prediorum sequitur et villarum, et quod integrum tributum annuum villici suis dominis reddere non possint. Hac calamitate, qua inops colonus opprimitur, sine dubio Deus exsuperantissimus offenditur. Ob hoc videat Princeps peculiariter in hac re, ne iram Principis principum incurrat. Venatum praefecti, Venatores et sylvani (Forstmayster) conantur contra omne jus atque veterem consuetudinem Nobilitatem arcere a venatione magnarum ferarum et capreolorum. Preterea hi magistratus aliique committuntur hominibus novis et hospitibus, unde multum Nobilitas opprimi solet. Apud majores nostros Sali generosi et Bavari his magistratuum officiis preficebantur, eaque administrabant. Preterea venatorum illi prefecti indulgent colonis venationem leporum, volucrum et hujusmodi bestiolarum, quod non in mediocrem Nobilitatis fit contemptum; coloni venationem in tabernas vinarias deportant, atque ibidem vino commutant, vel etiam alibi vendunt. Quare ludus honestus Principibus et Nobilitate dignus illis surripitur. Illi venatores turdas, lepores et alias venabiles bestiolas hujusmodi in prima quadragesima capiunt, et saccos iis refertos ad civitates vehunt et distrahunt. Preterea quod in quadragesima capere possunt, sale condiunt, quod contra Nobilitatem et vitam atque honestatem est venatorum; non est fere rusticus, cui leporem prendere licitum non videatur noctu diuque; ita quoque res suas negligendo venationi incumbunt, quod non mediocre detrimentum fundorum et villarum. Item quidem rustici in messe capiunt perdrices, ita venationes diminuuntur, quod penitus nullum ludum honestum habere possint Nobiles. Hujusmodi venatorum prefecti conantur colonos Nobilium ad se citare ob feras quoque captas, et levi suspicione famulis venatorum deferentibus in carcerem conjicere, et ita detrimentum illis adjungere et sumtus inutiles; preterea eos quaestionibus subjiciunt, ut ex illis aut metu aut pena pecunias emungant. Preterea illi venatorum famuli a colonis colligunt et rogant frumentum, quod tamen eis prohibitum est." Ein Widerspruch scheint mir in diesem, in mehr als einer Beziehung sehr merkwürdigen Gravamen in sofern zu liegen, als hier erst darüber, daß den Bauern jedes Mittel, sich gegen Wildschaden zu schützen, entnommen

17

sei, und dann wieder über die ihnen oft verstattete niedere Jagd geklagt wird.

8) „Item Waidwerchs halben, haben wir bewilligt unn zugelassen, das nün füran, den Prelaten, Stifften, Edeleuten, Bürgern, in unsern Steten, von geschlechten, Als sonderlich, in vnsern vier haubtsteten, Münchn, Landshut, Ingelstat, Strabbing, vnn in andern steten, da sy es vorhere, aus sonder Freiheit oder sunst in gewondlichen gebrauch, vonn alter herbracht haben, Rehe, Schwein vnd Pern, zu fahen erlaubt sein sol, das jne auch vnser jägermaister, vorster, vnnd annder unser amptleut, gestatten sollen, doch an vnser panforsten vnd derselben vorhültzern, on mittel daran stossendt auch in den auen, der wildfüer, sollen sy sollich waidwerch meiden vnd vnderlassen. Vnd der vorholtzer halben, sol es nachfolgenden verstant haben, Wo zwischen der vorhölzer vnd panforst, sichtige und vnberschidliche, paufelder, vnd haywismader ligen vnnd nit anheng sindt, dieselben sollen für vorhöltzeren on mittl, an die panforst stossent nit gehalten werden. Auch die andern freyen hölzer un wälde, daran wir das gejäid von alter im gebrauch herbracht haben, damit nit begeben sein. Jne ist es auch vergünt vnd zugelassen, das sy Füchs, Hasen, hüner, wachtel vnd vogl fahen und schießen mögen, ausgenommen umb Montzing bey Münchn, vnnd wo wir vns in der nähet, umb die vorbenanten vnser vier haubtstet, vns zu sonderen lust, zuzeiten ichts zehaien schaffen würden, darjnn wir vns, doch vnuerlich vnd ziemlich halten sollen, daselbs sollen sy alsdann, alles waidwerch, dergleich das hetzen an vnsern panforsten, vorhöltzeren vnnd auen, wieuor stet vnderlassen, aber huner, wachtel vnd vogel zu fahen und zu schiessen, mit dem cloben vnd auf vogelherdten zu vogeln auch in den feldern Fuchs vnd Hasen zehetzen sol jne vnuerboten sein, wie von alter auch gewest, vnd herkommen ist." (Hierauf folgt die Vorschrift, daß die Beamten, außer an den Grenzen, keinem Bauer „ai nichen klainen Wildpann" gestatten, und daß alle Jagdberechtigte solchen Uebertretern die Gewehre wegnehmen und sie auch gefänglich einziehen können, worauf es dann wieder heißt): „Doch so soll sollich vnser verwilligung vnd zugeben, ainen yeden der Erbliche oder andere gejaid im gebrauch hat, an seiner gerechtigkeit vnd alten herkümen vnuergriffen sein." Dy new erclerung der landsfreyhait des loblichen haus vnd fürstenthumbs obern vnd Nidern Bairn An. 1516 auf den 24 tag des monats Aprills zu Ingelstat aufgericht. Landsh. Fol. 1516. Fol. 10. Moser a. a. O. S. 80. hat diese Stelle weder vollständig, noch richtig.

9) Eichhorn Rechtsgeschichte. §. 305.

10) Moser a. a. O. S. 82.

11) Ebend. S. 82.

12) Ebend. S. 86 und folg.

12b) Landhandveste des Herzogth. Steyer. Augsburg Fol. 1583. Fol. 65.

13) Diese Nachrichten sind aus handschriftlichen Excerpten aus den Landtagsacten entnommen, von denen ich nicht weiß, ob sie gedruckt sind. Auf einigen der oben genannten Landtage beschwerten sich auch die Städte über den Adel — eben so, wie dieser über die churfürstlichen Jagdbeamten — daß er sie in ihren Jagdbefugnissen beeinträchtige.

14) Churfürst Augusts Ausschreiben von 1555, Co d. Aug. T. I. p. 62., wo sich hierbei auf altes Herkommen bezogen wird, so wie auch in der sächs. Landesordnung von 1555. (ibid. p. 165.)

14b) Erledigung der Landesgebrechen 1609. Tit. von Rechtssachen § 33. und Schaumburg, sächs. Recht. P. II. Exerc. V. §. 1 und 2.

15) Edict vom Herzog Julius, Jagd und Fischen anlangend, vom 30. Juli 1581. *Fritsch* Corp. jur. venat. for. P. III. p. 139. „— — wie wohl wir so wenig als Weiland der Hochgeborne Fürst — — Unser — Vater — benen von der Ritterschaft und andern Landständen auserhalb ihrer eignen Gerichte und Hoheit, auf ihrem Lehns-Erblichen- oder Pfandsgrunde und Boden, so fern sich die in ihren Bezirk und Grenzen erstrecken, welche die haben, den andern aber gleich auf ihren Adelichen Meiergüthern, hin und wieder in unsern Aemtern, Jurisdiction und Landesfürstlichen Obrigkeit, keiner hohen oder nidern Jagd, Stellens, Hetzens, Lauschens, oder Kurens, noch auch einiges Weidwerks, viel weniger Schiessens des Wildprets — — geständig, welches dann S. L. durch ein gemeines Ausschreiben, wie auch nachfolgends wir mehrmahls ernstlich verbieten" rc. rc.

16) Durch das Sprichwort: wohin der Dieb mit dem Strange, dahin gehört auch der Hirsch mit dem Fange, wird dieser Grundsatz ausgesprochen, dem mehrere ältere, wie z. B. Franc. Zoanetti, Georg Mor, Rosenthal und Pruckmann anhängen, den aber schon Riccius Von der in Teutschland üblichen Jagdgerechtigkeit. S. 48. und v. Beust Von der Wildbanns-Gerechtigkeit. S. 60. als unrichtig, wenigstens in seiner Allgemeinheit, bestreiten.

17) Edict Herzogs August vom 16. Jul. 1643. *Fritsch* l. c. p. 141.

18) Wenn nämlich der Fürst auf Verletzung seiner Wälder und Jagden eine so grosse Strafe nach Belieben setzen konnte, welche die Strafe, die bei der Verletzung von solchen Privatgerechtsamen stattfand, bei weitem überschritt, so war schon dadurch beinahe das alte Verhältniß der Bannforste, nur weiter ausgedehnt, wieder vorhanden. — Ob die von Schmidlin Würtembergische Forst-Gesetzgebung. §. 3. Note 3. S. 17. mitgetheilte Nachricht, daß unter dem östreichischen Regiment in Würtemberg (1521) den Forstmeistern aufgegeben worden sei, alle Jagden abzukündigen, die irgend Jemand in den würtembergischen Forsten gehabt, und sie wider alle Eingriffe zu schützen, auf eine solche Ausdehnung, wie obige Beispiele, hinweisen, kann ich, da die betreffenden Urkunden daselbst nicht mitgetheilt sind, nicht beurtheilen.

19) In der Beschwerdeschrift der Reichsritterschaft, die zu der Mitterordnung Ferdinands I. von 1561 Veranlassung gegeben und daselbst eingerückt ist, bei *Burgemeister* Cod. diplom. equestr. T. I. p. 166, heißt es: „— Und demnach von einer Zeit zur andern bis jetzo verer verfolgt, daß wir die noch vberbliebenen freyen Ritterschafften, neuwlicher Jare, mit vormahln nie erhörten newerungen, auch angefochten und nemlich vnder anderem mit — — erstreckung und erwenterung vnerhörter först, desselben vermeintlichen, anhengigen, newen, vngewonlichen vberlestigen först, ordnung und rechten, die vnns und vnsern armen Leuten zum höchsten nachtheylich, Engerung, Schmelerung, vmnd entziehung etlicher vnserer selbs Först, wildpän und Jagparkeiten." Eben so enthalten hierüber die ritterschaftlichen Gravamina von 1578, *Burgemeister* l. c. p. 918. Folgendes: „Zum Dritten ist nicht allein Reichs und landkündig, sondern auch der Völker und Ew. Maj. beschriebenen Rechten nicht ungemäß, daß benen vom Adel vor Alters vnverwöhrt gewest, sondern haben das wohl vnverdächtlich hergebracht, daß ein jeder auf seinen Grund und Boden vnd so weit sich sein Trieb und Trutt erstrecket — zu jagen. Solches

17 *

wird aber neuerlicher Jahren hero an vielen Orten und je lenger je mehr denen von Adel — — verwört."

20) Privilegium K. Rudolphs II. an die Reichsritterschaft, *Burge-meister* l. c. p. 243. „— — das niemandts, was Wührden, Stands oder Wehsens der seye, sie die von der Ritterschaft sammtlich oder ainen jeden Innsonderheit, durch Neue Wildfuhren, Wildt Pänen, der Vorst, weder für sich selbst, oder durch seine Waldvögte, Wild und Vorstmaister, Vorst und Jäger Knecht, Underthanen, Angehörige oder auch frembde, inn kainerley Weiß an Irer Obrigkait, Herrlichkait, und Gerechtigkhait, auch hergebrachten Hegen und Jagen, Item der freyen Bürschen — — zu dem wenigsten nit beschweren, Irrung oder Eintrag thuen."

§. 39.   3. Einfluß der Jagdhoheit auf Entstehung des Jagdregals.

Ein zweiter Grund der Begründung eines allgemeinen Jagd-regals liegt in der Ausbildung der Landeshoheit, indem einzig und allein aus dieser die Jagdhoheit abzuleiten, mit welcher der von den Juristen so unbestimmt und vielbeutig aufgeführte und weit ausgedehnte Begriff von Wildbann[1]) in Verbindung steht.

Auf verschiedene Art und Weise[2]) hatten alle deutsche Für-sten und sonstige Inhaber der Landeshoheit Bannforste und den mit diesen früher gleichbedeutend gebrauchten Wildbann erlangt. In diesem Wildbanne lag nun nach den ältern Verhältnissen das Recht, in einem gewissen Bezirke ausschließend die Jagd auszu-üben und jede, dem Inhaber daselbst zugefügte Rechtsverletzung nach dem Herkommen zu ahnden, also die Bannforstgerechtsame, sowie er dann ferner den Ort, als Object dieser Befugnisse, also den Bannforst, selbst bezeichnete[3]). Die vielfachen Bedeutungen des Wortes Wildbann in der ältesten Zeit[4]) waren jedenfalls mit Ursache, daß die Rechtsgelehrten von demselben so verschie-dene Begriffe aufstellten, die, so weit sie sich auf Hoheitsrechte bezogen, schon oben §. 36. angeführt sind. Besonders wichtig ist hier aber noch, daß bei dem Reichskammergericht — was zwar den Schluß von Landeshoheit auf Jagd verwarf und über die zu weite Ausdehnung des Begriffs von Wildbann sich ta-delnd aussprach, dennoch aber in anderer Beziehung wieder in die damals herrschenden Ibeen einging[5]) — der Begriff von Wild-bann auf die blose Jagd in der zweiten Hälfte des 16. Jahrhun-derts beschränkt wurde[6]). Auch in mehreren Gesetzen dieser Zeit findet sich der Ausdruck Wildbann für blose Jagd, wie z. B. in der schon angeführten baierischen Landesfreiheit von 1516, wo von dem kleinen Wildbann, als niederer Jagd[7]), und dann in einer gothaischen Forstordnung, wo vom hohen Wildbann[8]), als hoher Jagd, die Rede ist; wogegen aber auch oft dieser Ausdruck zur Bezeichnung eigentlicher landesherrlicher Befugnisse gebraucht wird 9), oft aber auch wieder das Schwankende bei diesem Begriffe aus dem Gebrauche dieses Wortes sich ergiebt, wohin mir der Antrag der sächsischen Landstände auf dem Landtage von 1553: „Niemanden, so mit der hohen Wildbahn begnadigt, Mas zu setzen, zu welcher Zeit er jagen soll", zu gehören scheint 10), auf welche Beschwerde jedoch keine günstige Resolution erfolgte.

Indem nun so der Ausdruck „Wildbann" theils zur Bezeichnung von wirklichen Hoheitsrechten, theils zu der Jagd allein, oder auch mit jenen in Verbindung gebraucht und er selbst wieder von alten Beleihungen oft abgeleitet wurde, die nunmehrigen Landesherren aber die einzigen fast waren, denen der alte Wildbann im eminenten Sinne (als Bannforstgerechtigkeit) verliehen oder bestätigt war; so konnte es nunmehr auch nicht fehlen, daß man, auf jene alten Belehnungen fußend, den Wildbann ebenfalls im neuern Sinne als den Fürsten zustehend betrachtete und so ihnen gleichfalls die Jagd, wie sie ihnen ausschließend in den Bannforsten zugestanden, so weit sie nicht ausdrücklich von ihnen wieder verliehen war, im ganzen Lande allein zuschrieb 11), und somit deren Regalität begründen half.

Eine solche Verwechselung der verschiedenen Bedeutungen von Wildbann nach dem ältern und neuern Sinne lag denn auch den Ansichten der Rechtsgelehrten zum Grunde, welche den alten Wildbann (Bannforste) als Basis der Regalität betrachteten, obwol sie im Einzelnen wieder hierbei oft verschiedenen und abweichenden Ansichten folgten 12).

Nicht aber blos der unbestimmte Begriff von Wildbann, der sehr häufig, wiewol fälschlich, den eigentlichen Hoheitsrechten, in Beziehung auf die Jagd, zum Grunde gelegt wurde, weshalb dieses hier zu erwähnen war, sondern auch die Jagdhoheit selbst in der Ausdehnung, die man ihr im 16. und 17. Jahrhundert beilegte 13), half das Jagdregal mit einführen. Die in der Jagdhoheit liegende und aus polizeilichen Rücksichten zu rechtfertigende Befugniß, die Ausübung der Jagd an gewisse Zeiten zu knüpfen, und sie somit in einer bestimmten Zeit zu untersagen, konnte nun zuerst, bei den unbestimmten Ideen jener Zeit über die Staatsgewalt und deren einzelne Theile, auf den Gedanken führen, daß in der Staatsgewalt eine Befugniß liege, die Jagd im Allgemeinen zu untersagen. Dieser Gedanke wurde ferner auch noch dadurch befördert, daß man, wie schon öfters erwähnt, die Jagdhoheit von dem alten Wildbanne ableitete und auch ihr dann und wann diesen Namen gab, so aber auch zugleich das alte, mit den Bannforsten in Verbindung stehende Recht, innerhalb deren Grenzen die Jagd Jedem zu untersagen 14), über diese Grenzen hinaus auf die der Jagdhoheit,

also auf das ganze Land erstreckte [16]). Der allgemeine und
unbestimmte Begriff des öffentlichen Wohls (mit dem man von
den ältesten Zeiten an bis zum Wohlfahrtsausschuß, und auch
nach diesem oft genug mancherlei Unfug getrieben) half endlich
diese Idee, daß der Fürst den Unterthanen auch auf eigenthümlichem Grund und Boden die Jagd untersagen könnte, ziemlich
allgemein machen [16]), und wenn einem solchen Verbietungsrechte
auch von einigen Juristen widersprochen wurde [17]), so war doch
die Zahl Derjenigen überwiegend, die es gestatteten [18]) und ihre
Lehre den Gewalthabern zu angenehm, um ihr nicht beizustim-
men, und selbst wenn sie zugaben, daß dieses Recht gegen die
natürlichen und göttlichen Rechte sei, so blieb das „salus publica suprema lex esto" doch immer der Schild, mit dem
jeder Widerspruch zurückgewiesen wurde. Eine anscheinende Bestätigung erhielt dieser Grund des Jagdverbots noch dadurch, daß
gerade die Stände, auf welche man hierbei besonders Rücksicht nahm und gegen welche dergleichen Demonstrationen besonders gerichtet waren, die Bürger und Bauern, freilich aus ganz
andern historischen Gründen, keine Jagd hatten, und der Widerspruch von Seiten der Landstände unterblieb häufig, weil denen
von ihnen, die dabei betheiligt, Prälaten und Adel, ihr früheres
Jagdrecht, wenn auch nur in geringerm Umfange, erhalten
wurde; theilweise, aber doch erhobene Beschwerden sind bereits
angeführt.

Beispiele von solchen, aus der Jagdhoheit hervorgehenden
Jagdverboten zeigen sich besonders in den oft sehr strengen, gegen die Wilddieberei gerichteten Gesetzen [19]), lassen sich aber auch
in Landes- und Polizeiordnungen finden, doch immer so, daß
sie sich nicht auf die Ritterschaft, unter deren Beirath diese Gesetze entworfen, oder überhaupt nicht auf die, welche besondere
Privilegien und Verleihungen haben, beziehen. Auf solche Art
wurde in der Erklärung der baierischen Landesfreiheit von 1516
den Bürgern, die nicht von Geschlechtern, und den Bauern [20]),
und eben so auch diesen und Jedem, der sie nicht besonders hergebracht, in der elsaßischen Polizeiordnung von 1552, aus Rücksichten auf das öffentliche Wohl, die Jagd untersagt [21]), sowie
ein gleiches allgemeines Jagdverbot, mit Ausnahme der der Ritterschaft gestatteten niedern Jagd, in jülich-, cleve- und bergischen Ordnungen von 1558 zu finden ist [22]). Selbst in Ost-
friesland scheint das Jagdregal auf diese Weise mit eingeführt
worden zu sein [23]), denn indem die Jagd allgemein nur Denen,
die besondere Belehnungen aufweisen konnten, zugesprochen wurde,
war zugleich die ältere Natur derselben, als Theil des Eigenthums, vernichtet und durch die so entwickelte Präsumtion für
den Landesherrn ihre Regalität selbst begründet.

1) S. hierüber oben §. 36.

2) S. §. 17. 18 und 19.

3) Buri Abhandlung über Regalität der Jagd. S. 127.

4) S. oben §. 12. a. E. und §. 26. a. A.

5) *Meichsner* Diss. cameral. T. II. p. 67., wo es in der Relation über einen 1562 entschiedenen Prozeß heißt: „Separata enim sunt merum imperium et jus venationis; ideoque de uno ad aliud concludenter inferri non potest."

6) *Meichsner* l. c. T. III. p. 627. (S. oben §. 36. Note 8.) Auch v. Beust a. a. O. S. 40 folg. nimmt ihn in dieser Bedeutung, ob ihm gleich auch die andern nicht fremd sind.

7) „Ainichen klainen Wildpan" heißt es in der §. 38. Note 8. angeführten Stelle.

8) *Fritsch* Corp. jur. ven. P. III. (Ed. I.) p. 36.

9) Z. B. in der hohenlohischen Forstordnung von 1579 bei *Fritsch* l. c. p. 239 seq. und a. a. O.

10) Nach handschriftlichen Nachrichten.

11) So z. B. *Hert* De superior. territoriali. §. 48. 49. und J. A. v. Ickstatt Gründliche Abhandlungen von Jagdrechten. Uebersetzt und herausgegeben von J. F. Klett. Nürnberg 1749. 4. S. 109 folg.

12) *Noe Meurer* Jagd- und Forstrecht. Frankf. 1582. Fol. 30. *Seb. Medices* De venatione P. I. qu. 27. Colon. 1588. in *Fritsch* l. c. P. I. *Wehner* Observat. pract. s. v. Forstrecht (zuerst 1608). *Christ. Fesch* D. de re venator. Germ. Basil. 1638. P. II. th. 1. in *Fritsch* l. c. P. I. *J. Synal, Schütz* De banno ferino. Giess. 1651. §. 5. *Gasser* D. de memoria initii contra praescriptionem immemor. 1722. §. 17. *Zach. Hesse* De venatione juxta jus Germ. Regiom. 1702. §. 10. *Lübbe* Bewährung des Jagd-Regals. Zelle 1731. Fol. S. 61—69. *Stisser* Forst- und Jagdhistorie. Cap. IV. Doch waren auch schon ältere Juristen anderer Meinung; denn so verwirft z. B. *Georg Mor* De jure venandi 1605. P. I. Cap. II. N. 16 seq. alle diesen ähnliche Ansichten.

13) S. oben §. 36.

14) Das in dem alten Wildbanne liegende Verbietungsrecht bezieht Buri a. a. O. S. 58. ganz richtig nur auf den Umfang der alten Bannforste selbst.

15) Z. B. v. Ickstatt a. a. O. S. 170. 181. 242 folg. S. überhaupt über den ganzen Einfluß der Rechtsgelehrten auf diesen Gegenstand Friedr. Christ. Jon. Fischer Lehrbegrif sämtlicher Kameral- und Polizei-Rechte. Frankf. 1785. Th. 2. §. 1307 seq.

16) S. Eichhorn Rechtsgeschichte. §. 548.

17) Dieses Verbietungsrecht wurde unter andern geläugnet von *Aym. Cravetta* Consil. F. Paviae 1556. T. IV. c. 642. bei *Fritsch* l. c. T. II. (Ed. II.) p. 827. *Noe Meurer* a. a. O. Fol. 33. *Modest. Pistoris* Cons. Lips. 1586. Vol. I. cons. 14. und *Hieron. Schurflus* Cons. et Respons. Erf. 1612. Cent. III. cons. 1. bei *Fritsch* l. c. (Ed. II.) p. 724.

18) Ueber die Einmengung der Idee vom öffentlichen Wohl hierbei wird im folgenden §. noch die Rede sein. Die Zahl der Rechtsgelehrten, die das hier in Frage stehende Recht behaupteten, ist sehr bedeutend. *Fr. Pruckmann* Tract. de venatione. Spir. 1603. cap. 4. N. 23. *P. Heigius* Quaest. jur. P. I. qu. 15. Viteb. 1609. die straßburger Facultät in Consil. Argentor. 1629. Vol. I. cons. 13. *Georg Francke* Exercit. jur. XIV. q. 2. 1647. *Casp. Ziegler* De jur. Majest. Lib. II. Cap. 14. §. 22., der schon angeführte v. *Ickstatt, Schmauss* Comp. jur. publ. L. III. c. 5. §. 15., und viele Andere gründen solche Behauptungen auf das öffentliche Wohl, während wieder Andere, wie *Nic. Everkardus* jun. Consil. jur. Aug. 1603. Vol. I. cons. 10., dieses Recht als durch Präscription und Belehnung von den Obern erworben ansehen. Eine ganze Reihe von andern, diesen ähnlichen Gründen, aus denen viele Rechtsgelehrte ein solches Jagdverbot vertheidigen, und diese selbst sind angegeben in Lübbe a. a. O. S. 14 folg.

19) S. oben §. 36. In einer brandenburgischen Verordnung vom Churf. Joh. Sigismund von 1610, *Scheplitz* Consuet. Elector. et March. Brandenburg. p. 552., heißt es von Wildbiebereien, die daselbst streng untersagt werden: „Sondern auch hierdurch, uns an unser Hoheit und Regalien eingriff gethaen werden."

20) „Item es sol auch hiemit sonderm ernst allen Bürgern die nit auß den Stetten von geschlechten sein, wi dann die Landsserclaarung vermag, Sambt allem anderm gemainen volckh unnd sonderlich aller pawrschafft, die Hasen und Fuchs ze schiessen, oder sonnsten in was weg das geschehen möcht, auch fliegendt wiltpret, mit den Netzen Pern und schilten ze fahen, in unnsern Land, ganzlichen vnnd gar verpoten sein vnn pleiben. Welcher aber solhs überfurt, so offt er das thut, der sol von seiner gerichtzobrigkeit, des orts es geschicht, zusambt nemung der netz, garn, und zeugs, umb ain gulden reinisch gestrafft werden. Wo aber ainer vnanngesehen solher straff mer dann ainsten verprechen würde, der sol alsdann etlich tag mit fengklicher enthaltung gestrafft werden." Das Buch der gemeinen Landpot. Landsordnung u. s. w. München 1520. Fol. 41.

21) „Dieweil man auch zu täglicher erfarung befindet, das die Vnderthanen diß Landts sich trefflich auff das Wildpret, Hasen vnd gevögels schiessen legen, dadurch sie ire Arbeiden versäumen, auch etwann vil unrahts bishero barauß entstanden ist, und noch täglich entstaht, Ist gemeinlich abgeredet, bewilligt vnn angenommen, das hinfürther solch schiessen den gemeinen Burgern und Vnderthanen nit gestattet werden, sondern verbotten sein soll, So auch darüber einicher vnderthan Wildpret Hasen oder gevegels schiessen, oder in Wälden, Reben vnnd Feldern mit geschoß verdächtlich befunden wurde, der sol der Oberkait, da er also betretten oder befunden würdt, dreißig schilling pfennig one nachleßlich verfallen sein vnd bessern, Doch soll damit ainem jeden in seinen wildfuren vnd Oberkaiten selbs oder durch seine Diener vnnd wem er das bevelhen oder bewilligen würdt, schießen zu laßen, Auch denen so über Land reysen, Geschütz für ein gewer zu füren oder zu tragen, unbenommen sein." Polizei Ordnung der Stend im Elsaß. Straßburg 1552. Fol.

22) Policey sambt andern Ordnungen und Edicten des durchlauchtigen — Fürsten und Herrn, Herrn Wilhelms, Herzogen zu Gülich, Cleve, und Berg u. s. w. Im Jar 1558 ausgegangen. Cöln 1558. Fol. S. 52 folg.

23) Wie *Moser*, Von der Landeshoheit in Ansehung Erde und Wassers S. 115. nach Brenneisens Ostfriesländischer Historie Th. 1. S. 225. nachweist

§. 40. 4. Einfluß der bei den Rechtsgelehrten herrschenden Ideen auf die Entstehung des Jagdregals.

Wenn es auch ganz besonders die Rechtsgelehrten waren, welche durch ihre Ansichten und ihren Einfluß eine Ausdehnung bannforstlicher Befugnisse und der eigentlich in der Jagdhoheit liegenden Rechte, wovon im Vorhergehenden gesprochen, bewirkten, und somit das Jagdregal theils begründeten, theils vorbereiteten, so waren doch außerdem noch einige, bei denselben vom 16. bis zum Theil in das vergangene Jahrhundert herrschende Ideen vorhanden, die das Jagdregal ebenfalls mit begründen halfen, da diese in Schriften und Gutachten oft wiederholten Ansichten, durch die Rechtssprüche ihrer Urheber oder Anhänger noch bestärkt und bestätigt, theils die Regalität der Jagd unmittelbar aussprachen, theils auch nur ihre Begründung aus allgemeinen Sätzen vertheidigten. Zu jenen gehört die Idee des Landeigenthums der Fürsten und das schon zeitig oft behauptete Jagdregal, als es selbst in den einzelnen Territorien nur noch selten vorhanden war, und zu diesen ist die große Ausdehnung zu zählen, die man der Idee des öffentlichen Wohls zugestand, sowie die Anwendung des Begriffs von herrenlosen Sachen auf die jagdbaren Thiere, womit die sehr gezwungene Einmischung des fremden Rechts in diese Lehre in Verbindung stand.

Zu der Annahme eines, dem Fürsten an dem ganzen Territorio zustehenden Eigenthums, des Landeseigenthums, führten wol mehrere Umstände und Verhältnisse. Die Idee des dem Kaiser zugeschriebenen dominii mundi — aus römischen Ausdrücken [1]), Schmeicheleien und Uebertreibungen, in Beziehung auf die römischen Imperatoren, schon theilweise gebildet [2]), und dann durch die Annahme, daß die deutschen Kaiser das Reich jener Imperatoren fortsetzten, auf diese übergetragen, sowie durch unbestimmte hierarchische Ansichten von einem imperio christianitatis befördert [3]) — diese Idee bewirkte jedenfalls, sobald, nach Ausbildung der Landeshoheit, bei den Rechtsgelehrten die analoge Anwendung aller dem Kaiser im Reiche zustehenden Gerechtsame auf die Fürsten in ihren Ländern einmal feststand [4]), auch die Aufnahme eines, jenem ähnlichen Landeigenthums. Ein anderer, hier einschlagender Umstand ist der, daß so viele deutsche Reichsländer, wie die ehemaligen kleinern fast alle, aus großen, im Eigenthume der nachmaligen regierenden Familien befindlichen Herrschaften entstanden [5]), und selbst in größern Ländern diese Besitzungen oft den ersten und eigentlichen Stamm der nachmaligen Staaten ausmachten. Indem nun aber für den deutschen Begriff von Herrschaft — mit dem römischen dominio nicht zu verwechseln — oft der lateinische Ausdruck dominium

gebraucht wurde, so trug man auch diesen Begriff auf die Herr=
schaften und Länder oft selbst über[6]), wozu dann noch kam,
daß viele Ländereien in allen deutschen Staaten im Privateigen=
thume der regierenden Familie, oder auch als Domainen in dem
der Staaten waren, wo man den Fürsten das prodominium
zugestehen mußte, und der übrige Grundbesitz zum großen Theil
in Lehnen bestand, sowie auch bei den Allodien das alte Institut
der gerichtlichen Auflösung, da wo es sich, wie z. B. in Sach=
sen, erhalten, als eine investitura allodialis sich darstellte, wo=
durch die Ansicht, daß alles und jedes im Lande befindliche
Grundeigenthum ursprünglich vom Fürsten allein ausgehe, und
somit die Idee des Landeseigenthums selbst befördert wurde.
Von Einfluß zur Ausbildung dieser Idee mußte endlich noch die
große Ausdehnung des Lehnverbandes sein, wodurch nicht nur
die ältern Beneficien und alle ältern Amtsrechte der nachmaligen
Fürsten, sondern auch die Amtsdistricte selbst in Lehne verwan=
delt wurden, sowie denn die kaiserlichen Lehnbriefe der Fürsten
vom 14. Jahrhundert an auch alle nur möglichen einzelnen Theile
und Rechte des Eigenthums unter den Pertinenzen der Lehne
aufzählten. Da nun aber die Rechtsgelehrten diese Verhältnisse
nicht nach deutschen Gewohnheiten, sondern einzig nach longo=
bardischen Rechtssätzen beurtheilten[7]), so konnte es auch nicht
fehlen, daß sie dem Fürsten am ganzen Lande ein dominium
utile zuschrieben[8]), während wieder Andere, weil ein schon vor=
handenes Privateigenthum in diesen Ländern nicht zu bestreiten
war[9]), diese Reichslehne als Allodien und Patrimonialstaaten
betrachteten, die eine blos dem Namen nach lehnbare Sache
sei, welche sie dann feuda proprietatis nannten, in denen alle
Regierungsrechte eigenthümlich ausgeübt würden[10]). Eine, in
neuerer Zeit längst widerlegte Annahme[11]). Ob übrigens der
Ausdruck Landesherr mit Veranlassung zu dieser Idee gegeben
oder vielmehr eine Folge dieser schon zeitig sich beurkundenden
Idee war, lasse ich dahin gestellt sein[12]).

Konnte man nun bei der einmal stattgefundenen Annahme
eines Landeseigenthums wegen der täglichen Erfahrung, daß trotz
dieser Annahme in allen und jeden Territorien die Unterthanen
Privateigenthum besaßen, auch das Landeseigenthum selbst nicht
so weit ausdehnen, daß es alles Grundeigenthum in sich begriff,
so verstand man darunter blos das Eigenthum an allen und je=
den Befugnissen der Staatsgewalt, und leitete aus diesem
Staatseigenthume alsdann alle Regalien ab, was um so leichter
war, als nach dieser Idee herrenlose Sache durchaus dem Für=
sten gehörten, zu diesem aber eine Menge Gegenstände gerechnet
wurden, die nach deutschen Ansichten sich hierher eigentlich nicht
zählen ließen, und den Unterthanen nur die Oberfläche des Lan=

des zum Behufe der Landwirthschaft zustand¹³). Bei einer un-
befangenen Forschung über diesen Gegenstand und Beseitigung
jener ältern, durchaus regalistischen Ansichten konnten natürlich
Ideen dieser Art nicht mit auf die neuern Zeiten übergehen¹⁴),
denn selbst in den kleinsten Territorien, die aus Herrschaften hervorgegangen, und in denen alles Grundeigenthum dem Regenten
zusteht, oder wenigstens von ihm abgeleitet und unter seiner
gutsherrlichen Voigtei befindlich ist, kann von einem eigentlichen
Staats- oder Landeseigenthume nicht die Rede sein, da in der
Person des Fürsten hier nur eine zufällige Verbindung von
Staatsgewalt und grundherrlichen Rechten, beide auf verschiedenen Basen beruhend, stattfindet¹⁵). Trotz alle dem aber hat
die früher so verbreitete Idee des Landeigenthums¹⁶) auf die
Ausbildung der Regalien überhaupt, und namentlich auch des
Jagdregals mitgewirkt¹⁷), indem bei derselben dieses sehr leicht
zu vertheidigen ist und selbst dem Reichskammergerichte eine solche
Ableitung schon im 16. Jahrhundert nicht fremd war¹⁸), wobei denn stets eine Vermengung von Eigenthum und Staatsgewalt mit zum Grunde lag.

Wenn diese Annahme eines Landeigenthums unter andern,
damit in Verbindung stehenden Ideen auch zu der eines allgemeinen Jagdregals führte, so war es nun die Annahme dieses
letztern, die von unmittelbarem praktischen Einfluß in vielen Territorien dasselbe begründen half, so wenig genügend auch oft die
Gründe waren, aus denen diese Annahme stattfand. Sehr treffend sagt Posse¹⁹) über die Begründung vieler Regalien:
„Wüßte man nicht aus vielfältiger Erfahrung, was
„eine auch noch so unnatürliche Behauptung für Ein-
„druck macht, wenn sie nur dreist vorgebracht und
„von Andern aus Interesse wiederholt wird, so
„würde man kaum begreifen können, wie man ent-
„weder ohne allen Grund, oder aus so schlechten
„Gründen Rechte für Regalien halten konnte, welche
„weder ihrer Natur nach solche sind, noch nach der
„ältern deutschen Verfassung für solche ausgegeben
„werden können. Man häufte, um die Regalität der-
„selben zu beweisen, Argumente, die nichts erwie-
„sen, man nahm zu grundlosen Vermuthungen und
„zu unstatthaften Analogien Zuflucht, endlich machte
„man es sich noch bequemer und nahm etwas als er-
„wiesen an, dem es an allem Beweise gebrach." Ein,
besonders auf unsern Gegenstand und die darüber geführte Controverse, sehr passender Ausspruch. Ohne nun eine vollständige
Aufzählung aller der Juristen, die aus irgend einem Grunde die
Jagd als Regal betrachteten, zu bezwecken oder nur versuchen

zu wollen, genüge es hier, nur einige der angesehensten namhaft zu machen, welche diese Ansicht aufstellten, durch ihr Ansehn verbreiteten und theilweise auch in das Leben einführten, wobei zugleich die Bemerkung erlaubt sei, daß besonders bei den älteren von ihnen es fast nie an Widersprüchen fehlt, da sie, trotz der Annahme der Regalität, doch sonst hierbei dem römischen Rechte, welchem diese gänzlich unbekannt, folgten, und ihr Streben nun häufig dahin gerichtet war, erstere aus letzterem abzuleiten.

Ulrich Tengler, dessen Layenspiegel am Anfange des 16. Jahrhunderts so großes Ansehen genoß [20]), führt erst die Bestimmungen des römischen Rechts über die Jagd an, wobei er aber jede Landesgewohnheit beachtet wissen will, und nimmt dann die Bestimmungen von II. F. 27. §. 5. als allgemeines Jagdverbot, wovon nur die von Kaiser und Königen dem ritter= mäßigen Adel zur Ergötzlichkeit als Regal verliehene Jagd eine Ausnahme macht [21]). Verließ man auch später diesen Grund der Regalität — der freilich von Einigen noch beibehalten, von den Mehrsten aber verworfen wurde [22]) — so beharrte man doch bei letzterer selbst, und ganz abgesehen von ihrer Begrün= dung und Ableitung aus der Natur der Staatsgewalt und aus den Bannforsten, wovon im Vorhergehenden gesprochen, war die Annahme von ihrer Begründung durch Immemorialverjährung von Seiten der Fürsten und durch stillschweigenden Consens der Unterthanen, mit dem man besonders bei ungleich berechtigten stets zu sehr bei der Hand war [23]), sehr allgemein. Noe Meu= rer [24]), Sebastian Medices [25]) und Franciscus Zoa= nettus [25a]) aus dem 16., Prückmann [26]), Conrad von Einsiedel [27]), Christ. Mingius [28]), Ludwig von Hör= nigk [29]), Bened. Carpzov [30]), Herrmann Conring [31]), Veit von Seckendorf [32]), Ahasverus Fritsch [33]) und Hulderich von Eyben [34]) aus dem 17., sowie Jargow [35]), Cramer [36]), Lübbe [37]), Siebig [38]) u. A. aus dem 18. Jahrhundert nahmen aus diesen Gründen die Regalität der Jagd an.

Halfen auf diese Weise die Rechtsgelehrten die Regalität der Jagd unmittelbar durch ihre Sätze begründen, so suchten sie dieselbe nun auch durch andere Lehren noch zu vertheidigen, was ihnen um so nothwendiger erscheinen konnte, als man gewohnt war, bei allen solchen Deductionen von dem natürlichen Rechte, dem allgemeinen Völkerrechte, dem göttlichen und dem römischen Rechte auszugehen, aus denen denn das beliebte Axiom nicht zu demonstriren war — denn nur Wenige gingen so weit, ein Jagdregal aus der Bibel abzuleiten [39]) — daher man denn Gründe, warum von jenen Rechten abzuweichen, aufsuchte. Der hauptsächlichste Grund, den man so auffand, war aus dem Be=

griff des allgemeinen Wohls des Staates genommen, nach dem
man die Regalität der Jagd für nothwendig erachtete [40]), indem man gewöhnlich sagte: ohne die Regalität könnten die landesherrlichen Jagden zu leicht verwüstet, ja das Wild selbst sogar ausgerottet werden, bei vollkommen freier Jagd würden die
Unterthanen, besonders Bürger und Bauern, ihrem Gewerbe zu
sehr entzogen und entfremdet, sowie dabei eine zu große moralische Verwilderung leicht eintreten könnte — welche man komi-
scher Weise mit der Jagd zwar verband, aber doch bei der der
Fürsten und des Adels nicht in Anschlag brachte — und ebenso
würde durch dieselbe auch Veranlassung zu vielfachen Streitigkeiten unter den Unterthanen, und die Mittel zu Meuterei und
Aufruhr durch den gestatteten Gebrauch der Waffen gegeben [41]).
Außer vielen Andern waren es besonders Ziegler [42]), Einsiedel [43]), Conring [44]), Hesse [45]), Lud. Menke [46]),
Beck [47]), Beust [48]), Lübbe [49]) und Ickstatt [50]), die zur
Vertheidigung des angenommenen Jagdregals solche Gründe aufstellten, an deren Haltbarkeit schon lange nicht mehr gedacht
wird, indem theils dieselben sich mehr auf Untersagung einer allgemeinen freien Pürsch, die ohnedem in Deutschland nicht allgemein begründet ist, als auf die Verbindung der Jagd mit dem
ehemaligen echten Eigenthume beziehen, theils aber auch Alles,
was man so durch das Jagdregal zu erlangen gedenkt, ohne
dieses blos durch polizeiliche Maßregeln erreichen kann [50 b]).
Struben [51]), Heumann [52]), Buri [53]) u. A. haben diese
angeblichen Gründe längst widerlegt, und Moser [54]) bemerkt sehr
richtig, daß das öffentliche Wohl weit eher eine Freigebung, als
Regalität der Jagd verlange. Einen andern, ebenfalls mit dem
öffentlichen Wohle in Verbindung gebrachten Grund der Regalität, der darin besteht, daß die Jagd eine Vorschule des Kriegs
sei, alle diesen betreffende Gegenstände aber dem Fürsten allein
zukämen, und demnach auch die Jagd diesem allein gehöre, habe
ich nur selten angeführt gefunden [55]), sowie man auch sehr richtig zu seiner Widerlegung sich gar keine Mühe gegeben.

Außer solchen allgemein aufgestellten und oft wiederholten
Grundsätzen nahm man auch noch zu Ableitungen aus dem römischen Rechte seine Zuflucht, wobei man denn mannigfache
Wendungen um so nothwendiger brauchte, als das Jagdregal dem
römischen Rechte ganz fremd war, für dessen Anwendung hier
nichts, als die auch von vielen deutschen Rechtsgelehrten oft an-
genommene Ansicht pulcherrimum quia Romanum [56]) sprach.
Der ganze Gang der hierbei herrschenden Idee mag wol folgender gewesen sein. In allen Fällen, wo das römische Recht dem
Fiscus irgend einen Vortheil gewährte, suchte man es nach dessen Einführung in Deutschland auch anzuwenden [57]), und die

jura fisci schrieben die deutschen Fürsten sich zeitig schon zu [58]), wobei jedoch das römische Recht weniger in seinem wahren classischen, als in dem Sinne, wie man es damals auffaßte, zur Anwendung gebracht und der Territorialgesetzgebung oft zu Grunde gelegt wurde [59]). Indem es nun für mehrere Gegenstände, die man als Regalien betrachtete, zu denen auch die Jagd gehörte, an dem Beweise dieser Eigenschaft fehlte, so verfiel man darauf, einen allgemeinen Grund der Regalität aufzusuchen, den man, vielleicht durch die Regalität der Erze und durch die Lehren des römischen Rechts, und die Bestimmungen der Constitution Friedrichs I. (II. F. 56.) [60]) über die bona vacantia [61]) geleitet, in der Annahme fand, herrenlose Sachen gehörten als Regalien den Fürsten [62]). War dieser Satz auch nicht in dem römischen Rechte gegründet, was die res nullius keineswegs dem Fiscus zuschreibt, und könnte selbst seine Begründung für Deutschland nichts beweisen [63]), so fand er doch seine Anhänger, die sich darauf stützten, daß es besser sei, solche Niemandem zustehende Sachen den Fürsten zur Deckung der Bedürfnisse zu überweisen, und des Hugo Grotius Autorität [64]) galt lange für Beweis, daß dies in Deutschland ein angenommener Satz sei, der, wenn ihm auch mit Recht widersprochen wurde [65]), doch immer wieder Anhänger fand [66]). Eben so wenig darthuend aber, wie diese Behauptung, war der oft versuchte [67]), historische Beweis derselben, den man daraus ableiten wollte, daß in vielen Urkunden der Kaiser unbebaute und wüste Orte unter den Pertinenzen der verliehenen Güter vorkommen, da einerseits von diesen Gegenständen noch kein Schluß auf alle herrenlose Sachen gilt, und andererseits nicht nur in denen der Kaiser, sondern auch in vielen andern Urkunden von Privatpersonen jene gewöhnliche Urkundenformel sich findet [68]). So wenig diese Grundsätze nun auch wirklich begründet sind, so ist doch nicht zu leugnen, daß sie lange Zeit immer wiederholt wurden, und indem das römische Recht die jagdbaren Thiere als res nullius betrachtete, nahm man sie denn auch in Deutschland, wo ursprünglich ganz andere Grundsätze einheimisch waren, dafür an, und hatte auf diese Weise auch ihre Regalität sofort ausgesprochen [69]). Diese Ansicht steht mit der Annahme eines Landeseigenthums der Fürsten, mit der sie auch vollkommen gleichen Werth hat, in soferne in Zusammenhang, als man zu ihrer Begründung häufig auf eine von dem Fürsten geschehene occupatio territorii zurückkam [70]), durch welche schon im Voraus alle herrenlose Sachen, und somit auch das Wild, occupirt waren [71]).

Eine andere Begründung der Annahme des Jagdregals aus dem römischen Rechte ist zu merkwürdig, als daß sie nicht noch

mit wenigen Worten hier zu erwähnen wäre. Man ging näm=
lich in der Sucht, zu beweisen, was einmal nicht, oder wenig=
stens auf diesem Wege nicht, zu beweisen war, so weit, daß man
sogar zu der Lex regia seine Zuflucht nahm, und, indem man
zugestand, daß ursprünglich und nach natürlichem Rechte dem
Volke die Jagd zugehöre, aus der in römischen Gesetzstellen [72])
erwähnten Uebertragung der Rechte des Volkes an den Für=
sten zugleich eine Uebertragung der ganzen Jagd für inbegriffen
hielt [73]). Eine Ansicht, die mit der von Schilter [74]), wel=
cher ziemlich dasselbe aus der nach Cäsar und Tacitus in den
ältesten Zeiten in Deutschland dem ganzen Volke allein zustehen=
den Grundeigenthume ableitet, und welche denn auch öfters noch
vertheidigt wurde [75]), viel Aehnliches hat. Jemehr die vater=
ländische Geschichte später bei den Rechtsgelehrten Eingang fand
und von ihnen bearbeitet wurde, desto seltener mußten endlich
auch solche, wie die angeführten Ansichten, werden, von denen
es nicht zu verkennen ist, daß historische Unkenntniß sie größten=
theils in das Leben gerufen und ein einseitiges fiscalisches Stre=
ben ihre Verbreitung beförderte; daher schon am Anfange des vo=
rigen Jahrhunderts der berühmte sächsische Geschichtsforscher
Horn [76]) sehr richtig sagte: „Bedauern müssen wir, daß,
„da so viele Rechtsgelehrte nicht nur insgemein von
„Regalien geschrieben, sondern auch das Jus ve-
„nandi et forestale à part bald in forma tracta-
„tus, bald disputationis academicae verhandelt,
„sie gleichwohl gemeiniglich über den Punkt von
„dessen Ursprung und Aufkommen sehr seichte hin=
„gefahren. Oder wenn ja welche geschienen, als ob
„sie die Sache genauer untersuchen und klüglicher
„ausmachen wollten, so haben sie nicht sowohl die
„teutsche Historie und alten Monumente, als etwa
„ihre philosophischen Lehrsätze und das römische
„Recht, zu Hülfe genommen und hierdurch der Du-
„biorum und Dunkelheiten nur desto mehr gemacht.“

1) Orbis terrarum in der Zeit der größten Ausdehnung der römischen
Macht, gleichbedeutend mit römischer Herrschaft, gab hierzu gewiß auch mit
Gelegenheit.

2) So enthält L. 9. D. de lege Rhodia de jactu XIV. 2. „Respon-
dit Antonius Eudaemoni: Ego quidem mundi dominus, Lex autem maris.“
Mehrere Kaisermünzen von Julian, Severus und Caracalla haben die Auf=
schrift: Rector orbis. S. *J. Eckhel* Doctrina numerum vet.
Tom. VII. p. 49. 190. 219. Mehrere andere Ausdrücke dieser Art, sowie
Würdigung dieser ganzen Idee findet sich bei *Pütter* Specimen juris
publici et gentium medii aevi. p. 164—170.

3) *Pütter* l. c. p. 172—210. .A. S. 3. Posse Ueber Staats=
eigenthum in den deutschen Reichslanden. Rostock und Leipzig

1794. 8 S. 57 folg. Eichhorn Rechtsgeschichte. §. 289. Wegen der hierbei gewöhnlich erzählten Anekdote vom geschenkten Pferde f. §. 30. Note 21.

4) Was in Gemäßheit der berühmten Rechtsregel quod imperator in imperio, id princeps in territorio, f. §. 18. Note 34., stattfand.

5) Pütter Beiträge zum deutschen Staats- und Fürsten-rechte. Th. 1. S. 112 folg. 131 folg.

6) *Biener* De natura et indole dominii in territoriis Germaniae. Hal. 1780. p. 25 seq.

7) *Biener* Primae lineae hermeneut. juris feudalis Longob. §. 11. 18. 19. Posse a. a. D. S. 104.

8) S. darüber *C. H. Lang* Comment. de dominii utilis natura, indole atque historia. p. 9.

9) Posse a. a. D. S. 112.

10) *Textor* De jure publico stat. Imper. p. 21. *Ludwig* De jure feudali Sect. II. c. 2. §. 2. Desselben Erläuterung der goldnen Bulle. Th. 1. S. 656. *H. de Eyben* Elect. feudal. p. 242. *Itter* De feudis Imperii. p. 946.

11) Struben Nebenstunden. Th. 3. Nr. 11. S. 627. Reinhard: Was ist eigentlich Dasjenige, was regierende Herren und deutsche Reichs-vasallen von Kaiser und Reich zu Lehn haben? In Zeperniks Auser-lesenen Abhandlungen aus dem Lehnrechte. Th 3. Abh. 3. Posse a. a. D. S. 119 folg.

12) *Biener* De natur. et indol. dom. p. 46. führt mehrere, die-ses bezeichnende, in Urkunden vorkommende Ausdrücke an, welche einen Schluß auf Letzteres zu rechtfertigen scheinen.

13) Das Hauptwerk über und für dieses Landeseigenthum ist das schon angeführte von Biener, wo S. 41 folg. und 79 folg. das Wesen desselben, und im ganzen zweiten Capitel S. 90—175. die Ableitung der Regalien aus demselben dargestellt wird. Dieselben Ansichten hat auch Fischer Lehrbegriff sämmtlicher Cameral- und Polizeirechte. Th. 2. S. 388 folg. Siehe auch den Hauptgegner dieser ganzen Annahmen Posse a. a. D. S. 33 folg.

14) Jac. Rave Ueber den Unterschied der Oberherrschaft und des Eigenthums. Jena 1766. §. 30., und ganz besonders Posse a. a. D. S. 10. 34. 36 folg. widerlegen diese Annahme gründlich. S. auch Runde Deutsches Privatrecht. §. 101b.

15) Pütter a. a. D. S. 130. Posse a. a. D. S. 36.

16) S. Eichhorn Rechtsgeschichte. §. 362 a. E.

17) *Biener* l. c. p. 137 seq.; auch Ickstatt a. a. D. (Ausgabe von Klett) S. 160 und folg.

18) *Meichsner* Decis. cameral. Tom. III. p. 627.

19) a. a. D. S. 95.

20) Eichhorn Rechtsgeschichte. §. 443. Maximilian I. soll sogar wegen des Erscheinens dieses Werkes seinen frühern Plan eines allgemeinen Gesetzbuches aufgegeben haben, was freilich auf keine großen Ideen von der legislatorischen Einsicht dieses Kaisers schließen läßt.

21) Layenspiegel (Ausgabe von 1511) Fol. 31. heißt es, nachdem die römischen Bestimmungen über die Jagd angeführt sind: „Wiewol man

„im rechten finden (ad marg. Nemo aut ratia u. de. pa. tu. in us).
„das man weder Netz, saylen noch andern gezeug von jagens oder vogel-
„wegen, dann allein wider die wilden swein, beeren unn wolp, richten
„solt 2c. Dieweil aber die Kaiser unn Künig dem Rittermäßigen Adel
„von ergeßlichait wegen, als Regalien, setzen und verlenhen, das sy mit
„hunden unn federspil, waidwerk zutreyben haben, So geziemt doch solchs
„den gaistlichen in kainen weg, noch auch den pawrn.“

22) S. oben §. 27 und 29.

23) Posse a. a. O. S. 22. Nr. V.: „Mit stillschweigendem Consens
ist man überhaupt unter Partheien von ungleichen Kräften viel zu frei-
gebig; sollte nicht oft Dasjenige, was man consensum tacitum nennt, in
Absicht des Schwächeren consensus coactus sein?

24) Jagd= und Forstrecht. Frankf. 1582. Fol. 14.

25) De venatione. Colon. 1558. Quaest. XXVII. P. I. No. 1.

25a) Tract. de venatione. No. 21. Ohne Angabe des Jahres
ihres Erscheinens findet sich diese Abhandlung in *Fritsch* Corp. jur. ven.
for. P. I. No. 5., seine übrigen Schriften sind am Ende des 16. Jahrhunderts erschienen.

26) Consilia. Jen. 1603. Vol. II. Cons. 22. No. 27.

27) Tract. de regalibus. Hal. 1619. 8. Cap. III. §. 357.

28) De superioritate territoriali. Gies. 1621. Cap. VI.
No. 78.

29) De regali jure postarum. Marb. 1639. Cap. XVIII. th. 17.

30) Definitiones forenses zuerst Lips. 1644. P. III. const. 32.
def. 17.

31) De republica antiqua veterum Germanorum. §. 21.
in Ejusd. Oper. Tom. I. p. 15.

32) Teutscher Fürstenstaat, zuerst Frankf. 1665. P. III. Cap. 3.
Regal 5. (Ed. V. 1687. S. 402.)

33) Tract. de jure hortorum convenat. etc. Jen. 1670.
M. 4. §. 2.

34) De regalibus privatorum. Helmst. 1671. Cap. XII. th. 2.

35) Einleitung zu der Lehre von den Regalien. Rostock und
Wismar 1757. 4. Lib. II. Cap. V. §. 8.

36) Beßlarische Nebenstunden. Th. 69. S. 31 folg.

37) Gründliche Gewährung des — Jagdregals. S. 78.

38) Diss. de jure venandi, aucupandi et piscandi. Jen.
1756. §. 45. 46.

39) Außer der bereits weiter oben erwähnten Ableitung der Forsthoheit aus der Bibel ist diese fromme Weisheit auch auf das Jagdregal selbst
erstreckt worden. Denn da es im Proph. Jeremias Kap. 27. V. 6. heißt:
„Nun aber habe ich alle diese Lande gegeben in die Hand meines Knechts
Nebucad Nezars, des Königs zu Babel, und habe ihm auch die wilden
Thiere auf dem Felde gegeben, daß sie ihm dienen sollen“, was in Kap. 28.
V. 14. wiederholt wird, und sich auch im Proph. Daniel Kap. 2. V. 38.
findet, so leiteten *Hen. Arnisaeus* Lib. III. De jur. Majest. Argent.
1635. 4. Lib. III. cap. 4. No. 10. und *Harprecht* Sciagraphia li-

18

herde venationis. Tab. 1702. p. 10., sowie auch noch Andere hieraus das Jagdregal ab.

40) So deducirt unter andern auch Lübbe a. a. O. S. 127 folg., daß die Jagd nach ihrem Wesen nicht nur unter die Regalien gehören könne, sondern wegen des öffentlichen Wohles unter diese gerechnet werden muß.

41) Buri Abhandlung über die Regalität der Jagd. S. 1.

42) De jur. Majest. Lib. II. Cap. XIV. §. 23.

43) l. c. Cap. III. §. 558., wobei viel römisches Recht eingemengt wird.

44) l. c. §. 21.

45) Diss. I. De venatione juxta jus Germ. Reg. 1702. Cap. I. §. 15.

46) Pr. de jure Majest. circa venationem. Lips. (s. a.) §. 16.

47) Von der forstlichen Obrigkeit, Forstgerechtigkeit und Wildbann. Aufl. v. 1737. S. 2.

48) Von der Jagd- und Wildbanns-Gerechtigkeit. Cap. II. §. 7 folg.

49) a. a. O. S. 13 folg.

50) a. a. O. S. 243. Pauli, Stisser, Schmauß u. A. haben diesen Satz ebenfalls angenommen.

50b) K. F. Schenk Handbuch über Forstrecht und Forstpolizei. Gotha 1825. S. 129.

51) Vindiciae juris venandi nobilitatis Germanicae. Hild. 1759. 4. Cap. I. §. 5 et 6.

52) Geist der Gesetze der Deutschen. Nürnb. 1761. Cap. 25. §. 8.

53) a. a. O. S. 3.

54) Von der Landeshoheit in Ansehung Erde und Wassers. S. 133.: „Das Bonum publicum ist offt nur ein Deckmantel, und erfordert offt eher, die Jagden denen, so sie nicht haben, zu gestatten, als sie denen, welche sie haben, zu benehmen."

55) Ziegler l. c. Lib. II. Cap. XIV. §. 13. entwickelt diese Ansicht unter Beziehung auf Xenophon und Aristoteles.

56) Es ist dies der Ausspruch des Facciolati, wie Estor De praeceptionibus feodalis disciplinae §. 6. anführt.

57) Pütter a. a. O. S. 207.

58) Sehr ausführlich ist die Frage: wenn die deutschen Fürsten angefangen, in ihren Ländern das jus fisci auszuüben, erörtert von Ph. W. Gerken Vermischte Abhandlungen aus dem Lehn- und teutschen Rechte. Th. 1. Hamburg 1771. S. 216 folg.

59) Wie Eichhorn Rechtsgeschichte. §. 362. Note f., in Beziehung auf die Constitution Friedrichs I., II. F. 56., entwickelt. Wie die richtige Anwendung des römischen Rechts auf die Territorialgesetzgebung oft einwirkte, beweist unter andern die sächsische statutarische Portion. Haubold Sächs. Privatrecht. §. 326.

60) S. oben §. 29.

herrschenden Ideen auf die Entstehung des Jagdre...

61) Aus den Bestimmungen des römischen Rechts über diese behandelt *Ant. Perez.* Praelect. in XII libr. Codicis Justin. Lib. X. 10. No. 22., daß die adespota dem Fiscus gehören.

62) S. hierüber *Posse* a. a. D. S. 65 folg.

63) *J. A. L. Seidensticker* Comm. de fundamentis juris supremae potestatis circa adespota. Goetting. p. 44 seq., wo ganz richtig diese ganze Annahme mit ihren Consequenzen verworfen wird.

64) *Hugo Grotius* De jur. bell. et pac. Lib. II. Cap. 8. §. 5. „Germaniae autem populi, cum principibus ac regibus bona quaedam essent assignanda, unde dignitatem suam sustinerent, sapienter existimarunt, ac illis rebus incipiendum, quae sine damno cujusquam tribui possint, cujusmodi sunt res omnes, quae in dominium nullius pervenerunt."

65) Wie *Stryck* Usus Modernus tit. de adquir. rer. dom. §. 14. Struben Rechtliche Bedenken. Th. 1. S. 126. Th. 2. Bed. 73. und desselben Origin. Nobilit. Germ. Sect. II. Cap. III. §. 3. Pütter a. a. D. S. 208. und *Posse* a. a. D. S. 68.

66) Wie *Biener* l. c. p. 83., der zur Vertheidigung dieser Ansicht in Note d. einen langen Excurs beigefügt.

67) Besonders *Biener* a. a. D. S. 85. und an vielen andern Orten.

68) *Stryck* D. de agris desertis. Cap. 3. No. 61. *J. Joach. Schoepfer* Diss. de jure principis circa adespota. Rost. 1705. Cap. 3. No. 28. Pütter a. a. D. S. 134; 139 und 206. Posse a. a. D. S. 66 folg. S. a. Eichhorn a. a. D. §. 362 a. E. Diese gewöhnliche Urkundenformel ist: cum — — viis et inviis, cultis et incultis, quaesitis et inquirendis.

69) Diese von vielen ältern, als *Nicol. Everhardus* Consil. Vol. I. Cons. 10. No. 23. *Lauterbach* Colleg. pract. Lib. XLI. tit. I. §. 21. *Griebner* Opusc. Tom. V. Sect. III. c. 3. No. 1. u. 2. gehegte Ansicht findet sich mit vieler Gelehrsamkeit unter Beziehung auf die occupatio territorii und das Landeseigenthum entwickelt bei *Biener* l. c. p. 181 seq.

70) *Gottl. Geo. Titius* Specimen juris publici. Lips. 1698. Lib. II. c. 3. §. 16 seq. *And. Homburg* Diss. de jure convenandi Helmst. 1710. §. 11. *J. E. Schröder* Diss. de jure praeventionis circa venationem §. 6. und auch Ickstatt a. a. D. S. 142. der aus allen nur möglichen Gründen die Regalität der Jagd zu beweisen sucht. Sehr gut ist diese, wie ähnliche Ansichten, widerlegt bei *Struben* Vind. jur. ven. Nobil. Germ. Cap. I. §. 2 seq.

71) Im Ganzen liegt dieser Ansicht allerdings eine richtige Idee, die der Oberherrschaft, des Staatsobereigenthums, zum Grunde, und man hat hier wol blos in der Anwendung und Ausdehnung derselben gefehlt; denn jedenfalls schließt die Oberherrschaft des Staats nach völkerrechtlichen Lehren selbst die in seinem Gebiete befindlichen herrenlosen Sachen (adespota) in sich, jedoch blos so, daß dadurch jedem Fremden, sei es ein auswärtiger Staat, oder eine Privatperson, die Occupation der in einem andern Staatsgebiete befindlichen Sachen dieser Art vermehrt wird, nicht aber so, daß dergleichen Sachen, mit Ausschluß jeder Decupation der Bürger, als im Eigenthum des Staats befindlich zu betrachten sind. S. Klüber Europäisches Völkerrecht. §. 134 folg.

72) §. 6. J. de jure nat. gent. et civ. I. 2. L. 1. pr. R. de

constitut. principum I. 4. L. 1. §. 7. Cod. De vet. jur.
enuncl. I. 17.

73) *Everhard* l. c. Vol I. cons. 10. No. 15. *Joach. Hoppius.*
Examen Instit. Erf. 1696. ad §. 6. J. de jur. nat. gent. et
civil. *C. de Einsiedel* l. c. cap. I. §. 31. „sed legem Regiam hic
innuo qua principi populus omne suum Imperium ac potestatem dedit et
detulit." *Hert* De super. territor. §. 44.; auch Lübbe a. a. O.
S. 49. ist dieser Ansicht nicht ganz abgeneigt, obgleich er sonst, S. 27 folg.
und 37 folg., die Einmengung des römischen Rechtes hier sehr treffend
refutirt.

74) S. oben §. 3. Note 7.

75) Lübbe a. a. O. S. 55.

76) Historische Handbibliothek für Sachsen. Leipzig 1750.
Th. 9. Abh. vom Erzjägermeister-Amt. S. 939. Note.

§. 41. Weitere Ausbildung des Jagdregals.

Nachdem auf die angegebene Art und Weise, durch die
Verbindung und Wechselwirkung der im Vorhergehenden ausge-
führten Umstände und Verhältnisse, in mehreren Territorien die
Jagd als Regal behandelt worden und die Idee dieser Regalität
bei den Rechtsgelehrten immer mehr überhand genommen hatte, so
erhielt dadurch die rechtliche Begründung der Jagdbefugniß —
früher mit echtem Eigenthume und rechten Lehn verbunden — in
sofern eine Umgestaltung, als nunmehr blos die Verleihung von
dem Fürsten, oder die Annahme einer stillschweigenden Gestaltung derselben, durch langen unvordenklichen Gebrauch nachgewiesen, als Grund dieses Befugnisses angesehen wurde. Theils
aus dieser veränderten Grundansicht des ganzen Verhältnisses
selbst, theils aber auch wieder auf andere, oft zufällige Weise
entstanden nun mehrere Umstände, die bei der einmal praktisch
gewordenen Idee des Jagdregals die Verbindung und weitere
Ausbildung desselben mit sich führten; wohin ich besonders die
Ansicht, daß nur Adeligen die Jagd zustehe, die immer gewöhn-
licher werdenden und mit praktischen Wirkungen in Verbindung
gesetzten Eintheilungen der Jagd, die oft aus bloser Gnade und
auch überhaupt auf fremdem Grund und Boden gestattete Jagd,
und endlich die einzeln vorkommenden Aufkäufe der Jagden rechne.

Zu der Ansicht, daß nur Adelige berechtigt, die Jagd auszuüben, scheint mir Mehreres geführt zu haben. Nach den
großen Veränderungen, die das Lehnwesen mit seinen Folgen in
dem ganzen öffentlichen Zustand Deutschlands hervorgebracht, waren, so lange die reindeutschen Verhältnisse bei der Jagd obwalteten — wenn man von dem Vorkommen der freien Pürsch
und dem noch seltenern, dann und wann sich findenden Jagdrechte der Bauern abstrahirt — zu derselben allerdings nur rit-

termäßige Personen berechtigt, aber blos aus dem Grunde, weil diese allein dann und wann noch echtes Eigen besaßen, und auch fast die Einzigen waren, die rechte Lehne, Ritterlehne, erhalten konnten [1]). Daß nun dieser Umstand — indem man die blose praktische Erscheinung ohne deren wirkliche Begründung hier beachtete — zu obiger Ansicht mit hinführte, scheint um so weniger zu bezweifeln zu sein, als in den Ländern, wo erweislich schon frühzeitig alle Personen des Bürgerstandes das Recht, Ritterlehne zu erwerben, erhielten, und wo ein retractus gentilitius nie aufkam, wie in Sachsen [2]) sich auch keine Spur jener Ansicht findet, während vielleicht da, wo diese vorhanden, früher solche Verhältnisse stattfanden, und späterhin, als die Zeit hier ein Nachgeben verlangte, eben jene Ansicht ausgebildet wurde. Außer diesem historischen Grunde ist nun aber ferner der Einfluß der von den Rechtsgelehrten über die Jagd entwickelten Ideen auf die hier in Betracht kommende Ansicht nicht zu verkennen; denn in allen jenen Declamationen über die Nothwendigkeit des Jagdverbots aus Gründen des öffentlichen Wohls ist nie auf den Adel gesehen, sondern dieser von diesem Verbote selbst stets ausgenommen worden, was auch selbst, wenn man die Jagd als Vorschule des Kriegs dem Fürsten vindicirte, um so nothwendiger erschien, da jener dann ebenfalls als Kriegerkaste anzusehen war [3]), sowie auch bei Fundirung des Jagdregals auf das longobardische Waffenverbot (II. F. 27. §. 5.) seine Ausschließung dadurch nicht begründet wurde [4]). Die Annahme der Regalität selbst endlich führte ebenfalls dahin; denn weil nach ihr die Jagd Niemand hatte, als wer damit besonders beliehen [5]), Adelige und Ritter aber dies in der Regel nur waren [6]), so unterstützte selbst der gewöhnliche Besitzstand diese, hier in Betracht kommende Ansicht, die auch noch dadurch bestärkt werden konnte, daß in den Landtagsverhandlungen bei Bestätigung der Jagdbefugniß gewöhnlich nur von dem Adel die Rede war, sowie auch diesem an der Geltendmachung derselben nothwendig gelegen sein mußte.

Diese Ansicht ist aber um so merkwürdiger, als durch sie ein früher blos dingliches Recht in ein vermischtes, persönlichdingliches verwandelt wurde, also hier gerade das Gegentheil von dem sonstigen Charakter der Entwickelung germanischer Rechtsinstitute obwaltete, nach dem so häufig früher persönliche Rechte im Laufe der Zeit in dingliche verwandelt wurden; daher sie denn auch wol in keiner andern Zeit als der, wo so Vieles von den alten Verhältnissen durch fremde Rechtsbegriffe vernichtet wurde, stattfinden und dennoch nie allgemein werden konnte.

Urkundliche Beispiele von der praktischen Geltung dieser Ansicht lassen sich aus mehreren deutschen Ländern nachweisen. In

Baiern klagten schon 1499 die Landstände über eine, den Bauern theilweise gestattete Niederjagd, wodurch die dem Fürsten und Adel zukommende Erholung ihnen entzogen werde [7]; worauf in der Erklärung der Landesfreiheiten von 1616 die Jagd nur den Prälaten, Stiftern, Edelleuten und Bürgern von Geschlechtern (also dem Städteadel) in den Städten [8], die es besonders hergebracht, gestattet wird [9], was eine in derselben Zeit promulgirte Landesordnung wiederholt und die Jagd allen Andern, „allem andern gemeinen volkh und sonderlich aller pawrschaft", verbietet [10]. Eben so findet sich in einer der Ritterschaft in der obern Pfalz 1579 ertheilten Jagdconcession [11] nur diese selbst erwähnt, sowie auch in einer spätern baierischen Forst= und Jagdordnung den Beamten jede Ueberlassung von niederer Jagd an Bauern verboten, und blos an den Landesgrenzen gestattet wird [12]. Eine Bestätigung für den oben angegebenen historischen Ursprung dieser Ansicht bietet Baiern in sofern dar, als hier ohne churfürstliche Erlaubniß ein Nichtadeliger keine adeligen Besitzungen erlangen und doch wenigstens alle damit sonst verbundenen Rechte nicht ausüben konnte [13]. Würtembergische Gesetze [14] von 1551 und 1588 sprechen, aus Rücksichten auf das öffentliche Wohl, Jagdverbote für die gemeinen Leute aus, sind aber eben so gut auf Wilddieberei, als auf unsern Gegenstand zu beziehen. Unter dieselbe Kategorie ist eine ähnliche Verordnung der elsasser Polizeiordnungen von 1552 zu stellen [15]. Im Erzherzogthume Oestreich ob der Ens aber, wo außerhalb der geschlossenen Jagddistricte die niedere Jagd (Reißgejagt) dem Landadel zustand, war in der Reißgejagtsordnung von 1581 verordnet, daß alle angesessene Edelleute diese Jagd ausüben könnten, die nicht angesessenen hingegen allein zu rechter Zeit holzen und baitzen; die aber endlich, die sich in den Städten aufhalten und bürgerliche Gewerbe treiben, also „zugleich Edel und Bürgerliche sein wollen", diese Jagd gar nicht ausüben dürfen [16]; daher wol anzunehmen, daß eine solche Jagdbefugniß allen Nichtadeligen keineswegs zugestanden, sowie diese Befugniß hier überhaupt recht deutlich als dinglich und persönlich zugleich sich darstellt. Die brandenburgischen Länder endlich gaben über die Persönlichkeit der Jagd das deutlichste Beispiel. In Jülich, Cleve und Berg war schon unter Herzog Wilhelm 1558 allen Denen, die nicht von der Ritterschaft oder sonst besonders privilegirt, die Jagd untersagt, und diesen selbst nur die niedere Jagd gestattet worden [17], und in dem cleve= und märkischen Landtagsabschiede unter Churfürst Friedrich Wilhelm von 1649 wurde festgesetzt, daß hinfüro Bürger und Handelsleute und alle Diejenigen, die, ohne selbst von Adel zu sein, Rittergüter erwarben, keine Jagdgerechtigkeit ausüben sollen, mit Ausnahme derjenigen, welche vor dieser Bestimmung die Jagdgerechtigkeit schon erlangt[18]). Auf dem Landtage von 1660 wurde dies bestätigt[19]), und 1676 an die clevische Regierung verordnet, daß die Ritterbürtigen und zu Landtägen Qualificirten ihr vermeintliches Jagdrecht binnen gewisser Zeit gegen den Fiscus ausführen sollen; den Unqualificirten aber jede Jagd zu untersagen und keine Berufung auf ordentlichen Prozeß dabei zu berücksichtigen sei[20]). Wenn übrigens bei diesen Anordnungen, die das Jagdregal so deutlich aussprechen, den Städten ihre hergebrachte Jagd, aber auch nur so weit, als der Buchstabe der Privilegien ausweist, gelassen werden soll, so ist dies theils aus ihrer Gegenwart und Wichtigkeit auf den Landtagen, theils durch den ausgesprochenen Grundsatz der Erhaltung der erworbenen Rechte zu erklären[21]). In dem halberstädtischen Homagialreceß von 1650 findet sich eine ähnliche Bestimmung, wie in obiger Reißgejagdtsordnung für Oestreich, indem alle hergebrachten Jagden sowol auf den eignen Gründen des Adels, als auch da, wo derselbe die Koppeljagd besitzt, unter besonderer Ausnahme der churfürstlichen Gehege, sowie die Jagd der Städte bestätigt, zugleich aber festgesetzt wird, daß denen vom Adel, die bürgerliche Häuser in den Städten kaufen, keine Jagden in solchen Districten zustehen sollen, „weil die Jagden, als ein Regale, zu bürgerlichen Häusern nicht gehören und also in hoc respectu nicht für eine wohlhergebrachte Gerechtigkeit, sondern für ein neuerlich Attentatum, zu halten, und daher zu verbieten und abzuschaffen seyn"[22]).

Die Regalität wurde nun durch diese Ansicht in sofern befördert und ausgebildet, daß, indem in den Fällen, wo ein solcher Unqualificirter ein Gut erlangte, mit dem die Jagd eigentlich verbunden war, ihm die Ausübung derselben untersagt wurde und sie auf die Zeit seines Besitzes dem Fiscus anheimfiel, wie unter andern auch in einem anonymen Rechtsgutachten, wahrscheinlich vom Ende des 17. Jahrhunderts, wegen eines in der Grafschaft Hanau gelegenen und von einem Bürgerlichen erworbenen Rittergutes weitläufig und ganz im Sinne jener Zeit deducirt wird[23]).

Wie wir bereits oben in der Periode von Entstehung der Bannforste bis zur Entwickelung der Landeshoheit gesehen, so war es denn allerdings schon frühzeitig oft gebräuchlich, größere von den kleinern jagdbaren Thieren zu unterscheiden, ohne daß aber dadurch wirklich eine Eintheilung in höhere und niedere Jagd begründet gewesen wäre; denn theils war jene Unterscheidung keineswegs allgemein, theils mit ihr, einige wenige, oben besonders angeführte Ausnahmen abgerechnet, weiter keine praktische Folge verbunden[24]). Nachdem aber die Idee der

Regalität der Jagd einmal angefangen, festen Fuß zu fassen, veränderten sich auch jene Verhältnisse, denn indem nun häufig verlangt wurde, daß die Unterthanen ihr Jagdrecht gegen den Fiscus nachweisen sollten, eine Prätension, die erst mit der Idee der Regalität selbst vorkommen konnte, und alle Bestätigungen der Jagd, die in Landtagsreversen und andern Urkunden (gewiß aber nicht anders als nach vorhergehenden Unterhandlungen und oft auch Beweisführungen) vorkommen, nur von dem bisher besessenen Rechte sprechen: so ging die nunmehr sogenannte hohe Jagd den Landsassen wol oft verloren, weil sie in ihren beschränktern Jagddistricten diese nicht so leicht nachweisen konnten[25]), und allgemeine Verleihungen der Jagd schon zeitig blos von der niedern und nicht auch von der hohen verstanden wurden[26]). Ganz richtig ist daher die Ansicht, daß diese Eintheilung zur Beförderung der Regalität erfunden[27]), denn durch sie erlangten die Fürsten, selbst bei sonstigen Bestätigungen der hergebrachten Jagdbefugnisse, sehr oft die hohe Jagd, wenn auch nicht im ganzen Lande, doch in einem großen Theile desselben, so daß selbst in dem Falle, wenn ein allgemeines Jagdregal sich nicht überall, sondern nur in beschränktem Maaße durchführen ließ, die hohe Jagd Regal wurde, welche Ansicht eine Berufung auf den Wildbann oft wol auch beförderte[28]), da in den Bannforsten die Jagd des hohen Wildes wol immer die Hauptsache war.

Aus dieser Zeit der Entstehung des Jagdregals finden sich denn nun auch mehrere urkundliche Nachrichten einer solchen mit praktischen Folgen verbundenen Jagdeintheilung. In der öfters schon angeführten baierischen Landtagsschrift von 1499 wird nicht nur über die den Bauern gestattete Niederjagd, sondern auch über die dem Adel entzogene hohe Jagd geklagt[29]); doch findet in der ebenfalls öfters angezogenen Erklärung der Landesfreiheiten von 1516 sich nichts von der hohen Jagd, wenigstens nichts vom Rothwilde, erwähnt, sondern nur die übrige Jagd wird dem Adel daselbst gestattet[30]), sowie auch in der obern Pfalz 1579 denen von der Ritterschaft, die keine eigenthümlichen Jagden haben, auf den landgerichtlichen Gründen die niedere Jagd allein zugestanden wurde[31]). In Berg, wo schon in der vorigen Periode eine derartige Einrichtung stattfand, nach der dem Herrn die hohe Jagd allein zustand[32]), sowie in dem damit verbundenen Jülich und Cleve, wurde 1558 blos eine durch die landesherrlichen Forsten beschränkte niedere Jagd der Ritterschaft eingeräumt[33]). In Steyermark spricht sich eine landesherrliche Erklärung von 1577 ebenfalls dahin aus, daß den Unterthanen nur die niedere Jagd (Reißgejägd) zustehe, daher denn weder Rothwild, noch wilde Schweine zu jagen ihnen zukomme, und aus Gnade wurde die Rehjagd mit jener verbunden wurde, während die hohe der Landesherr sich vorbehielt [34]). Einen gleichen Vorbehalt finde ich endlich noch in einem brandenburgischen Revers von 1611 ausgesprochen; indem sie der Churfürst von einer besondern Berechtigung daselbst abhängig macht [35]).

Außer diesen Urkunden, in denen eine Regalität der hohen Jagd sich ausspricht, findet diese Jagdeintheilung, der überall, wo sie vorhanden, jene Wirkung leicht beizulegen war, sich auch in Oestreich [36]), Sachsen [37]) und Braunschweig [38]) schon im 16. Jahrhundert. Keineswegs übereinstimmend ist übrigens diese Eintheilung in den einzelnen deutschen Ländern, indem bald mehr, bald weniger Thiere zu der hohen oder niedern Jagd gerechnet, und selbst auch dann und wann noch eine mittlere angenommen wird, was aber hier, wo nur die Wirkung dieser Ansicht auf die Ausbildung des Jagdregals anzugeben, weiter nicht in Betracht kommt.

Von weit geringerm Einfluß, als die im Vorhergehenden erwähnten Verhältnisse auf unsern Gegenstand sind, sind die auf fremdem Boden gestatteten und die Gnadenjagden, welche aber doch in etwas wenigstens auf die Ausbildung des Jagdregals mitgewirkt zu haben scheinen.

Eine auf fremdem Grund und Boden, unter dem bei den Rittergütern aber die bäuerlichen Grundstücke nicht mitzurechnen, zustehende Jagdbefugniß ist der ursprünglichen Natur dieses Rechts in Deutschland keineswegs angemessen; daher es denn immer als sicher angenommen wurde, daß ein solches Verhältniß, das auf verschiedene Weise begründet werden konnte [39]), besonders bewiesen werden müßte [40]). Dadurch aber, daß solche Verhältnisse öfters als früher vorkamen, wohin denn auch die gegen Deputate erlangte Jagd, oder die auf andern Gütern, ohne diese selbst, erkaufte mitzurechnen [41]), fand ein Einfluß auf die Ausbildung der Regalität der Jagd in sofern statt, als bei dieser der Fürst ebenfalls ein Jagdrecht auf fremdem Grund und Boden in Anspruch nahm, was denn weit eher realisirt werden konnte, wenn überhaupt dergleichen Verhältnisse obwalteten.

Gnadenjagden — Jagden, welche von deren Inhaber Andern entweder auf eine im Voraus bestimmte Zeit, oder auf Widerruf gegeben werden [42]), und von denen wir schon in der zweiten Abtheilung §. 15. und 28. einige ältere Spuren erwähnt — lassen sich jetzt weit häufiger wie früher finden, was wol schon aus den weiter verbreiteten landesfürstlichen Jagdrechten mit hervorging. So kommen Beispiele derselben aus Brandenburg [43]) und Würtemberg [44]) öfters vor; doch scheint sie wegen mehrerer Bestimmungen der baierischen Forstordnungen [45]), nach denen unter andern besonders seltene und große gefangene Jagd-

thiere dem Fürsten zu übersenden, in Baiern besonders sehr verbreitet gewesen zu sein. Bei mehreren solchen Concessionen wurde
eine Mitjagd von Seiten der Fürsten vorbehalten [46]), was bei
mehreren Rechtsgelehrten, in Verbindung mit deren ganzem regalistischen Geiste, zu der Annahme einer dem Fürsten überhaupt
zustehenden Mitjagd bei solchen Verleihungen führte [47]), sowie
man aus der urkundlich in Pfalz-Neuburg vorkommenden Bestimmung, daß dem Landesfürsten in den Jagddistricten der Unterthanen zu eigner Lust zu jagen freistehe [48]), auch eine besondere Art der Jagd, die Lustjagd, schuf [49]). Je verbreiteter
nun aber solche Gnadenjagden, mit oder ohne dergleichen Reser-
vaten, waren, desto leichter mußte auch die Ansicht der überhaupt nur durch den Fürsten erhaltenen Jagdbefugniß, unter
Verbindung mit den übrigen hier einschlagenden Umständen, sich
verbreiten, und somit denn die Regalität befördert und weiter
ausgebildet werden.

In Sachsen, wo durch große und bedeutende Besitzungen
des regierenden Hauses, bei Einziehung vieler Klöster nach der
Reformation noch bedeutend vermehrt, und durch die ganzen
politischen Verhältnisse, besonders durch die frühzeitige Landeshoheit und das strenge Landsassiat in Meißen, alle jene Momente vorhanden waren, welche in den einzelnen deutschen Ländern die Idee des Jagdregals hervorrufen und verwirklichen
konnten, war dieses Regal unter Churfürst August sicher schon
vorhanden [50]), und wurde von ihm noch mehr durch Ankäufe
von Jagden und Wäldern, letztere besonders wegen des Bergbaues im Erzgebirge von großer Wichtigkeit, ausgebildet und
erweitert. So untersagte er mehreren Vasallen die Ausübung
der hohen Jagd bis auf weiteren Bescheid, indem er, wenn sie
derselben wirklich berechtigt — was also den altdeutschen Principien entgegen und denen der Regalität gemäß an die Stelle einer
Präsumtion für die Jagd des Grundbesitzers für diesen die Last
der Beweisführung herbeiführte — sich mit ihnen vergleichen
wollte [51]), was denn auch theils durch Ankauf großer Besitzungen, theils durch den von bloßen Jagden, oder auch nur der
hohen Jagd geschah [52]). Sicher war dies bei obwaltenden
Streitigkeiten und Zweifeln [53]) der beste und rechtlichste Weg zur
weitern Ausbildung dieses Regals, was auch in sofern anerkannt
wurde, als sich über diese Maßregeln keine Beschwerden der
Landstände in den Landtagsacten finden.

1) S. oben §. 27.

2) Die Lehnsfähigkeit der Bürger wurde durch ein Privilegium Ludwigs des Baiern 1329 und Karls IV. 1350 für die meißnisch-thüringischen
Länder ausgesprochen, und ihnen dieses Recht bei den von dem Adel auf

den Landtagen des 16. Jahrhunderts erhobenen Streitigkeiten, die zu ihren Gunsten entschieden wurden, bestätigt. Zachariä Sächs. Lehnrecht. 2. Aufl. von Weiße und von Langenn. S. 71 folg.; die von F. L. Hausmann Kurze Darstellung einiger Verhältnisse des Bürgerstandes in den meißnischen und thüringischen Provinzen. S. 29. aufgeführten Beispiele von früherer Lehnsfähigkeit der Bürger beziehen sich wol eher auf den Städteadel, die Bürger von rathsfähigen Geschlechtern, als auf alle Bürger; jedenfalls hing aber diese ertheilte Lehnsfähigkeit mit der ganzen Politik der meißner Fürsten zusammen, wegen Befestigung der Landeshoheit und des Landsassiats den Adel nicht zu mächtig werden zu lassen. Chr. L. Weiße Geschichte der Chursächsischen Staaten. Th. 2. S. 178. C. W. Böttiger Geschichte des Kurstaats und Königreichs Sachsen. Th. 1. S. 287.

3) S. darüber den vorigen §.

4) Nur auf nicht ritterbürtige Personen bezog sich dieses Waffenverbot, s. §. 27. Note 32 folg.; daher denn auch Tengler Layenspiegel. Fol. 31. (§. 40. Note 21.) dem Adel allein die Jagd zuschreibt.

5) *Rosenthal* Tract. et synops. feud. Cap. V. conc. 94.

6) *Francisc. Zoanetti* Tr. de venatione. No. 27. *Tiraquellus* Tract. de nobilitate. c. 35. No. 139. *C. de Einsiedel* De Regalibus. Cap. III. §. 358. und viele Andere hatten diese Ansicht.

7) S. §. 38. Note 7. „Quare (heißt es bei dieser Beschwerde) ludus honestus Principibus et Nobilitate dignus illis surripitur.“

8) In Baiern mußte sie demnach, als in den übrigen Ländern durch Aufnahme der Zünfte in den Rath das Criterium der Ritterbürtigkeit, und mit ihm letztere selbst den Geschlechtern verloren gegangen war, erhalten worden sein. Ueber diese Geschlechter überhaupt s. Eichhorn Rechtsgeschichte. §. 224a. 243. 432 und 446.

9) S. §. 38. Note 8.

10) S. §. 39. Note 20.

11) *Moser* Von der Landeshoheit in Ansehung Erde und Wassers. S. 82.

12) Bei *Fritsch* Corp. jur. ven. for. P. III. p. 78. (Ed. I.) S. auch Riccius Zuverlässiger Entwurf von der in Teutschland üblichen Jagdgerechtigkeit. Cap. I. §. 32 und 34.

13) Riccius a. a. O. Cap. I. §. 32. und Desselb. Zuverlässiger Entwurf von dem landsässigen Adel in Teutschland. Th. 2. Cap. 20. §. 3. S. 420.

14) Riccius Jagdgerechtigkeit. Cap. I. §. 35.

15) S. §. 39. Note 21.

16) Bei *Fritsch* l. c. p. 71. „Das nehmlich und fürs Erste, alle und jede Edelleuth, sie seyn nun Alt oder Neue, so eigenthümliche Edelmans Siz und Güter im Lande, und zu Land-Leuthen angenommen, sich deß Reiß-Gejagts zu gebrauchen macht haben, die andere aber, welche solche Güter im Land nicht besizen, ob sie gleich vom Adel, darunter gleichfalls die so Herrn-Stands seyn, verstanden werden, sich allein des Holzen und Baizens zu rechter Zeit, nach Adeligem Lust und alten Herkommen gemeß betragen, auch diejenigen so bürgerlich Gewerb in Städten treiben, ob sie gleich Nobilitirt und Geadelt, doch zugleich Edel und Bürgerlich seyn

wollen, nicht allein von der Reißgejagts sondern auch Baissens und Holzens Gerechtigkeit in dieser Ordnung gänzlich ausgeschlossen seyn soll. Zum Andern soll allen angenommenen Landleuten von allen ihren unererbten Besten oder Edelmans=Wohnungen obstehender massen das Reißgejägt zu gebrauchen unverwehrt seyn." — — Zum Sechsten, obwohl im gemein die Verlaßung des Reißgejägts dem gemeinen Mann, auch Bürgern und Bauern, deßgleichen allem andern ledigen Gesind, eingestellt und verboten — —". Landmann hat hier nach dem ganzen Zusammenhange jedenfalls die Bedeutung von Landsasse.

17) „Gleichfalls das auch niemandt in oder umb unsere Wiltbann jage, auch alle anndern, sie seien geistlich oder weltlich, unsere diener oder anndere die nit von der Ritterschaft, oder des nit sonderlich privilegirt, sich alles Jagens, auch mit Hasen Conin und Velbhoner enthalten. Dergleichen niemand uff unsern Wrangen die Conin fange, anders denn diejhenige denen wir es befolhen, oder zu thun vergunnt. Das aber sunst unsere Ritterschaft Hasen und Veldthoner umb ire heuser, die sie wonen, dergleichen die Conin daselbst uff irem Erb fangen, mögen wir erleiden, das solichs, wie an einem yeden ort von alters herkommen und gewohnlich, gehalten werde." Policey sambt andern Ordnungen des — — Herren Wilhelms Herzogen zu Gülich, Cleve und Berg ꝛc. Im jar 1558 außgegangen. Cöln 1558. Fol. p 52 seq.

18) Lünig Von der mittelbaren und landsässigen Ritterschaft in Deutschland. Tom. I. p. 1044. „So setzen und ordnen wir auch ferner, daß von neuen und hinführo einige Bürger oder Hausleute oder auch diejenigen so zwar adelige Güter und Rittersitze an sich bringen, sich aber doch als Rittermäßige nicht qualificiren können, einiger Jagdgerechtigkeit nicht zu genießen, noch derselben anzumaßen haben sollen, jedoch seynd die Casus praeteriti und diejenige so vor dieser unserer jetzigen Bewilligung mit denen Gütern zugleich auch die Jagd Gerechtigkeit Kaufsweiß allberait an sich gebracht, nicht gemeint, dann diesen ihr jus quaesitum wider Willen nicht genommen werden kann. Wie denn auch diese Gerechtigkeit alsdann nicht unbillig revivisciret, so bald diese also veralienirte adelige Güter hinwiederum an qualificirte Rittermäßige Besitzer kommen und transferirt werden."

19) Moser a. a. O. S. 88.

20) Moser a. a. O. S. 89. „Weil so viel Unqualificirte sich der Jagd bedienen, als sollen 1. die Ritterbürtige, die sich zu Landtagen qualificiren können, ihre vermeintlich habende jura venandi binnen gewisser Zeit contra fiscum der Gebühr ausführen, — — 2) den Unqualificirten aber solle man ganz keine Jagden verstatten, bis sie zu Landtagen sich der Gebühr werden qualificirt haben: Und ob sie gleich ad ordinarium — — sich berufen wollten, könnel doch der Churfürst nicht geschehen laßen, daß sie, Ihme zum Präjudiz, darzu admittirt werden. 3) Was die zur Jagd berechtigten Stätte betreffe, seye der Churfürst zwar zufrieden, daß sie ihren Privilegien gemäß, die Jagd behalten, jedoch anderer Gestalt nicht, als was jetzt berührte ihre Privilegia in der Litter klar besagen."

21) Riccius a. a. O. Cap. I. §. 54.

22) Moser a. a. O. S. 89.

23) Dieses Responsum befindet sich in W. Fr. Pistorius Amoenitates historico-juridicae etc. Th. 6. p. 1524 folg. Hahns historisch=juridische Ausführung vom Jagd= und Forstrecht beigefügt.

24) S. oben §. 15 und 28.

25) Eichhorn Rechtsgeschichte. §. 548.

26) *Wehner* Observ. pract. s. v. Forstrecht, *Herold* Observation. forens. Cons. dec. XVI.

27) Schon *Pet. Heigius* Quaest. jur. civil. P. I. qu. 15. No. 61—67. und *Stryk* Praefatio ad Fritsch. Corp. jur. ven. for. Ed. II. No. 42. bemerkten dies.

28) *Riccius* a. a. O. Cap. IV. §. 2. *Mittermaier* Deutsches Privatrecht. §. 271. S. auch *Pufendorf* Observ. univ. jur. T. I. obs. 228., so wie das, was bei der Jagd in den Marken oben §. 23. bemerkt wurde.

29) „Venatorum praefecti conantur contra omne jus atque veterem consuetudinem Nobilitatem arcere a venatione magnarum ferarum et capreolorum." S. §. 38. Note 7.

30) S. §. 38. Note 8.

31) Moser a. a. O. S. 82.

32) S. §. 28. Note 29 und 30.

33) S. Note 17.

34) Ihr F. D. Erklerung 2c. ao 1577. „Das Schwarzwildt wirdt bey ainicher Nation, keine außgenommen, undter das Reyßgejaidt, nicht gezogen, Darumben so wissen es ihr F. D. auch nicht darunder zu rechnen, Von den Rächen (Rehen) könndten ihr F. D. ebendaßelb auch sagen, vnd es also darmit bey dem alten herkommen billich bleiben laßen, Aber damit ein Ersame Landtschafft jhrer D. Gnaden allenthalben spüren und empfinden mögen, So wöllen ihr F. D. hiemit gnedigklich bewilligt haben, daß jeder Landtmann lusthalben, und in eigner Person, auff sein Gründen, sie seyen wo sie wöllen gelegen, die Rech fällen, vnnd fahen mög, doch so weit es ohne vertreibung, fällung vnd abödung des Rottenwildts sein kan, darundter wirdt sich ein jeder der gebürlichen beschaidenheyt vnd maß zu gebrauchen wissen, Auff das im widrigen fall ihr F. D. 2c. nicht ursach schöpffen, bey denselben bise bewilligung wider einzustellen, salcher maßen haben ihr F. D. diesen so offt eräferten beschwärungs Articl mit gnaden für allzeyt erledigen wöllen." Landhandveste des Herzogth. Steyer. Fol. 66 b. Augsb. 1583. Fol. Landmann hat hier jedenfalls dieselbe Bedeutung, die oben Note 16. in Oestreich nachgewiesen wurde, nämlich die von Landsasse, wie aus vielen andern Stellen dieser Landhandveste sich ergiebt. Indem diese aber nur in eigener Person auf ihren eigenen Gründen diese Jagd ausüben durften, und dies noch dazu nur aus landesherrlicher Bewilligung und Concession, so weist dies auch jedenfalls die damals schon stattgefundene Entwickelung des Jagdregals in Steyermark nach.

35) Revers vom 11. Jun. 1611 vom Churf. Johann Sigismund, *Joach. Scheplitz* Consuetudines Elector. et Marchion. Brandenburgensis. Lips. 1617. Fol. P. IV. tit. 26. p. 545. „Zum zwanzigsten. Wir und unsere Erben wollen uns auch auf der Prälaten, Herrn, und denen von der Ritterschaft Gütern, nicht weiters denn von Alters beschehen, oder wie solches die sonderbahre auffgerichtete Jagt und andere Vertrage und abhandlungen besagen, oder wir sonsten aus Hoheit zu jagen macht haben, der Jagten anmaßen, auch bey unsern Beambten und dienern solche zu geschehen verschaffen, doch daß unsere Embter und Wildbahnen, desgleichen die andern Felder, Haiden und Gehölze, darauf

wir der Jagten Gerechtigkeiten von denen vom Adel und anders auch wiederumb gleichmäßig mit der Jagt verschont werden. Sonsten und außer das aber, wollen wir einen jeden bey seinen Jagten, wie er dieselben in ruheligen Gebrauch, beständig herobracht, im Besitz hat, ungehindert bleiben, auch dabei geschehen laßen, daß diejenigen, so ohne alle mittel der hohen und andern Jagten berechtigt, und davon nicht abgefunden seyn, oder: aber ex gratia sonderliche bewilligunge von uns haben (ungeachtet, voriger oder künftiger inhibitionen) auff den ihrigen sich auch des schießens ungehindert mügen gebrauchen, können auch mit denen von Adel, so an Polen und Pommern an den Gränzen wohnen, zufrieden seyn, auf den ihrigen Schweine und Rehe zu fahen und zu schießen, Gleichwol aber das hohe Wild, sie weren es denn sonderlich berechtiget, gänzlich zu schonen." In dieser ganzen Stelle spricht die Ansicht vom Jagdregal sich ebenfalls sehr deutlich aus, denn was soll sonst das „aber wir sonsten aus Hoheit zu jagen macht haben", was ebenfalls in einem Revers von Joachim Friedrich von 1602, Scheplitz l. c. p. 549., vorkommt, bedeuten?

36) Reißgejägts Ordnung von 1581, Fritsch l. c. p. 71.

37) Wie in den weiter unten Note 52. zu benennenden Urkunden, dann in den §. 38. erwähnten Landtagsverhandlungen und mehreren Gesetzen dieser Zeit.

38) Edict von 1581, Fritsch l. c. p. 139.

39) Riccius a. a. O. Cap. III. §. 1 folg.

40) Struben Rechtliche Bedenken. Th. 1. S. 153. Pufendorf Observ. jur. univers. T. II. obs. 50. 223. T. IV. obs. 270.

41) Von solchen Erlangungen der Jagd auf fremden Grundstücken laßen sich sehr viele Beispiele finden. So erwarb Herzog Albrecht von Baiern 1499 von dem Kloster Benediktbaiern gegen ein jährliches Wildeputat die Jagd auf den, leztern zustehenden Grundstücken auf 10 Jahr, Monument. Boica. Tom. VII. p. 217. (f. §. 28. Note 4.); in Sachsen erwarb der Churfürst viele Jagben auf fremdem Grund und Boden durch die weiter unten Note 52. anzuführenden Käufe, und daß in Brandenburg ähnliche Verhältniße obwalteten, ergiebt sich aus mehreren Bestimmungen des Note 35. angeführten Revers, Scheplitz l. c. p. 546., wo es nach der Bestimmung, daß die Wälder, in denen der Churfürst jagen will, stets 4 Wochen vorher geschloßen sein sollen, heißt: „der Junkere Haiden aber auf denen wir zu jagen berechtigt, wollten wir mit solcher Schleißunge verschonen." In einem hannöverischen Landtagsabschiede von 1639, Moser a. a. O. S. 92., werden ebenfalls nur die von der Ritterschaft erwähnt, welche statt ihres Jagdrechts ein Deputat bekommen.

42) Stiffer Forst- und Jagdhistorie. Cap. VII. §. 60. Riccius a. a. O. Cap. VI. §. 1 seq.; gewöhnlich muß wegen ihrer Gestattung ein Revers gegeben werden. Beck Von der forstlichen Obrigkeit ic. Cap. III. §. 9.

43) Mehrere, auf solche Jagben sich beziehende Urkunden von 1480 und 1530 theilt Stiffer a. a. O. Cap. VII. §. 59. mit, so wie auch in dem Note 35. erwähnten Revers mir eine Spur davon vorzukommen scheint.

44) Schmidlin Würtemberg. Forst- und Jagdgesetze. Th. I. S. 17. Riccius a. a. O. Cap. VI. §. 6.

45) Bayerische Forstordnung (ohne Angabe des Jahres) bei Fritsch l. c. p. 73 seq., Cap. 2. Von der Prälaten, vom Adel und Landsößen Erb wie auch der fürstl. Beamten und anderer Gnaden Gejägten.

p. 74. und Cap. 8. (p. 76.): „Nachdem von alters hero gebräuchig gewesen, da unsere Pfleger, ein Praelat, die vom Adel oder andere, so nit Erbejägter sondern allein Verlaßnen und Gnaden Gejägter haben, in denselben einen ansehnlichen großen Hirschen, Bären, Lux, Wolf, Wild Katzen oder ander Thier, so andern Thieren etwas fürtreffen, und uns wohl zu sehen seyn möchten, gefangen, dasselbe uns von ihnen zugeschickt, und nicht verhalten worden, Als versehen wir uns gnädigst, es hinfürder nicht minder beschehen werde, bevorab weil es jeden selbst zu Ehren und Gnaden reichen thut."

45) So bei einer solchen Gelegenheit in Würtemberg 1629. Riccius a. a. O. Cap. VI. §. 11., wohin auch gewissermaßen die so eben angeführte baierische Anordnung gehört.

47) Hert De superiorit. territoriali. §. 49. Fritsch De convenatione. No. 11. §. 2. Lübbe Bewährung des Jagdregals. S. 190 folg. Diese ganze Ansicht ging unmittelbar aus dem einmal angenommenen strengen Jagdregale hervor.

48) Lünig Von der landsäßigen Ritterschaft. T. 1. p. 1164. daß ihm (dem Pfalzgraf) seinen Söhnen Erben und Nachkommen, wenn sie in eigner Person lustshalber an ein oder den andern Ort, da ein Landstand das Weidwerk zu treiben befugt holzen oder jagen wollen dergleichen unverwehrt und frei sein soll."

49) v. Beust Von der Wildbahnsgerechtigkeit. Cap. V. §. 15.

50) Haubold Sächs. Privatrecht. §. 235. Weiße K. S. Staatsrecht. Th. 2. §. 216.

51) Weiße a. a. O. §. 216. Note 3. und Geschichte der Churf. Staaten. Th. 4. S. 168. Note ++ führt an, daß mehrere Vasallen folgenden Befehl von dem Churfürst erhalten: „Lieber getreuer, ob du dich wohl bisher der hohen Jagd uff deinen und andern gutern eines Theils unterzogen, so begeren wir doch, du wollest dich derselben forder bis uff fernerem unseren bescheid gentzlichen enthalten und do du deren genugsam berechtigt, So wollen wir dir derwegen nach genohmener erkundigt unnd besichtigung vergleichung machen." Durch Aufstellung und Einführung solcher Grundsätze, nicht aber durch die Forst- und Holz-Ordnung vom 8. Sept. 1560, wie Haubold a. a. O. §. 235. anzunehmen scheint, da diese in ihrem Jagdverbote, wie Weiße Staatsrecht. §. 216. Note 1. sehr richtig bemerkt, nur von der Jagd auf landesherrlichen Distrikten spricht, wurde das Jagdregal hier eingeführt.

52) Ein Reihe solcher Aufkäufe von Wildbann und Jagden findet sich bei Weiße Neues Museum für sächs. Literatur und Staatskunde. 2. Bd. 1. Heft. Freiberg 1801. S. 89—97., so wie auch eine merkwürdige derartige Urkunde über den Ankauf mehrerer Planitzischen Güter, bei Gottfr. Aug. Arndt Archiv der Sächs. Geschichte. Th. 2. S. 367 folg. befindlich ist.

53) Weiße Geschichte der Chursächs. Staaten. Th. 4. S. 168.

§. 42. Folgen der in einzelnen Territorien entstandenen Regalität der Jagd.

Vielleicht keine der im Vorhergehenden entwickelten Ursachen und Umständen allein, aus und unter welchen die Ansicht einer

Regalität der Jagd entstehen, sich weiter ausbilden und endlich
praktisch werden konnte, wol aber mehrere von ihnen, oder alle
in Verbindung bewirkten, daß endlich in einem großen Theile
der Deutschland bildenden einzelnen Länder es ein angenommener Satz wurde, die Jagd als ein Regal zu betrachten.
Indem dieses nun aber nicht in allen Ländern stattfand, eine
allgemeine deutsche Gewohnheit somit eben so wenig als ein
Reichsgesetz sich dafür anführen ließ, und trotz der großen Anzahl von Rechtsgelehrten, die das Jagdregal annahmen, es doch
zu keiner Zeit an Widerspruch fehlte, und endlich der historische
Beweis, den man für das Jagdregal unternahm, gänzlich ver-
unglückte ¹), so läßt sich dieses Regal auch nicht als ein ge-
mein-rechtliches betrachten, sondern ist überall, wo es als wirklich erwiesen vorhanden, blos als ein Ergebniß der Particular-
rechte und der Entwickelung der Territorialverhältnisse anzusehen ²). Ganz in Uebereinstimmung mit dem bis jetzt geschil-
derten Entwickelungsgang der hier einschlagenden Verhältnisse
und Ansichten ist mir von keinem einzelnen deutschen Staate
ein besonderes, dem 16. oder 17. Jahrhundert angehörendes Gesetz vorgekommen, in dem mit klaren Worten, unter Derogirung
der frühern Verhältnisse, die Regalität der Jagd eingeführt worden
wäre, sondern auch hier ist die Entstehung dieses Regals nach
und nach, oft auf dem Wege der Gewohnheit, erfolgt und später dann mit mehrerer oder minderer Deutlichkeit in den Gesetzen ausgesprochen, wodurch auch allein zu erklären, warum es
über die Frage dieser Regalität oft zu solchen heftigen Streitigkeiten, wie z. B. im Braunschweig-Lüneburgischen, kommen
konnte ³), da doch sonst eine derartige Frage über ein sogenann-
tes niederes Hoheitsrecht, als Ergebniß eines positiven Gesetzes,
oder eines andern besondern Erwerbungsgrundes, durch diese
aber auch allein ⁴) leicht zu entscheiden ist. Besonders belehrend
scheint mir der Gang zu sein, den die Entwickelung unseres Gegenstandes in Sachsen genommen. Beschwerden der Stände auf
den Landtagen vom 16. Jahrhundert an deuten auf eine immer
mehr und mehr erfolgte Ausdehnung der landesherrlichen, ohne-
hin wegen großer Besitzungen schon bedeutenden Jagdbefugnisse ⁵); allgemeine Landesgesetze enthalten verschiedene polizei-
zeiliche Vorschriften über die Ausübung der Jagd, Festsetzung von
geschlossener Zeit, Verbot des Gewehrtragens u. s. w. ⁶); sächsische Rechtsgelehrte fehlten nicht unter denen, welche ein Jagdregal annahmen ⁷); die Eintheilung der Jagd in hohe und niedere war schon im 16. Jahrhundert durchgehends vorhanden, und
indem wenigstens jene der Churfürst da, wo es nicht anders
ging, durch Aufkäufe zu erwerben suchte ⁸), wurde die schon vor-
handene Ansicht von der Existenz eines Jagdregals nach und nach

praktisch, jedoch so, daß sie durch Gewohnheit entstehend und fortgebildet, zwar schon unter Churfürst August vorhanden war [9]), aber weder in einer seiner erlassenen Forstordnungen [10]) — die auch nicht als allgemeine Landesgesetze, sondern blos als particuläre, auf landesherrliche Waldungen sich beziehende Vorschriften zu betrachten sind [11]) — noch auch sonst in einem der vielen, diesen Gegenstand betreffenden Gesetze des 16. und 17. Jahrhunderts besonders ausgesprochen wurde, sondern daß dieses erst durch die vierte Decision von 1746 auf indirectem Wege erfolgte [12]).

Sowohl Mangel an bestimmten Nachrichten, als auch öfters an den nöthigen literarischen Hülfsmitteln über die particulären Rechte verhindert mich, eine ausführliche Uebersicht aller deutschen Bundesstaaten, in wiefern in ihnen die Jagd als Regal betrachtet wird oder nicht, zu geben, was demnach, in Beziehung auf die frühern einzelnen Reichsländer, noch weit weniger geschehen kann, aber auch, im Betreff der Besitzungen des größten Theils des jetzigen standesherrlichen, früher reichsunmittelbaren Adels, aus dem Grunde ohne Interesse ist, weil diese Besitzungen fast alle aus den Stammgütern dieses Adels entstanden, von nur geringem Umfange waren und ihren Inhabern schon nach den altdeutschen, hierüber geltenden Principien die Jagd in denselben oft allein zustand, ohne daß man deswegen auf deren Regalität zu fußen brauchte [13]). Außer, wie schon angegeben, in Sachsen [14]), wo aber doch dabei auch Spuren des frühern Rechts sich erhielten [15]), wurde das Jagdregal in Oestreich [16]) und Steyermark [17]) — in ersterem noch von Publicisten des vorigen Jahrhunderts auf die in der bekannten Urkunde Friedrichs I. vorkommende Stelle über die Bannforste begründet [18]) — in Jülich, Cleve und Berg [19]), dem Halberstädtischen [20]), dem Magdeburgischen [21]) und in Brandenburg [22]), wo noch unter Karl IV. keine Spur davon zu finden [23]), und von wo alsdann die Ansicht des Jagdregals allgemein in das preußische Landrecht aufgenommen wurde [24]), alsdann in der Pfalz [25]), in Baiern [26]), in Hessen [27]) und in Anhalt [28]) angenommen. In Tyrol, Friesland [29]), Holstein [30]) und im Reußischen [31]) scheint mir dasselbe gegolten zu haben. In Mecklenburg [32]) und Würtemberg [33]), und wol auch in einigen Provinzen von Baden [34]) dürfte dagegen ein solches Regal nicht vorhanden gewesen sein, und ob selbiges in den hannöverschen Ländern gegolten, ist sehr bestritten [35]), sowie es auch vom Bisthume Münster nicht anzunehmen [36]). Noch am Anfange dieses Jahrhunderts zählte man aber im Großherzogthume Berg die hohe Jagd, sammt den dazu gehörigen Diensten, sogar zu den Souverainetäts-Rechten [37]).

Finden wir aber nur selten in den betreffenden Gesetzen und

Verhandlungen die Jagd mit klaren Worten als Regal aufge= führt, und da, wo dies geschieht, doch erst zu einer Zeit, als dieses Regal selbst schon begründet war, so müssen nun die Cri= terien, aus denen eine solche Regalität zu erkennen, angegeben werden. Da nämlich in Deutschland nicht nur eine Verleihung aller Regalien im ältern Sinne gebräuchlich war, sondern auch später die wirklichen Hoheitsrechte von dem Kaiser den Fürsten verliehen wurden, so wurde es auch sogleich nach Entstehung und Ausbildung der sogenannten niedern Regalien gewöhnlich, daß die Fürsten dieselbe wieder vergaben; daher denn keineswegs das Merkmal eines solchen Regals darin zu suchen, daß dieses einzig und allein im Eigenthume und Besitz der Fürsten sich be= fand. Weil aber eine solche Verleihung nicht zu präsumiren ist, so ist zugleich die hier eintretende Vermuthung — wenn nämlich nach der Staatsverfassung ein solches Recht, von dem es sich handelt, zu den Regalien gehört — allemal für den Be= sitzstand der Fürsten, in Beziehung auf diese Regalien, begrün= det [38]), welche Präsumtion nun, da wo sie ausgesprochen, dann auch immer in jedem solchen einzelnen Falle auf die Regalität des fraglichen Rechts einen Schluß zuläßt. So wie demnach irgend eine Privatperson ein solches verleihbares niederes Regal in Anspruch nimmt, so liegt ihr auch, obwol sie in dem ruhigen und untadelhaften Besitze zu schützen [39]), den Grund dieses An= spruchs darzuthun ob, was der Natur der Sache nach blos durch den dargethanen Akt der Verleihung, sei es durch Privilegium oder eigentliche Belehnung, geschehen kann [40]), und wohin denn, nach dem Vorgange des canonischen Rechts [41]), ebenfalls eine Ausübung der fraglichen Befugniß über Menschengedenken hin= aus, Immemorialverjährung annoch zu zählen ist [42]). Ueberall demnach, wo man von den alten Grundsätzen des deutschen Rechts über die Jagd abgewichen ist, ihre Verleihung als eine landesherrliche Gnade betrachtet, und nur dann dieselbe den Grundeigenthümern zugestanden hat, wenn sie ihr Recht dazu dargethan, sowie ebenfalls da, wo der Landesherr sich einen Theil derselben, die hohe Jagd, allein zuschrieb, ist die Regali= tät der Jagd als begründet anzunehmen [43]).

Die Begründung des Jagdregals in einzelnen deutschen Territorien bewirkte also, wie schon aus Dem, was soeben von der üblichen Verleihung der Regalien bemerkt, sich ergiebt, kei= neswegs, daß nun der Fürst allein die Jagd im ganzen Lande für sich erwerben konnte, sondern führte überall zu einer beson= dern Bestätigung des den Vasallen und andern Unterthanen erweislich zustehenden, aber freilich in seinem Umfange eben so wie in seiner Modalität beschränktern Jagdrechts, sowie man auch die Annahme des Jagdregals in juristischen Schriften blos

unter der Clausel der Erhaltung der wirklich erworbenen Rechte
oft aufnahm ⁴⁴). Wegen des Ansehens der Landstände, ihrer
Bedeutung und Macht, die namentlich im 16. Jahrhunderte auf
einer nicht unbedeutenden Stufe stand, konnte man es auch nicht
wagen, das uralte ausgeübte Recht den Mitgliedern jener Corporationen unbedingt zu entziehen ⁴⁵), und so finden wir überall,
wo nach den öfters angezogenen Verhandlungen ⁴⁶) des 16. und
17. Jahrhunderts die herrschende Idee eines Jagdregals sich auch
als praktisch geltend ausweist, daß entweder eine Bestätigung
des hergebrachten und dargethanen Jagdrechts, wie z. B. unter
ändern in Sachsen vom 17. Jahrhundert an in allen Landtagsreversen ⁴⁷), und auch in Brandenburg ⁴⁸), dabei stattfand, oder
daß man solche Bestätigungen in die Form von Privilegien und
Gnadenertheilungen, wobei denn freilich oft die hohe Jagd verloren ging ⁴⁹), einkleidete, wie wir dies von Baiern ⁵⁰), Steyermark ⁵¹) und Holstein ⁵²) gefunden haben. Auch den Städten
wurde sehr häufig das ihnen auf ihren Stadtfluren nach altem
Rechte zustehende, an und für sich freilich wol in der Regel unbedeutende Jagdrecht erhalten ⁵³), was jedenfalls mit eine Folge
ihrer Wichtigkeit als Landstände war, wie uns namentlich ein
churbrandenburgischer Befehl an die cleve- und märkische Regierung von 1676 ⁵⁴) lehrt, nach dem, unter Bestätigung der
Jagd der Städte und übrigen Vasallen, blos denen von letztern,
die zum Erscheinen auf den Landtagen sich nicht qualificiren,
diese Befugniß entzogen wird.

Um einen Beweis der Jagdbefugniß, der nun so oft zur
Bewahrung derselben erforderlich werden konnte, leichter führen
zu können, ließ man die Jagd immer häufiger in die Lehnbriefe
unter die Pertinenzien der Lehngüter aufnehmen, was schon in
der vorigen Periode, und wol auch, um bei den schon in derselben dann und wann stattfindenden Ausdehnungen eigentlich nur
auf die Bannforste sich beziehender Rechte der Fürsten, außerhalb
jener Grenzen seinen Besitzstand zu sichern, nach und nach aufgekommen war ⁵⁵). In diesen Erwähnungen in den Lehnbriefen
liegt nun an und für sich weiter gar nichts, als das in Deutschland so allgemeine und vielfach anzutreffende Streben, durch Urkunden, mochte man diese Bestätigungen, oder namentlich Privilegien und Lehnbriefe nennen, sich althergebrachte Rechte zu
sichern, und im Falle eines Streites mit neuen Beweismitteln
für solche alte Rechte sich zu versehen ⁵⁶). Wohl aber mochte
diese immer mehr und mehr stattfindende Erwähnung schon vor
Einführung des Jagdregals leicht die Idee bei den Lehnherren
hervorrufen, als ob ohne die von ihnen so geschehene Belehnung
mit dem fraglichen Rechte der Vasall zu diesem nicht befugt sei,
es also weniger als eine Zubehörung der lehnbaren Hauptsache,

19 *

als als selbständiger Gegenstand der Verleihung, der nur ge-
bräuchlicher Weise mit jenem zugleich vergeben werde, betrachtet
werden müsse. Auch konnte der Lehnsherr nach den Lehren des
Lehnrechts sich als dominus directus auch dieses Theiles des
Lehns denken und aus dem Obereigenthume leicht besondere Begriffe über die Natur dieses ihn so interessirenden Rechts bilden [57]). Jedenfalls halfen diese Umstände die Idee des Jagdregals mit verbreiten, und nach deren Begründung und theil-
weisen Einführung mußten sie dann wieder zur weitern Ausbildung derselben mit beitragen, ob sie gleich zum Theil erst aus
jener ersten Begründung mit entstanden, wie dies bei der Wechselwirkung solcher Verhältnisse ein öfters vorkommender Fall ist.

Außer diesen Folgen der Regalität der Jagd, nämlich der
Bestätigung eines modificirten Jagdrechts der frühern Berechtigten, und der Aufnahme in die Lehnbriefe ergeben sich auch noch
andere, theils aus der Natur der niedern Regalien selbst abzu-
leitende, theils von den Juristen oft aus übergroßer Begünstigung des fiscalischen Interesse dann und wann erfundene, von
denen natürlich, so lange als die Jagd als Zubehör des Grundeigenthums galt, nicht die Rede sein konnte.

Aus der Natur der Regalien überhaupt ergiebt sich nun,
daß die Jagdbefugniß, wie schon erwähnt, da, wo sie durch Landesgesetze und Gewohnheiten als Regal anerkannt ist, bei Privatleuten nicht vermuthet werden kann, sondern daß sie, wenn
man auch letztere in dem Besitze schützt [58]), von diesen als erworben ausdrücklich nachgewiesen werden muß, was nur durch
landesherrliche Concessionen und Belehnung und durch Immemorialverjährung geschehen kann [59]). Wo demnach in Lehnbriefen
und andern Documenten die Jagd nicht besonders erwähnt wurde,
hat dies wol oft dem Fiscus Gelegenheit gegeben, sich dieselbe
anzueignen [60]), da bei solchem Stande des ganzen Verhältnisses
weder eine derartige Belehnung zu vermuthen, noch sie unter
einer allgemeinen Belehnung eines Gutes mit allen Zubehörungen, ohne besonders genannt zu sein, zu verstehen ist [61]). Sicher
muß aber bei allen solchen Belehnungen, die erweislich älter als
die Entstehung des Jagdregals sind, auch angenommen werden,
daß sie stillschweigend die Jagdbefugniß in sich begreifen [62]), sowie auch alle dergleichen Lehren in den Ländern, wo kein Jagdregal gilt, nicht anzuwenden sind, indem daselbst nichts im Wege
steht, die Fortdauer der alten Grundsätze über stete Verbindung
der Jagd mit dem echten Eigenthume und rechten Lehn [63]) und
deren Erwerbung durch gewöhnliche landesübliche Verjährung anzunehmen.

Eine anderweite Folge des Jagdregals zeigt sich in Beziehung auf die mit ihm zugleich entstandenen und ausgebildeten

Jagdeintheilungen. Mochte nun in einem Lande die Regalität, in Beziehung auf die ganze Jagd oder auf die hohe Jagd, ſich entwickelt haben, ſo konnte bei dem nothwendigen Beweiſe der Befugniß doch nie von der Verleihung einer Art derſelben auf die ganze, oder eine andere Art, als die beſonders verliehene oder verjährte, irgend ein Schluß zugelaſſen werden [64]), ſowie ebenfalls, nach der bei jedem Regale für den Landesherrn ſtreitenden Präſumtion, bei einer unbeſtimmten Verleihung mit der Jagd, ohne Angabe einer ſolchen Eintheilung, blos die geringſte Species als verliehen zu betrachten war [65]), wenn nicht nachgewieſen werden könnte, daß eine ſolche allgemeine Verleihung vor Entſtehung jener Eintheilung ſchon ſtattgefunden habe [66]). Lehren, die ſich wol ſehr richtig auf den Satz gründen, daß von Verleihung eines Regals auf das andere kein Schluß gilt, und bei einer unbeſtimmten Verleihung eines ſolchen, das mehrere Gattungen in ſich begreift, nur die Verleihung der geringſten Gattung in der Regel angenommen werden müſſe [67]).

Außer dieſen Folgen, die mit dem Weſen eines Regals genau in Zuſammenhang ſtehen, ſuchten mehrere Rechtsgelehrte, von übertriebenem Eifer für das Intereſſe des Fiscus geleitet, noch weiter zu gehen, und überall, wo die Jagd ein Regal geworden, und dafür ſuchte man ſie überall anzunehmen, auch zugleich ein Recht des Landesherrn zu allgemeiner Mitjagd, bei allen verliehenen Jagden, und Vorhatze (Vorjagd) auf allen Revieren der Unterthanen zu demonſtriren. Man ging hierbei, im vollen Widerſpruch mit den Lehren des Lehnrechts über das analoge Eigenthum der Vaſallen, von der Meinung aus, daß die Vaſallen das Jagdrecht blos der Gnade des Landesherrn verdankten; daher auch nicht anzunehmen ſei, daß er ſich ſeines Rechtes gänzlich begebe, ſondern daß er den Vaſallen blos das Recht, mit ihm zuſammen und neben ihm zu jagen, habe geſtatten wollen; daß nach Analogie der Servituten, bei denen bekanntlich der Dienende auf ſeinem Eigenthume daſſelbe Recht ausüben könne, was dem Herrſchenden als Servitut zuſtehe, eine ſolche cumulative Verleihung der Jagden um ſo mehr anzunehmen, als jede dergleichen, die ſich auf Regalien bezieht, ſtricte zu interpretiren, und daß endlich der Vaſall nach lehnrechtlichen Beſtimmungen das Beſte des Lehnsherrn auf alle Art befördern müſſe, und der Landesherr von dem Kaiſer mit der Jagdgerechtigkeit im ganzen Lande beliehen ſei [68]) Die Unhaltbarkeit dieſer Gründe leuchtet auf den erſten Anblick ein, und das Weſen jeder lehnrechtlichen Verleihung widerſpricht ihnen eben ſo wie die Natur des Precariums, bei der Gnadenjagd, nach denen ſolche Vorbehalte nie anzunehmen ſind, ſondern ſtets durch ausdrückliche Erwähnung bei der Geſtattung des fraglichen

Rechts ausgesprochen werden müssen [68]). Daher denn von vielen Rechtsgelehrten auch jene statuirte cumulative Verleihung der Jagd durchaus verworfen und blos eine der Natur der Sache angemessene privative angenommen wurde [70]). Die in einigen Ländern eingeführte Vorjagd der Landesherren scheint aber doch aus jener Ansicht mit hervorgegangen zu sein [71]), aus welcher wol auch die Annahme einer landesherrlichen Lustjagd sich mit herschreibt [72]).

Vielleicht hatte die Entstehung des Jagdregals auch auf die Jagdfolge einen Einfluß. Dieses Recht, was auf eine fortgesetzte Occupation des Wildes sich gründet, und somit mit der Natur der Sache ganz übereinstimmt, war im Mittelalter so allgemein anerkannt, daß es sogar von den Angrenzenden in die Bannforste ausgeübt werden konnte [73]), wurde aber später oft aus einem ganz andern Gesichtspunkte beurtheilt. Wenn nämlich auch ältere und neuere Rechtslehrer die Jagdfolge noch immer als auf einem gemeinen Herkommen beruhend und demnach auch als gemeingiltig betrachteten [74]), so fehlte es doch nicht an Andern, die sie nur dann gestatteten, wo sie als besonderes Recht speciell verliehen oder durch Verträge oder Verjährung erworben war [75]), was besonders dann erfordert wurde, wenn sie gegen den Landesherrn ausgeübt werden sollte [76]). So gab es denn hierüber auch seit Entstehung der Regalität der Jagd sehr verschiedenartige Bestimmungen in den einzelnen deutschen Ländern, indem bald jenes, bald dieses Princip angenommen wurde. Nach einer Sachsen-Querfurtischen Forst- und Jagdordnung [77]) und im Magdeburgischen und Halberstädtischen [78]) war die Jagdfolge in herrschaftliche Jagddistricte ausdrücklich von besonderer Verleihung oder Immemorialverjährung abhängig gemacht, sowie sie auch in Hessen den Landsassen nicht zugestanden wurde [79]). Dagegen finden sich in Baiern Bestimmungen, daß die Folge in ebenen Gegenden 24 Stunden und im Gebirge 3 Tage ausgeübt werden dürfe [80]), und in Oestreich, daß sie auch in den kaiserlichen Forsten den Landsassen zustehe [81]), was jedenfalls eine Erhaltung der alten Principe ausspricht, welche ebenfalls in den verschiedenen Theilen der preußischen Provinz Westphalen [82]) und in Mecklenburg [83]), wo die Folge allgemein hergebracht ist, und im Hannöverischen, wo sie nur dann gegen den Landesherrn wegfällt, wo dieser ein besonderes Verbietungsrecht erworben [84]) hat, sich finden, und wol auch in Würtemberg [85]) und den alt-badischen Landestheilen [86]) bestehen mögen. Fürsten gegen einander können diese Jagdfolge eigentlich wol nur auf dem Wege der Verträge erlangen [87]), und Gegenseitigkeit ergiebt sich hierbei eben so aus der Natur der Sache [88]), als aus ältern Reichhofrathsbeschlüssen [89]). Doch war im Magdeburgischen [90]) keine Jagdfolge angrenzenden Landesherren gestattet, was ebenfalls im Hessischen galt, wo aber der Landgraf nichtsdestoweniger dieselbe in die Gebiete der angrenzenden Grafen und Dynasten ausübte [91]), sowie in Sachsen eine derartige einseitige Befugniß auf den Lehnbrief Karls IV. über das Reichs-Erz-Jägermeister-Amt sich gründen ließ [92]). Vielleicht daß gerade in Sachsen die Regalitätseigenschaft der Jagd, verbunden mit jener Beleihung, über die Folge besondere Grundsätze gebildet, denn obgleich hier sonst viele rein-deutsche Institute und Grundsätze sich erhalten, so steht doch den Unterthanen keine Jagdfolge in landesherrliche Jagddistricte zu [93]), und wenn auch eine neuere Praxis dieselbe den Unterthanen untereinander gegenseitig zuschreibt [94]), so hat es doch nicht an Rechtslehrern, die sie in Abrede stellten, gefehlt [95]), und selbst der neueste Entwurf eines Gesetzes hierüber beschränkt sie bei den Unterthanen stets auf besondere Erwerbung [96]).

1) S. darüber Das, was §. 38 bis 40. über diesen Gegenstand gesagt wurde.

2) *D. G. Struben* Vindiciae juris venandi nobilitatis Germanicae. Hild. 1793. Append. No. 16. Respons. Ictorum Duisburg. p. 54. C. G. Jargow Einleitung zu der Lehre von den Regalien. Lib. II. Cap. V. §. 8. S. 511. Th. Hagemann Handbuch des Landwirthschaftsrechts. Hannover 1807. 8. §. 199. S. 358.

3) Die öfters angeführten Deductionen von Lübbe für und Bilderbeck gegen die Regalität der Jagd, woselbst das Nähere dieser Streitigkeiten zu finden, sind bei Gelegenheit derselben erschienen.

4) J. F. Döhler Abhandlung von den Rechten der obersten Gewalt oder Majestätsrechten und Regalien. 2. Aufl. Nürnberg 1785 4. §. 53. S. 25, Klüber Oeffentl. Recht des deutschen Bundes und der Bundesstaaten. 5. Aufl. §. 99.

5) S. oben §. 38. Note 13.

6) S. oben §. 36.

7) P. Heigius, Ziegler, Einsiedel, Carpzow, Finkelthaus, Menke u. a. oben §§. 39 und 40 Genannte gehören hierher, deren großes Ansehen gewiß auch in Sachsen von besonderm Einfluß war.

8) S. §. 41. a. E. und Note 52. Auch bei einem Tausche mit dem Bischof Johann von Meißen, der 1559 für Stolpen und Bischofswerda vom Churfürst August Amt, Schloß und Stadt Mühlberg erhielt, behielt Letzterer sich die hohe landesfürstliche Oberbotmäßigkeit und hohe Wildbahn vor. Kreysig Beiträge zur sächs. Gesch. I. S. 163.

9) Wie sich dies namentlich aus der von Weiße Sächs. Gesch. Th. 4. S. 168. Note angeführten Nachricht, s. §. 41. Note 51., ergibt.

10) Oben §. 36. Note 27. sind diese Forstordnungen angeführt. S. auch Weiße Sächs. Staatsrecht. Th. 2. §. 216. Note 1. und oben §. 41. Note 51.

11) Dem Vernehmen nach hat auch das Appellationsgericht die Forst-

und Holzordnung von 1560, C. A. T. II. p. 487., für das Amt Schwarzenberg und Crottendorf gegeben, in einigen fiscalischen Prozessen blos als
eine solche Localverordnung angesehen.

12) Weiße a. a. O. §. 216. Diese Decision, C. C. A. I. p. 350.,
bestimmt nämlich, daß die Jagd blos durch Belehnung oder Immemorialverjährung erworben werden kann, und nur zwischen Privaten die gewöhnliche Verjährung stattfinden soll.

13) Pütter Beiträge zum deutschen Staats- und Fürstenrecht. Th. 1. S. 140 und folg. Von der fürstl. bentheimischen Grafschaft
Steinfurth, s. Provinzialrecht der Provinz Westphalen von C. A.
Schlüter, herausgegeben von F. H. v. Strombeck. Th. 1. Leipzig 1829.
8. S. 102. und der salmischen Herrschaft Anholt, ebendas. S. 110. Auch in
größern Territorien, in denen durch Kauf oder andere Weise der Landesherr
alle Rittergüter an sich gebracht, mußten ähnliche Verhältnisse obwalten; so
z. B. in Anhalt-Dessau, wo mit wenigen Ausnahmen der Herzog alleiniger Inhaber der Rittergüter ist, demnach wird auch die Frage nach
dem Jagdregal, was jedoch daselbst anerkannt, hierdurch ziemlich unpraktisch.

14) H. C. v. Römer Staatsrecht und Statistik des Chur-
fürstenthums Sachsen. Halle 1788. Th. 2. S. 778 folg. Weiße
Sächs. Staatsrecht. §. 216 folg. Berger Oecon. jur. Lib. II.
tit. 11. th. 7. Rivinus D. de jure venationis in alter. fund'o.
§. 18 seq. Biener De natur. et indole domin. p. 137 seq. Kind
Quaestion. forens. Ed. II. Tom. II. qu. 31. p. 104 seq. Haubold
Sächsisches Privatrecht. §. 235. und alle andern sächsischen Rechtsgelehrten nehmen einstimmig das in Sachsen nie bestrittene Jagdregal an.

15) Hierher rechne ich besonders die Bestimmung der Landesordnung
von 1555, C. A. I. p. 60., nach der die Jagdberechtigung in der Regel
auf eignen Grund und Boden des Berechtigten beschränkt ist, was jetzt
noch praktisch, Haubold a. a. O. §. 237., und deshalb als ein Ueberbleibsel des ältern Rechts mir scheint betrachtet werden zu können, da an
und für sich, wenn man die Jagd als Regal annimmt, es ganz gleich sein
muß, ob der Landesherr als eigentlicher Inhaber dieses Regals dasselbe
Einem auf eignem oder fremdem Boden übergeben, und blos die ausdrücklichen Worte der Verleihung oder das Factische der Verjährung das Nähere
über Ausdehnung und Modalität der Berechtigung angeben können. So
gehört auch dieses mit zu den Fällen, aus denen bei der eigenthümlichen
und selbständigen Entwickelung des sächsischen Rechts doch noch immer ein
Erhalten alter deutscher Rechtsprincipe sich nachweisen läßt.

16) F. F. Schrötter Versuch einer Oestreich. Staatsge-
schichte. Wien 1771. S. 368.

17) Ergiebt sich aus der §. 41. Note 34. angeführten Stelle der Landhandveste des Herzogthums Steyer, wo die Jagd den Grundeigenthümern
auf ihrem eignen Grund und Boden aus landesherrlicher Gnade gestattet wird.

18) F. F. Schrötter Abhandlungen aus dem Oestreichischen
Staatsrecht. Th. 4. S. 196 folg. Die hier einschlagende Stelle der Urkunde von Friedrich I. ist §. 18. Note 38. angeführt.

19) Zeitig vorbereitet war das Jagdregal schon durch das bergische
Ritterrecht, s. §. 28. Note 29 folg., was sich sodann schon in der jülich-,
cleve- und bergischen Polizeiordnung von 1558, s. §. 41. Note 17., und

noch mehr durch die churbrandenburgischen Anordnungen, s. §. 41. und Note 18 folg., als praktisch geltend ausspricht.

20) Im halberstädtischen Homagialreceß von 1650, oben § 41. im Text bei Note 22., wird die Jagd ein Regal genannt.

21) *Leyser* Medit. ad Pand. spec. 441. med. 4.

22) Auch für diese Provinz ist die Regalität der Jagd ganz unbezweifelt, besonders nach dem oben §. 41. Note 35. mitgetheilten Revers von 1611, der, wie alle dergleichen Urkunden, übrigens kein Jagdregal begründet, sondern es blos als schon begründet anführt. S. auch *Leyser* l. c. und *Riccius* Zuverlässiger Entwurf von der in Teutschland üblichen Jagdgerechtigkeit. Cap. I. §. 25.

23) *Eichhorn* Rechtsgeschichte. §. 307.

24) Allgemeines Landrecht für die Preuß. Staaten. Th. II. Tit. 16. Abschn. 3. §. 39.

25) *Moser* Landeshoheit in Ansehung Erde und Wassers. S. 82. Joh. Heinrich Bachmann Pfalz-Zweibrückisches Staatsrecht. Tübingen 1784. 8. S. 289. Behlen und Laurop Handbuch der Forst- und Jagdgesetzgebung des Großherzogth. Baden. §. 506. S. 506., wo von den Theilen des Großherzogthums, die ehemals zur Pfalz gehört, die Rede ist, wornach daselbst den Vasallen weder die große, noch die kleine Jagd, sofern sie darüber keine giltigen Documente aufweisen können, gestattet wird.

26) Schon aus den oben öfters, §. 38. Note 8., erwähnten Bestimmungen der Landesfreiheit von 1516 ergiebt sich dies. S. auch *Schmid* Ad jus Bavar. Semicent. II. Controv. I. No. 8.

27) Die Forst- und Jagdordnung v. 1624, *Fritsch* Corp. jur. venat. forest. Ed. II. pag. 182., deutet in mehrern Bestimmungen darauf hin. S. auch *Jo. G. Estor* Origines juris publici Hassiaci, Franc. a. M. 1752. 8. §. 181. p. 382. *Ejusd.* Element. jur. public. Hass. hodierni. ibid. 1752. 8. §. 82a. und desselben Bürgerliche Rechtsgelehrsamkeit der Teutschen. Marburg. 1757. Th. 1. §. 2599. S. 1002.

28) J. C. Beckmann Historie des Fürstenthums Anhalt. Zerbst 1710. Fol. Th. 1. S. 53 und 587. In der Landesordnung v. 1572 tit. 26., *Fritsch* l. c. (Ed. II.) p. 188., findet sich aber noch nichts von einem Jagdregal.

29) Wegen Tyrol und Friesland habe ich hier nur Dem folgen können, was *Moser* a. a. O. S. 79. wegen des erstern aus der tyroler Landeseinigung von 1511 und S. 115. aus Brenneisens Ostfriesl. Historie. Th. 1. S. 225. anführt; an letzterer Stelle wird von Brenneisen die Jagd ausdrücklich unter die niedern Regale gerechnet, und die Bestimmungen der erstern scheinen mir ebenfalls einen solchen Schluß zuzulassen. Ich sage scheinen, weil trotz dieser Autorität ich dennoch dies namentlich wegen Friesland nicht mit Bestimmtheit annehmen kann, da doch sonst sich daselbst so viele rein-deutsche Verhältnisse erhalten haben, besonders wenn man Das, was T. T. Wierda Asega-Buch. Berlin 1805. 4. Vorrede LXXXVII und Willküren der Brockmänner. Berlin 1820. 8. Vorr. §. 8. über den Freiheitssinn der Friesen sagt, bedenkt. Wierda's Geschichte, in der hierüber wol etwas Näheres zu finden, habe ich leider nicht nachsehen können.

30) Resolution auf das von den Prälaten 2c. den 7. Juni 1731 übergebene Memorial vom 19. Febr. 1753. „5) Wollen Wir nach dem Exempel der Könige Unserer Vorfahren, Unsere liebe und getreue Ritterschaft bey der derselben in dem Handerslebischen Receß de 1614 aus Gnaden zugestandenen Jagdfreiheit, insoweit der Inhalt sothanen Recesses bey denen nach so vielen Jahren in Unsern Aemtern, oder um dem Verderb Unserer Wildbahn vorzukommen, in dem Jagdwesen nothwendig zu machen gewesenen Veränderungen noch anjetzo applicable ist und Statt finden mag, fernerhin allergnädigst laßen und schützen." F. C. Jensen und D. H. Hegewisch Privilegien der Schleswig Holsteinischen Ritterschaft. Kiel 1797. 4. S. 263. Der hierbei angeführte handerslebische Receß findet sich in derselben Sammlung zwar nicht, aber der Ausdruck: der aus Gnaden verliehenen Jagdfreiheit läßt sicher ein Jagdregal annehmen.

31) In der fürstl. reußischen Jagd- und Forstordnung von 1688, *Fritsch* l. c. Ed. II. pag. 262 seq., wird Tit. 15. gesagt, daß der Herrschaft allein in ihrem eignen und der Unterthanen Gehölze das Recht, Weidwerk zu treiben, zuständе, und dennoch sich hier auf ein Jagdregal bezogen.

32) R. A. v. Kampz Handbuch des Mecklenburgischen Civilrechts. Rostock und Schwerin 1824. 8. §. 62 folg. S. 154. weist nach, daß die Jagd daselbst weder überhaupt, noch auch die hohe Jagd allein, je ein Regal gewesen sei.

33) J. G. Schmidlin Handbuch der würtembergischen Forstgesetzgebung. Th. 1. S. 11. Nur möchte der Umstand allein, daß auch Andere wie der Landesherr die Jagd haben, nicht dazu dienen, dieses zu beweisen, wie Schmidlin annimmt, da sich dasselbe auch in allen den Ländern findet, wo die Jagd wirklich ein Regal ist.

34) Bei Behlen und Laurop a. a. O. findet sich, in Beziehung auf die altbadischen Länder, nicht das Geringste, was zu der Annahme eines Jagdregals berechtigte; denn was daselbst §. 65 folg. §§. 170. 173 u. 174, sowie ferner §. 857 und folg. über Jagdverbote aufgeführt, gehört wol Alles nur zu den Verwaltungsvorschriften über die landesherrlichen Jagden.

35) (Lübbe) Gründliche Bewährung des Sr. Königl. Maj. von Großbritannien, auch Churfürstl. Durchlaucht zu Braunschweig und Lüneburg zustehenden Jagd-Regals 2c. 1731. Fol. (C. L. Bilderbeck) Gründliche Deduction gegen die vermeintliche Regalität derer Jagden 2c. Zelle 1725 und sehr vermehrt 1741. Fol. haben diese Streitfrage zwar sehr weitläufig, aber auch gründlich erörtert; abstrahirt man hierbei von dem vielen Unrichtigen, was bei Lübbe nothwendig sich finden mußte, da er nicht nur ein allgemeines Jagdregal zu erweisen, sondern dieses auch von den ältesten Zeiten her abzuleiten bemüht war, so ist doch wol zuzugestehen, daß aus mehreren angeführten Urkunden des 16. und 17. Jahrhunderts wenigstens Das nachgewiesen ist, daß in dieser Zeit im Lüneburgischen die Idee des Jagdregals nicht unbekannt gewesen, doch aber dieselbe nicht consequent durchgeführt werden konnte.

36) Strombeck und Schlüter a. a. O. Th. 1. S. 91.; doch könnte man wegen der ebendas. befindlichen Verordnung, daß die hohe Jagd nur durch Verjährung oder Concession erworben werde, wol ein Jagdregal, in Beziehung auf diese, annehmen, wenn es nicht zugleich dabei hieße: „das Herbringen scheint jedoch dem entgegen zu sein, indem auch die hohe Jagd

von jedem Jagdberechtigten ungehindert ausgeübt wird“, so daß hier also zu erkennen ist, wie, troh jener bischöflichen Verordnung, doch die Regalität keinen Eingang fand.

37) In der die Mediatisirung so vieler deutschen reichsunmittelbaren Familien aussprechenden Rheinbundsacte wurde bekanntlich Art. 25 und 26. bestimmt, daß alle Souverainetätsrechte, in Beziehung auf die standesherrlichen Gebiete dem Souverain zustehen, dagegen Art. 27. den Standesherren alle Patrimonial= und Feudalrechte verbleiben sollten; daher denn auch zu erwarten, daß man lehtern die Jagdbefugniß in vollem Umfange um so ungestörter lassen würde, als ihnen sogar die Forstgerichtsbarkeit und Jagd ausdrücklich zugeschrieben war; so viel mir bekannt geworden, wich man auch einzig und allein im Großherzogthume Berg davon ab, wo in dem Hauptauseinandersehungs=Protocoll mit dem Fürsten von Wittgenstein= Berleburg vom 19. Febr. 1807 sub 1. 46., und so auch später in Art. 1. des Protocolls über die Auseinandersehung wegen der Herrschaften Westerberg und Schadek, C. Vollgraff Die teutschen Standesherren. Gießen 1824. 8. Beilage 7 und 8., die hohe Jagd unter die Souverainetätsrechte gezählt und dem Großherzoge zugeschrieben wurde. Vielleicht, daß dieses aus dem in Berg so zeitig ausgebildeten Jagdregal, wo namentlich die hohe Jagd schon frühzeitig allein dem Landesherrn war, s. oben §. 28., sich herschreibt, da doch sonst, Vollgraff a. a. O. S. 355 folg., in diesem Staate ziemlich mild gegen die Standesherren, und nicht mit der Härte, wie z. B. in Würtemberg, verfahren wurde.

38) Es ergiebt sich diese Vermuthung schon aus der Natur der Sache. J. F. Döhler a. a. O. §. 34. S. 28. und L. Himmelstoß Versuch einer Entwickelung des Begriffs und der rechtlichen Verhältnisse der Regalität in Teutschland. Landshut 1805. 8. §. 27 und 28. Klüber a. a. O. 3. Aufl. §. 102 und 356.

39) Klüber a. a. O. §. 356. und Note c.

40) Jargow a. a. O. Lib. II. Cap. V. §. 9. Klüber a. a. O. §. 102.

41) C. 26. X. De verbor. signif. „— — Praeterea cum pedagia, quidagia, salinaria tibi Legatus interdixerit memoratus, auctoritate Apostolica duximus declarandum illa esse pedagia, salinaria, quidagia interdicta, quae non apparent Imperatorum, vel Regum, vel Lateran. Concilii largitione concessa, vel ex antiqua consuetudine a tempore, cujus non extat memoria introducta.“ S. hierüber J. H. Boehmer Jus eccl. prot. Lib. II. Tit. XXVI. §. 38 und 39. und K. A. D. Unterholzner Ausführliche Entwickelung der gesammten Verjährungslehre aus den gemeinen in Deutschland geltenden Rechten. Leipzig 1828. 8. Th. 1. §. 143. S. 515 folg., wo auch mehrere urkundliche Nachrichten hierzu mitgetheilt sind.

42) Klüber a. a. O. §. 102. Unterholzner a. a. O. Th. 2. §. 299. S. 419 folg. Riccius a. a. O. Cap. I. §. 6. Estor a. a. O. Th. 1. §. 2510. Burc. Gotth. Struv Corp. jur. public. Ed. III. Jen. 1738. 4. Cap. XXXVII. p. 1147. Eine andere Meinung darüber stellte Chr. Thomasius Diss. de regalibus fisci Princip. German. circa acquisitionem praecipua. Hal. 1713. 4. auf, der hier jede Verjährung verwarf. Wie viel lehtere Autorität selbst bei denen, die die gegentheilige unrichtige Ansicht wol hatten, vermochte, sieht man recht deutlich aus den Wendungen hierüber bei Jargow a. a. O. Lib. II. Cap. XI. §. 10. p. 566.

43) Diese Grundsähe sind in der aus Weiße Sächs. Geschichte.

Th. 4. S. 168. oben §. 41. Note 51. angeführten Urkunde vom Churfürst August von Sachsen, in den aus *Scheplitz* Consuet. March. Brand. p. 545 und 549. (oben §. 41. Note 35.) entlehnten Reversen von Brandenburg, in der jülich= und cleveschen Verordnung (§. 41. Note 17.), in den baierischen Landesfreiheiten, oben §. 38. Note 8., und an vielen andern schon angeführten Stellen erwähnt. Der hierbei vorkommende Schluß scheint mir ganz richtig und in der Natur der Sache begründet; denn wenn nach deutschem Rechte das Criterium dieser sogenannten niedern Regalien in der blos durch Verleihung oder Immemorialverjährung gestatteten Erwerbung der zu denselben gehörigen Gegenstände besteht, so muß auch da, wo dergleichen Erfordernisse vorhanden, ein solches Regal angenommen werden.

44) *F. Ad. Georg.* Institutiones juris forestalis Germanorum. Francf. a. M. 1802. 8. §. 22.

45) Pütter Beiträge zum deutschen Staats= und Fürstenrecht. Th. 1. S. 203.

46) Auch die von *Mittermaier* Deutsches Privatrecht. §. 257. Note 9 und 10. angeführten Conventionen, in denen eine Bewahrung erhaltener Rechte mit vorkommt, gehören hierher.

47) Die nach der alten sächs. Landtagsverfassung auf den Abschied folgenden Landtagsreversalien, die ungefähr mit dem 17. Jahrhundert erst beginnen, enthielten im Jahre 1680, nach *D. G. Schreber Ausführliche Nachrichten von den Churfürstlich=Sächs. Land= und Ausschußtägen.* Halle 1769. 8. S. 65 folg., unter Nr. 6. das Versprechen: „mit den Wildfuhren und Gehegen, es bei den Reversalien sub „dato Torgau d. 19. Sept. 1601. und den 24. Jun 1605. ingleichen bei Chur= „fürst Christiani II. Triplic, sub dato d. 19. Sept. 1609. und den Land= „tagsabschieden 1659 und den 14. Apr. 1666 allenthalben bewenden zu „lassen, auch niemanden an seinen beliehenen und hergebrachten Jagden ei= „nigen Eintrag zu thuen oder thun zu lassen." Weder in den Schriften von *Hausmann* und *Weiße* kann ich etwas über die älteren, hierbei angezogenen Reverse finden, und die mir vorliegenden handschriftlichen Nachrichten von den Landtagen des 16. Jahrhunderts enthalten überhaupt gar nichts von Reversen. Die letzten Reversalien von d. 8. Juli 1830 stimmen mit obigen ältern ganz überein, indem es in dem (gedruckten) Landtags= acten Bd. 3. p. 1267. heißt: „Ingleichen wollen Wir mit den Wildfuhren „und Gehegen bei dem, wessen sich in den Reversalien v. 29. April 1601 „und 24. Juni 1605, wie auch ao. 1609 d. 19. Sept. in der Triplica we= „gen der Jagddienste und des Jagens zu geschloßener Zeit, ferner in den „Abschied der Ausschußversammlung de ao. 1659 und bei den Landtage „1666 am 14. April gegen E. getreue Landschaft erkläret worden, es al= „lenthalben bewenden laßen, auch Niemand in seinen Jagden, inmaßen „er mit denselben beliehen, oder sie sonst rechtmäßiger Weise hergebracht „und itzo besitzet, einigen Eintrag thuen oder anderen zu thun verstatten, „noch, ehe und bevor mit seinem guten Willen und Belieben Handlung ge= „pflogen und endlich geschlossen worden, der Jagd und des Waldwerks „sich zu enthalten, befehlen."

48) Die Reverse von 1602 und 1611 bei *Scheplitz* l. c. p. 545 und 549. (s. §. 41. Note 35.); auch in dem halberstädter Homagialreceß von 1650, *Moser* a. a. O. S. 89., befindet sich eine solche Bestätigung. Die Erhaltung der hergebrachten Jagdbefugniß ist auch in einem Schreiben von Herzog Wilhelm von Braunschweig und Lüneburg an Herzog Julius zu

Wolfenbüttel d. d. Celle 24. Aug. 1579, Lübbe a. a. O. Beilage Nr. 10. S. 16., ausgeſprochen.

49) Wie nach den oben §. 41. angeführten Stellen in Steyermark, Baiern, dem Cleve'ſchen und öfters auch in Sachſen und Brandenburg. Eine beſondere Ausnahme noch von der hohen Jagd bildete die der Faſanen, namentlich in Brandenburg und Sachſen, ſ. Reſcr. von 1679 für Brandenburg und 1741 für Sachſen, *E. M. Chladenius* D. de jure Phasianorum eorumque banno. Viteb. 1752. 4. p. 18., und wol auch in Oeſtreich, Eſtor a. a. O. Th. 1. §. 2516. S. 1005., ſo daß das Recht zu dieſer Jagd noch ganz beſonders, und von der Verleihung der hohen Jagd unabhängig, erworben werden mußte.

50) S. §. 38. Note 8.

51) S. §. 41. Note 54.

52) S. dieſen §. oben Note 30.

53) *Riccius* a. a. O. Cap. I. §. 34. S. 65.

54) *Moſer* a. a. O. S. 88 folg. und §. 41. Note 20.

55) S. oben §. 26.

56) *Eichhorn* a. a. O. §. 300 und 305.

57) *D. Kemmerich* Pr. de origine et progressu juris venandi. Viteb. 1724. 4. Anton Geſchichte der deutſchen Landwirthſchaft. Th. 2. S. 83. Mittermaier a. a. O. §. 271. S. auch *Georg. Mor* De jure venandi. P. I. c. 2. No. 16 seq. p. 65. P. II. c. 2. No. 14 seq. *Bechmann* Discurs. juridicus de jure venat. Hal. 1664. Sect. I. §. 9. III. §. 1.

58) *Biener* De nat. et indol. dom. p. 138. Die Gründe der gentheiligen Anſicht, die er jedoch widerlegt, führt an Buri Abhandlung von der Regal. der Jagden. S. 168.

59) S. oben Note 38 — 42. Dieſe ganze Lehre iſt aber natürlich nur dann von Anwendung, wenn es ſich um die Verjährung eines Hoheitsrechts, alſo auch der Jagd, ſobald dieſe nach der Landesverfaſſung darunter gehört, gegen den Fiscus handelt, nicht aber dann, wenn dieſe gegen eine andere Privatperſon läuft, wo die gewöhnliche Verjährungszeit gilt, ſowie wenn ein ſolches Hoheitsrecht an ein Grundſtück geknüpft iſt, daſſelbe auch durch eben die Verjährung, wie dieſes ſelbſt erworben wird. Unterholzner a. a. O. Th. 2. S. 422. Wenn übrigens Derſelbe a. a. O. S. 421. ſagt: „daß auf dieſe Weiſe (durch Uebertragung kraft eignen Rechts) die Aus-„übung der Hoheitsrechte in die Hände der Unterthanen kommen kann, iſt „nach dem Staatsrechte des Mittelalters außer Zweifel. — — So iſt in „Deutſchland die Gewalt des Kaiſers und des Reichs größtentheils in die „Hände der Reichsſtände übergegangen, und hat ſich bei dieſen zur Landes-„hoheit geſtaltet: dieſe ſelbſt iſt wieder zum Theil in die Hände des mittel-„baren Adels und der Landſtädte gekommen. Es braucht hier nur an die „Jagdgerechtigkeit und dergl. erinnert zu werden"; ſo iſt dieſer ganze Satz weder im Allgemeinen für vollkommen richtig anzuſehen, noch auch im Beſondern wegen der Jagdgerechtigkeit zuzugeſtehen; denn hiernach müßte ſelbige urſprünglich allein bei den Königen geweſen ſein, von denen ſie dann die Fürſten, und endlich von dieſen wieder die Landſaſſen erlangt hätten, was gegen die ganze hiſtoriſche Entwickelung dieſes Inſtituts ſtreitet, wenn der berühmte Verfaſſer nicht vielleicht die alte Bannforſtgerechtigkeit dabei allein im Auge hatte.

60) Wenn nämlich nicht etwa durch den Beweis der Immemorialverjährung einem solchen Mangel abzuhelfen ist. Riccius a. a. O. Cap. I. §. 22.

61) v. Beust a. a. O. Cap. 18. §. 1 folg. Beck Von der forstlichen Obrigkeit. Cap. III. §. 4 folg. Estor a. a. O. Th. 1. §. 2507 folg.
Hagemann Landwirthschaftsrecht. S. 359. Schnaubert Erläuterungen des in Deutschland üblichen Lehnrechts. S. 135.
Buri a. a. O. S. 161. u. A. m. Berger Oecon. jur. Lib. II. tit. II.
th. 7. führt als Erforderniß hier ebenfalls Verjährung oder ausdrückliche
Belehnung an, gestattet aber th. 8. No. 5. auch eine Präsumtion für die
Jagdverleihung, wenn nämlich ein Vasall mit hoher und niederer Gerichtsbarkeit beliehen ist.

62) Schnaubert a. a. O. S. 134. Hagemann a. a. O. S. 360.

63) Eichhorn Einleitung. §. 284. v. Kampz a. a. O. §. 62 folg.

64) v. Beust a. a. O. Cap. XVIII. §. 2. Beck a. a. O. Cap. III.
§. 4. 5. Jo. Guil. de Goebel De jure venandi diatriba. ed. H.
Gottl. Francke. Helmst. 1740. 4. P. I. §. 3. Note a. p. 63 seq.

65) Jargow a. a. O. Lib. II. Cap. V. §. 9. S. 514. Stryck Usus
Modern. Lib. XLI. tit. 1. §. 6. Beck a. a. O. III. 4. §. 32. Reinhard De jure forest. German. Sect. I. c. II. §. 9. G. Beyer De-
lineatio juris Germ. Lips. 1729. Lib. II. Cap. II. §. 53. p. 141.
Schnaubert a. a. O. S. 135 folg. Hagemann a. a. O. S. 362.

66) Jargow a. a. O. S. 515. Hagemann a. a. O. S. 361.
Schnaubert a. a. O. S. 137 folg.

67) Es ist eine ziemlich allgemein anerkannte Regel: concessio regalium est strictae interpretationis. S. G. L. Boehmer Princip. jur.
feudal. §. 65. und dazu Schnaubert a. a. O. S. 111. und G. M.
Weber Handbuch des in Deutschland üblichen Lehnrechts. Th. 2.
S. 197 folg.

68) Buri a. a. O. S. 173. und Schnaubert a. a. O. S. 141. führen, ohne aber dieses anzunehmen, die dafür aufgestellten Gründe weitläufig an, die bei Lübbe a. a. O. S. 190—202. eine noch umständlichere
und affirmative Auseinandersetzung finden. Unter vielen andern nehmen
Hunnius Diss. de jure venandi. th. 8. in Diss. select. jurid.
Basil. T. V. Wehner Observ. pract. s. v. Forstrecht, Ahasv.
Fritsch Comm. de convenatione Membr. 2. §. 2. Jargow a. a. O.
Lib. II. Cap. V. §. 10. Stisser Forst- und Jagdhistorie. Cap. 7.
§. 53. und Goebel l. c. P. I. §. 10. eine solche Berechtigung an, die sogar
im Reichskammergericht Aufnahme fand. Meichsner Dec. Cameral.
Tom. III. dec. 83. No. 17. Nicht bei lehnbar vergebenen Jagden, sondern
bei solchen, die auf irgend eine andere Weise erlangt sind, statuirt Hert
De superior. territ. §. 49. die hier fragliche Berechtigung.

69) Itterus De feudis imper. Cap. VIII. §. 38. Boehmer l. c.
§. 65. Klüber a. a. O. §. 102.

70) Riccius a. a. O. Cap. I. §. 28. Cap. VI. §. 11. Struben
Vindic. jur. venand. nobilit. Germ. Cap. III. §. 1 seq., ja sogar
Mehrere, die sonst sehr für ein allgemeines Jagdregal streiten, verwerfen
diese Vor- und Mitjagd, wie v. Beust a. a. O. Cap. VI. §. 8. Cap. XVIII.
§. 5. Schoepfer Diss. de venatione superiori. Rostoch. 1702.
Cap. III. §. 13. und J. U. de Cramer De jure prae et convenandi
superioritate territoriali non annexo, sed a domino territoriali reservando, si ipsi competat in Ejusd. Opusc.

T. II. p. 68. Fiſcher Lehrbegriff ſämmtlicher Kameral- und Polizeirechte. Th. 2. §. 1319. Am ausführlichſten iſt jene ganze Annahme widerlegt von Bilderbeck a. a. O. S. 331 folg. Schnaubert a. a. O. S. 142 folg. und Weber a. a. O. Th. 2. S. 291 folg.

71) Eſtor a. a. O. Th. 3. §. 2507. S. 956. erwähnt ſie unter dem Namen der Wildheze in Heſſen-Caſſel; auch in Sachſen beſteht ſie an mehreren Orten, beſonders oft da, wo der Fiscus die Koppeljagd mit Andern hat, doch enthalten die ſächſiſchen Geſetze nichts über ſie; daher auch anzunehmen, daß die aus der Natur der Sache fließenden, als gemeinrechtlich zu betrachtenden Beſtimmungen, nach denen die Berechtigung dazu ſtets beſonders erwieſen werden muß, ſ. Runde Deutſches Privatrecht. §. 155. Schenk Handbuch über Forſtrecht und Forſtpolizei. §. 223. S. 431., daſelbſt gelten. In Mecklenburg war früher viel darüber geſtritten worden, ob und wie weit ſie den Herzögen zuſtände, bis leztere im Erbvergleich von 1755 ihr ausdrücklich entſagten. Jargow a. a. O. Lib. II. c. V. §. 10. und Append. S. 304. S. 78. In Pommern und Hildesheim ſoll ſie nach Fiſcher a. a. O. §. 1319. ebenfalls beſtanden haben, und Akaw. Fritſch De conven. Membr. II. §. 2, der überhaupt ein allgemeines Recht des Landesherrn zur Vor- und Mitjagd annimmt, behauptet dies auch als eine in Schwarzburg geltende Gewohnheit.

72) Sie findet ſich unter andern in Pfalz-Neuburg, ſ. §. 41. Note 48. und Note 49., ſowie auch Schenk a. a. O. S. 431.; ſelbſt Bilderbeck a. a. O. S. 331. geſtattet ſie allgemein der Perſon des Landesherrn: „als woraus ſich ein jeder Vaſall aus tiefſchuldigſter Veneration vermuthlich mehr Gnade und Ehre, als Beſchwerde machen würde.‟

73) S. oben §. 8. Note 24—27. §. 15. Note 44—48. und §. 28. bei Note 15—20.

74) Beuſt a. a. O. S. 219. führt ein jenaiſches Reſponſum von 1640 an, in dem die Jagdfolge als gemeinrechtlich aus dem Sachſenſpiegel abgeleitet wird, und Leyſer Jus Georg. Lib. III. Cap. 12. No. 52. C. F. Hommel Rhaps. Quaeſt. Tom. I. obſ. 68. Xiccius a. a. O. Cap. VIII. §. 1. Hagemann a. a. O. §. 206. S. 370. v. Bülow und Hagemann Praktiſche Erörterungen. Bd. 1. Nr. 11. S. 92 folg. Runde a. a. O. §. 159b. Eichhorn Einleitung. §. 285. Mittermaier a. a. O. §. 275. u. A. m. haben dieſelbe Anſicht.

75) So v. Beuſt a. a. O. Cap. XI. §. 1. S. 216. Fiſcher Kameral- und Polizei-Recht. §. 1335. Schenk a. a. O. §. 224. S. 432. und beſonders viele ältere Juriſten.

76) Beck a. a. O. Cap. XIII. §. 4.

77) Wie v. Beuſt a. a. O. S. 221. anführt.

78) Provinzialrecht des Fürſtenthums Halberſtadt und der dazu gehörigen Graf- und Herrſchaften Hohenſtein, Regenſtein und Derenburg von L. A. W. Lenze, herausgegeben von F. H. v. Strombeck. Leipzig 1827. 8. „Renovirte und verbeſſerte Holz-, Maſt- und Jagd-Ordnung vor das Herzogthum Magdeburg und das Fürſtenthum Halberſtadt d. d. Berlin d. 8ten Oct. 1743.‟ S. 180 folg. heißt es S. 233.: „Dafern auch von Unſern angrenzenden Vaſallen oder andern zur Jagd berechtigten einiges Roth-, Schwarz oder Reh-Wildpret angeſchoſſen werden und in Unſere Haiden überlaufen möchte, ſollen dieſelben oder ihre Schützen, jedoch ohne Mitbringung und bei ſich Führung eines Gewehrs, ſolches bei Unſern nächſten Forſtbedienten anſagen, damit das angeſchoſſene Wild ſogleich aufgeſucht werden könnte, und nicht verderben

oder den Raubthieren zu Theil werden dürfe; und wollen wir gnädigst geschehen lassen, daß denjenigen, welche die Folge durch ihre Lehenbriefe oder
per immemorialem praescriptionem erweislich machen können, als welches
in jedem Amt bekannt sein muß, und glaubwürdig anzeigen werden, wo
der Anschuß eigentlich geschehen, sothanes Wildpret sodann abgefolgt
werde, im Gegentheil aber soll derjenige, welcher überführt werden kann,
daß er ein oder das andere Stück auf seinen Grund und Boden, wo er
die Jagd zu exerciren befugt ist, zwar angeschoßen; solches aber doch nicht
angesagt, von Uns als ein Uebertreter der Gesetze ernstlich angesehen
werden.“

79) *Ph. Helfr. Krebs* Tractatus de ligno et lapide. Francf.
1700. 4. p. 421. und *Estor* a. a. O. Th. 1. §. 2527., welche Beide überhaupt die Jagdfolge blos als Ergebniß besonderer Verträge betrachten.

80) *v. Beust* a. a. O. S. 221. *Riccius* a. a. O. Cap. VIII. §. 2.
S. 137.

81) *Leyser* l. c. Lib. III. Cap. XII. No. 52. p. 573. führt eine Stelle
aus einer östreichischen Jagdordnung vom Kaiser Leopold von 1575 (also
wol 1675) an, nach der dies gestattet, und zwar in kaiserliche Gehege
24 Stunden, sonst aber 48 Stunden.

82) Schlüter und *v. Strombeck* a. a. O Th. 1. S. 6. und Th. 2.
S. 5.

83) *v. Kampz* a. a. O. §. 65. S. 184. und §. 72. S. 198.

84) *v. Bülow* und *Hagemann* a. a. O. Bd. 1. Nr. 11, S. 92 folg.

85) In Schmidlins öfters angeführtem Werke finde ich kein würtem-
bergisches Gesetz über die Jagdfolge angeführt; daher wol anzunehmen,
daß daselbst die alten Principe vollständig erhalten worden, was eine Stelle
aus einer Ertheilung von Gnadenjagden daselbst von 1629 bei *Riccius*
a. a. O. S. 186. zu bestätigen scheint.

86) Bei Behlen und Laurop a. a. O. findet sich keine derartige
Bestimmung.

87) *v. Beust* a. a. O. S. 224.

88) Schenk a. a. O. §. 86. S. 62.

89) Reichshofr. Concl. d. d. 6. Aug. 1717. Reichshofraths Concl.
T. V. S. 591.

90) *Riccius* a. a. O. Cap. VIII. §. 3. S. 138. *v. Beust* a. a. O.
Cap. XI. §. 5. S. 225.

91) *Krebs* l. c. P. I. Class. 11. Sect. 7. §. 2. und nach ihm *Estor*
a. a. O. Th. 1. §. 2527. Jener führt noch eine ganz eigenthümliche und
höchst merkwürdige Art der Jagdfolge an, die den Freiherrn Ridesel in die
hessischen Waldungen und Jagden zuständ: „Die Rideselische, wo sie an
die Hessische Wildbann stoßen, haben ihre Wälde mit Hecken oder Zäunen
umgeben, weil aber in solchen Wild Hecken an verschiedenen Orten offene
Spatia — — und in solchen Hecken unterschiedliche kleine Pforten, dar-
durch das Wild seinen Ab- und Zugang hat, so müssen die von Ridesel,
wann sie jagen wollen, solche offne Spatia mit Wild-Garnes, und die
kleine Pforten mit Garn Säcken, an welchen ein Seil, daran ein starker
Prügel über Zwerch gebunden, zustellen. Wann nun in dieselbe Garn-
Säcke etwas einlieffe, und damit auf Hessischen Grund und Boden durch-
bräche, bliebe ihm der Garnstrick am Hals und den fördern Beinen hen-
ken, und der Prügel folgte am Seil immer hinden nach, bis es durch

den Prügel in den Hecken oder zwischen den Bäumen gehemmet würde, da dann diejenige, so auf die Pforten bestellet, nachfolgten, und das gehemmte Thier, also in dem Seil oder Garn=Sack auf Hessischen Grund und Boden fiengen." Ein anderes Beispiel von einer ähnlichen Jagdfolge, deren Grund nicht in der Verwundung, also der angefangenen Occupation, sondern schon in dem Verlassen des Jagddistricts liegt, ist mir nicht vorgekommen.

92) In diesem Lehnbriefe von 1350 (s. §. 28. Note 20.) ist eine solche einseitige Befugniß ausdrücklich ausgesprochen. In keinem Werke sächsischer Rechtslehrer habe ich aber ein darauf gegründetes Recht gegen benachbarte Staaten angeführt gefunden, desto häufiger aber von alten Forstbedienten ein solches Recht, besonders an der böhmischen Grenze, als auf das Reichserzjägermeister=Amt gestützt, und somit bis 1806 gültig, erwähnen hören, kann aber freilich nicht mit Bestimmtheit dasselbe behaupten.

93) Wie dies ausdrücklich durch die Mandate vom 5. Jul. 1712 und 7. März 1741 bestimmt ist. S. auch *Werner* Observ. for. P. VII. obs. 67. p. 147. (Edit. ai. 1722. 4.) v. *Römer* Staatsrecht. Th. 2. S. 785.

94) *Beyer* l. c. Lib. II. Cap. II. §. 74. *Winkler* ad *Berger* Oecon. jur. Lib. II. tit. 11. th. 8. *Hommel* l. c. T. I. obs. 68. v. *Römer* a. a. O. *Haubold* Sächs. Privatrecht §. 237.; und sehr ausführlich wird dieses Recht erörtert in den Entscheidungsgründen eines Erkenntnisses des K. S. Appellationsgerichts vom 15. Febr. 1828 in Sachen des Grafen F. L. E. von Wallwitz auf Limbach gegen L. H. A. Grafen und Herrn von Schönburg (Peniger Linie).

95) *Werner* l. c. (Note 93.) *Berger* l. c. und A. auf die Worte der Landesordnung von 1555, Cod. Aug. I. p. 60., „daß keiner auf des andern Grund und Boden jage" 2c. gestützt.

96) Landtagsacten. Bd. 3. Nr. 166. S. 1271. Entwurf zu einem Mandat, die Ausübung der Jagdfolge betreffend, vom 24. Juli 1830. Nach diesem Entwurf steht dem Fiscus überall die Jagdfolge ganz unbeschränkt zu, gegen ihn jagdberechtigten Unterthanen aber nur dann, wenn durch besondere landesherrliche Concession oder unvordenkliche Verjährung ein Recht darauf erworben wurde. Jagdberechtigte Unterthanen haben unter einander in der Regel keine Folge, wenn sie nicht durch Verträge oder Verjährung begründet ist. Alle Thiere der niedern Jagd und Vögel sind von der Folge ausgenommen.

§. 43. Schluß des Ganzen.

Wie unter dem Einflusse der vollständig ausgebildeten Landeshoheit der deutschen Fürsten, und theils durch sie unmittelbar selbst, die Eigenthumsrechte an Wald und Jagd gegen ihre frühere Gestaltung in den älteren und mittleren Zeiten mannigfache, oft mehr oder minder wesentliche Modificationen erfuhren, ist im Vorstehenden zu schildern versucht worden. Die vollständige Ausbildung der Landeshoheit mit ihren nächsten Folgen, also das 16., und zum Theil das 17. Jahrhundert, bildet den Schluß dieser Schilderung; daß aber diese Grenzen in literarischen Anführungen, wie in Mittheilung gesetzlicher Vorschriften, oft über-

20

schritten werden mußten, lag in dem Gange der ganzen Untersuchung und in dem Wesen der einzelnen Institute, die nach
ihrer heutigen Auffassung öfters mit ihrer früheren Gestaltung
zum besseren Verständniß in Verbindung und Vergleichung zu
bringen waren [1]).

Wie die Mitte des 17. Jahrhunderts, als der Schlußpunkt
in der Ausbildungsgeschichte der deutschen Landeshoheit, eine
Periode in der Geschichte des Eigenthums an Wald und Jagd
abschließt, so könnte wol auch unsere Zeit, oder wenigstens eine
nicht viel spätere, eine neue Periode dieser Geschichte wieder be-
grenzen. Eine Umgestaltung nämlich der Wald- und Jagdverhältnisse scheint keineswegs mehr sehr entfernt zu sein und mit
den ganzen jetzigen Umänderungen im Staatsleben in inniger
Verbindung zu stehen, ja in vielen Staaten bereits begonnen zu
haben [2]).

Die Waldverhältnisse betreffend, so beziehen sich diese Umänderungen sowol auf die Forsthoheit, als die Eigenthumsrechte
selbst. Die zu große und bedeutende Ausdehnung, die man früher den in der Forsthoheit liegenden Befugnissen oft gegeben,
und die noch theilweise obwalten oder in ihren Folgen mehr oder
minder deutlich bemerkbar sein mögen, können bei dem jetzigen
Standpunkte der Staatswissenschaften keineswegs mehr fort-
dauern, und schon jetzt sind jene Befugnisse auf eine der Natur
der Sache angemessene polizeiliche Aufsicht, auch selbst in nicht
constitutionellen Staaten [3]), beschränkt und so vielfache Beeinträch-
tigungen des Privateigenthums aufgehoben worden. Außer dieser
Zurückführung der Forsthoheit auf ihre richtigen Grenzen, als eines
Theils der Polizeigewalt, dürfte auch nach dem immer mehr
praktisch werdenden Grundsatze, daß alle Gerichtsbarkeit im Staate
von dessen Oberhaupt ausgehen und auf gleiche Weise für alle
Bürger verwaltet werden müsse, eine möglichste Beschränkung
der besondern Forstgerichtsbarkeit, wo diese noch besteht und nicht
an Vertragsnormen gebunden ist, wie bei den Standesherren,
nicht weit entfernt sein. Vielfache Vorrechte und Begünstigun-
gen stehen jetzt den Landeswaldungen, oder auch dem Fiscus gegen Privatwaldungen oft noch zu, und verursachen häufig, in
Beziehung auf das gesammte Volk, einen größern Aufwand,
oder bringen, in nationalökonomischer Hinsicht, einen größern
Nachtheil mit sich, als die Vortheile sind, die durch sie den
Forstcassen erwachsen. Derartige Verhältnisse aber werden in
allen den Staaten, wo beim Vorhandensein einer Civilliste die
Forsteinnahmen den allgemeinen Landescassen zufließen, ohne alle
Weitläufigkeiten, so bald sie nur erkannt sind, beseitigt werden,
und auch in andern Staaten eine Ausgleichung wegen des na-
tionalökonomischen Vortheils jedenfalls erfahren. Das Princip der

neueren Staatswirthschaft endlich, den Grundbesitz wie die Per=
son von allen Berechtigungen Dritter und den sogenannten Feu=
dallasten zu befreien, worin Preußen den andern Staaten vor=
geschritten, dieses Princip muß in seiner Anwendung auf Wald=
eigenthum nothwendig sehr bedeutende Veränderungen erzeugen,
und eine Befreiung von den (oft gutsherrlichen) Befugnissen der
Forstgerechtigkeit — wenn diese nicht durch die Veränderungen
in der Forsthoheit und Forstgerichtsbarkeit von selbst wegfällt —
eben so mit sich bringen, wie eine Ablösung jener häufig so viel=
fältigen Servituten, die in den Wäldern, oft als Ueberbleibsel
älterer Einrichtungen, vorhanden sind, in seinem Gefolge haben,
und wenn besondere staatswirthschaftliche Rücksichten eine theil=
weise Erhaltung derselben verlangen, sie wenigstens nach den
Grundsätzen einer geregelten Forstwirthschaft gestalten[4]). Daß
übrigens das Privatwaldeigenthum nie so freigegeben werden
kann, wie das anderer Grundstücke, und daß mit den Staatsfor=
sten ein Verfahren, wie häufig mit den Kammergütern vorge=
schlagen und ausgeführt, nicht stets vorgenommen zu werden
vermag, liegt in der ganzen Natur der Waldungen, ihrer na=
tionalökonomischen Wichtigkeit und der deshalb nöthigen polizei=
lichen Einwirkung. Sehen wir uns übrigens in der neuern Ge=
setzgebung der deutschen Staaten um, so werden wir bald er=
kennen, daß derartige Umgestaltungen nicht mehr fern liegen kön=
nen, und zum großen Theile schon begonnen haben.

Aber auch in Beziehung auf viele jagdrechtliche Bestim=
mungen steht jedenfalls eine große Veränderung bevor. Die
Zeiten, wo man eine große Anzahl Wild mit zu dem Reichthum
der Staaten rechnete, sind längst vorüber, und eben so ist bei
unserm Standpunkte der Civilisation und theils auch der gesell=
schaftlichen Verhältnisse ein Hohnsprechen der Menschlichkeit und
des Rechts, aus Jagdleidenschaft, wie sonst wol stattgefunden,
moralisch und theils auch rechtlich unmöglich. Drückende, bei
diesen Verhältnissen vorkommende Umstände — wie z. B. die
Wildschäden, deren Vergütung Anfangs oft Gnadensache war,
die aber schon längst zu einer Rechtsverbindlichkeit geworden[5])
— sind theils schon verschwunden und gehen sonst doch sicher
ihrem Ende oder doch einer Ausgleichung entgegen. Zu große
Ausdehnung der Befugnisse der Jagdhoheit, die oft vielfache Be=
drückungen mit sich brachte, wird da, wo sie ja noch besteht,
sicher bald einer bessern Gestaltung dieser Polizeigewalt wei=
chen. Das ganze fortdauernde Bestehen des Jagdregals ferner
scheint wenigstens problematisch zu sein, denn der Aufwand, den
dessen Verwaltung hervorbringt, und der damit oft verbundene
Schaden in nationalökonomischer Hinsicht steht mit den Vortheil=
len desselben nicht im Gleichgewicht, und daher werden die Staa=

20*

ten zu deffen Aufhebung oder Beschränkung, sei es auf Antrag von Ständen, oder aus eignem, richtigem, staatswirthschaftlichem Ermessen der Regierungen, nach und nach ebenfalls vorschreiten. Da aber, wo, wie fast in ganz Deutschland, das Jagdregal mit verschiedenen Gütern verbunden und verliehen ist, wird man dieses Recht bei der begonnenen und noch weiter bevorstehenden Aufhebung des Lehnverbandes als das nothwendig anerkennen müssen, was es ursprünglich in Deutschland war, als einen Theil des freien Eigenthums. Somit aber naht sicher das Jagdbefug= niß auf fremdem Boden, besonders mit wegen des ganz richtigen Strebens der Befreiung der Grundstücke von allen und jeden Berechtigungen Dritter, seinem Ende, das es aber, wie jede solche Befreiung auf rechtliche Weise, nur auf dem Wege der Entschädigung erlangen soll. Wenn demnach die schmählige Leib= eigenschaft vom deutschen Boden verschwunden ist, und wenn nicht nur persönliche, sondern auch dingliche Freiheit die Bauern er= langt haben und jede Abhängigkeit von dem Besitzer des nächst= gelegenen Rittergutes aufgehoben sein wird — ein Weg, der in vielen deutschen Staaten eingeschlagen — wenn also im Ganzen die ursprünglich germanischen Verhältnisse, wie sie vor den großen Veränderung waren, die das Lehnwesen hervorbrachte, in einem veredelten, der Zeit angemessenen Maaßstabe durch völlige Be= freiung des dritten Standes und allgemeine Ertheilung der Theil= nahme an der Repräsentation in Stände= oder Provinzialver= sammlungen wieder eingerichtet sein werden, wovon wir keinesweg weit entfernt [6]); so wird sicher auch eine Gestaltung des Jagd= rechts nach den eigentlich deutschen Grundsätzen, also dessen Ver= bindung mit jedem Grundeigenthume, stattfinden. Es ist dies aber eine Einrichtung, für die nicht nur die historische Begrün= dung, sondern auch die Billigkeit und Natur der Sache spricht, indem gewiß nichts natürlicher ist, als daß Jeder jedem Andern untersagen kann, seine Grundstücke außerhalb der Wege zu betre= ten [7]), und daß das Wild zu tödten und für sich zu behalten Dem zukomme, von dessen Bodenerzeugnissen es sich ernährt, und auf dessen Grundstücken es angetroffen wird. Man wende hiergegen weder die Kleinheit vieler Grundstücke, noch jene vie= len, zur Vertheidigung der Regalität oft hergebrachten, aus der Lehre vom öffentlichen Wohle [8]) entnommenen Gründe ein; denn ersterer Einwand würde nur dann von Belang sein, wenn die Erhaltung eines großen Wildstandes und einer ergiebigen Jagd eine so wichtige Sache sei, daß deshalb der Staat die Forderungen des Rechts und der Vernunft hintenansetzen müßte, und der letztere hebt sich durch die gewöhnliche Unhaltbarkeit je= ner Gründe und das Befugniß und die Pflicht des Staates zu polizeilicher Aufsicht und Einwirkung von selbst. Durchgängige

Verbindung der Jagd mit dem Grundeigenthume — sei dies dem Staate, großen oder kleinern Gutsbesitzern zuständig — ist es demnach, was unsere ganzen Verhältnisse verlangen und was wol auch eher oder später eingeführt werden wird. Eine allgemeine freie Pürsch aber ist weder geschichtlich begründet, noch wünschenswerth, und selbst bei Gemeindegrundstücken und Jagden ist in ökonomischer wie in polizeilicher Beziehung es gewiß am besten, sie durch den eingeschlagenen Weg der Verpachtungen zu vermeiden.

Wann derartige Umgestaltungen eintreten und wie weit sie sich erstrecken werden, läßt sich freilich nicht sagen, aber gewiß werden sie nicht ausbleiben, und dann nach ihrer Vollendung, in Beziehung auf unsern Gegenstand, eben so einen neuen Abschnitt in der Geschichte desselben bilden, wie die Entstehung der Bannforste und die Ausbildung der Landeshoheit.

1) Bei der Anfügung eines praktischen Theils, oder bei der Fortführung der Geschichte bis zu dem Schluß einer spätern Periode, wenn dieser schon vorhanden wäre, hätte man ein derartiges Vorgreifen allerdings vermeiden müssen, so aber schien es nicht thunlich.

2) Man denke z. B. an die neuen Vorschriften über die Forsthoheit in Baden. S. §. 33. Note 15.

3) Wie in vielen andern Zweigen der Administration ist auch hier Preußen rühmlich zu erwähnen. Zeller Forst=, Jagd= und Fischerei=Polizei in Preußen. Th. 2. S. 138 folg. Ueberhaupt gehören die preußischen Forsteinrichtungen zu den besten.

4) Theilung der Gemeindegrundstücke oder deren Veräußerung, die in vielen Staaten vorgeschrieben ist, oder doch begünstigt wird, wird so auch den gewöhnlich schlecht verwalteten Gemeindewäldern ein Ende machen und durch ihren Uebergang in Privateigenthum weit mehr Vortheil dem Ganzen des Volks bringen.

5) Eine vortreffliche Abhandlung über die Vergütigung der Wildschäden, mit Angabe der verschiedenen Ansichten älterer und neuerer Rechtsgelehrten, findet sich in B. W. Pfeiffer Practische Ausführung aus allen Theilen der Rechtswissenschaft. Hannover 1831. 3r Bd. Nr. 5. S. 91 folg.

6) S. hierüber die neueste Schrift des Hrn. G. R. K. S. Zachariä: Der Kampf des Grundeigenthums gegen die Grundherrlichkeit. Heidelberg 1832. 8. S. 45.

7) Wie dies schon der richtige Tact der römischen Rechtsgelehrten, in Beziehung auf denselben Gegenstand, aufstellte, L. 3. §. 1. D. de adquir. rer. dom. L. 13. §. 7. D. de injur. et fam. libell.

8) S. §. 37. Note 4. und §. 40. in der Mitte.

Druckfehler.

Seite 31 Zeile 2 v. u. l. Zeichnen st. Zeichen.
— 47 — 4 v. u. l. gemeinsamen Gebrauche st. Gemeinsamgebrauche.
— 53 — 16 v. u. l. Gesammteigenthume st. Grundeigenthume.
— 57 — 16 v. o. l. von st. vor.
— 121 — 8 v. o. l. §. 12. st. §. 17.
— 182 — 18 v. o. l. II. F. 27. st. II. F. 29.
— 182 — 23 v. o. l. Nemo retia st. Nemoretia.
— 211 — 5 v. u. l. ergebe, wie schon st. ergebe, schon.
— 216 — 12 v. o. l. nachhaltige st. nachtheilige.
— 250 — 6 v. u. l. ihr st. ihm.
— 250 — 2 v. u. l. Vorträge st. Verträge.
— 277 — 8 v. u. l. demnach st. dennoch.
— 294 — 8 v. u. l. wenn st. wo.
— 297 — 5 v. u. } l. Wiarba st. Wizrba.
— 297 — 3 v. u. }

CPSIA information can be obtained at www.ICGtesting.com
Printed in the USA
BVOW08s1004250914

368327BV00022B/464/P